道路交通安全设计原理与应用

郭忠印　编著

同济大学出版社
TONGJI UNIVERSITY PRESS

内容提要

本教材以道路交通安全的基本原理为主要教学内容。关于道路安全问题，从不同层面定义了其实质；提出了路域环境的概念，基于主、客观安全的理念解释了安全问题的科学内涵。对路网、道路几何线形、过渡段、隧道/桥梁、交叉工程、路侧、自然与人文环境等的安全设计理论做了探讨。比较系统地探讨了道路交通安全管理系统及其有关的模型；研讨了交通运行动态风险模型、动态交通管理与控制系统构建方法。较系统地介绍了道路安全实验科学与方法、宏观政策与对策等。

图书在版编目(CIP)数据

道路交通安全设计原理与应用/郭忠印编著. --上海：同济大学出版社，2016.5

ISBN 978-7-5608-6331-3

Ⅰ.①道… Ⅱ①郭… Ⅲ.①公路运输—交通运输安全—安全设计 Ⅳ.①U492.8

中国版本图书馆 CIP 数据核字(2016)第 113129 号

道路交通安全设计原理与应用

郭忠印 编著

责任编辑 陆克丽霞 **责任校对** 徐春莲 **封面设计** 张 微

出版发行 同济大学出版社 www.tongjipress.com.cn
(地址：上海市四平路 1239 号 邮编：200092 电话：021-65985622)

经　　销 全国各地新华书店

印　　刷 同济大学印刷厂

开　　本 787 mm×1 092 mm 1/16

印　　张 16.75

字　　数 419 000

版　　次 2016 年 5 月第 1 版 2016 年 5 月第 1 次印刷

书　　号 ISBN 978-7-5608-6331-3

定　　价 58.00 元

前　言

作为服务于道路用户的载体，道路交通基础设施应具有满足一定技术指标的道路安全性能和通行能力；道路交通安全不仅仅取决于道路交通基础设施的安全性能，而且是整个路域环境条件下交通运行的表现与结果之一。本书从分析路域环境入手，探讨了道路交通基础设施安全性能的技术指标，路域环境条件及其与道路交通安全的相互关系。从道路安全设计、道路安全管理和道路交通运行安全管理3个方面研讨了道路交通安全的相关理论、方法与技术对策；介绍了道路交通安全实验。从安全教育、交通执法、道路安全评价与应急救援4个方面简要介绍了宏观层面上的政策和对策。通过运行安全管理、计划事件下的安全保障、长大纵坡运行安全预警及道路安全评价指南（案例）等示例，介绍了一些实用技术，以与前文的理论、方法和系统呼应。

考虑到我国道路交通安全理论体系尚未非常成熟且本书编著的目的主要为研究生教学，书中关于道路交通安全理论、方法、管理系统等的描述均未使用确定性语气，且多处也只对某项理论或方法或对策提出一些概念，未做深入探讨，以诱导研究生多发挥自身知识，结合授课教师的教授，广泛深入研讨。

本书主要依据本课题组多年的研究成果，并参考国内外道路交通安全方面的成就编著。课题组多名研究生参与了部分编写整理工作，包括周小焕（第2章、第5章）、方勇（第2章、第7章）、苏东兰（第2章、第3章）、宋灿灿（第4章、第7章）、于清（第6章）、乔亚丹（第2章、第4章）、万海峰（第2章）以及张欣婷（第6章）等。乔亚丹对全书进行了排版与图表梳理。

鉴于作者水平所限，书中错误与不当之处在所难免，敬请斧正！

郭忠印

2015年11月于同济大学

目　录

第 1 章

绪　论

1.1　道路安全问题的认识

道路交通安全问题涉及到交通出行个体的出行安全和公共安全，可从两个方面或两个层次上认识道路交通安全问题。

道路交通安全问题产生的后果：

(1) 道路交通事故对社会直接与间接的影响；

(2) 道路用户个体的出行与交通安全：道路用户的生命与财产安全。

针对道路交通安全问题从技术层面上分析：

(1) 原因：道路交通事故衍生机理及其关联因素；

(2) 安全保障：日常交通状态下的交通安全管理，交通安全设计与评价、交通执法等；

(3) 灾变与事件：运行环境异常或突变状态下的安全保障与应急救援。

1.1.1　道路安全问题的实质

如何认识道路交通安全问题的实质，应从影响大众健康和经济发展的公共安全问题角度出发。作为道路交通安全工程师和科技人员，应充分认识道路交通安全的实质和严重性。

(1) 道路用户出行是具有一定风险的交通行为。可从历史上道路交通事故所致的道路用户生命与财产损失数据和道路交通安全的现状去考察；道路交通事故一直是人、车、路发展的负面效应。另外，从道路交通行为的表象上看，众多道路用户共用道路空间，对道路时空的占有存在相互冲突性，具有一定的风险。

(2) 道路用户往往忽视交通行为风险。从道路交通用户个体看安全问题，尽管每一次出行都有潜在风险，但其发生交通事故，造成生命和财产损失的可能性或概率微乎其微。

表 1-1　　世界历史上道路交通事故伤亡情况

国家＼死亡人数＼年份	2007	2010	2014
中国	96 611	70 134	58 539
美国	42 642	32 885	32 719
加拿大	2 889	2 227	2 077
日本	6 639	5 772	4 373
澳大利亚	1 616	1 363	1 192

1.1.2 安全问题与个体出行需求的矛盾，道路交通安全的释义

道路个体出行期望快捷、舒适和安全。但道路交通基础设施的客观条件如下：

（1）其运营能力有限；

（2）其建设不可能满足每一个出行者的个体需求；

（3）其建设不可能满足所有运行环境条件下的交通需求。

因此，在研究解决道路交通安全问题时，即要落脚到具体从道路交通工程设施设计等技术问题上来解决问题，又要注意个体出行需求与交通安全的矛盾，避免所采取的措施激化这一矛盾，反而不利于安全问题的解决。道路交通设施安全设计与运营管理既要考虑到各种运行环境因素，又不可能满足所有环境条件的运行安全要求。尽管现代高速公路多为全监控的基础设施，但其监控设施也不能按照极端恶劣气象环境条件布设监控设备。

如表 1-2 所示，各国都有一定的道路设计技术标准。技术标准保证了在规范运行环境与交通行为条件下的行车安全。

表 1-2　　道路设计主要技术标准（美国、中国）

<table>
<tr><th colspan="7">中　国</th></tr>
<tr><td rowspan="8">公路等级及对应设计速度</td><td>公路等级</td><td>设计速度/(km·h^{-1})</td><td rowspan="8">设计速度及对应车道宽度、最大纵坡</td><td>设计速度/(km·h^{-1})</td><td>车道宽度/m</td><td>最大纵坡</td></tr>
<tr><td rowspan="2">高速公路</td><td rowspan="2">120/100/80</td><td>120</td><td>3.75</td><td>3%</td></tr>
<tr><td>100</td><td>3.75</td><td>4%</td></tr>
<tr><td rowspan="2">一级公路</td><td rowspan="2">100/80/60</td><td>80</td><td>3.75</td><td>5%</td></tr>
<tr><td>60</td><td>3.5</td><td>6%</td></tr>
<tr><td>二级公路</td><td>80/60</td><td>40</td><td>3.5</td><td>7%</td></tr>
<tr><td>三级公路</td><td>40/30</td><td>30</td><td>3.25</td><td>8%</td></tr>
<tr><td>四级公路</td><td>30/20</td><td>20</td><td>3.00</td><td>9%</td></tr>
</table>

<table>
<tr><th colspan="5">美　国</th></tr>
<tr><td>公路分类</td><td>交通量/(veh·d^{-1})</td><td>设计速度/(km·h^{-1})</td><td>车道宽度/m</td><td>最大纵坡①</td></tr>
<tr><td rowspan="6">支路</td><td><50</td><td>50</td><td rowspan="6">3.3
（最小值 3.0 m，工业地区为3.6 m）</td><td rowspan="3">7%</td></tr>
<tr><td>50～250</td><td>50</td></tr>
<tr><td>250～400</td><td>60</td></tr>
<tr><td>400～1 500</td><td>80</td><td rowspan="2">6%</td></tr>
<tr><td>1 500～2 000</td><td>80</td></tr>
<tr><td>>2 000</td><td>80</td><td>6%</td></tr>
<tr><td rowspan="3">集散公路</td><td><400</td><td>60</td><td rowspan="3">3.0～3.6
（工业地区为3.6 m）</td><td>7%</td></tr>
<tr><td>400～2 000</td><td>80</td><td>6%</td></tr>
<tr><td>>2 000</td><td>100</td><td>6%</td></tr>
</table>

（续表）

美 国				
干线公路	—	60/70	3.0～3.6	5%
	—	80/90/100		4%
	—	100/110/120		3%
快速路	—	80/90	3.6	4%
	—	100/110/120		3%
高速公路	—	80/90	3.6	4%
	—	100/110/120		3%

注：① 最大纵坡为平原地区的最大纵坡。

1.2 道路客体系统

道路交通安全设施是交通的载体，车（不单指机动车）是交通所依赖的工具，人则是交通行为主观能动的执行者。

1.2.1 系统构成

道路交通安全研究的对象是由人、车、路组成的交通运行系统，可称之为“人-车-路”系统。交通运行风险以及风险后果为交通事故，是该系统运行的产物。

（1）从单个事故产生的过程看，事故是由一连串动态事件产生的后果，这些事件可以是事故前、事故中和事故后的事件，具有短时连续动态特征。如图1-1所示。

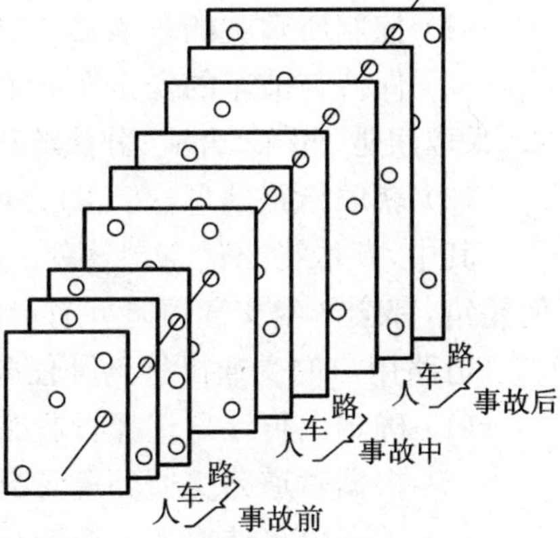

图1-1 道路交通事故因素链

（2）从整个交通安全严重程度看（一个国家或地区的事故率，一片路网和一条道路的事故率），基于道路安全系统分析，道路交通安全严重程度是“人-车-路”系统性能、主动安全设施、救援与修复能力等三个方面发展水平和科学性的体现。

三方面对道路交通安全的影响如表1-3所示。

表1-3 道路交通安全要素（示例）

	“人-车-路”系统性能	主动安全设施	救援与修复能力
人	培训、安全教育、行车态度； 行人和骑车人的着装； 驾驶技术、性格、感知反应能力； 身体健康状况、年龄、性别等	车内位置和坐姿； 交通安全意识； 应急能力	紧急救援能力（应急预案的合理与可实施性、物资储备与布置）

（续表）

	“人-车-路”系统性能	主动安全	救援与修复能力
车	车辆性能制动性、可操控性、车速、视野等； 交通构成（交通量、车辆类型、行人等）等	车辆防撞结构、安全带等	救援车辆的配置及性能； 通讯能力； 恶劣气象等环境下车辆性能等
路	标志标线、几何线形、路表性能、视距、路域环境和谐性等设施技术状态监控设施、管理技术等	路侧安全及相关设施（易折柱、安全护栏等）、道路两侧居住情况与经济发展、接入管理方式	道路交通设施的可修复性、路网布局合理性（替代道路）等

1.2.2 人

道路用户即人，主要包括以下 4 类：

(1) 行人——所有可能使用道路时空的行人；

(2) 非机动车使用者——自行车、畜力车、助动车等使用者；

(3) 机动车驾驶人——客运、货运汽车、拖拉机、特殊车辆等的驾驶人；

(4) 特殊用户——残疾人士、骑马者等道路用户。

人在道路交通安全中起主动控制作用，人的交通安全意识和交通行为是道路交通事故的首要因素。以机动车为例，道路用户在交通系统中，其驾驶任务可分解为：

(1) 控制所驾驶的车辆以一定的速度在选择的车道上行驶；

(2) 保持与前车的安全车距和遵守交通标志标线、信号等约束，处理与其他车辆的关系，采取跟驰、超车、合流、分流等行为；

(3) 获取指路信息，在 OD 之间预定并动态选择路线行驶。

其中，获取指路信息是驾驶关键；控制是安全行驶的基础。显然，以上驾驶任务出现任何差错，都会产生交通风险并有可能诱发交通事故。

道路用户的交通出行驾驶任务可大体分为三步：

(1) 确定出行计划选择行驶路线；

(2) 根据对道路交通环境与交通状况的认知驾驶车辆安全行驶；

(3) 动态决策选择速度控制行驶。

对于行人和非机动车用户也可以按照以上内涵分解交通行为。交通行为的安全实施需要人、车和路三方面的协调与保障。从道路交通基础设施方面看，保证以上这些行为的正确实施是道路交通安全的先决条件。只有把路域内的信息适量适时准确地传达给道路用户，道路用户才能正确地进行交通行为决策，从而保证“人-车-路”系统稳定运行。因此要确保路域内信息的可视性（conspicuity）、可读性（legibility）、可知性（comprehensibility）和可信性（credibility）。相应地，从人的角度，道路用户应具备对道路交通基础设施的（视觉）观察能力、阅读能力、理解能力和执行能力。车（交通工具）应能按照人的指令准确地移动。

1.2.3 车辆

车辆作为操纵行为的载体对驾驶行为有重要影响，也是交通事故重要的因素之一。

非机动车主要是指自行车、三轮车和马车，特点是车速慢，重量小，其冲撞力相应较小，造成的损伤相应较轻。但助动车等与行人相撞,对行人的损伤也是很严重的。

机动车也即汽车,其安全性一般分为正常行驶过程中(或称事故前)的主动安全性和事故中、事故后的被动安全性。

影响主动安全性的汽车性能包括动力性能、操稳性、制动性、舒适性和信息性。被动安全性包括事故中的碰撞安全性和碰撞后安全性,如图1-2所示。

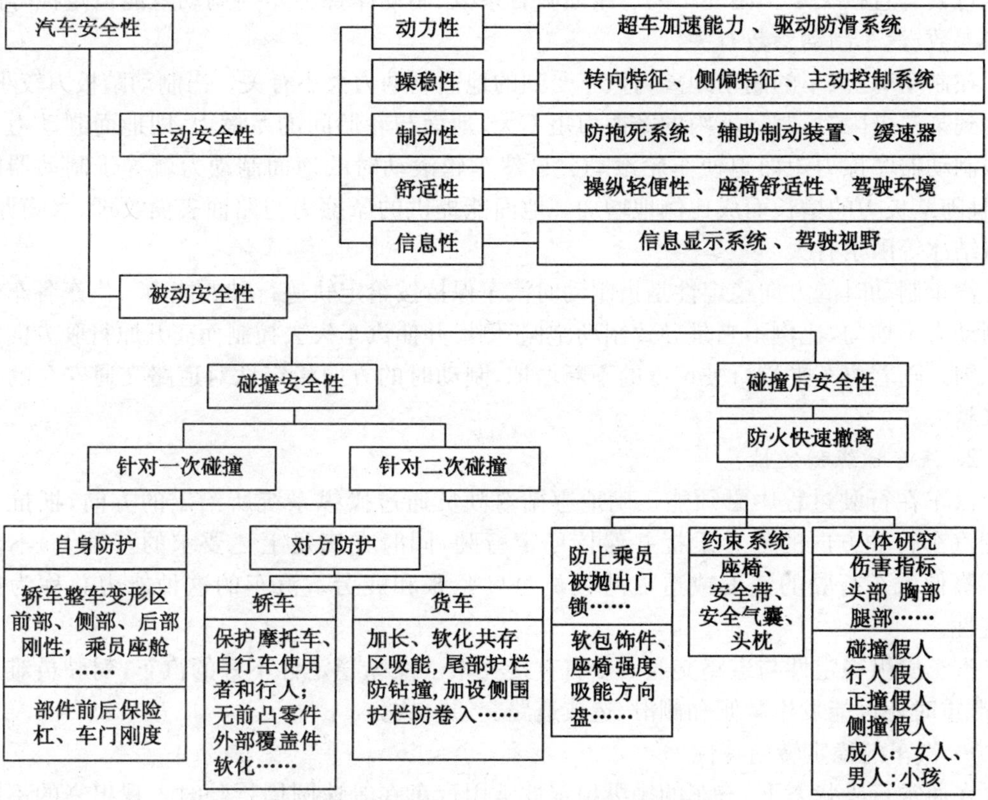

图1-2 车辆的主动安全性及被动安全性

正常情况下,制动性、操稳性和信息性是关键,该三项性能也和道路交通基础设施的状态相互关联。

1. 汽车制动性

汽车制动性是汽车强制停车和降低车速的能力。汽车制动性是汽车行驶安全的重要保障。

汽车利用脚制动器进行制动的过程如图1-3所示。由该图可知,当驾驶员从意识到危险情况至踏下制动脚踏后,经过时间 t_2,汽车上的制动传动机构将制动蹄压向制动鼓,使制动器产生摩擦力,即制动器制动力,形成对车轮转动的阻力矩,并通过轮胎,在路面上产生对整个汽

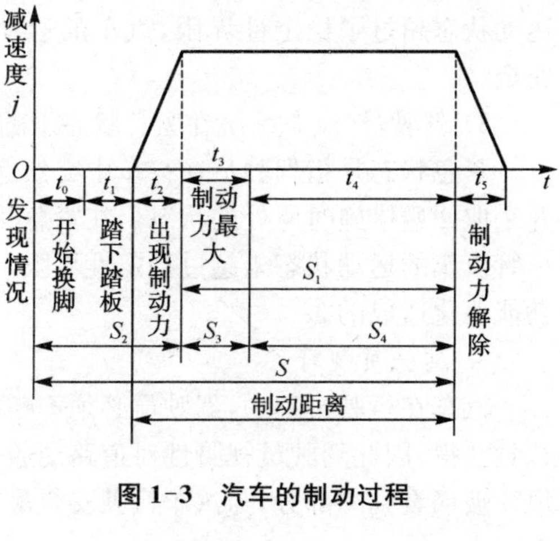

图1-3 汽车的制动过程

车运动的摩擦阻力，也就是地面制动力，使汽车减速直至停车。

影响交通安全制动的直接参数是制动距离和制动时的方向稳定性。驾驶员发现危险情况至汽车最终减速停车的全过程分为两个阶段。第一阶段从驾驶员发现危险情况起，至汽车制动器开始出现制动力为止。第二阶段内，汽车在制动力作用下，迅速减速直至最后停车。在第二阶段内汽车驶过的距离称为制动距离。汽车的空驶距离和制动距离都与汽车的安全行驶有直接关系。制动距离与路面附着系数、制动摩擦力矩与制动效能恒定性等路面抗滑参数、汽车制动参数有关。

在制动时，汽车的制动距离与汽车受到的地面制动力大小有关。当制动踏板力较小，且未达到某一极限时，制动器内的摩擦力矩不大，地面与轮胎间的摩擦力，即地面制动力足以克服制动器摩擦力矩而迫使车轮滚动。显然车轮滚动时的地面制动力就等于制动器制动力，且随踏板力的增长而成比例地增加。地面能提供的摩擦力与路面表面纹理、水膜厚度、积雪结冰等因素有关。

汽车制动时的方向稳定性是指制动时汽车保持按给定轨迹行驶的能力。汽车各车轮上的制动力不均匀，比例不当是导致制动跑偏、侧滑并使汽车失去控制而离开原行驶方向的基本原因。随着汽车平均行驶速度的不断增加，制动时的方向稳定性对道路交通安全的影响越来越大。

2. 汽车操纵稳定性

汽车在行驶过程中必须能正确地遵循驾驶员通过操纵系统所给定的方向，抵抗力图改变汽车行驶方向的外界干扰并保持稳定行驶，同时在满足上述要求的基础上，不能过分地降低汽车行驶的速度或造成驾驶员过度紧张和疲劳。汽车的这种能力总称为操纵稳定性。

汽车操纵稳定性与道路交通安全有直接关系。操纵稳定性不好的汽车，驾驶员难于控制，严重时还可能发生翻倾和侧滑，造成道路交通事故。

1）汽车的稳定转向特性

在通常行驶状态下，汽车的操纵稳定性常用汽车在等速圆周行驶时表现出来的不同响应，即稳态转向特性评价。

2）汽车行驶稳定性的极限

汽车保持稳定行驶的能为，是有一定限度的。如果驾驶员对汽车的操纵动作使汽车的运动状态超过了稳定性界限，汽车的运动就会失去稳定，发生侧滑或翻倾，从而危及行车安全。

3）驾驶员-汽车系统在紧急状态下的操纵稳定性

紧急状态是指驾驶员在行车中突然遇到意想不到的危险，必须在极短时间内作出判断，并采取回避措施时所处的状态。在紧急状态下，由于驾驶员心理上的动摇，极易发生失误，尽管汽车的运动状态未超过稳定性界限，却会发生事故，这主要是驾驶员-汽车系统安全化功能恶化造成的。

3. 驾驶员视野

汽车在行驶过程中，驾驶员必须不断获取道路交通信息，80%的交通信息依靠驾驶员的视觉获得，因此驾驶员视野性对道路交通安全具有十分重要的影响。前方视区是通过前面风窗玻璃看到的部分，与汽车行驶安全最为密切。侧方视区是通过两侧门窗玻璃看到的部分，对保证汽车转弯、起步，停止和低速行驶时的安全有重要作用。后方视区是通过后视镜间接看到的后方区域，与汽车超车、制动、转弯、倒车有一定关系。

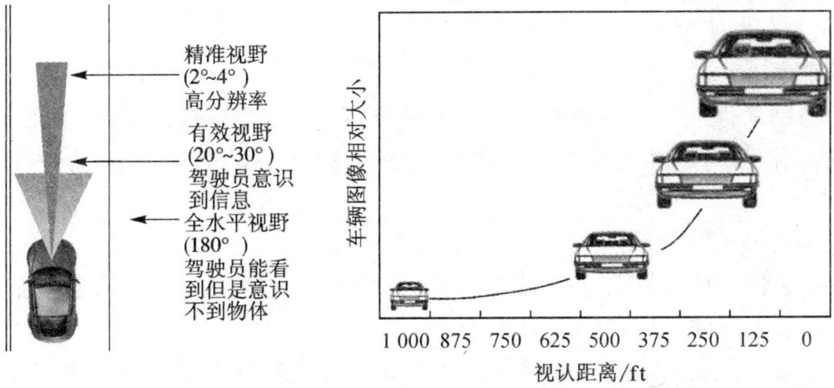

(a) 驾驶员视野示意图　　(b) 视认距离与车辆图像大小示意图

图 1-4　汽车安全性分解

1.2.4　道路交通基础设施

1. 线形

道路几何线型概念上虽然不是实体，但实际上是控制道路交通基础设施整个物体状态的基本参数。几何线形的优劣直接影响道路交通基础设施的客观安全性。

道路交通设施线形安全性受平面、纵断面、横断面因素及其组合形式的影响，其中影响线形安全的因素主要有：平面线形包括转角、直线长度、圆曲线半径、缓和曲线参数、超高加宽值等；纵断面线形包括纵坡、坡长、竖曲线半径等；横断面包括车道宽度、路肩宽度、车道数等。

各类线形组合是更为关键的因素，把具有不同几何参数的直线、平曲线、竖曲线、车道、纵坡等相互组合，结果可以是千变万化，对行车安全的影响规律也更为复杂和难以量化度量。

2. 路面状况

路面状况直接影响道路交通设施运行安全。路面状况可从路面平整度、路面排水、抗滑性能及车辙深度等几个方面考察：

1）路面平整度

具有不平整特征的路面易诱发交通事故，其主要原因有：①路面的不平整性迫使车速突然降低而引发追尾事故；②车辆避让路面坑槽而引起撞车、撞隔离带或防护栏；③不平整的路面使车辆本身的振幅增加，影响了车辆的拖挂和车轮荷载对地面的作用，进而增加了行车危险性；④影响行车舒适性，产生的颠簸也会引起驾驶员心理和生理上的不适，从而诱发交通事故等。

2）路面排水

路面排水问题是和路面防滑阻力有关的影响道路安全的因素。如果路段的排水设施因位置、尺寸设计不当，导致雨后局部路段积水，造成路面附着系数过低，会对交通安全产生影响。

3）路面抗滑性

路面抗滑性不足是很多交通事故的成因。路面附着系数越小，车辆产生滑溜的可能性越大，因此安全性能越差。

4）车辙深度

优良的制动性能是车辆行驶安全性的重要保证，路面车辙产生的“沟槽效应”直接影响着车辆与路面间的相互作用，亦即影响着车辆的制动效能和制动时车辆的方向稳定性。

3. 交通信息

道路交通标志标线是向道路用户传递特定信息与规范交通行为的重要交通工程设施，它在一定程度上反映路段及路网的信息化程度。

道路交通设计交通信息具有解释道路交通基础设施功能，指引道路用户行为选择与决策，限制道路交通用户行为的功能。

4. 交通安全保障设施

交通安全设施是根据交通工程学的原理和方法为使道路通行能力最大、经济效益最高、交通事故最少、公害程度低而设置的系统、设施和给人或车配备的装备，对减轻事故的严重度、排除各种纵、横向干扰、提高道路交通设施服务水平，提供视线诱导，改善道路景观等起着重要作用。主要包括：①防护及隔离设施；②防眩设施；③视线诱导设施；④照明设施；⑤紧急救援设施；⑥机电设施；⑦监控设施等。

1.2.5 自然环境与事件

雨、雾、冰、雪等气象条件，以及交通事故、地质灾害等事件对交通安全有不同程度的影响。但道路交通设施的规划与设计本身不可能保证在各种气候环境条件下的安全性和各类事件的交通运行安全性；各种气候环境条件和事件状态下交通安全一般通过运行安全管理予以保障。这些因素可分为灾害性天气、计划事件、交通事件、紧急事件。

各种气候条件对驾驶员驾驶行为的影响是显而易见的，气候条件可分为以下5类：雾、雨、雪、冰和风等。我国西北部的沙尘也可单列一类。

1.2.6 管理因素

管理因素作为道路交通系统的外部人为环境因素，是通过对道路交通系统中人、车和路的可靠性进行影响来实现对道路交通系统整体可靠性的影响，因此，这种影响可认为是间接影响；但其影响是十分明显的，且随着智能交通管理系统建设的不断完善，管理条件因素对交通安全的影响将越来越大。特别是对于灾变事件下交通安全和交通安全的持续改善，管理是最为重要的因素。

1. 信息提供

信息提供与告知，使驾驶员提前做好准备，能有效减少二次事故的发生率；同时将事件信息及时告知有关部门，大大减少了事件的反应时间，缩短事件的影响时间并减轻影响程度。

根据信息的类型，交通管理部门提供的交通管理信息可分三种类型：安全行车控制信息、事件类型信息及路径分流诱导信息。

上述三类管理信息，其作用都有助于确保驾驶行为的平稳过渡，有助于提高道路交通系统的可靠性。

2. 管理执法

科学与严格的管理执法能有效约束和规范交通行为，降低交通事故率，遏制恶性事故。

1.3 道路交通安全系统的主、客观安全性

由道路交通安全系统组成可知，其要素中人是有主观能动性的要素，道路交通基础设施是客观要素。

1.3.1 主、客观安全性的定义

1. 主观安全性

即道路用户对交通运行环境认知的安全性，也称道路用户主观安全感。指由道路用户通过认知道路几何线形及交通环境各要素的综合信息而得到的交通安全感觉，是道路用户对不同的信息刺激，经认知、判断后产生的一种心理生理反应。由于道路用户认知与判断能力及其个性的差异，不同道路用户会给出不同的安全性判定值。

道路用户的认知与判断能力又与其心理生理状态、自然环境条件(如高温、高原低压稀氧)等有关。

2. 客观安全性

强调道路交通设施的设计安全性。由道路的几何线形参数、路面状况以及道路环境要素等个体指标的合理程度决定，是道路用户使用道路交通基础设施的基本安全保障。即交通运行环境客观条件能够满足的道路交通安全度。

例如极限最小半径保证了标准设计汽车在曲线上能安全而又顺适地行驶，其实质是汽车行驶在曲线部分时，所产生的离心力等横向力不超过轮胎与路面的摩阻力所允许的界限，保证极限最小半径路段具有一定的客观安全性。

3. 主-客观安全性

主-客观安全性即道路用户主观安全感受与道路交通设施客观行车条件相互作用下的“人-车-路”系统安全性。系统安全性取决于客观安全保证的可靠性与道路用户对这种可靠性信息表现感知之间的协调，只有当道路用户的安全感和实际的客观安全保证协调统一时，系统交通安全才能实现。

1.3.2 主观安全性

国内外主观安全常用的评估技术有生理测量和主观评定等方法。

1. 生理心理的测量

生理测量是通过测定作业者在进行指定作业过程中出现的生理反应来间接地评估认知负荷，常用的生理指标有心率、脉博、血压、脑电、眼动、呼吸、肌电、皮电等。

1) 心率、脉搏和血压

心率的快慢、脉搏的强弱、血压的高低都是与心肌搏动的强度和幅度相对应的，同时也都会随着心理状态类型和程度的变化而发生改变。人在心理紧张时，会出现心输出量增加，心率加快，收缩压升高的现象；而且紧张心理还会对血液循环的外周阻力带来影响，使外周

阻力增加，从而使舒张压也升高。

有研究表明驾驶员在道路上驾驶时，平曲线半径越小其 MRR 值越小，心跳速率加快，容易紧张，其交感神经活性增加幅度越大，驾驶员越容易疲劳。

2）脑电

脑电信号是由脑神经活动产生且始终存在于中枢神经系统的自发性电位活动，是一种典型而重要的生物电信号。通常情况下，脑电由放置在头皮上的电极获得并被记录。人的脑电是一个较为复杂的领域，人处于不同的状态会有不同的脑电反应，同一种脑电反应，在大脑各个部位都有不同的分布。为了研究方便，人们将不同状态下出现的脑电波按频率与振幅大致划分为下列 4 种基本波形，即 α，β，θ 和 δ 波。在这几种基本波形中，与人遇到外界刺激产生兴奋有关的波形只有 β 波。用于研究驾驶员在高速公路上行车时心理紧张性与车速、路线线形的关系时，声波反映的心理现象与心率相当。脑电波是一种微弱的电波，在试验过程中容易受到其他干扰因素的影响而失真。

人类脑电活动的频率在 0.5～30 Hz 间。按照 Schwab 分类法，把脑电波分为 6 种波，如表 1-4 所示。

表 1-4　　脑电波分类

分类	频率/Hz	说　明
δ 波	0.5～3	睡眠、深度麻醉、缺氧或大脑有器质性病变时出现
θ 波	4～7	困倦时，中枢神经系统处于抑制状态中出现
α 波	8～13	节律性脑电波中最明显的波，它在清醒、安静、闭眼时即可出现；波幅由小到大，再由大到小规律性变化，呈棱状图形
ε 波	14～17	—
β 波	18～30	分布在大脑各部位，在脑的中前部和额部最为明显； 是一种频率较高、波幅较小的脑电波，当人警醒和大脑比较兴奋时会出现
γ 波	大于 30	—

3）眼动

眼动是人在处于紧张状态时，大脑为了获得引起紧张事物的更多信息以采取相应的应对措施，必然要将注意力大量地转移到该事物上来，这样就会伴随着人的视觉（眼睛）特性的相应变化。

通过相应的仪器（如眼动仪）可将人的这种自发生理反应检测出来，用于人紧张程度方面的定量分析研究。

(1) 注视。驾驶员通过注视来识别交通环境的某个特征（即线索）。注视是眼动研究中用来探讨内在认知过程的指标。驾驶员通过注视来识别交通环境的某个特征（即线索）。在日常生活中，认为注视点可以反映注意力的焦点。注视行为常用的表征参数有注视点、注视点数目、注视点顺序、注视持续时间、累计注视时间、瞳孔大小等。

(2) 扫视。扫视表示的是驾驶员的眼睛搜索目标物的过程；或根据需要将注视点由一个物体转移到另一个物体的运动；或由于周边视野上出现特异的刺激物，视网膜周边部位做出反应，促使眼球转动的行为。扫视常用的表征参数有扫视持续时间、扫视幅度、扫视峰值速度、扫视平均速度等。

(3) 眨眼。驾驶员在驾驶车辆过程中，并不能通过眨眼获取到相关信息，也就是说，眨眼并不参与视觉搜索的过程，而且频次极少。

上述的三种眼动形式交错在一起，目的均在于选择信息、将要注意的刺激物成像于眼球的中央凹区域，以形成清晰的像。眼动可以反映视觉信息的选择模式，对于揭示认知加工的心理机制具有重要意义。

4) 呼吸、皮电、肌电

呼吸是机体与外界环境之间的气体交换过程。当大脑皮层兴奋性发生变化时，必然会影响呼吸的变化，而这种变化往往是人自身意识不到的。正常成年人安静状态下呼吸频率为 12～18 次/min，平均约 15 次/min，在平静呼吸时，每次吸入或呼出的气量，成人约 500 mL，成年人的呼吸频率在紧张状态下相比静止状态时有减缓的趋势。

皮电是人体受到外界刺激或情绪变化时，交感神经活动兴奋，引起汗腺分泌的增加，导致皮肤导电率升高，从而引起较大的反应。皮电还是反映大脑皮层功能和自主神经系统活动的指标，可以反映基本神经过程的动力特征。正是因为反应幅度大，灵敏度高，不易受大脑皮层意识直接抑制的特点，皮电已成为国际上应用最广泛并得到普遍承认的心理测试指标。

肌电是人体的肌肉细胞受神经刺激后会产生动作电位。利用肌电仪检测并放大这种电位，就可通过研究该电位的高低或电位差来了解人体在运动前后的紧张程度。

由于呼吸、皮电、肌电等方法不易采集，常作为辅助测量方法。

2. 主观评价

主观评定技术是由作业者根据主观感受与体验来评估认知负荷，通常涉及个体感知到的心理努力、任务难度和时间压力等方面。

脑负荷的主观测量方法是指让驾驶员陈述任务操作过程中的脑负荷体验或根据这种体验对作业项目进行过程排序、质的分类或量的评估。方法的理论基础是操作者脑资源耗费的增加同他的努力程度联系并能准确地表达出来。

典型的主观测量方法是 3 个等级量表 NASA-TLX 量表、主观负荷评价技术 SWAT 和修正的库柏哈柏法 MCH。

NASA-TLX 是由美国航空航天局开发的，是一个多维脑力负荷评价量表。涉及 6 个负荷因素(维度)，即心理需求、生理需求、时间需求、操作绩效需求、努力需求和挫折，每一维度均由一条 20 等分的直线表示，直线分别以低、高字样示标。

主观负荷评价技术 SWAT 方法把时间、压力和努力看作是 3 个引起脑负荷的主要因素。每个因素分高、中、低 3 个水平，最后合并成一个脑负荷测量指标。

修正的库柏哈柏法 MCH 量表由一系列的问题组成，是评价飞机驾驶难易程度的单维量表，可进行作业负荷的综合评价。

NASA-TLX 和 SWAT 量表是多维量表，在敏感性和诊断性方面效果相近。但是，NASA-TLX 和 SWAT 方法是分别通过各自不同的维度测量诊断性的。这 3 种主观测量方法间存在一定的相关，在航空界都有广泛的应用。

美国一般职业能力倾向成套测验(General Aptitude Test Bsttery, GATB)也被许多国家竞相用来研究驾驶适应性问题，并研制、开发了许多检测设备和方法。

1.3.3 客观安全性

客观安全性强调道路的设计安全性。客观安全性由道路的几何线形参数、路面状况以及道路环境要素等个体指标的合理程度决定。对于平曲线、竖曲线等基准元素的计算，其技术指标的确定需要考虑安全性，而技术指标允许值均与速度有关。

1. 道路交通基础设施设计技术指标

道路交通基础设施设计技术指标为道路用户提供了最基本的条件。不同等级道路以设计速度为控制指标确定各项道路交通设施基准元素的技术指标。如图 1-5 和表 1-5 所示。

表 1-5　我国道路几何线形设计技术标准示例(JTG D50—2006)

设计速度/(km·h^{-1})		120	100	80	60	40	30	20
平面								
圆曲线最小半径/m		1 000(650)	700(400)	400(250)	200(125)	100(60)	65(30)	30(15)
回旋线最小长度/m		100	85	70	50	35	25	20
平曲线最小长度/m		600(200)	500(170)	400(140)	300(100)	200(70)	150(50)	100(40)
纵断面								
最大纵坡		3%	4%	5%	6%	7%	8%	9%
最小坡长/m		300	250	200	150	120	100	60
最大坡长/m：对应坡度	3%	900	1 000	1 100	1 200			
	4%	700	800	900	1 000	1 100	1 100	1 200
	5%		600	700	800	900	900	1 000
	6%			500	600	700	700	800
	7%					500	500	600
	8%					300	300	400
	9%						200	300
	10%							200
最大合成坡度		10%	10%	10.5%	10.5%	10%	10%	10%
凸竖曲线最小半径/m		17 000 (11 000)	10 000 (6 500)	4 500 (3 000)	2 000 (1 400)	700(450)	400(250)	200(100)
凹竖曲线最小半径/m		6 000 (4 000)	4 500 (3 000)	3 000 (2 000)	1 500 (1 000)	700(450)	400(250)	200(100)
竖曲线长度最小值/m		250(100)	210(85)	170(70)	120(50)	90(35)	60(25)	50(20)
横断面								
路基宽度/m：对应车道数	8	42(40)	41(38.5)					
	6	34.5	33.5	32				
	4	28(25)	26(23.5)	24.5(21.5)	23(20)			
	2			12(10)	10(8.5)	8.5	7.5	6.5
车道宽度/m		3.75	3.75	3.75	3.5	3.5	3.25	3
右侧硬路肩宽度/m		3.5(3)	3(2.5)	2.5(1.5)	2.5(1.5)			
土路肩宽度/m		0.75	0.75	0.75	0.5	0.75	0.5	0.25

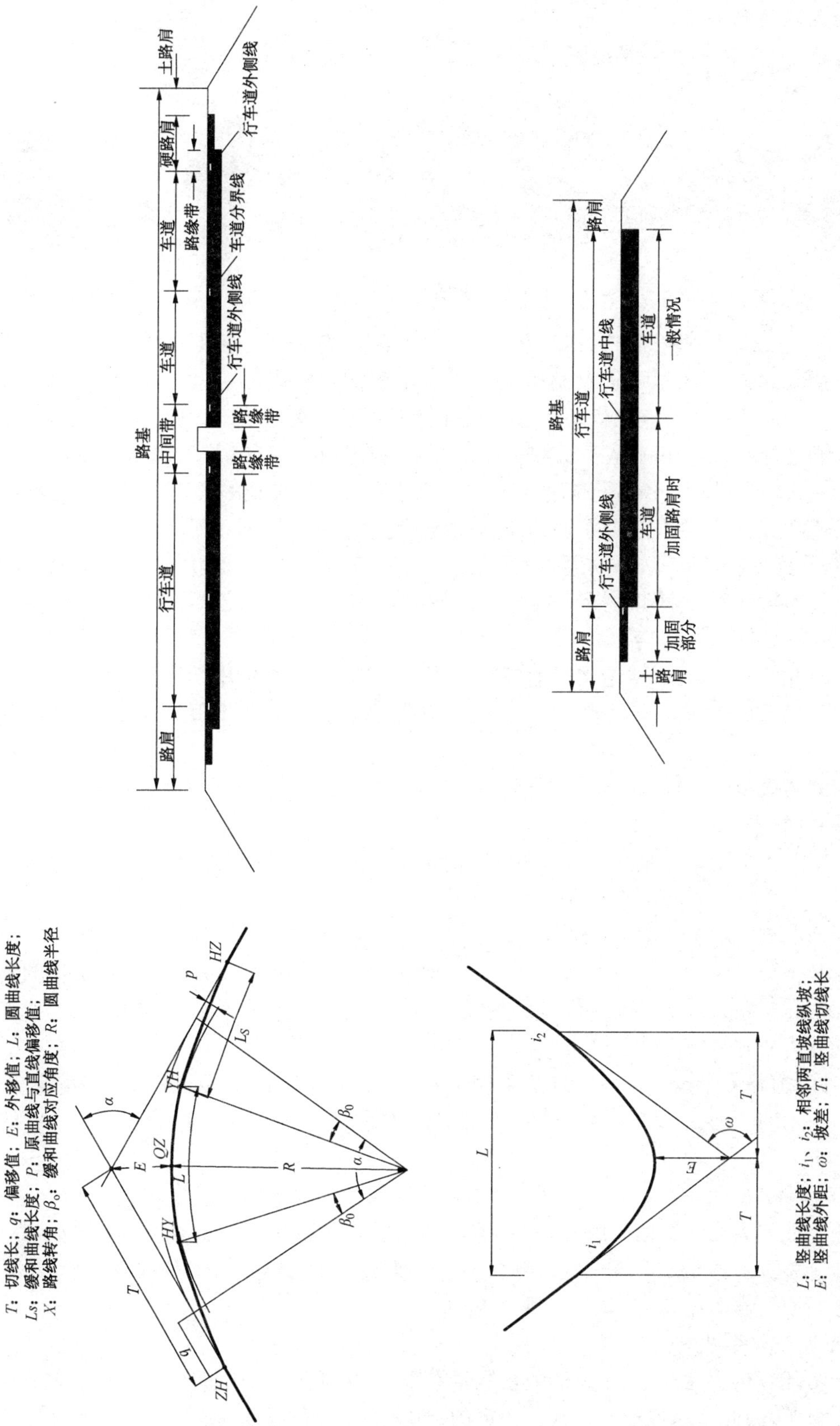

图1-5　道路平、纵、横设计图示例

2. 整体客观安全性指标

道路交通基础设施是由基准元素组成的整体，如图 1-6 所示。

图 1-6　道路交通基础设施组成

整体客观安全性指标则要考察基准元素组合后的道路交通设施具有的客观安全性。

指标选取：基准元素组成道路整体的客观安全性指标参数可用运行速度特征值表示。一特定驾驶人员驾驶一特定的机动车行驶在具有不同道路交通基础设施特征的路段，无任何其他车辆干扰时（自由流状态），无事件影响行驶，路域环境良好（或基础设施设计时所用的路域环境条件）的情况下，其行驶速度取决于道路交通基础设施的客观安全性。定义该速度为运行速度，其沿线变化反映了道路交通设施元素沿线的均衡性和匹配协调性。

显然，在同一特征路段，不同驾驶人员和不同类型车辆，其运行速度不同。可寻求运行速度特征值作为客观安全性的指标参数。这一参数可定义为道路交通基础设施客观安全性运行速度评价指标。

针对研究的问题，可以构造运行速度特征值，并检验其是否可用于评价安全性能，包括速度特征值应与事故率具有显著性关系、运行环境特征值与运行速度特征值具有显著性关系。

常用的运行车速特征值有以下 6 种。

1）平均车速 $\bar{V}$ 和 Δv_{85}

平均车速指平均地点车速，是汽车通过道路某指定地点的瞬时速度。一组地点车速观测值的算术平均数为平均地点车速。

如果把所有车辆和驾驶人员的运行车速从小到大排序，可以得到第 85 位车速、90 位车速、95 位车速等。不少国家采用 V_{85} 作为运行速度特征值，基本含义是中等技术水平的驾驶人员根据实际道路条件、交通条件、良好气候条件等能保持的安全速度，某种意义上反映了道路硬件环境的客观安全性。

如，许多道路安全设计与评价方法采用运行车速 V_{85} 与设计车速的差或毗邻路段的运行车速 V_{85} 的差值 $|\Delta v_{85}|$ 作为运行环境的协调性或称连续性。多用来评价几何线形的连续性。

2）车速标准差 σ

车速标准差为路段车速标准差，其计算方法为首先计算单个断面运行车速 V_{85}，然后，根据所划分路段上的断面个数确定样本量——断面运行车速 V_{85} 的个数，通过计算得到基于以上各断面代表车速 V_{85} 的车速标准差 σ。

3）车速变异系数 C_v

由于实际测量中，路段上布设的测点数量有限，其中任意一个值的变化对标准差 σ 的影响都非常显著，因此车速标准差 σ 具有一定的缺陷，为了克服这种缺陷，引入路段车速变异

系数 C_v，即：

$$C_v = \frac{\sigma}{\mu} \tag{1-1}$$

式中 σ——车速标准差($\mathrm{km \cdot h^{-1}}$)；

μ——车速均值($\mathrm{km \cdot h^{-1}}$)，其样本取值与车速标准差相同。

车速变异系数 C_v 的引入，有效地克服了样本波动对相关性分析的影响，作为研究路段车速波动与事故率的相关性以及不同类型路段之间的线形连续性更具合理性。

4）客货差及客货极差比

定义客货差为小汽车与大货车运行车速的差值，即断面客货差＝小客车 V_{85} －大货车 V_{85}，这样就得到路段内各断面的客货差。

考虑到客货差极大值以及平均值都没有将路段客货差的离散性表现出来，引入路段客货差极差比，其计算方法如下：

$$M = \frac{\max\limits_{1 \leqslant i \leqslant n}(m_i) - \min\limits_{1 \leqslant i \leqslant n}(m_i)}{\bar{m}} \tag{1-2}$$

式中 M——路段客货差极差比；

m_i——路段各断面客货差值($\mathrm{km \cdot h^{-1}}$)；

$\bar{m}$——路段各断面客货差均值($\mathrm{km \cdot h^{-1}}$)。

5）断面车速差 ΔV 及车速降低系数 SRC

毗邻路段车速差值是保证线形设计质量的关键参数，即保证同一设计区段内，驾驶员能够采用连贯的驾驶方式行车，避免或最大程度地减少操作错误，提高安全性。

断面车速差 ΔV 定义为不同断面特征点车速之差，驶入曲线方向为曲中点与直缓点车速差，驶出曲线方向为缓直点与曲中点车速之差。

此外，在车辆实际运行中，车辆从 60 km/h 减速到 30 km/h 和从 120 km/h 减速到 90 km/h的速度变化率是不一样的，前者发生事故的可能要大于后者。因此，在断面车速差的基础上引入车速降低系数，即断面车速比 SRC 定义为不同断面特征点车速之比，驶入曲线方向为曲中点与直缓点车速比，驶出曲线方向为缓直点与曲中点车速比。计算方法如下：

驶入曲线方向：

$$\Delta V = \text{曲中点}\, V_{85} - \text{直缓点}\, V_{85} \tag{1-3}$$

$$SRC = \frac{\text{曲中点}\, V_{85}}{\text{直缓点}\, V_{85}} \tag{1-4}$$

驶出曲线方向：

$$\Delta V = \text{缓直点}\, V_{85} - \text{曲中点}\, V_{85} \tag{1-5}$$

$$SRC = \frac{\text{缓直点}\, V_{85}}{\text{曲中点}\, V_{85}} \tag{1-6}$$

式中 ΔV——断面车速差($\mathrm{km \cdot h^{-1}}$)；

SRC——车速降低系数。

6）路段车速离散度 S

路段车速离散度 S 定义为里程 L 内第 85%位车速与平均车速所围成的面积。

路段车速离散度 S 描述了路段范围内车速相对于整条公路平均车速的离散程度，平均车速具有一定的稳定性，代表了一条公路整体车速水平；另外，考虑到速度梯度的正与负将相互抵消，从而无法反映路段车速的离散性，因此路段车速离散度 S 的计算不考虑 ΔV_i 的正负，只考虑 ΔV_i 的大小，是一个恒正的量。可按式(1-7)计算。

$$S=\frac{\sum_{i=1}^{n}\int_{l_i}^{l_{i+1}}\Delta V_i \mathrm{d}l}{L} \tag{1-7}$$

式中 ΔV_i——第 i 个几何元素第 85%位车速与平均车速之差，即单位长度内的速度梯度($\mathrm{m\cdot s^{-1}}$)；

l_i——第 i 个几何元素对应的起点桩号里程(m)；

l_{i+1}——第 i 个几何元素对应的终点桩号里程(m)；

L——里程长度(m)；

n——里程长度 L 内几何元素的总个数。

以上车速特征值也可按不同车型等进行设定，以反映路域环境对不同车型的安全性能。也有不少研究人员力图探索几何线形等的三维参数，建立三维参数与事故率等的关系，提出路域环境安全性能的指标。

1.3.4 主、客观安全性之关系

主、客观安全性间的相互关系如图 1-7 所示。

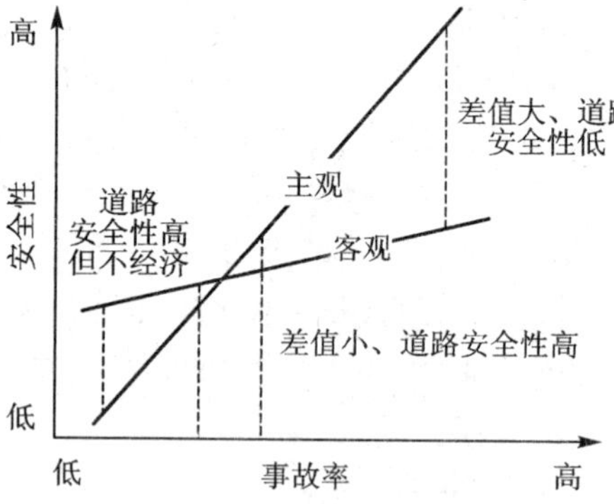

图 1-7 主、客观安全性关系图

主观安全性高于客观安全性，即道路的设计安全水平低，而驾驶员的安全感觉反而较高的道路。比如：道路线形参数的标准低而路面及交通运行环境状况好，形成所谓道路结构及交通环境设计指标的“逆偏差”，此时驾驶员判断的安全车速会高于该路段的“设计车速”，车辆将处于不安全行驶状态，容易引发道路交通事故。

客观安全性高于主观安全性，即道路的设计安全水平高，而驾驶员的安全感觉反而较低的道路。比如道路线形参数的标准高而路面及交通运行环境状况差，形成所谓道路结构及交通环境设计指标的“正偏差”，此时驾驶员判断的安全车速会低于该道路路段的“设计车速”，车辆将处于裕量安全行驶状态，不容易发生道路交通事故。从防止事故发生的角度看，此种情况最为理想，但从充分发挥道路通行能力，提高道路运输效率的角度看，认知安全性的速度负偏差不宜太大，否则会造成设施使用效率低。

主客观安全关系平衡，即驾驶员的主观安全感觉与道路的客观安全水平相接近的道路。主要特征为：①道路线形参数的标准高而且路面及交通环境状况亦好，此时驾驶员判断的安全车速与该道路路段的“设计车速”非常接近，车辆将处于临界安全行驶状态，正常情况下不会发生道路交通事故；②道路线形参数的标准低，但路面及交通环境状况亦较差，道路结构

及交通环境设计指标协调一致、匹配性好，此时驾驶员判断的安全车速也与该道路路段的“设计车速”非常接近，车辆同样处于临界安全行驶状态，正常情况下也不易引发道路交通事故。

前景预判，道路用户根据对所在路段安全性采取适当的控制措施，道路用户也会对前景根据所感知到的运行环境信息做出预判，以确定是否采取加减速行为。前景预判的主观安全性与前景预判客观安全性的关系是影响交通安全的重要因素。

主、客观安全性及其平衡是道路交通运行安全的基础。

1.4 小结

对道路交通安全问题实质及其对道路用户生命财产造成的损失应从以人为本的角度认识，从对社会造成的严重影响的高度认识，才能认知到道路交通安全问题严重性，引起全社会大众的重视。研究道路交通安全，制定相应的保障对策，需对路域环境的构成特性、安全性能及其相互之间的关系建立科学的理论基础。

第2章

路域环境安全设计

2.1 路网、道路等级

道路路网的形式和道路安全关系不大，但路网的合理性对交通流向是有影响的，不合理的路网可导致交通流分布不均或用户在道路间频繁转换；路网内不同等级不同类型的道路之间的变换显著改变运行环境，也会影响到交通安全。

2.1.1 路网道路组成与衔接

关于路网与道路安全的关系可从以下几个方面分析：

(1) 国家干线路网与区域路网的衔接(接入方式)；

(2) 国家干线路网和区域路网内各等级道路间的衔接；

(3) 城市道路网与公路网的衔接；

(4) 城市道路网与农村路网衔接；

(5) 大型商业区、交通枢纽等交通密集区域与周边路网的衔接；

(6) 其他。

例：我国无论是北京、上海等都市，还是一些中小城市，几乎都有自己的环城道路；如：北京从二环到六环、上海包括内环、中环、外环和郊环公路等。这种环城道路是否适应所有规模的城市，有无缺陷(对安全和通行能力等方面的影响)。

接入方式是影响安全的重要因素，路网特征参数，如路网密度、路网内各道路的功能与其在路网内的定位匹配情况等也都是影响交通安全的因素。因此，接入管理是影响安全的重要因素。

2.1.2 道路等级与技术标准

道路技术标准、道路等级应该与其应具备的道路功能、所处的地理位置、行政区域、交通量及其构成等相匹配。包括：

(1) 技术标准与交通量及其构成的匹配；

(2) 道路功能定位是否合适，与自然、人文环境是否协调；

(3) 道路等级及采用的技术指标与建设条件是否有较大冲突；

(4) 重大基础设施，如大跨度桥梁、长大隧道、枢纽立交等建设条件；

(5) 其他。

我国《公路工程技术标准》(JTG B01—2014)对公路功能的定义如下：

公路在路网中为车辆出行提供畅通直达、汇集疏散和出入通达的交通服务能力。主要干线公路和次要干线公路具有畅通直达的功能，主要集散公路和次要集散公路具有汇集疏散的功能，直线公路具有出入通达的功能。

计算行车速度是我国道路交通基础设施参数的顶层控制指标，设计速度的选用显然是很关键的。按规范，其定义为“设计速度为确定公路设计指标并使其相互协调的设计基准速度。设计速度的选用应根据公路的功能和技术等级，结合地形、工程经济、预期的运行速度和沿线土地利用性质等因素综合论证确定”。具体规定如下：

(1) 高速公路设计速度不宜低于 100 km/h，受地形、地质等条件限制时，可以选用 80 km/h。

(2) 作为干线的一级公路，设计速度宜采用 100 km/h；受地形、地质等条件限制，可采用 80 km/h。作为集散的一级公路，设计速度宜采用 80 km/h；受地形、地质等条件限制，可采用 60 km/h。

(3) 高速公路和作为干线的一级公路的特殊困难局部路段，且因新建工程可能诱发工程地质病害时，经论证，该局部路段的设计速度可采用 60 km/h，但长度不宜大于 15 km，或仅限于相邻两互通式立体交叉之间的路段。

(4) 作为干线的二级公路，设计速度宜采用 80 km/h；受地形、地质等条件限制，可采用 60 km/h。作为集散的二级公路，设计速度宜采用 60 km/h；受地形、地质等条件限制，可采用 40 km/h。

(5) 三级公路设计速度宜采用 40 km/h；受地形、地质等条件限制，可采用 30 km/h。

(6) 四级公路设计速度宜采用 30 km/h；受地形、地质等条件限制，可采用 20 km/h。

2.1.3 信息一致性

为道路用户提供的信息在整个路网内应具有一致性。道路用户的交通行为决策取决于他所获取的道路交通环境信息，整个路网内信息的一致性是影响交通安全的重要因素。信息包括路域环境物理信息和提供交通管理、控制与引导的交通图文信息。

路域环境物理信息是指道路交通基础设施形态所呈现给道路用户的信息，如平曲线在道路用户视觉范围内应呈现为平曲线，而断背曲线则给道路用户呈现了错误的环境信息。相同功能和等级的公路若采用了不同的技术标准与指标则易产生路域环境信息的不一致性。

交通图文信息是道路交通管理为道路用户提供的道路路权、交通行为约束和指路等信息。我国干线公路网和高速公路网基本形成，省际运输已为常事，显然路网交通图文信息的一致性是必要的。

2.1.4 运营安全保障与紧急救援的协调

国家干线公路和高速公路网在管理上是有地域界限的，但道路运输没有地域界限，公路沿线气象与地质地貌的变化是连续的，交通流及其变化沿线也是连续的。地质灾害、恶劣天气及交通事件导致的交通拥堵瘫痪波及范围不受地域界线的限制，其运营安全保障与应急救援需要沿线不同行政区域的协调，共同应对，包括信息、救援设备与医疗等资源的共享，形成国家干线公路和高速公路网运营安全保障与紧急救援的联动机制。

2.2 道路几何线形安全设计

2.2.1 道路几何元素及其设计技术指标

1. 基准元素

平面线形由具有不同曲率线形特征的平面元素组成，包括直线、平曲线、缓和曲线等。

纵断面线形由具有不同坡度和曲率特征的纵断面元素组成，包括零纵坡直线、纵坡直线、竖曲线等。

横断面上则在道路规划红线宽度范围内，由不同的宽度和坡度元素组成，主要包括车道数、车道宽度、横向坡度、路肩宽度等。

道路设计规范对这些设计元素均进行了取值的规定与要求。

2. 同一路段基准元素的组合

平、纵、横线形元素组合不当是形成危险路段的重要原因之一，在某一路段其组合情况对行车安全的影响明显比单个平、纵曲线元素的影响要大。平、纵、横线形元素不应独立进行考虑，也不能简单地套用规范。典型不利因素的组合路段比一般路段的事故率高出 6 倍以上。

我国在《公路路线设计规范》(JTJ D20—2006)中明确指出，计算行车速度>60 km/h 的公路，必须注重平纵的合理组合(图 2-1)，并提出了下列具体的组合要求：

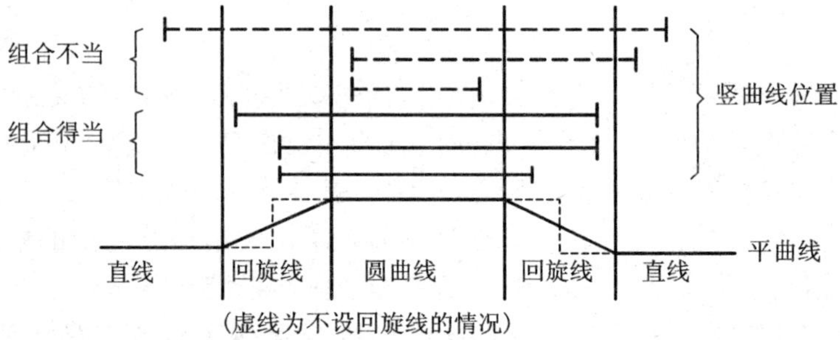

图 2-1 规范平纵曲线组合技术要求

(1) 平、纵线形组合设计应相互对应。当平、竖曲线半径均较小时，其对应程度应较严格；随着平、竖曲线半径的同时增大，其对应程度可适当放宽；当平、竖曲线半径均较大时，可不严格对应。

(2) 长直线不宜与坡陡或半径小的短竖曲线组合。

(3) 长平曲线内不宜包含多个短竖曲线，短的平曲线不宜与短的竖曲线组合。

(4) 半径小的圆曲线起、止点，不宜接近或设在凸形竖曲线的顶部或凹形竖曲线的底部。

(5) 长的竖曲线内不宜设置半径小的平曲线。

(6) 凸形竖曲线的顶部或凹形竖曲线的底部，不宜同反向平曲线的拐点重合。

3. 几何线形突变

路段与路段之间几何特征的过渡同样是影响道路安全的重要因素，可以采用道路几何线形的均衡性或突变性进行路段之间线形差异的描述。研究表明几何线形的连续性是保证道路交通安全的重要前提,如一个孤立的小半径平曲线放在两个均为较长直线或大半径平曲线的路段之间,则可能形成事故隐患路段。但如果将其放在与之相似的路段之间,则不一定形成事故隐患路段。

该问题即路段的基准元素选用得当并组合合理后,还要考虑毗邻路段元素的过渡。

不少研究通过观察认为,当曲线内的 V_{85} 车速低于进入曲线的 V_{85} 车速 10～15 km/h 以上时会有很大可能形成事故隐患路段。

美国的 TRB(1987)总结平、纵组合的经验如下:"单个曲线的技术指标与安全的关系不能解释产生事故危险段点的道路环境方面实质性的原因,这些危险段点可能是一个大交通量的交叉口、长直线后急弯、多个连续圆曲线中存在大小半径比等问题,这些曲线组合超出了驾驶人员对前方道路环境的预料,导致事故。这一情况已被公认为主要的事故原因。"

我国关于高速公路事故多发路段(甚至社会上称其为魔鬼路段、死亡路段)的报道,线形均衡性不良是重要原因之一。如高速公路山区路段与平原微丘区路段之间;山区高速公路峡谷桥梁与路段之间;长纵坡内小半径曲线段与大半径曲线段之间等。

2.2.2 几何线形安全分析

如上节所述,几何线形安全性分析可以从以下三个方面入手:

(1) 在设计速度指标控制下的线形基准元素技术指标的选用;

(2) 单路段内的平纵横线形元素的组合设计;

(3) 毗邻路段间的线形均衡性(也称几何线形连续性)设计。

关于道路交通基础设施与自然人文等环境的和谐性及其对安全性能的影响可另作一个方面考虑。

1. 主客观安全性

从几何设计原理上,设计为道路用户提供了满足一定行车要求的几何线形,即道路几何线形对于车辆行驶具有一定的客观安全性。

根据关于主观安全性的定义,几何线形的主观安全性可定义为道路用户通过自身对道路几何线形的认知与主观安全性判断,所给予的安全性判定值。

道路几何线形安全性设计的重点在于协调道路客观安全性与道路用户主观安全性的一致。

2. 计算行车速度(设计车速)与运行速度

由于驾驶者和机动车性能的差异,技术指标的确定不可能考虑到每一个道路用户和每一类车辆。所以在制定设计标准时,采用了标准车辆和计算行车速度。

计算行车速度,亦称为设计速度,根据规范其定义为:在气候正常、交通密度小、汽车行驶只受到道路本身几何要素、路面、附属设施等条件影响时,具有中等驾驶技术的驾驶员能保持安全行驶的最大行驶速度。

设计车辆:《公路工程技术标准》(JTG B01—2014)规定了公路几何设计所采用的代表车型,其轮廓尺寸、装载质量和动力性能是确定公路几何参数的主要依据(表 2-1)。

表 2-1　代表车型主要参数表

车辆类型	总长/m	总宽/m	总高/m	前悬/m	轴距/m	后悬/m	装载质量/t
小客车	6	1.8	2	0.8	3.8	1.4	≤2
大型客车	13.7	2.55	4	2.6	6.5+1.5	3.1	7～20
铰接客车	18	2.5	4	1.7	5.8+6.7	3.8	—
载重汽车	12	2.5	4	1.5	6.5	4	—
铰接列车	18.1	2.55	4	1.5	3.3+11	2.3	—

在给定的计算行车速度指标体系下，对于一条具体的道路，受地形、投资等限制的某些路段，设计可能会采用接近或等于规范中技术指标的极限值。一般来说，对于地形复杂，限制条件多的项目，路线几何线形技术指标相对较低，而这些路段可能会存在一定的行车风险。

针对这些技术指标接近或等于规范限值的路段，与安全有关的问题如：

(1) 基准元素满足技术指标标准的规定，组合元素是否满足安全性能的技术要求？

(2) 一定里程的道路由具有不同几何线形技术参数的基准元素、组合元素构成沿线变化的空间几何体，参数的变化影响运行安全性能。

(3) 车辆与用户，技术指标是针对设计车辆制定，但实际上道路行驶的车辆性能与类型相差悬殊，道路用户的驾驶技术与交通行为千差万别，但道路交通设计技术指标的选用不可能考虑所有的车辆与用户。

从"人-车-路"系统的运行角度寻找设计安全性的参数或指标。在特定的环境下，特定的驾驶者和机动车，其交通行为是"人-车-路"系统运行的外在表现，具有一定性格的人认知特定环境下的道路交通设施，决定相应的交通行为，发布指令给所驾驶的机动车，机动车接受指令行驶在道路上。在自由流状态下，该车的行为不受其他车辆的干扰，只受到道路交通运行环境的影响。其交通行为反应了人-车-路在自由流状态下的运行状况。能够表达该交通行为最直接的参数是其行驶速度。

由此带来两个差异：

(1) 给定路段个体行驶速度与计算行驶速度的差异；

(2) 给定道路用户和车辆，毗邻路段的行驶速度差异。

3. 运行速度的应用

如本书上节所述，采用设计车辆和设计速度设计道路交通基础设施，必然存在上述两方面的速度差异，在道路几何线形设计与道路安全性研究方面，提出了自由流状态下运行速度的概念。

显然，道路上各道路用户的运行速度是不同的。目前一般根据断面车速分布特征，比较普遍地采用第 85 个百分位上的车速计算值作为运行速度的特征值，记为 V_{85}。采用什么样的特征值表征运行速度，要考察该特征值是否可用于解释几何线形的安全性。

我国在 2003 年颁布实施的《公路工程技术标准》(JTG B01—2003)中引进了运行速度概念，要求在设计速度变化路段、爬坡车道、超高等受限制路段用运行速度进行验算，以改善技术指标或采用必要的交通安全技术和管理措施。2004 年《公路项目安全性评价指南》提出了运用运行速度进行道路几何线形的安全性评价。

在本书第 1.3 节中关于客观安全性指标，提出了几个运行速度的特征值。从主客观安全差异和运行速度的定义，不难看出有两个差值存在：

(1) 对于特定横断面，该断面运行速度和计算行车速度之间的差；

(2) 具有不同几何线形参数的两毗邻路段运行速度之间的差。

同时，要注意到计算行车速度只对具有标准规定的极限指标的路段有控制作用。

国内外对运行速度和安全性的关系进行过大量的研究，建立了许多运行速度预测模型(图 2-2 和图 2-3)。研究表明运行速度的变化可以反映道路几何线形的安全性。

IHSDM 评价模型根据运行速度的变化或与设计速度之差来判定设计结果是否连续，进而判定道路安全性，如表 2-2 所示。这一标准值也被许多国家借鉴。

表 2-2　　IHSDM 一致性评价标准

评价结果	标准一/($km \cdot h^{-1}$)	标准二/($km \cdot h^{-1}$)
好	$V_{85}-V_d \leqslant 10$	$\Delta V_{85} \leqslant 10$
中	$10 < V_{85}-V_d \leqslant 20$	$10 < \Delta V_{85} \leqslant 20$
差	$V_{85}-V_d > 20$	$\Delta V_{85} > 20$

联邦德国公路路线评价模型中也采用了这一指标；检验各分段上的 V_{85} 和毗邻分段的 V_{85} 之差，如果 V_{85} 不大于设计速度 V 且与毗邻路段的 V_{85} 之差在 10 km/h 之内，则通过检验，否则进行调整。调整方法为：

(1) 若 V_{85} 大于设计速度 V 且小于($V+20$)km/h 时，则保持设计速度，但是路面超高、停车视距的计算要采用($V+10$)km/h 作为设计速度进行验算，并使其满足要求。

(2) 若 V_{85} 大于($V+20$)km/h，则提高原定的设计速度，并使各项指标满足新设计速度的要求。如希望保持原设计速度，则应调整路线设计指标，以减少 V_{85}，直至满足上述检验的要求。

(3) 若毗邻路段的 V_{85} 之差大于 10 km/h，则应适当调整相关路段的设计指标，或在两段之间插入一过渡段，从而满足上述检验的要求。

澳大利亚公路局评价模型中推荐的运行速度模型中有两个重要假设：驾驶员根据平曲线半径选择行驶速度，车辆驶入曲线时将在缓和曲线段内完成加、减速，在圆曲线上车辆保持匀速，因此相同半径的曲线路段上有统一运行速度；车辆将在平曲线末端开始新的加速或减速过程。澳大利亚的评价方法为：

(1) 根据曲线半径用规范推荐的运行速度模型计算曲线段的行驶速度。

(2) 根据直线长度计算直线段上的行驶速度。

(3) 根据坡度对行驶速度进行调整。

(4) 采用规范规定的“驶入-驶出曲线”和最小半径概念检验车辆实际行驶速度与曲线设计半径的匹配性。

(5) 调整并完成设计。

如图 2-2 和图 2-3 所示，根据运行速度预测结果(现有道路可以实际观测)，可以初步甄别出潜在的线形组合不良路段，设计者可对此类路段深入分析线形组合是否存在影响安全性能的因素。

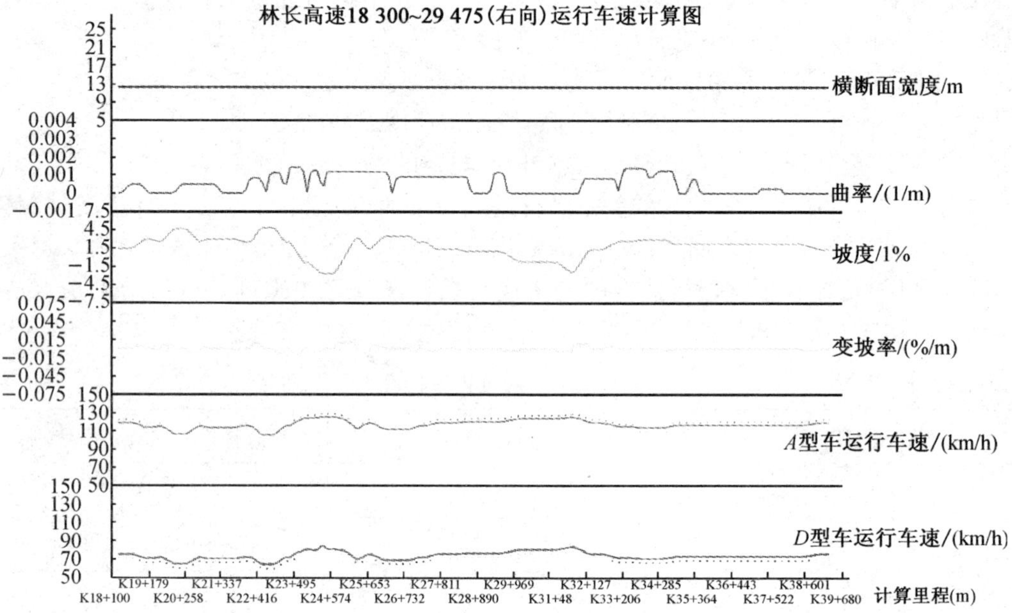

图 2-2　OSPS 运行速度模型应用于安全设计与评价

2.2.3　几何线形连续性评价指标

1. 几何线形综合技术指标

几何线形基准元素的技术指标类别与阈值相互组合起来是无数的，要把各指标与几何线形安全性建立关系虽不无可能，但实验工作量过大，数学模型也很难建立。所以，有许多学者只能选定特定路段，建立安全性与个别指标的关系。因此，可否寻找一个或几个综合技术指标，研究其与安全性能的关系。

公路线形综合指标定义：以公路线形基准元素技术指标为基础，综合考虑公路线形平、纵、横三个方面的空间几何特性，能够表征不同设计指标对公路线形连续性和行车安全性的影响，并可运用数学模型描述较为客观的综合性技术指标。

与综合指标相关的基准元素设计技术指标主要有：曲率、曲率变化率、缓和曲线、曲线转角、纵横坡度、车道宽度、车道数、左右路肩宽度等。

根据曲率、曲率变化率、曲线转角、坡度、车道宽度、车道数、左右路肩宽度等平、纵、横三个方向的指标分别构建平面线形模型、纵断面线形修正模型和横断面线形修正模型。将这三个模型组合到一起构建线形综合指标，用以描述高速公路路线的几何线形。如图 2-4 所示。

建模的方法主要分为经验建模和理论建模两种方法。

经验法是根据公路平、纵、横三个方面的线形技术指标对安全性能的影响机理，选取显著影响的技术指标，分别构建平面线形模型、纵断面线形模型和横断面线形修正模型，最后根据公路线形的空间几何特点，将这三个模型组合构建公路线形综合指标模型，并进行参数标定和敏感性分析，用以描述高速公路线形的客观安全性。

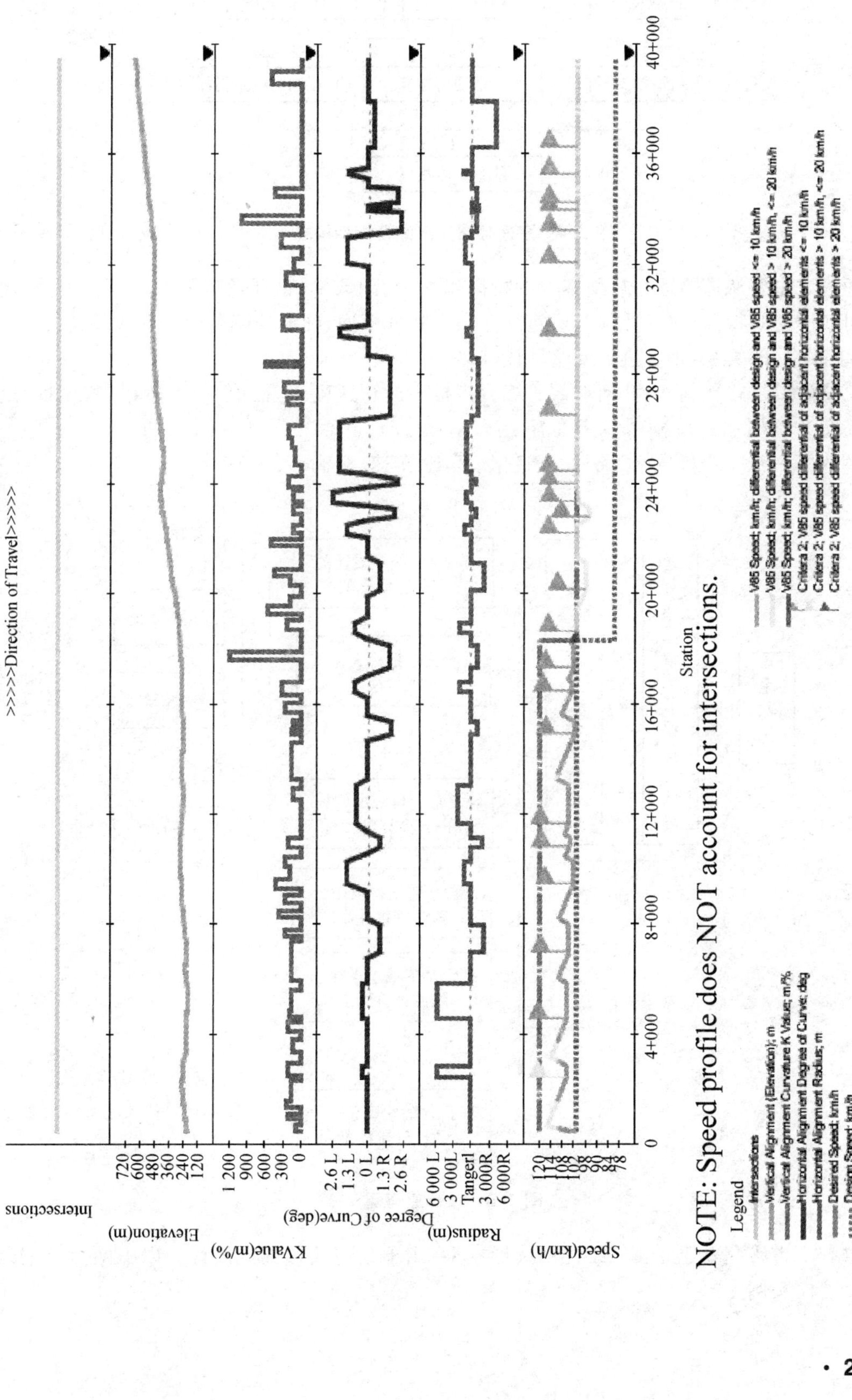

图 2-3　IHSDM 运行速度模型应用于安全设计与评价

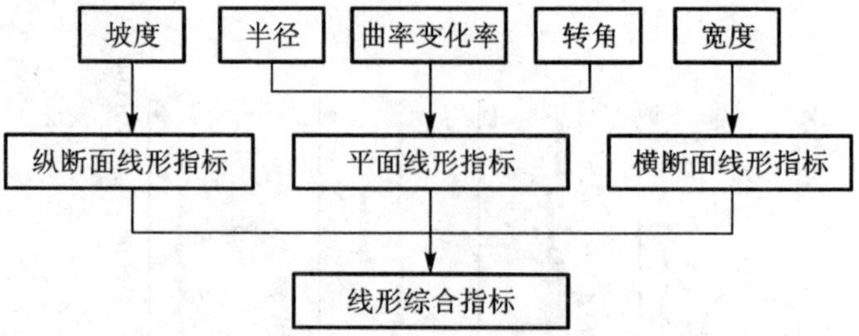

图 2-4　高速公路线形综合指标构成

理论法主要从道路运行环境本身的特征出发，利用数学、物理及工程学等理论方法，研究几何线形空间特征，建立几何线形空间体数学物理模型，确定其模型计算参数及其与安全性能(事故率)的关系，则可进行安全性设计。

道路(路段、路段间)—几何参数—综合指标—运行速度(特征值)—事故率(安全性)之间存在图 2-5 所示关系，函数关系如下：

事故率＝f(平纵横线形、路面、交通量、环境、车速、车辆、人……)

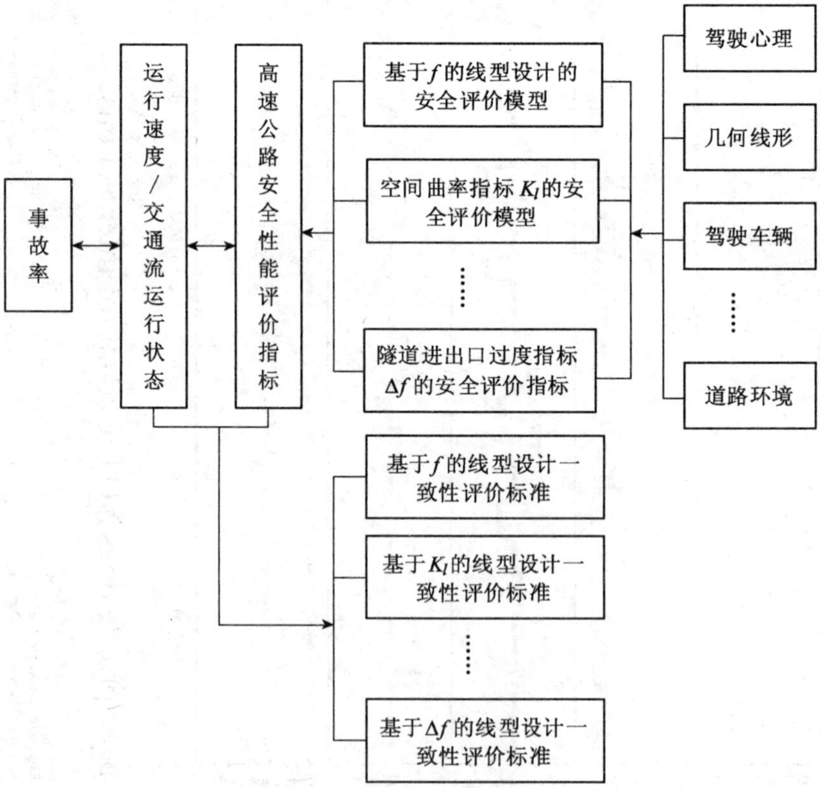

图 2-5　设计原理图

也有不少研究者建立真三维几何线形模型，用于几何线形视觉设计。以下两节分别介绍两个建模实例。

2. 几何线形经验指标建立

1）平面线形模型

线形综合指标模型的平面线形描述模型主要包括曲率、曲率变化率和曲线转角三个影响因素。

离心力是表征曲线部分安全性的指标。用曲率变化率表示驾驶方向盘转动幅度的大小。用曲线转角 I 表示视野转动偏角的大小。

因此，可构建公路线形经验指标的平面描述模型数学关系式如下：

$$f_{平} = mR^{n} \cdot \exp[k \cdot (1/R)' + l \cdot I] \tag{2-1}$$

其中，$\frac{1}{R}$为曲率，$\left(\frac{1}{R}\right)'$为曲率变化率，$I$ 为转角，m, n, k, l 为参数。

2）纵断面线形模型

纵断面线形指标中，与行车安全直接相关的就是纵坡度，以纵坡度为主构造数学模型来表示纵断面线形综合指标对行车安全性的影响。

分析构建类似抛物线式的线形经验指标的纵断面描述模型数学关系式如下：

$$f_{纵} = a \cdot i \cdot |i| + b \cdot i + c \tag{2-2}$$

其中，i 为坡度，$ABS(i)$表示坡度的绝对值，a, b, c 为参数。

3）横断面模型

横断面模型主要包括车道宽度、车道数、左右侧路肩宽度几个线形指标的影响。

以双向八车道公路宽度为标准，按照速度随宽度的减小或增大的百分比，构造线形经验指标的横断面描述模型数学关系式如下：

$$\begin{aligned} f_{横} &= \beta \cdot \ln(a \cdot B^{2} + b \cdot B + c) + \xi \\ B &= n \cdot L + w_1 + w_2 \end{aligned} \tag{2-3}$$

式中　β, a, b, c——参数；

ξ——桥隧修正系数；

B——行车道单幅横断面总宽度，L 为单车道宽度，n 为车道数，w_1，w_2 分别为左右侧路肩宽度。

综合平面、纵断面及横断面模型，并进行数据回归分析，演算该指标相对于道路几何线形组合的敏感性，建立几何线形经验指标如下：

$$f(l) = \{430 \cdot R^{-0.757} \cdot \exp[3\,000 \cdot (1/R)' + 0.000\,5 \cdot I]\} \cdot f_{纵} + f_{横} \tag{2-4}$$

$$f_{纵} = 0.012 \cdot i \cdot |i| + 0.04 \cdot i + 1.0 \tag{2-5}$$

$$f_{横A} = -28.57 \cdot \ln(-0.001\,89 \cdot B^{2} + 0.071\,9 \cdot B + 0.318) + \xi \tag{2-6}$$

$$f_{横D} = -20.57 \cdot \ln(0.0078 \cdot B + 0.847) + \xi \tag{2-7}$$

注：$f_{横A}$：A 型车的横断面描述模型；$f_{横D}$：D 型车的横断描述模型。

3. 线形空间曲率综合指标

基于道路几何线形本身的形状特点，道路平纵线形为一条三维曲线，因此，利用评价三维曲线变化程度的指标来对道路几何线形进行评价。

曲率是一个表示曲线弯曲程度的量，一般用 k 表示，通过微分来计算空间曲线上某点的切线方向角对弧长的转动率，表明曲线偏离直线的程度，如图 2-6 所示。

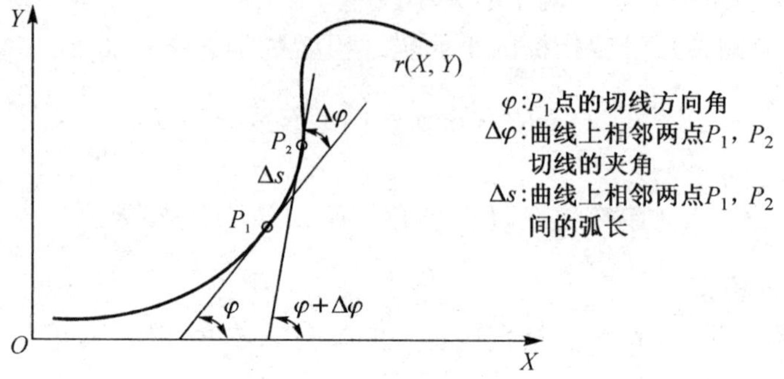

图 2-6　平面曲线曲率示意图

1）平面曲线线形

缓和曲线采用的是回旋曲线，它是由半径 R_o 变化到半径 R_e（$R_o \neq R_e$）的过渡曲线单元。缓和曲线的曲率为线性变化，其任意一点的曲率 $k_i = 1/R_i = k_o + l(k_e - k_o)/S$。以缓和曲线单元的起点 O' 为坐标原点，以 O' 点处切线为 X 轴，其法线方向为 Y 轴，建立临时坐标系 $X'O'Y'$，如图 2-7 所示。

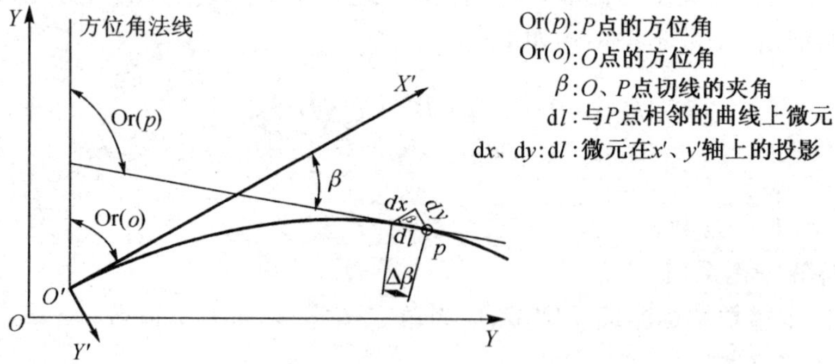

图 2-7　缓和曲线段计算示意图

取微元 $\mathrm{d}l = R_i \mathrm{d}\beta \Rightarrow \mathrm{d}\beta = k_i \mathrm{d}l$，可以推得：

$$\beta = \int_0^l k_i \mathrm{d}l = k_o l + \frac{k_e - k_o}{2S} l^2 \tag{2-8}$$

根据临时坐标系内的坐标计算公式：

$$x = \int_0^l \cos\beta \mathrm{d}l,\ y = \int_0^l \sin\beta \mathrm{d}l \tag{2-9}$$

得出当点 p 的计算曲线长为 l 时，该点在临时坐标系内的坐标为：

$$\begin{cases} x=\int_0^l \cos\beta \mathrm{d}l \\ y=\int_0^l \sin\beta \mathrm{d}l \end{cases}, \text{其中}\ \beta=\int_0^l k_i \mathrm{d}l = k_o l+\frac{k_e-k_o}{2S}l^2 \tag{2-10}$$

而直线与圆曲线可以理解成缓和曲线的特殊形式，根据计算，缓和曲线段的计算公式适用于直线段与圆曲线段的计算。

2）竖曲线线形

竖曲线是由直线段、曲线段组合形成的。首先进行定义：曲线长变量 $l=l_i-l_o$，起点高程 z_o，坡差 $\omega=i_2-i_1$，曲线段长 $S=l_e-l_o$ 在采用二次抛物线作为竖曲线的纵断面设计上，直线段连接着二次抛物线两端构成整个变坡，根据图 2-8 进行计算。

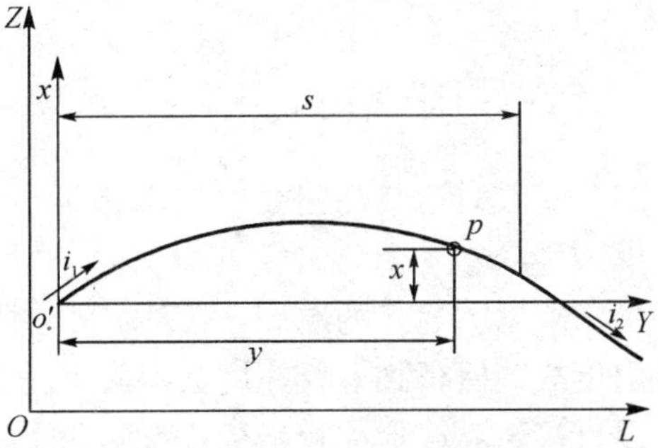

图 2-8　竖曲线计算示意图

在竖曲线上，曲线函数为二次抛物线：$y=ax^2+bx$，$i=\frac{\mathrm{d}y}{\mathrm{d}x}=2ax+b$

当 $x=0$，$i=b=i_1$；当 $x=S$，$i=2aS+b$：

$$\Rightarrow \begin{cases} a=\frac{i_2-i_1}{2S}=\frac{\omega}{2S} \\ b=i_i \end{cases}$$

得到公式：

$$z=z_0+\frac{\omega}{2S}l^2+i_1 l \tag{2-11}$$

三维线形的数学模型采用 xOy 平面的投影曲线长 t 作为唯一的参数，其曲线参数式方程可以表示为：

$$\begin{cases} x=\int_0^t \cos\left(k_o t+\frac{k_e-k_o}{2S}t^2\right)\mathrm{d}t \\ y=\int_0^t \sin\left(k_o t+\frac{k_e-k_o}{2S}t^2\right)\mathrm{d}t \\ z=z_0+\frac{i_e-i_o}{2S}t^2+i_o t \end{cases} \tag{2-12}$$

采用式(2-13)进行空间曲率的计算并化简，得到以下的表达式：

$$f(t)=\frac{\sqrt{\left(\frac{i_e-i_o}{S}\right)^2+\left(\frac{i_e-i_o}{S}t+i_o\right)^2\left(k_o+\frac{k_e-k_o}{S}t\right)^2+\left(k_o+\frac{k_e-k_o}{S}t\right)^2}}{\left[1+\left(\frac{i_e-i_o}{S}t+i_o\right)^2\right]^{\frac{3}{2}}} \tag{2-13}$$

由于 z 方向上计算的 $i(z'(t))$ 对车速的影响相当明显，但其数量级相对于平面方向要小很多，而且影响方式也不同于平面曲线的曲率作用的影响，曲率对车速的影响是由于线形对车辆控制的影响而产生的，而坡度的影响则是重力在 z 方向上的分量引起的。

采用曲率 $f(t)$ 作为综合技术指标参考值，结合实测数据，最终得到基于空间曲率的不同车辆综合指标。

小客车：
$$K'_l=\frac{\sqrt{di_t^2-134.041i_t\mid i_t\mid k_t^2+k_t^2}}{(1-134.041i_t\mid i_t\mid)^{\frac{3}{2}}} \tag{2-14}$$

大货车：
$$K'_l=\frac{\sqrt{di_t^2-250.772i_t\mid i_t\mid k_t^2+k_t^2}}{(1-250.772i_t\mid i_t\mid)^{\frac{3}{2}}} \tag{2-15}$$

随着对道路几何线形技术指标及其组合与安全性研究的深入，也可以提出其他组合模型。

根据图 2-5 的原理，可以先建立线形综合指标或空间曲率指标与运行速度的关系模型，由事故调研得到运行速度与事故率的关系模型，则可进行几何线形的安全性能设计。也可以直接建立线形综合指标或空间曲率指标与事故率的关系模型，用于安全性能设计。关于这些模型的建立国内外都有丰富的研究成果。

在本书第 2.3 节中以隧道进出口为例给出了该方法的应用。

2.3 隧道(群)/桥梁段安全性设计

隧道具有改善路线线形、缩短行车里程、提高运行效率及保护环境的重要作用，是道路穿越山岭重丘区以及江河的可选工程方案。隧道特别是长大隧道是公路交通的咽喉，因为隧道的行车环境具有封闭性的特点，一旦发生事故或事件，对营救和交通组织都极为不利，易引发重大事故和二次事故。

大跨度桥梁跨越大河、海湾、山谷、湿地，缩短了里程，改善行车条件，在现代道路交通中发挥越来越重要的作用。但是由于大跨度桥梁所处环境条件特殊，沿线景观、照明条件、气象环境变化较大，行车环境特殊，对交通安全有特定的不利影响。

隧道桥梁是道路交通设施沿线的两大重要基础设施，运行环境有其特殊性，具有特有的安全性问题。体现在两个方面：

1. 隧道/桥梁段的交通安全问题

隧道作为一种中间封闭两端开口的结构物，其运行环境与空间开放型路段、立交、桥梁等不同，存在有害气体多、烟雾浓度高、噪声污染大、路面湿滑、抗滑性能不足、通风照明等问题，封闭的行车空间对驾驶心理有不利影响，对行车安全亦造成影响。桥梁跨江、河、湖泊、海湾，沟壑山谷等具有沿线景观、照明条件变化大、横风、浓雾等气象环境特殊等特点，给驾驶员的生理及心理产生特殊的影响，具有特定运行环境下的安全问题。

2. 与路段的过渡问题

山区公路或低等级公路中，长隧道和大跨度桥梁线形指标较高，而接线路段的线形指标相对较低，因此在隧道桥梁与其接线路段会形成线形不连续甚至突变，增加驾驶员操作困难。此外，隧道路段的进出口照明条件的过渡、路面抗滑性能的过渡，桥梁侧向横风及团雾，沿线景观的变化等隧道桥梁与毗邻路段的过渡问题，同样会给行车安全造成较大影响。

2.3.1 隧道(群)、大跨度桥梁运行环境特性

1. 隧道(群)运行环境特性

隧道(群)与路段的运行环境差别很大，表现在以下几个方面。

1) 隧道线形特性

隧道几何线形一般比较良好。在平原微丘区，隧道几何线形和路段几何线形不会有大的差别，但在山岭重丘区则可能存在较大差别。

2) 路面抗滑性能

隧道路面抗滑性能往往会存在突变，其原因主要有：①洞内外路面类别的不同；②使用过程中由于摩擦、烟尘积聚造成洞口处抗滑性能差异；③纵坡路段货车刹车产生的水滞留在隧道进出口；④洞外雾、雨、雪等气候环境造成的洞口附近抗滑性能的差异。

3) 气候

隧道(群)路段的隧道间隙段极易受到雨、雾、风、雪等气候条件的影响，频繁变化的气候条件对驾驶员心理和车辆操纵均会产生影响。

4) 亮度

根据《公路隧道设计规范》(JTG D70—2004)，长度大于 100 m 的隧道应设置照明。尽管如此，隧道路段依旧会存在“黑洞”和“白洞”效应问题。

5) 空间封闭

特别对于长大隧道，空间封闭在驾驶人心理上造成一种压抑感，从而使得驾驶员产生一种焦虑感。

6) 烟雾与噪音

封闭的空间使得汽车尾气和噪音难以快速排出和消散，造成隧道内烟雾浓度高、噪声大。

2. 大跨度桥梁运行环境特性

大跨度桥梁与路段运行环境的差异表现在以下几个方面。

1) 大跨度桥梁线形特性

大跨度桥梁跨径大，线形指标较高。在山区公路或低等级公路中，大跨度桥梁本身的线形一般采用较高的指标，而接线路段的线形指标可能相对较低，因此在大跨度桥梁与接线路段会形成线形不连续，甚至急剧变化，这种线形不连续会给行车安全造成较大影响。特别是山岭重丘或黄土高原区峡谷沟壑的大跨度桥梁。

2) 大跨度桥梁景观特性

大跨度桥梁的景观与其余路段相比具有显著特点。桥梁上视线开阔，进入驾驶员视线的是开阔的江河湖海或高山峡谷，其余路段的路侧景观多为草地、树林、村镇、边坡等，两者形成较大反差。大跨度桥梁景观与沿线公路景观的不同，会对驾驶员视觉产生不同的作用。特别是山区公路，路段视野范围小，与桥梁段形成较大反差。

3) 照明特性

特大桥及大部分大桥都设置有照明设施，若接线路段未设照明设施，则照明条件的改变也会对驾驶员视觉产生一定的影响。

4) 大跨度气象环境特性

大跨度桥梁处于特殊的自然环境中，其运行环境更容易受到气象环境的影响。如相比其他路段而言，大跨度桥梁更容易受到横风、雾的影响。横风对大跨度桥梁的影响要远高于

其他路段，给驾驶员造成的影响也极为明显。大跨度桥梁跨越江河湖海或高山深谷，这些区域空气湿度大，极易形成挥之不散的浓雾，这种环境条件下也极易形成团雾，使路段相对能见度急剧降低。

5）路面抗滑特性

山区公路桥面气温偏低，跨越山谷的桥梁雾气浓，极易形成凝冰，造成桥面抗滑性能的急剧衰减，给车辆行驶带来安全隐患。

2.3.2 隧道(群)/桥梁段安全性设计

1. 线形与线形过渡

对于隧道(群)桥梁线形及其与路段几何线形的过渡，仍可采用前文道路几何线形安全设计与评价的理念。通过建立隧道(群)桥梁相关的运行速度模型等进行隧道(群)桥梁几何线形安全性设计。

隧道进出口研究通过对隧道(群)和大跨度桥梁平纵线形设计要素与行车安全性的深入分析，构建了综合的线形技术指标，该指标能够反映线形的设计质量，如式(2-16)所示。

$$f=\left\{\xi+\lambda\cdot\left[\exp\left(m\cdot V\cdot\sqrt[4]{\int_a^b\left(\frac{1}{R}-\frac{1}{R_0}\right)^2\mathrm{d}l/L}+n\cdot V\cdot\sqrt{\frac{1}{R_0}}\right)-1\right]\right\}\times g(i) \tag{2-16}$$

式中 R_0——计算点的曲线半径(m)；

R——计算范围内各点的曲线半径(m)；

V——设计车速($\mathrm{km\cdot h^{-1}}$)；

L——计算范围长度(m)；

i——计算范围内的平均坡度；

$g(i)$——纵坡修正系数；

ξ, λ, m, n——参数。各参数值初步确定为：$\xi=0.1$，$\lambda=0.28$，$m=0.67$，$n=0.25$，ξ表示即使是良好的线形条件，也存在事故。

建立综合指标后，可采用线形过渡技术指标评价隧道桥梁路段的线形过渡性，线形过渡技术指标是指过渡点前后 5 s 行程的线形技术指标差值，即 $\Delta f=f_{5s}^{(2)}-f_{5s}^{(1)}$。从运行安全的角度分析，隧道和桥梁毗邻路段的线形特征应尽量保持一致，即 Δf 的绝对值应尽量小。

基于 Δf 的线形连续性评价标准需要经过大量的调查研究，通过构建 Δf 与运行车速差的关系模型，提出了基于 Δf 的隧道进出口线形连续性评价标准，基于 Δf 的隧道入口线形连续性评价标准如表 2-3 和表 2-4 所示。

表 2-3　基于 Δf 的隧道入口线形连续性评价标准

AC / V_1/($\mathrm{km\cdot h^{-1}}$)	优	良	中	差
60	$\Delta f\leqslant 6.4$	$6.4<\Delta f\leqslant 12$	$12<\Delta f\leqslant 18$	$\Delta f>18$
70	$\Delta f\leqslant 5.5$	$5.5<\Delta f\leqslant 11$	$11<\Delta f\leqslant 17$	$\Delta f>17$
80	$\Delta f\leqslant 4.5$	$4.5<\Delta f\leqslant 10$	$10<\Delta f\leqslant 16$	$\Delta f>16$
90	$\Delta f\leqslant 3.6$	$3.6<\Delta f\leqslant 9$	$9<\Delta f\leqslant 15$	$\Delta f>15$

（续表）

V_1/(km·h^{-1}) \ AC	优	良	中	差
100	$\Delta f \leqslant 2.7$	$2.7 < \Delta f \leqslant 8$	$8 < \Delta f \leqslant 14$	$\Delta f > 14$
110	$\Delta f \leqslant 1.8$	$1.8 < \Delta f \leqslant 7$	$7 < \Delta f \leqslant 13$	$\Delta f > 13$
120	$\Delta f \leqslant 0.8$	$0.8 < \Delta f \leqslant 6$	$6 < \Delta f \leqslant 12$	$\Delta f > 12$

表 2-4　　基于 Δf 的隧道出口线形连续性评价标准

V_1 \ Δf_{out}	好	差
60 km/h	$\Delta f_{out} \leqslant 10.31$	$\Delta f_{out} > 10.31$
70 km/h	$\Delta f_{out} \leqslant 9.38$	$\Delta f_{out} > 9.38$
80 km/h	$\Delta f_{out} \leqslant 8.46$	$\Delta f_{out} > 8.46$
90 km/h	$\Delta f_{out} \leqslant 7.54$	$\Delta f_{out} > 7.54$
100 km/h	$\Delta f_{out} \leqslant 6.62$	$\Delta f_{out} > 6.62$
110 km/h	$\Delta f_{out} \leqslant 5.70$	$\Delta f_{out} > 5.70$
120 km/h	$\Delta f_{out} \leqslant 4.78$	$\Delta f_{out} > 4.78$

2. 路面抗滑性能过渡

虽然隧道内路面不直接受到雨雪作用，但是雨天汽车车轮会将雨水带入隧道或隧道渗水，可引起隧道内数十米路段甚至百米路段路面湿滑；隧道的封闭空间也相对潮湿一些。此外，目前我国隧道路面铺装很多采用水泥混凝土路面，也会导致隧道内路面抗滑性能低于隧道外路面。由于桥梁热容量小，一旦桥面气温低于 0 ℃时，处于冰冻的临界点，容易结冰（黑冰）存在于路面细缝之中，不易察觉。特别是黑冰的存在大大降低了桥面的抗滑性能，给道路交通安全带来极大隐患。

针对隧道水泥混凝土路面抗滑性能不足的问题，抗滑、阻燃、降噪沥青混凝土技术在隧道路面也得到了越来越多的应用，在许多隧道进出口段铺设了抗滑过渡段。

1）路面状况指数 PCI

路面状况指数是一个综合指标，用来评价路面病害和路面杂物等对路面抗滑性和平整度的影响。

隧道洞内外路面状态、大跨度桥梁的桥面状况对运行安全的影响表现在对驾驶员驾驶操作稳定性以及由于路面平整度所引起的车辆震动对驾乘人员舒适性的影响。同时，路面不平整或车辙还容易形成路面积水，造成车辆滑水，是雨天事故的重要致因。路面状况的评价采用路面状况指数 PCI 这一综合指标。

2）路面抗滑过渡安全性

路面抗滑过渡安全性是分析车辆在不同摩擦系数路面上的行驶特性和行驶风险。车辆在不同摩擦系数路面上的行驶风险分为两部分：第一，突发风险包括制动和转向风险；第二，运行风险包括侧向滑移率和横向力系数。

定义隧道路面抗滑过渡技术指标为：

$$F = F_1 + (F_1 - F_0) = 2F_1 - F_0 \tag{2-17}$$

式中 F_1 ——隧道内路面/桥面的总行车风险；

F_0 ——隧道外路面/桥梁连接段的总行车风险；

$F_1 - F_0$ ——隧道内外路面/桥面与桥梁连接段的总行车风险之差，抗滑过渡性包含隧道内路面/桥面总行车风险及不同摩擦系数路面总行车风险的差值。

即隧道内路面/桥面行车总风险越大，内外/前后路面总行车风险差值越大，则路面抗滑过渡性越差、行车安全性越低。

3. 亮度过渡

公路隧道和桥梁设置的照明设施，造成了公路行驶环境的亮度变化，良好的亮度过渡对保障行车安全具有重要作用，尤其是隧道进出口的照明过渡尤为重要。

中交一院关于隧道群驾驶人视觉特性的测试表明，按设计行车速度，暗适应起点约为入口前2～4 s，明适应终点为出口后1～2 s。如图2-9所示。

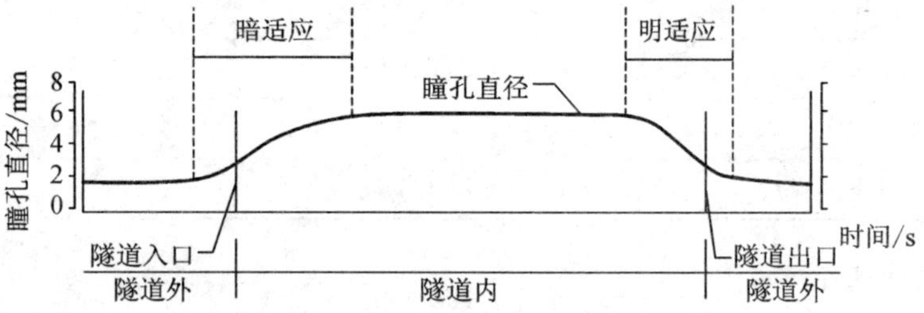

图 2-9 公路隧道明暗适应过程示意图

隧道运行环境对驾驶员视觉心理影响有别于其他运行环境的特殊性，当车辆通过时，光强度的变化会对驾驶员视觉生理心理产生影响。根据隧道进出口项目研究成果，构建了隧道进出口亮度过渡技术指标（I_{in}和I_{out}）和安全性评价标准，如表2-5所列。

表 2-5 隧道进出口亮度过渡技术指标安全评价标准

安全等级	进口（I_{in}）	出口（I_{out}）
Ⅰ	2.40～2.59	1～1.95
Ⅱ	2.59～2.94	1.95～2.30
Ⅲ	2.94～3.29	2.30～2.65
Ⅳ	>3.29	>2.65

4. 标志标线设施认知性

隧道标志主要包括以下几类：隧道指示标志、疏散指示标志、紧急电话指示标志、消火栓指示标志、人行横洞指示标志、车行横洞指示标志。桥梁标志主要包括：桥梁轴重标志、桥梁限载标志、桥梁安全标志、立面标记。隧道标线主要包括：标线、轮廓标、凸起路标。隧道、桥梁的标志标线主要从信息量、信息连续性和设置合理性对其认知性进行评价和设计。

1）信息量

驾驶员在隧道的行驶过程中，道路交通信息进入视野，并存储为短时记忆，但驾驶员的短时记忆信息容量有限，当信息量过多以致信息过载将大大增加驾驶员认知时间，造成认知困难。隧道路段信息量要考虑到路段向隧道过渡的时空范围和隧道内视野。主要提供信息应包括：隧道限速、隧道内交通限制、隧道内交通状况和路面状况等信息。尽量不要把指路信息设置在隧道出入口过渡段。

2）信息连续性

驾驶员在隧道的行车过程中，接受的道路交通信息要连续，而各种不同的信息也会互相造成信息干扰；重要交通信息等需按一定规律重复出现，以符合驾驶员的认知能力和认知过程，减少视觉干扰和视觉遗忘，确保驾驶员及时、准确地认知各类交通信息，保证行车安全性。由于隧道出入口过渡段不长，过渡段的信息不宜突然变化，尽量在隧道外完成信息的变化。比如禁止超车的标线和限速。

3）标志标线设置合理性

标志标线的设施位置、设置密度、标志的尺寸、字高、颜色、反光性能及标线的抗滑性能等均影响其认知性。设计应针对隧道运行环境，包括隧道内外环境过渡。尽管标志标线对驾驶行为有约束作用，必要时仍需要通过隧道进出口物理空间的约束来限制某些交通行为。

5. 附属安全设施有效性

隧道的附属安全设施主要包括洞口型式及景观、过渡段护栏、过渡段隔离栅及防撞桶；桥梁附属安全设施主要是桥梁护栏与栏杆。其有效性评价及设计主要包括以下几个方面：

1）隧道洞口型式及景观：洞口型式具有防止墙后土体滑坡功能、洞口型式有利于照明过渡功能、洞口景观美观。

2）隧道过渡段护栏：护栏设置的必要性和设施位置正确性、形式、高度和防撞等级是否满足防护要求、设置的连续性及与洞口之间的衔接和过渡方式。

3）隧道过渡段隔离栅：隔离设施设置的必要性、设置高度及稳定性。

4）防撞桶：防撞桶设置位置、数量满足要求。

5）桥梁栏杆与护栏：桥梁护栏的设置高度、强度，护栏的设置部位与防撞等级是否满足要求。

6. 大跨度桥梁开阔的景观与隧道的封闭空间

大跨度桥梁跨江、河、湖泊、海湾，沟壑山谷等，开阔的景观和视野可能过渡吸引驾驶员的注意力，使经过的司机总是不自觉地多注视桥外开阔景观，从而分散了驾车专注度。

隧道封闭空间会造成驾驶员的心理压抑，洞内浑浊的空气和噪音也会对驾驶员生理产生影响。

1）CO

隧道内空气污染物主要来自过往机动车的排放和车辆携带的尘土及卷起的尘埃，隧道内的污染物主要有 CO，HC，NO_x，SO_2，NO_2，TSP（总悬浮颗粒物）和 PM10（可吸入颗粒物）等，其中 CO 是对人、卫生和安全影响最大的污染物。

医学研究表明：当人体血液中存在 2.5%的 CoHb 浓度即可对人体产生不良影响，隧道内 CO 浓度的增加可降低人的时间间隔分辨力、视力敏感度以及动作的反应能力，这些因素都被认为是在较高 CO 浓度环境下行车事故增加的原因。

在公路隧道中，CO 安全浓度的确定实际上取决于人体中生成的 CoHb 的多少，我国规范中关于 CO 安全浓度的规定仅考虑隧道长度和隧道通风方式，但是人体中生成 CoHb 的多少与其所在环境中的 CO 浓度、人接触 CO 环境时间和呼吸速度有关。

2）烟雾

汽车尾气中有害成分特别是 CO 和烟雾浓度是决定隧道通风设计的关键因素。烟雾浓度是通过测定 100 m 厚烟雾的光线透过率来确定的，我国在《公路隧道通风设计照明规范》中作了具体规定。

3）噪音

公路隧道内噪声状况与隧道长度、路面结构、内饰吸声材料、交通量、车辆组成、运行车速等有关。由于噪声和人的主观感觉之间的关系非常复杂，许多试验都发现，交通噪声的主观烦恼度既与平均声级有关，也与噪声起伏变化的大小有关。各国学者提出过许多评价指标，较常用的有响度级(方)与等响曲线、A 声级、噪声评价曲线(NR 曲线)、等效连续声级 Leq，清晰度指数和语言干扰级等。

对于隧道噪声环境的评价，还必须了解它们的频谱。因为人们对噪声的敏感性，最大的是 800 Hz 以上的高频噪声，其次是 350～800Hz 的中频噪声。但是，低频噪声的波长长，衍射和绕射能力强，因而隔音设施对于低频噪声的作用不强。

隧道路段远离城市居住空间，其噪声环境安全评价标准还没有相关规定。因此，基于驾驶环境舒适性和事故情况下紧急处置设施包括广播和紧急救援电话的使用效果，制定隧道路段噪声环境安全性评价标准。

峡谷和海域桥梁，横向风不仅给行车稳定产生不利影响，在桥梁上部结构物附近气流的变化会产生啸叫声。

7. 连接过渡段的气候环境

暴露于空气中的桥梁和隧道间的连接段，比一般路段更易受气候环境的影响，需要采取相应的措施，提高连接过渡段的行车安全性。

1）横风

风对车辆行驶安全性的影响主要包括三类：①低风速效应；②高风速效应；③脉动风效应。在隧道群连接段、桥梁段上行驶的车辆侧面受到横风作用，如果风力较强，会使车辆偏离行车路线而诱发车祸。

目前，针对横风的问题，常用的解决措施有采取行车控制、设置风障等。

2）大雾与团雾

大跨度桥梁上大雾或团雾弥漫时，对行车安全的影响主要表现为三方面：①降低了大气能见度；②雾水减小了车轮与路面的附着系数，从而导致制动距离增加，车辆打滑、制动跑偏等现象发生；③给驾驶员心理造成紧张和恐惧感。此外，要考虑桥梁段与路段的雾的变化；隧道内无雾与隧道外雾况的过渡。具体路段具体分析。例如，峡谷桥梁段，可能存在两种不同的情况。一是，峡谷湿气大，宜形成团雾，而路段湿气小无雾，形成桥有雾路段无雾；二是当有区域雾存在时，峡谷风大，雾宜散，路段受山体包围雾不宜散等。这些都应通过现场调研确定，并进行适当安全设计。隧道群隧道间的路段则易受团雾影响。

3）冰

驾驶员在高速驾驶时难以察觉黑冰，若车速太快，在凝冰处因车轮附着力突然下降，车辆难以控制，汽车制动时不仅制动距离长，而且极容易引起侧滑，由此增大了事故发生的可能性，从而严重影响行车安全。

为了减少路面凝冰给行车安全造成的影响，可从道路角度、环境角度、交通控制等方面考虑采取除雪融冰、限速等相应措施。对于经常性受凝冰影响的桥梁和隧道进出口可采用智能除冰技术。对于低温地区冬季长期处于结冰状态的桥梁与隧道进出口，可考虑路面加热系统除冰技术。

隧道出入口以及桥梁阴面等较隧道内和桥梁朝阳面宜形成凝冰。

4）雨

车轮胎面由于花纹空隙被雨水填满而变得光滑，水膜在转动的轮胎下聚拢，形成楔形，使该处的动水压力超过车轮的压力。楔形长度的增加使得轮胎与路面的接触面积不断减小，附着系数急剧下降，最终使得车辆与路面接触完全破坏，前轮失去可控性能，从而诱发交通事故。隧道出入口在降雨前后都存在路面湿度过渡问题。降雨时，隧道内路面湿度和水膜厚度小于隧道外；降雨停后一段时间后，隧道内近入口段路面湿度小于隧道外。形成路面湿度与水膜厚度的过渡。因此，除考虑水膜厚度的影响外，还要考虑隧道内外的过渡。

为了减少降雨对隧道和大跨度桥梁行车安全造成的影响，可采取限速等行车控制措施。

5）综合

隧道群和大跨度桥梁易受以上气候因素的综合影响，宜进行综合设计，综合利用工程技术、ITS 技术和交通管理与控制技术提高隧道群和大跨度桥梁的运行环境安全性。

8. 视距

1）行车视距

根据我国《公路线形设计规范》中对高速公路和一级公路的停车视距要求，提出隧道、大跨度桥梁视距安全评价标准，如表 2-6 所列。

表 2-6　　视距安全评价标准　　单位：m

视距安全评价 / V_1/(km·h^{-1})	优	良	中	差
60	80～90	70～80	60～70	50～60
80	115～125	105～115	95～105	85～95
100	165～175	155～165	145～155	135～145
120	215～225	205～215	195～205	185～195

2）隧道的空间通视性

隧道的空间通视性概念是指：在隧道路段三维空间中，车辆以一定速度行驶，驾驶员在动视角范围内（夜晚时为车辆前灯照射范围），沿着道路前进方向，从隧道进口外（比如 5 s 行程）直至驶出隧道完成隧道到路段的过渡，在该路段范围隧道识别特性。

如果隧道不通视，驾驶员一般会谨慎驾驶，采取减速行为；反之，如果隧道通视，驾驶员认为隧道各环境因素满足驾驶预期，故一般不减速或者减速幅度极小。因此，隧道群安全设计，应对通视性做合理设计，利用通视性达到控制行车速度的作用。特别是隧道进出口，不能仅依靠限速标志实施限速，宜通过合理的通视性变化使驾驶员选择安全车速。

2.4 立交区域

互通立交，特别是大型或枢纽立交的交通环境与自然环境与路段相比具有显著的特征，道路用户在进出立交区域时要完成识别立交特性、获取大量指路等信息，选择行驶路线，进行分合流驾驶等众多驾驶任务。立交区域的交通安全问题往往显得特别重要。立交区域的交通安全设计包括立交选位、形式选择、几何参数设计，标志与标线等附属设施安全设计以及立交区域景观设计等。

从公路网的层面思考，立交区域的事件直接影响到关联道路和路网交通通行效率与交通安全。接入管理是一种对接入道的位置、间距和运行，中央分隔带开口、立交、街道与道路的连接的系统控制。接入管理（Access-Management）是道路交通体系中重要的课题，新增高速公路出入口是道路系统接入管理重要的工作，包括立交在内的接入管理方式与设计方法直接决定道路系统运行的安全与效率，因此，高速公路互通立交是接入管理中的关键节点。特别是今后一段时期，我国高速公路面临改扩建任务，应特别注意高速公路与其他道路的接入方式。

2.4.1 互通立交总体布局、类型、位置与匝道间距

在立交方案设计层面上，立交类型与总体布局、交通组织与控制方式、立交与匝道间距等是主要的安全考虑因素。体现在：

(1) 立交区交通的出入交汇分离不仅影响立交区域段的安全性，也波及立交之间的路段；标志视认距离及频繁出现的标志增加了驾驶员的负荷与反应时间等。

(2) 立交本身的可认知性；标志标线信息量易过载；匝道密集与匝道类型组合方式复杂等。

1. 立交选型与总体布局

通常互通立交的类型大致分为两种，即服务型互通立交与枢纽系统互通立交。服务型互通立交是高速公路与非高速公路（一级道路等）之间交叉形成的互通立交，菱形及带有环圈匝道（苜蓿叶或部分苜蓿叶立交）立交是典型立交形式，其入口与出口匝道通常为单车道；枢纽系统互通立交则是高速公路与高速公路交叉实现的互通立交形式，该类型互通立交匝道线形标准高。大型交通枢纽一般涵盖互通立交和地面道路系统，如上海虹桥枢纽。

我国《公路路线设计规范》（JTG D20—2006）规定：互通式立体交叉选型应综合考虑相交公路的功能、等级、匝道设计速度、地形、地物、用地条件、交通量、造价以及是否设置收费站等因素确定。立交类型应与其功能相适应，并尽量简化立交结构，以利于立交的可认知性和交通组织；立交的形式宜与地形地貌相协调，尽量利用适宜的地形布置匝道等，有利于道路用户完成环境过渡。具体有关规定如下：

(1) 两条干线或功能类似的高速公路相交时，应采用设计速度较高的能使转弯车流保持良好自由流的各种直连式匝道；非干线公路间的枢纽互通式立体交叉宜用直连式。当左

转弯交通量较小时，可采用含设计速度较低的直连式（或半直连式）匝道，或部分环形匝道的涡轮形（或混合型）。

（2）高速公路与一级公路相交或两条一级公路相交时，可采用混合式。当转弯交通量不大且不致因交织困难而干扰直行车辆时，允许在次要公路的一方设置毗邻象限的环形匝道。

（3）两条一级公路相交时，宜采用有附加右转弯匝道的部分苜蓿叶形、苜蓿叶形、环形或混合式。

（4）高速公路同一级公路或交通量大的二级公路相交，且设置收费站时，宜采用双喇叭形。

（5）高速公路与交通量小的二级公路相交时，宜采用在被交公路上设置平面交叉的旁置式单喇叭形、部分苜蓿叶形，匝道上不设置收费站时，宜采用菱形。

（6）一级公路与二、三、四级公路相交，因交通转换而设置互通立交时，宜采用部分苜蓿叶形或菱形。在特殊情况下，也可采用单象限形。

（7）因地形有利而设置互通立交时，可采用匝道布置简单的单象限形或菱形。

（8）路网密度较高的地区，可利用路网结点转换交通时，将某些立体交叉设计成仅为部分交通转换提供往返匝道的非全互通的立体交叉。

我国公路设计技术规范中立交的基本类型如表 2-7 和表 2-8 所列。美国 AASHTO 的基本类型如图 2-10 所示。

表 2-7　　中国公路规范立交基本类型（《城市道路规范》（CJJ 37—2012））

立体交叉口类型	主要形式
立 A 类 （枢纽立交）	立 A_1 类：主要形式为全定向、喇叭形、组合式全互通立交； 立 A_2 类：主要形式为喇叭形、苜蓿叶型、半定向、定向或半定向组合的全互通立交
立 B 类 （一般立交）	主要形式为喇叭形、苜蓿叶型立交、环形、菱形、迂回式、组合式全互通或半互通立交
立 C 类 （分离式立交）	分离式立交

表 2-8　中国公路规范立交基本类型（《公路立体交叉设计细则》（JTGT D21—2014））

类型	交叉岔数	常用形式
一般互通式立体交叉	三岔交叉	单喇叭形、叶形、T 形等
	四岔交叉	喇叭形、部分苜蓿叶形、菱形、环形、组合形等
	多岔交叉	环形、组合形等
枢纽互通式立体交叉	三岔交叉	T 形、Y 形、梨形、单喇叭形等
	四岔交叉	直连式、变形苜蓿叶形、涡轮形、完全苜蓿叶形等
	多岔交叉	组合形
复合式互通式立体交叉	交叉组合	组合形

设计的长度涵盖加速车道(或减速车道)、渐变段部分。

1. 减速车道安全设计

1) 减速车道减速过程与计算模型

高速公路分流区是高速公路互通立交中核心区域之一,从主线分流的车辆集中换道操作对主线交通流造成扰动,可能造成交通冲突并增加交通冲突潜在可能性,甚至引发交通事故。高速公路分流区交通事故的致因中核心的要素是驾驶人特性、道路几何设计、环境与交通特征、车辆特性等。

减速车道作为分流区中主线与匝道关键过渡段,在主线与匝道交通流转换运行过程中起到"桥渡"作用,其设计的合理性与否直接影响到驾驶人在匝道出口区域的速度与加速度梯度变化程度,继而波及主线上、下游分流影响区及匝道车辆的通行能力、服务水平及运营风险。减速车道长度与车辆碰撞事故相关性高,图 2-30 为减速车道长度与车辆碰撞频数的关系,从图 2-30 可知,随减速车道长度增加车辆碰撞频数减少,即分流区安全性能提高。

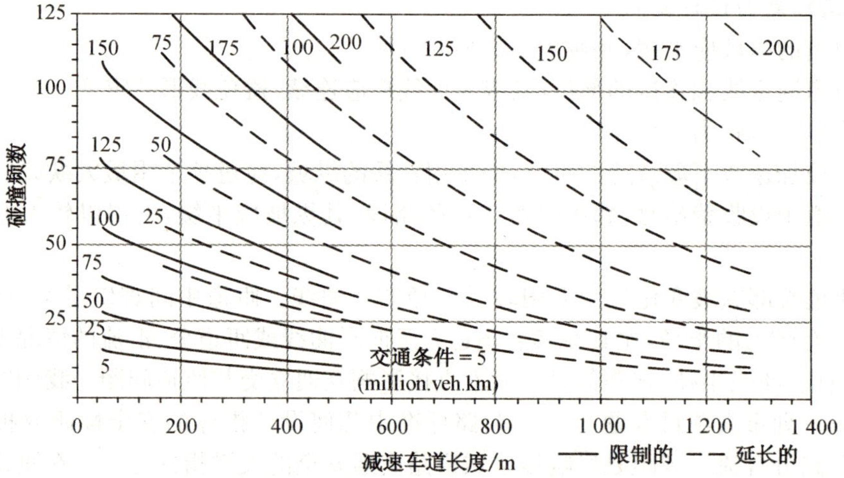

图 2-30 减速车道长度与车辆碰撞频数关系

A Policy on Geometric Design of Highways and Streets(AASHTO)中指出车辆应在识别交通分流行车道之后及到达匝道端部渐变段速度限制点之前从高速公路主线分流,而这两点之间长度不小于完成合适减速所需的最小距离,此最小距离由交通分流行车道与匝道端部速度共同决定。减速车道设计的基本思想是车辆以匀速横移一个车道宽度,进入减速车道后,先逐渐减小油门降低发动机转速以减小车速,此时减速度为 a_1,然后再利用制动器进行二次减速,此时减速度为 a_2。二次减速后,车速达到匝道限定速度,车辆离开减速车道进入匝道。AASHTO 指南假定这个行程共 3.5 s,进入减速车道后,速度降为 v_1;然后,再利用制动器进行减速,直到速度由 v_1 减速到匝道车速 v_r 为止。该假定综合了驾驶员进入减速车道时的车速、驾驶员横穿过减速车道之后使用的车速和驾驶员的减速方式。

若三角段起点设定为减速起点即减速车道的计算长度包括三角段的长度,则减速车道组成部分与运动学模型如图 2-31 所示。

两阶段减速过程基本假设是进行减速车道长度安全设计的基础。通过远场试验及驾驶模拟试验发现，多数车辆在主线上即开始进行减速。为安全起见，同时又考虑到驾驶人的实际操作，将这一减速过程放到减速车道上进行。因此，在第一阶段的减速过程中，驾驶员的减速过程可抽象成物理模型为：

$$L_{de1} = v_{\text{main}} t_n - 0.5 \times a_{d1} (t_n)^2 \quad (2\text{-}20)$$

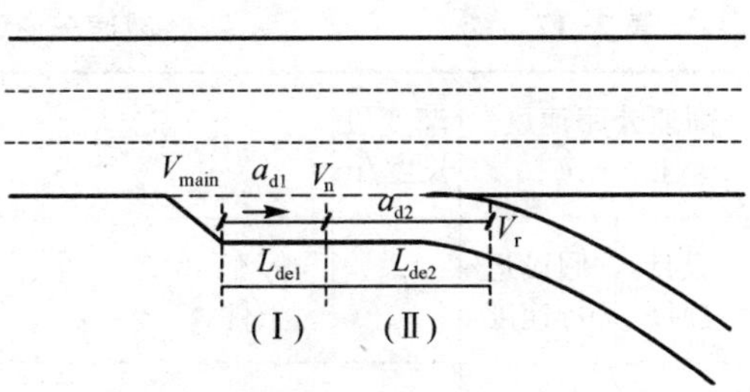

图 2-31　减速车道组成部分与运动学模型示意图

式中　L_{de_1} ——第一阶段减速段长度(m)；

v_{main} ——主线设计速度(m/s)；

a_{d1} ——不采取刹车的减速度(m/s^2)。

在减速车道上的第二减速过程可抽象成物理模型为：初始速度为 V_r，匝道曲线段限速为 V_n，该过程加速度为 a_{d2}。则根据运动学理论可以得到第二阶段的减速所需要长度的计算公式为：

$$L_{de2} = \frac{V_r^2 - V_n^2}{2a_{d2}} \quad (2\text{-}21)$$

2）减速车道长度取值

AASHTO，TAC 及公路路线设计技术规范关于出口减速车道的取值见表 2-16、表 2-17和表 2-18。

表 2-16　　出口匝道减速车道长度(AASHTO 2011)

公路设计速度/($km \cdot h^{-1}$)	驶入减速车道的速度/($km \cdot h^{-1}$)	减速车道长度 D/m，出口匝道设计速度/($km \cdot h^{-1}$)							
		停止	20	30	40	50	60	70	80
		驶出减速车道的平均速度/($km \cdot h^{-1}$)							
		0	20	28	35	42	51	63	70
50	47	75	70	60	45	—	—	—	—
60	55	95	90	80	65	55	—	—	—
70	63	110	105	95	85	70	55	—	—
80	70	130	125	115	100	90	80	55	—
90	77	145	140	135	120	110	100	75	60
100	80	170	165	155	145	135	120	100	85
110	91	180	180	170	160	150	140	120	105
120	98	200	195	185	175	170	155	140	120

表 2-17　　减速车道设计长度(TAC 1999)

高速公路速度/(km·h^{-1})		渐变段长度/m	减速车道长度 L_d(排除渐变段)/m							
设计速度	假设运行速度	L_1	停车条件	转弯道路曲线设计速度/(km·h^{-1})						
				20	30	40	50	60	70	80
60	55～60	55	90～115	85～110	80～105	70～90	55～60	—	—	—
70	63～73	65	110～145	105～140	100～130	90～120	75～105	60～70	—	—
80	70～80	70	130～170	120～165	115～160	105～150	95～130	80～105	—	—
90	77～90	80	150～195	140～185	135～180	125～170	115～160	100～135	80～110	—
100	85～100	85	170～215	160～210	155～205	145～200	135～185	120～165	100～145	—
110	91～110	90	185～250	175～245	170～240	160～230	150～220	140～205	120～190	100～165
120	98～120	95	200～320	190～315	185～310	180～305	170～300	155～280	135～270	120～240
130	105～130	100	215～340	205～335	200～330	190～325	180～320	170～300	150～285	135～270

表 2-18　　变速车道(减速车道)长度与有关设计参数

变速车道类别		主线设计速度/(km·h^{-1})	变速车道长度/m	渐变率/(1·m^{-1})	渐变段长度/m	主线硬路肩或其加宽后的宽度 C_1/m	分、汇流鼻端半径 r/m	分流鼻处匝道左侧硬路肩加宽 C_2/m
出口	单车道	120	145	1/25	100	3.5	0.60	0.60
		100	125	1/22.5	90	3.0	0.60	0.80
		80	110	1/20	80	3.0	0.60	0.80
		60	95	1/17.5	70	3.0	0.60	0.70
	双车道	120	225	1/22.5	90	3.5	0.70	0.70
		100	190	1/20	80	3.0	0.70	0.70
		80	170	1/17.5	70	3.0	0.70	0.90
		60	140	1/15	60	3.0	0.60	0.60

2. 加速车道

1) 加速车道加速过程与计算模型

加速车道是在主线外侧增加的一条用于车辆驶入主线加速的附加车道。足够长度的加速车道长度能保证车辆从入口速度舒适地加速到适当汇入速度，并在交通流中寻找间隙，实现安全、保险的驾驶操作行为。

图 2-32 为加速车道长度与碰撞频数的关系，增加加速车道长度从理论上可以减少交通事故的发生频数。加速车道长度是基于小汽车操作进行计算提出的。卡车与大客车需要更长的加速距离，按此推荐加速车道长度是不经济的。但当大量大型车辆汇入主线时加速车道长度应增加，或者在可行状况下加速车道位置应设置于下坡路段。

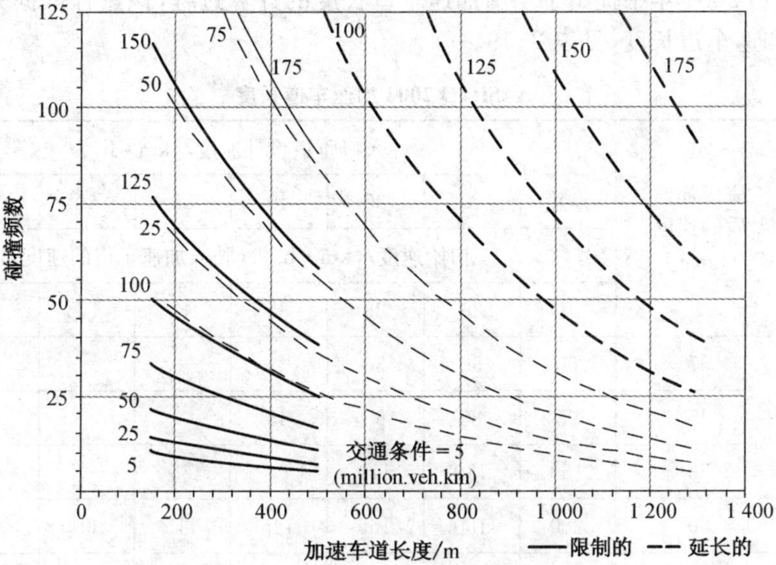

图 2-32　加速车道长度与碰撞频数关系

物体以某一初始速度 V_1 以恒定加速度 a 加速至 V_2 时，其行驶距离 S 可以表达为：

$$S=\frac{V_2^2-V_1^2}{2a} \tag{2-22}$$

那么，假设车辆在自由流、非强制交通流条件下运行，基于车辆性能、驾驶员舒适性以及车辆的运行速度、行驶进入匝道速度的考虑对主线匝道终端加速车道几何长度安全设计。

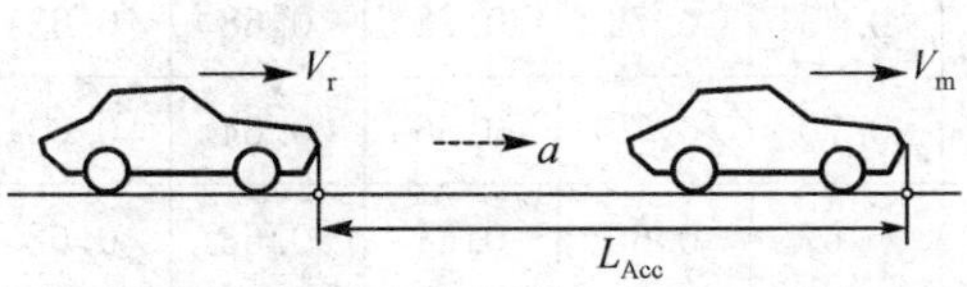

图 2-33　车辆在加速车道上的物理运动模型

描述车辆从匝道初始速度 V_r 以恒定加速度 a 加速至合流速度 V_m 的全过程的运动学方程为：

$$L_{Acc}=\frac{(0.278V_m)^2-(0.278V_r)^2}{2a} \tag{2-23}$$

式中　L_{Acc}——加速车道长度(m)；

V_m——合流速度(km·h^{-1})；

V_r——匝道控制曲线的速度(km·h^{-1})；

a——加速度(m·s^{-2})。

2）加速车道长度取值

AASHTO 2004 年中提出了当前加速车道长度的计算过程，该过程依据关键假设值的输入而计算加速车道长度，见表 2-19。

表 2-19　　AASHTO 2004 加速车道长度

主线设计速度 v/(km·h^{-1})	完成加速后的速度 V_a/(km·h^{-1})	入口匝道设计速度/(km·h^{-1})							
		停止	20	30	40	50	60	70	80
		初始速度/(km·h^{-1})(驶入加速车道的速度)V_a							
		0	20	28	35	42	51	63	70
50	37	60	50	30	—	—	—	—	—
60	45	95	80	65	45	—	—	—	—
70	53	150	130	110	90	65	—	—	—
80	60	200	180	165	145	115	65	—	—
90	67	260	245	225	205	175	125	35	—
100	75	345	325	305	285	255	205	110	40
110	81	430	410	390	370	340	290	200	125
120	88	545	530	515	490	460	410	325	245
用于计算加速车道长度的加速度值/(m·s^{-2})									
50	37	0.88	0.75	0.75	—	—	—	—	—
60	45	0.82	0.78	0.74	0.70	—	—	—	—
70	53	0.73	0.72	0.72	0.68	0.63	—	—	—
80	60	0.70	0.70	0.66	0.64	0.63	0.60	—	—
90	67	0.67	0.65	0.64	0.63	0.62	0.60	0.60	—
100	75	0.63	0.62	0.62	0.60	0.60	0.58	0.58	0.70
110	81	0.58	0.56	0.57	0.55	0.54	0.53	0.52	0.52
120	88	0.55	0.54	0.53	0.52	0.51	0.50	0.46	0.45

加拿大研究提出比当前 AASHTO 中需要更长的加速车道。代表加速度为 0.9 m/s^2 且适应 85%车辆加速需要的加速车道推荐长度为 285 m，代表加速度为 0.8 m/s^2 且适应 95%车辆加速需要的加速车道推荐长度为 336 m。其计算值见表 2-20。

表 2-20 加拿大公路几何设计指南

设计速度{假设运行}/(英里·小时$^{-1}$[km·h^{-1}])	渐变段长度/(ft[m])	加速车道长度(不含渐变段)/m 转弯匝道曲线设计速度/(mph[km·h^{-1}])							
		0 [0]	12 [20]	19 [30]	25 [40]	31 [50]	37 [60]	43 [70]	50 [80]
37{34～37} [60{55～60}]	180 [55]	279～377 [85～115]	230～328 [70～110]	197～262 [60～80]	148～197 [45～60]	66～115 [20～35]			
43{39～43} [70{63～70}]	213 [65]	393～525 [120～160]	377～492 [115～150]	328～443 [100～135]	262～377 [80～115]	164～279 [50～85]	49～131 [15～40]		
50{43～50} [80{70～80}]	230 [70]	525～738 [160～225]	492～705 [150～215]	426～656 [130～200]	377～607 [115～185]	279～525 [85～160]	131～328 [40～100]		
56{48～56} [90{77～90}]	262 [80]	705～1 066 [215～325]	656～1 016 [200～310]	590～984 [180～300]	525～934 [160～285]	459～820 [140～250]	164～656 [50～200]	131～475 [40～145]	
62{53～62} [100{85～100}]	279 [85]	902～1 475 [275～450]	820～1 443 [250～440]	787～1 377 [240～420]	738～1 328 [225～405]	656～1 230 [200～375]	459～1 066 [140～325]	328～934 [100～285]	131～754 [40～230]
68{57～68} [110{91～110}]	295 [90]	1 082～2 131 [330～650]	1 049～2 115 [320～645]	1 000～2 066 [305～630]	951～1 967 [290～600]	852～1 885 [260～575]	689～1 721 [210～525]	492～1 557 [150～475]	328～1 344 [100～410]
75{61～75} [120{98～120}]	311 [95]	1 344～2 393 [410～730]	1 311～2 377 [499～725]	1 230～2 328 [375～710]	1 213～2 262 [370～690]	1 115～2 164 [340～660]	934～1 934 [285～590]	820～1 689 [250～515]	639～1 410 [195～430]
37{34～37} [60{55～60}]	328 [100]	1 803～2 902 [550～885]	1 770～2 885 [540～880]	1 672～2 852 [510～870]	1 639～2 787 [500～850]	1 541～2 689 [470～820]	1 311～2 443 [400～745]	1 115～2 148 [340～655]	984～1 803 [300～550]

公路路线设计技术规范关于加速度的取值见表 2-21。

表 2-21　变速车道(加速车道)长度与有关设计参数

变速车道类别		主线设计速度/$(\mathrm{km}\cdot\mathrm{h}^{-1})$	变速车道长度/m	渐变率/$(1\cdot\mathrm{m}^{-1})$	渐变段长度/m	主线硬路肩或其加宽后的宽度 C_1/m	分、汇流鼻端半径 r/m	分流鼻处匝道左侧硬路肩加宽 C_2/m
入口	单车道	120	230	—(1/45)	90(180)	3.5	0.6(0.55)	—
		100	200	—(1/40)	80(160)	3.0	0.6(0.75)	—
		80	180	—(1/40)	70(160)	2.5	0.6(0.75)	—
		60	155	—(1/35)	60(140)	2.5	0.6(0.70)	—
	双车道	120	400	—(1/45)	180	3.5	0.63	—
		100	350	—(1/40)	160	3.0	0.63	—
		80	310	—(1/37.5)	150	2.5	0.67	—
		60	270	—(1/35)	140	2.5	0.50	—

3) 渐变段长度设计

TxDOT Roadway Design Manual 中提出了最小渐变段长度推荐值，加速车道与减速车道相同的渐变段几何尺寸，如表 2-22 所示。AASHTO 2004 对加速车道长度进行以下批注："当加速车道长度超过 400 m 时，统一采用 50∶1～70∶1 的渐变段。"绿皮书的图表中提供了渐变段长度，提出平行式设计时采用 75 m 渐变段长度。主线设计速度高的情况下，渐变段长度取值为平均运行速度(m/s)与 3.5 s 的乘积。

表 2-22　渐变段长度推荐值的对比

设计速度/$(\mathrm{km}\cdot\mathrm{h}^{-1})$	平均运行速度/$(\mathrm{km}\cdot\mathrm{h}^{-1})$	渐变段长度/m		无需刹车减速阶段行驶距离/$(\mathrm{km}\cdot\mathrm{h}^{-1})$	渐变段长度由平均运行速度/$(\mathrm{m}\cdot\mathrm{s}^{-1})\times 3.5\ \mathrm{s}$ 计算值/m
		TRDM	绿皮书		
50	47	45	—	36	46
60	55	55	—	42	54
70	63	60	—	49	61
80	70	70	—	54	68
90	77	75	—	60	75
110	85	80	—	66	83
120	91	90	—	71	89
130	98	100	—	76	95

2.4.4　互通立交区域标志标线

1. 立交区标志

禁令标志必须按照公安部统一标准进行设计，灵活性不大，且禁令标志具有法令效应，要相对较长时间保持一致。指路类信息标志则有很大设计灵活性，也是道路用户获取信息的主要信息源。立交区域是标志标线非常集中的路段，特别是大型枢纽立交，标志视认距离、设置空间受到限制，其安全设计应对信息含义、信息效用、信息连续性、信息字体与大小、信息层次、信息板位置、板面角度等做细致的考虑。

1）指路标志信息

通常指路标志上需要布设公路编号（名称）信息、地理方位信息、距离信息以及目的地名称信息。目的地名称信息需要满足的功能如图 2-34 所示。

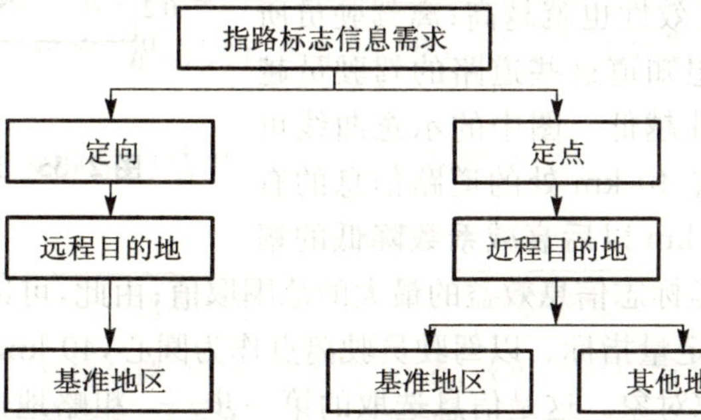

图 2-34　指路标志信息需求

立交区域指路信息首先应指明相交公路的编码和方向，次之为相交公路所能通达的高速公路和干线公路编码。

指路标志中的目的地名称信息需要考虑远程目的地和近程目的地两种。前者应指示高速公路大范围的地理走向，在驶入另一条高速公路时，远程目的地可用作高速公路的方向特征。远程目的地一般选择沿线距当前所在地最近处的基准地区（直辖市、省会、自治区首府），将到达这些基准区时，可增加临近的直辖市、省会、自治区首府作为基准地区。如果沿线无直辖市、省会、自治区首府，也可以选择沿线的副省级城市、地级市或其他对定向起重要作用的地点或地区。

近程目的地用来在近距离范围内定向出口目的地。一般选择下一出口所能到达的地区或地点，目前多以地级县级市为指向地点，快到达高速公路基准地区时，直辖市、省会、自治区首府将作为近程目的地。

除此之外，如果沿线的互通立交、桥梁、隧道或沿线机场、火车站、著名旅游区等对近距离内的定向有帮助，并能保证目的地跟踪的明确性，则这些设施可作为近程目的地。

立交区域远程地点和近程地点指路信息确定时特别容易矛盾，而且难以兼顾。特别是当国家高速路网与地方路网相交，且靠近大中城市时，这一问题更为突出。在这类路段，立交区域信息系统设计应与出入口设计相协调。

大型交通枢纽立交信息系统设计应特别注意信息的连续性及一致性。

2）信息效用的衰减与信息持续

利用信息衰减因子的概念可确定驾驶员所需要的路线及地点信息的选取原则。用 e_{ij} 来表示位于 i 位置的驾驶员对 j 位置的信息关心程度，该因子反映了不同地方的驾驶员对远方道路信息的关心程度。e_{ij} 的度量可以用下式表示：

道，且过长的标线属多余设置，并无必要；相反，标线过短则起不到交通分流的作用，可能会导致出口匝道区域冲突严重。

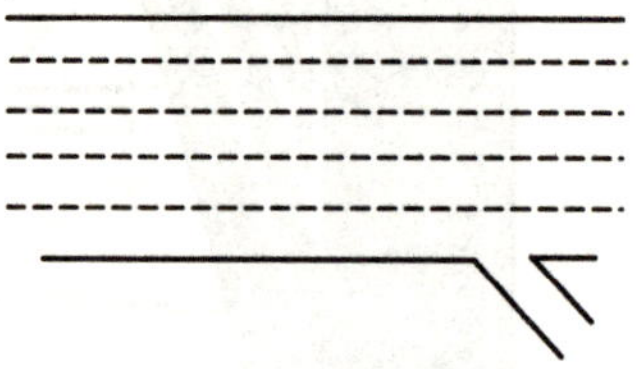

(a) 为直接式单车道出口匝道

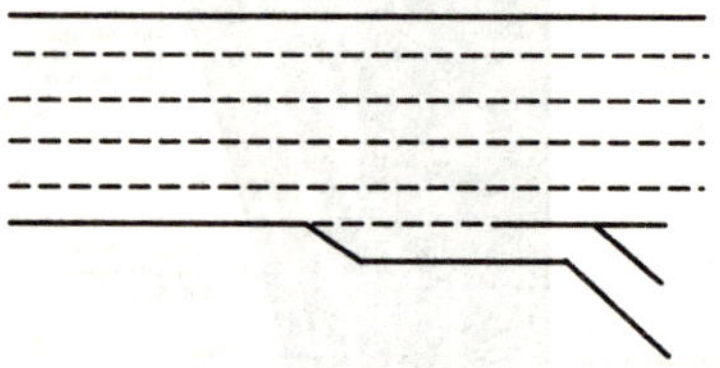

(b) 平行式单车道出口匝道

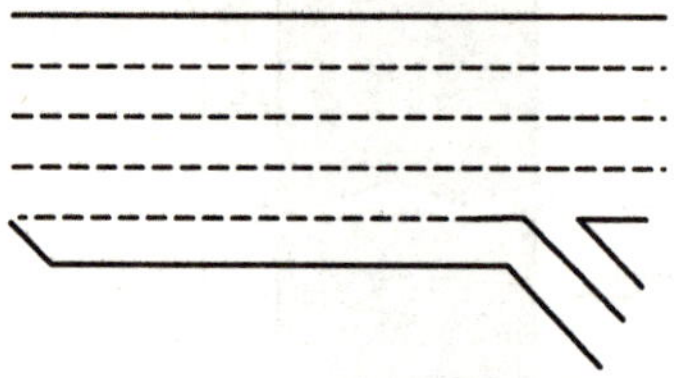

(c) 直接式双车道出口匝道

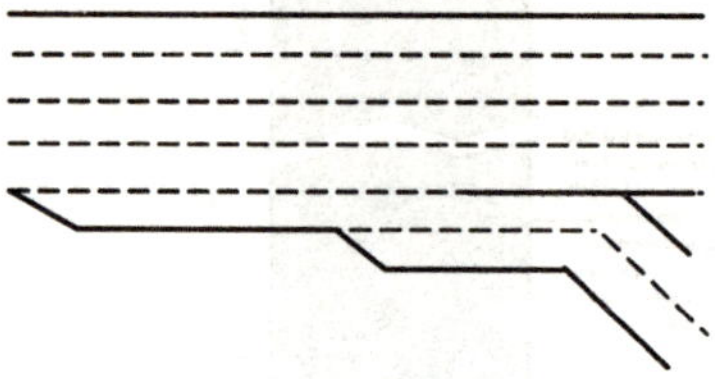

(d) 平行式双车道出口匝道

(e) 无辅助车道的平行式双车道出口匝道

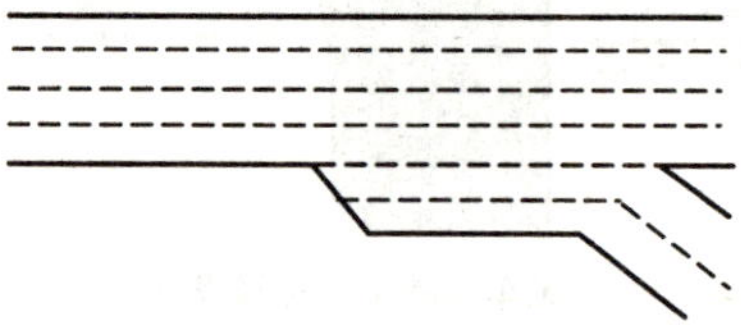

(f) 无辅助车道的平行式双车道出口匝道

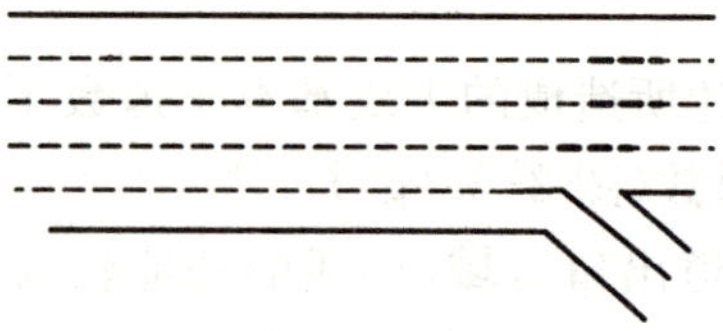

(g) 有辅助车道的双车道出口匝道

图 2-38　典型出口形式

以图 2-39 为例，出口处的分流标线主要功能在减少车道 4 与车道 5 产生的类似交织段所导致的冲突。而车道 4 与车道 5 之间的冲突在于车道 5 上的不需要驶离主线的车辆在出口区域向内换道，从而驶入主线。

通过分析可知，有辅助车道的双车道出口匝道处分流标线的设置需要考虑到两个主要因素的制约：①要给最外侧车道却想驶入主线的驾驶员以充分的空间驶离外车道并驶入主线；②在驾驶员对分流鼻处的标志进行视认及信息确认后，不再给予其变道的权利，强制分流。

3）减速类标线

利用视错觉使得驾驶员降速是标线设计领域的热点。设计合理的视错觉减速标线可以有效地使得驾驶员实时感到车速的危险性，且能产生真实车速高估，使其降低车速。驾驶员在匝道出口区域降速程度达不到匝道车速要求是导致该区域交通流运营风险比其他路段高的原因之一。

在立交区域标志标线设计方面，还应特别注意标志标线之间的匹配与信息一致性。

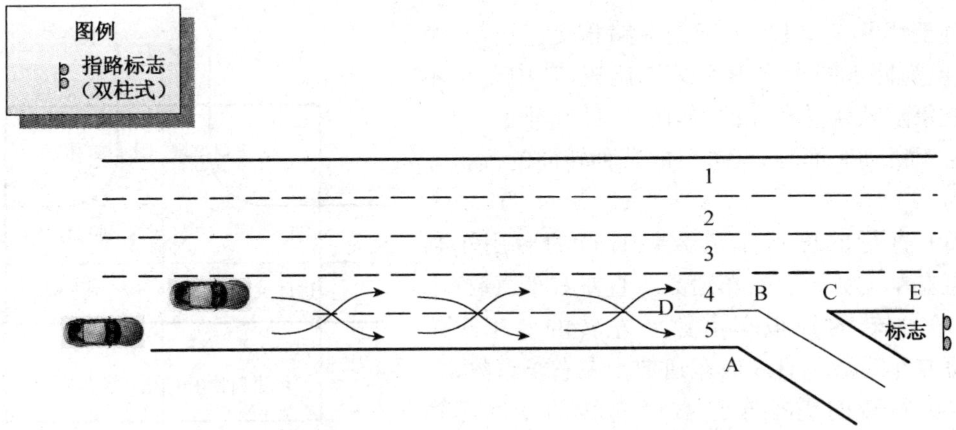

图 2-39　有辅助车道的双车道出口匝道处交织冲突

2.5　平面交叉口安全设计

平面交叉口是道路用户交汇的路域部分，影响平面交叉口安全性能的因素很多，因素之间也相互影响。从行驶过程来看，进入交叉口之前，交叉口的可视性和可认知性是关键，视距是影响可视性和可认知性的基本参数；在交叉域内，交通冲突是影响安全的关键因素。交通标志标线是帮助道路用户认知交叉口的有效与必要的设施等。

2.5.1　平面交叉口交通冲突与视距

2.5.1.1　交叉口交通冲突

交叉口区域内的冲突点分析可首先把交叉口划分为几个象限，即对交叉口进行物理分区，以形成容易辨识的区域。AASHTO 绿皮书中根据十字形和 T 形交叉口相交道路条数的不同，定义十字形交叉口为 8 个象限，以 2 条道路中心线的交点为象限原点，延长线交叉形成 4 个大象限，每个大象限包括 2 个小象限，分别为进口和出口象限。十字形交叉口包括 4 个进口象限与 4 个出口象限。如图 2-40 所示。如果有特殊的交通组织形式，也可按交通组织方式进一步细分。交叉口区域内一般没有车道划分，为了计算冲突点数，可以采用虚拟城车道的概念，即在交叉口进口处停车线后分化出来的，以实现交通流直行或左转或右转的流向车道。这些流向车道在交叉口内部没有画出，也不同于停车线前的实际车道，因而称为虚拟车道。1 条真实车道最多分化出 1 条直行虚拟车道、1 条左转虚拟车道、1 条右转虚拟车道。

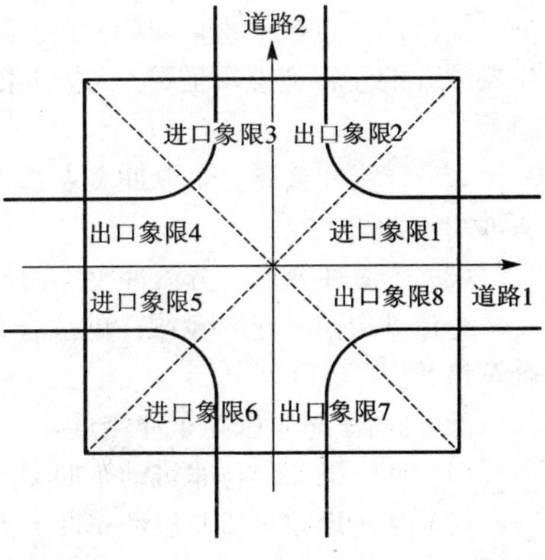

图 2-40　十字形交叉口的象限示意图

1. T形交叉口

对于T形交叉口，由于是3路相交，只有6个象限，但为便于同十字形交叉口比较，其中2个不存在的象限默认是存在的，如图2-41所示。

对于机动车而言，某进口的某种转向的虚拟车道数为：

(1) 直行的虚拟车道数＝直行的专用车道数＋直左车道数＋直右车道数＋直左右车道数；

(2) 左转的虚拟车道数＝左转的专用车道数＋直左车道数＋直左右车道数＋左右车道数；

(3) 右转的虚拟车道数＝右转的专用车道数＋直右车道数＋直左右车道数＋左右车道数。

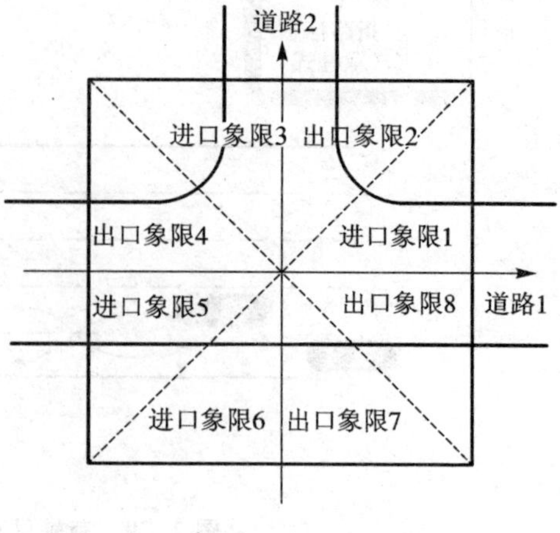

图2-41　T形交叉口的象限示意图

对于非机动车而言，只有一个“车道”，但是十字形和T形交叉的虚拟车道并非一致。

对于十字形交叉，某进口某转向的虚拟车道数如下：

(1) 直行的虚拟车道数＝1；

(2) 左转的虚拟车道数＝1；

(3) 右转的虚拟车道数＝1。

对于T形交叉口，某些进口的直行或左转或右转的虚拟车道数为0。

在无信号控制平面交叉口条件下，T形交叉口冲突点包括：机动车与机动车冲突点、机动车与非机动车冲突点、机动车与行人冲突点。可参考如下方法计算：

1) 机动车与机动车冲突点

(1) 交叉冲突点。交叉冲突点的计算方法如下：

交叉冲突点数＝进口象限1的直行虚拟车道数×(进口象限3的左转虚拟车道数＋进口象限5的左转虚拟车道数)＋进口象限3的左转虚拟车道数×进口象限5的左转虚拟车道数。

(2) 合流冲突点。合流冲突点都发生在出口象限中。因此，计算每个出口象限中的合流冲突点即可。

(3) 分流冲突点。分流冲突点的计算方法如下：

分流冲突点＝进口象限1的混合车道数＋进口象限5的混合车道数＋进口象限3的混合车道数。

2) 机动车与非机动车冲突点

(1) 直行机动车与非机动车冲突点数＝道路1直行机动车虚拟车道数×2；

(2) 左转机动车与非机动车冲突点数＝(道路1左转机动车虚拟车道数＋道路2左转机动车虚拟车道数)×2；

(3) 右转机动车与非机动车冲突点数＝(道路1右转机动车虚拟车道数＋道路2右转机动车虚拟车道数)×2。

3) 机动车与行人冲突点

(1) 直行机动车与行人冲突点数＝道路1直行机动车虚拟车道数×2；

(2) 左转机动车与行人冲突点数＝(道路 1 左转机动车虚拟车道数＋道路 2 左转机动车虚拟车道数)×2；

(3) 右转机动车与行人冲突点数＝(道路 1 右转机动车虚拟车道数＋道路 2 右转机动车虚拟车道数)×2。

4) 例证

图 2-42 为一个 T 形无信号控制交叉口。主路为双向 4 车道，支路为双向 2 车道。利用上面的计算方法，得：①机动车与机动车冲突点。如图 2-42(a)所示。②机动车与非机动车冲突点。如图 2-42(b)所示。③ 机动车与行人冲突点。如图 2-42(c)所示。

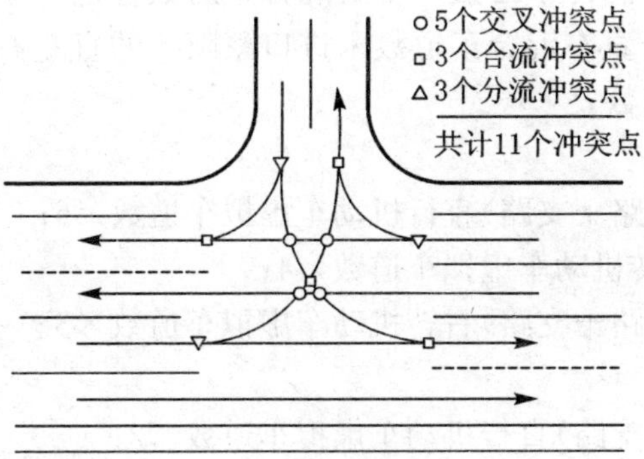

(a) 机机冲突点

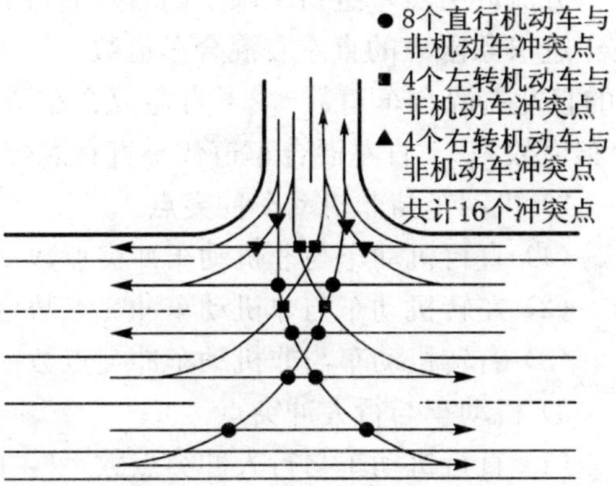

(b) 机非冲突点

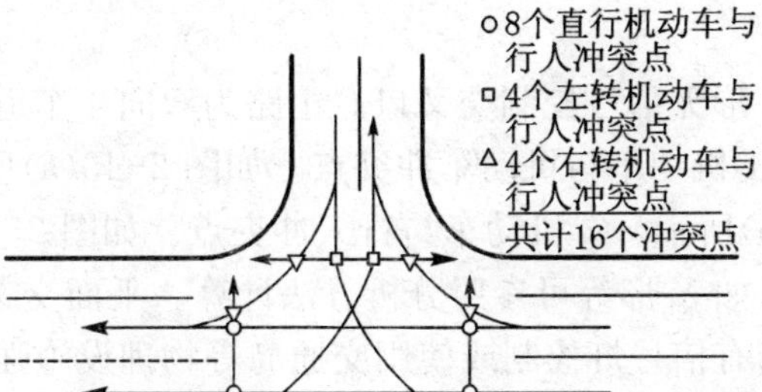

(c) 机人冲突点

图 2-42　T 形无信号控制交叉口示例图

2. 十字形交叉口

在无信号控制平面交叉口条件下，十字形交叉口冲突点同样包括：机动车与机动车冲突点、机动车与非机动车冲突点、机动车与行人冲突点，可参考如下方法计算：

1) 机动车与机动车冲突点

(1) 交叉冲突点。交叉冲突点的计算方法如上：

交叉冲突点数＝(进口象限 5 的进口直行虚拟车道数)×(进口象限 3 的进口直行虚拟车道数＋进口象限 7 的进口直行虚拟车道数)＋进口象限 1 的左转虚拟车道数×(进口象限

3的左转虚拟车道数＋进口象限5的直行虚拟车道数＋进口象限7的直行与左转虚拟车道数之和)＋进口象限3的左转虚拟车道数×(进口象限5的左转虚拟车道数＋进口象限7的直行虚拟车数＋进口象限1的直行车道数)＋进口象限5的左转虚拟车道数×(进口象限7的左转虚拟车道数＋进口象限1的直行虚拟车道数＋进口象限3的直行车道数)＋进口象限7的左转虚拟车道数×(进口象限3的直行虚拟车道数＋进口象限5的直行车道数)。

(2) 合流冲突点。合流冲突点都发生在出口象限中。因此,计算每个出口象限中的合流冲突点即可。

(3) 分流冲突点。分流冲突点的计算方法如下:

分流冲突点＝进口象限1的直左右混合车道数×2＋直左混合车道数＋直右混合车道数＋进口象限5的直左右混合车道数×2＋直左混合车道数＋直右混合车道数＋进口象限3的直左右混合车道数×2＋直左混合车道数＋直右混合车道数＋进口象限7的直左右混合车道数×2＋直左混合车道数＋直右混合车道数。

2) 机动车与非机动车冲突点

(1) 直行机动车与非机动车冲突点数＝(主路＋支路)直行机动车虚拟车道数×6;

(2) 左转机动车与非机动车冲突点数＝左转机动车虚拟车道数×4;

(3) 右转机动车与非机动车冲突点数＝(主路＋支路)右转机动车虚拟车道数×3。

3) 机动车与行人冲突点

(1) 直行机动车与行人冲突点数＝(主路＋支路)直行机动车虚拟车道数×2;

(2) 左转机动车与行人冲突点数＝(主路＋支路)左转机动车虚拟车道数×2;

(3) 右转机动车与行人冲突点数＝(主路＋支路)右转机动车虚拟车道数×2。

4) 例证

图2-43为一个十字形无信号控制交叉口。主路为双向4车道,支路为双向2车道。利用上面的计算方法,得:①机动车与机动车冲突点。如图2-43(a)所示。②机动车与非机动车冲突点。如图2-43(b)所示。③机动车与行人冲突点。如图2-43(c)所示。

其他形式的交叉口,如Y形等可参照分析方法计算。平面交叉口的安全设计应细致分析可能存在的冲突点,当有信号灯控制或使用交通岛等物理设施强制分离交通时,相应的冲突点消除,但要注意可能带来的附加分合流冲突点;但如果仅使用标志标线或其他路权划分方式,冲突点是否能够消除取决于道路用户的交通守法行为。

交叉口安全设计要采用工程措施(如各类交通岛)、交通管理与控制(如信号)等措施减少交通冲突点。

以上是以对典型的交叉口为例说明冲突分析计算方法,实际的交叉类型和交通组织形式复杂,应具体项目具体分析。

2.5.1.2 视距

交叉口视距是影响交叉口交通安全的一个重要因素,良好的视距条件能够让所有车辆及时地感知和发现其他各方向的车辆并作出相应的反应,同时也能够被其他车辆所发现。平面交叉口的视距分析不仅要进行静态的各类视距计算,还要考虑动态视距和视线遮挡问题(包括移动的大货车对小汽车的视距遮挡等)。视距分析应尽可能细致,逐一分析各交通流向的视距需求和影响因素。

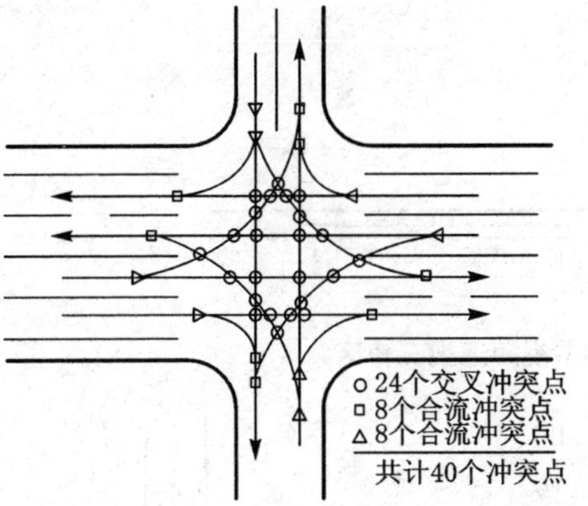

(a) 机机冲突点

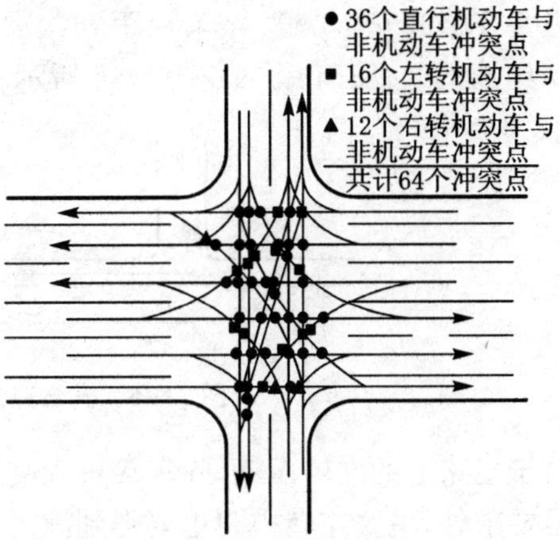

(b) 机非冲突点

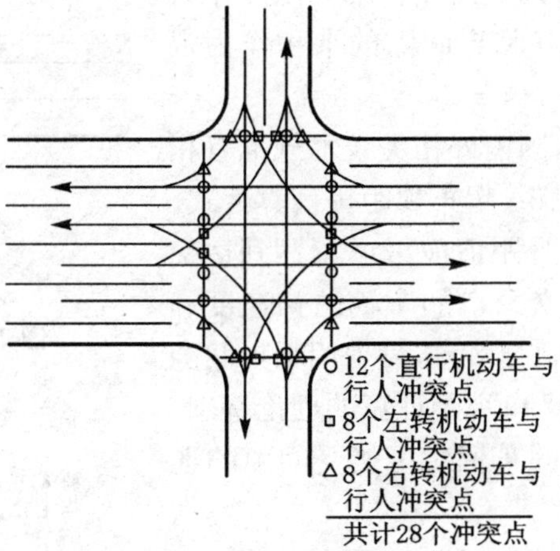

(c) 机人冲突点

图 2-43　十字形无信号控制交叉口示例图

对于无控交叉口，每条相交道路上应提供与行驶速度相适应的引道视距，如图 2-44 所示。相交公路间，由各自停车视距所组成的通视三角区内不得存在任何有碍通视的物体，如图 2-45 所示。

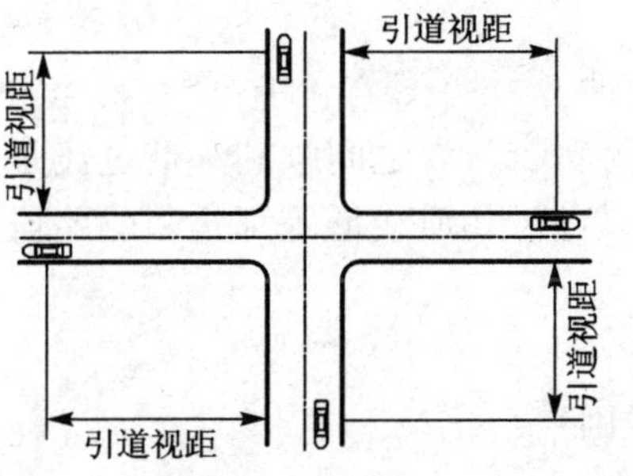

图 2-44　引道视距

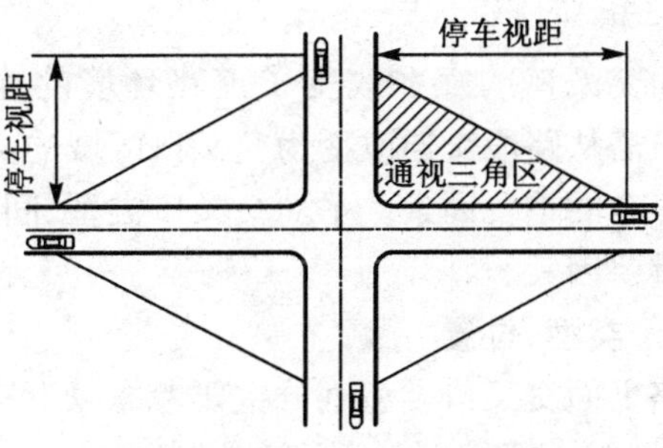

图 2-45　通视三角区

对于次路停让控制交叉口，当条件受限不能保证由停车视距构成的通视三角区时，则应保证主要公路的安全交叉停车视距和次要公路至主要公路边车道中心线一定距离(5～7 m)所组成的通视三角区,如图 2-46 所示。

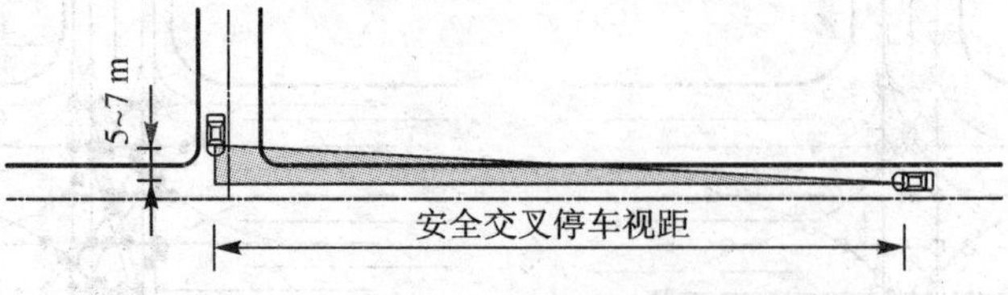

图 2-46 安全交叉停车视距通视三角区

对于主路上的左转车辆,除车辆进入交叉口的视距满足要求外,主路左转视距也要得到满足。左转车辆要等待对向直行车流合适的间隙,以便穿越完成左转。基于间隙接受理论,t_c 以主路车辆临界间隙作为计算标准以主路设计车速和临界间隙的乘积作为视距沿主路的长度(图 2-47)。

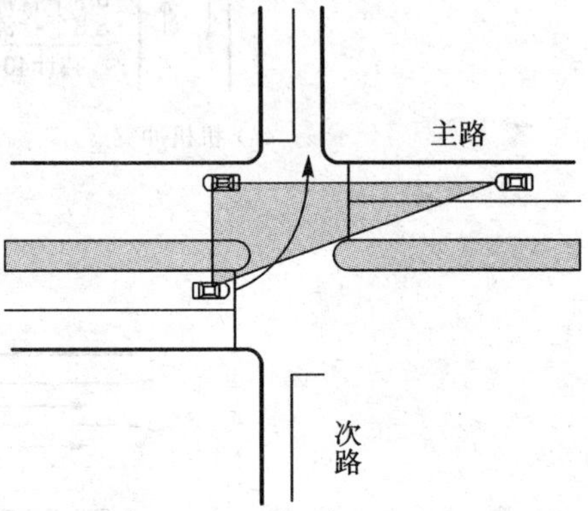

图 2-47 主路左转视距要求

关于交叉口视距计算,国内外相关技术规范有相应的计算公式,比如停车视距、超车视距等计算公式。

对于无控交叉口安全视距值应考虑车辆到达交叉口时的运行速度及进入交叉口的车辆的初速度和末速度。对于次路停让控制交叉口,可采用临界间隙理论作为次路停让控制交叉口视距计算的理论基础。

如图 2-48 所示,不同的车辆对可接受间隙的选取存在差异。

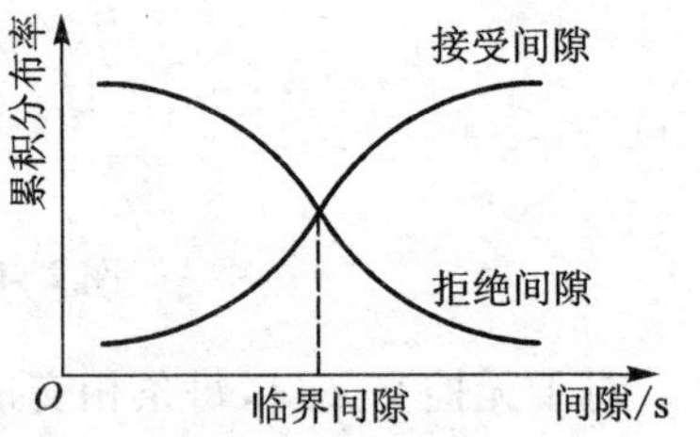

图 2-48 接受间隙与拒绝间隙累积分布率曲线

临界间隙的计算有很多方法,主要的方法有:Raff 法、Ashworth 法、Siegloch 法、Harders 法、最大似然估计法、Hewitt 法和 Logit 模型法等。

视距对于平面交叉口尤为重要,交通设计规范一般只能给出停车视距等规范值,交叉口各行车道等需要保证何种视距则与交叉口类型、布局和所处地形等有关。

2.5.2 路段过渡设计

平面交叉口的存在改变了道路环境的连续性,道路用户需从路段交通改变为交叉口区域的交通模式,二者之间顺利和谐过渡是影响平面交叉口安全的重要因素。平面交叉口类型、间距、位置、几何线形等都是影响路段与交叉口过渡的重要因素。

2.5.2.1 类型、位置

公路平面交叉口类型划分主要考虑以下三类因素:

(1) 相交公路车道数:双车道/多车道;

(2) 平交口所处地区:近郊/郊区;

(3) 交叉口转区域所处地形:山区/丘陵/平原。

平面交叉口的类型按几何形状分为 T 形、Y 形、十字形和环形交叉。

我国《公路路线设计规范》(JTG D20—2006)对于不同形式的平交路口的设计方法及有关参数作了具体规定：

1. T 形和 Y 形平面交叉

(1) 加铺转角式和分道转弯式交叉，一般适用于交通量小，车速不高的三、四级公路，如图 2-49 和图 2-50 所示。

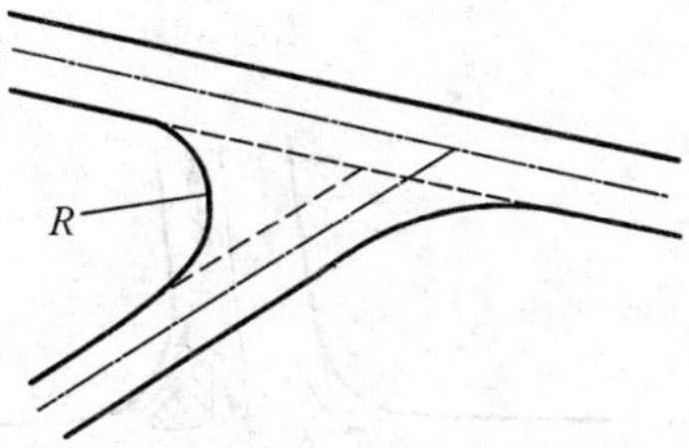

图 2-49　加辅转角式交叉图

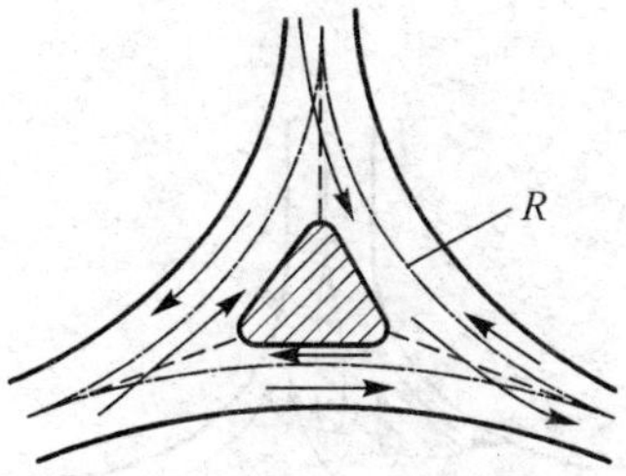

图 2-50　分道转弯式交叉图

(2) 加宽路口式交叉适用于交通量大，速度高的二级公路。按照不同转弯方向交通量的大小，规范又提供了 3 种不同的加宽方式，如图 2-51、图 2-52 及图 2-53 所示。根据使用效果及我国驾驶人员的行为情况，建议渠化的加宽路口式交叉应该优先采用，如图 2-54 所示，并在导流岛上设置相应的交通标志。

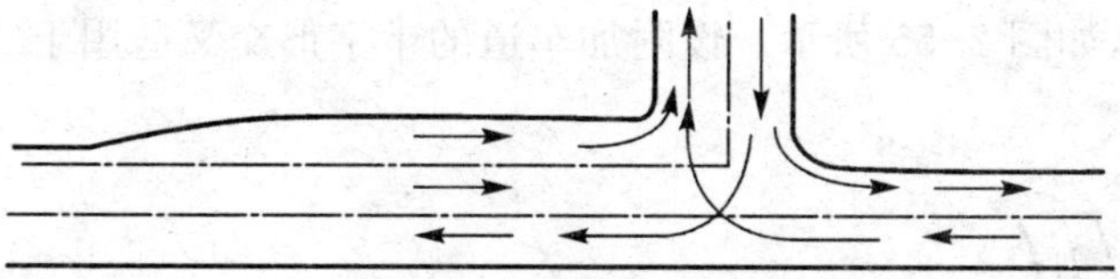

图 2-51　增设右转车道的 T 形交叉

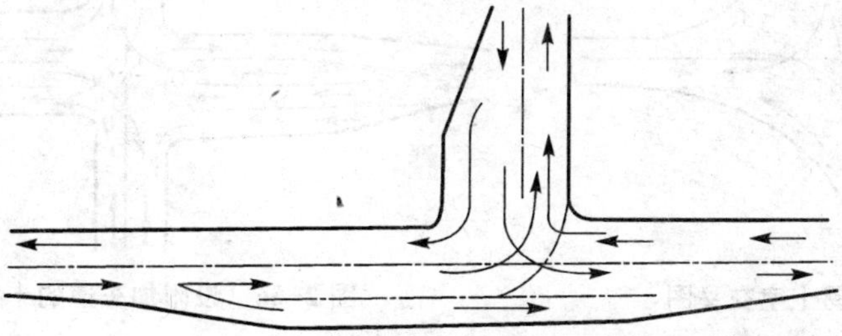

图 2-52　增设左转车道的 T 形交叉

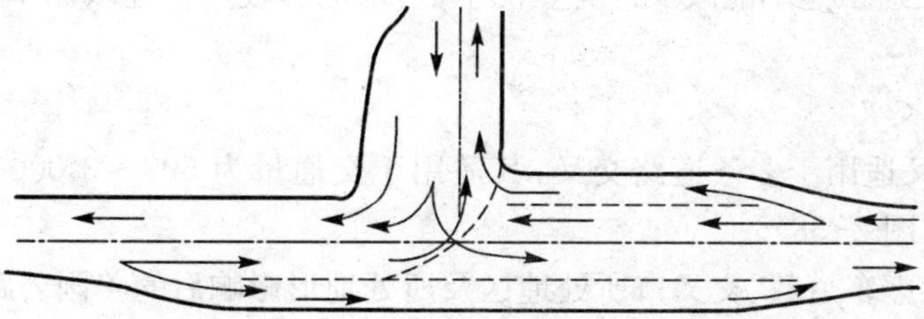

图 2-53　增设右转和左转车道的 T 形交叉

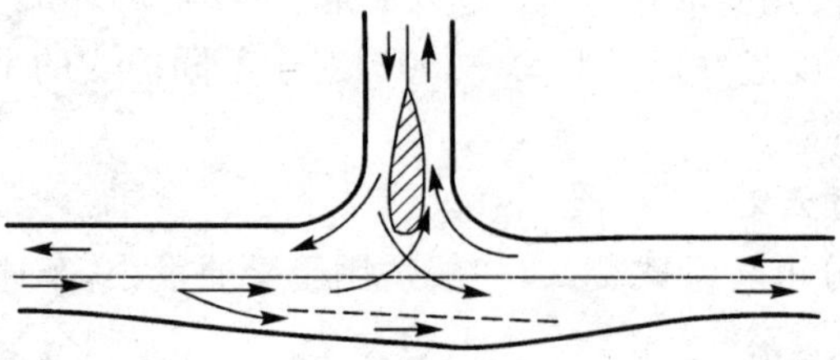

(a)

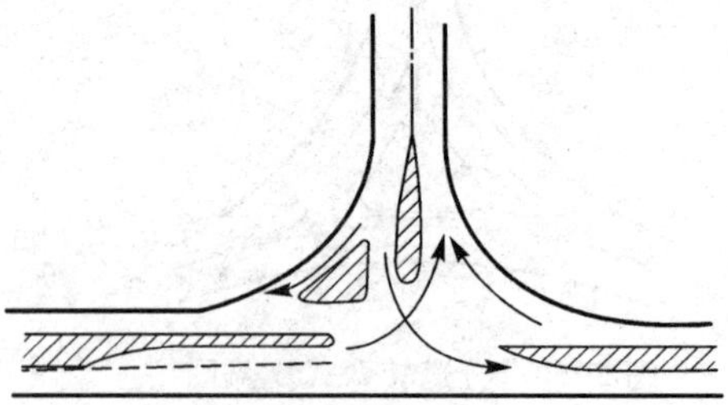

(b)

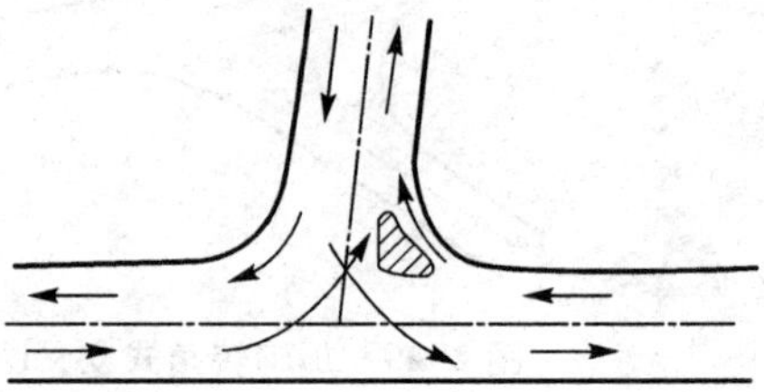

(c)

图 2-54 渠化的 T 形交叉图

2. 十字平面交叉

(1) 简易十字交叉适用于三四级公路和交角不大于 30°且转弯交通量较小的二级公路同次要公路的交叉,如图 2-55 所示。设附加车道的十字形交叉适用于二级公路,如图 2-56 所示。

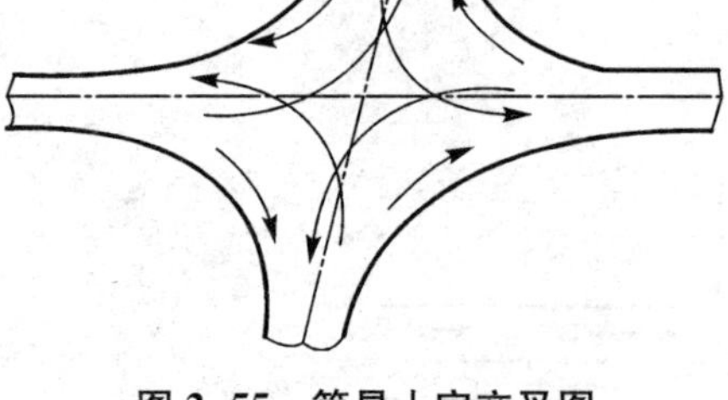

图 2-55 简易十字交叉图

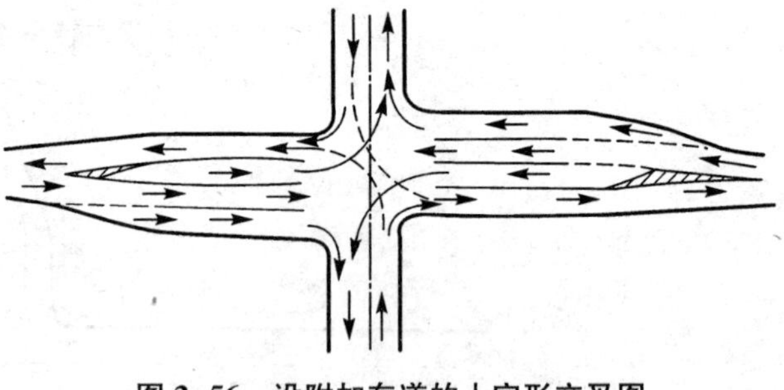

图 2-56 设附加车道的十字形交叉图

(2) 渠化十字形交叉适用范围较宽,可针对任何等级的道路设置。主要有图 2-57 所示 4 种形式。渠化交通虽然不能减少冲突点的个数,却能够较严格地限制车辆行驶的范围,有利于减少交通事故。

3. 环形平面交叉

环形平面交叉适用于多条道路交叉,其适用于交通量为 500～3 000 辆/h 且左右转弯车辆较多的情况(图 2-58)。

表 2-26 为考虑车道数、交叉口所处地区及所处地形影响后的美国公路平交口类型划分表。由于环形交叉口在进出交叉口区域存在交通冲突,道路用户必须尊重路权划分。

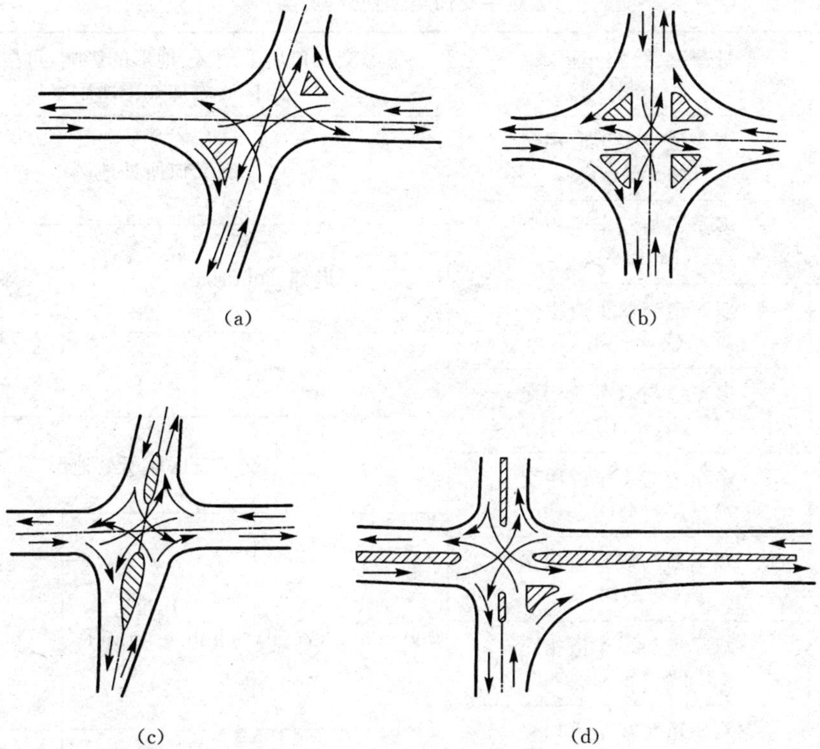

图 2-57　渠化十字形交叉图

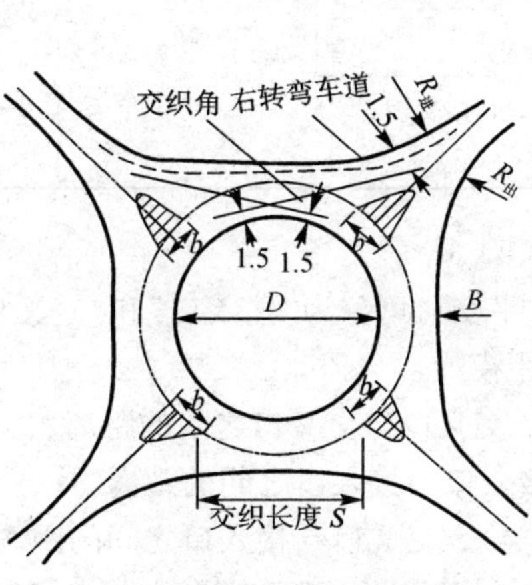

图 2-58　环形交叉图

显然，规范只能就典型的交叉口类型给出定义和交通组织方式建议。随着公路网不断完善和新的产业开发区建设，新增道路会带来一些奇异型交叉口。其安全性能的保证需要对交叉口类型及其位置做认真的全面的考虑。但类型和位置的选择往往只能迁就地形和交通衔接的需要，这种情况下需要通过视距保证、良好的交通组织和标志标线等设施确保交叉口的安全性能。

表 2-26　　公路平交口类型划分(美国)

功能性划分等级	按相交公路车道数划分	考虑交叉口所处地区、地形的影响，可根据需要在角标后添加如下所示字母		
A1	多车道与多车道相交 (M-M)$A1_{M\text{-}M}$	交叉口所处地区		
A2	多车道与双车道相交 (M-2)$A2_{M\text{-}2}$	近郊(suburban)		郊区(rural)
A3	双车道与双车道相交 (2-2)$A3_{2\text{-}2}$	S		R
B1	多车道与双车道相交 (M-2)$B1_{M\text{-}2}$	交叉口区域所处地形		
B1	多车道与多车道相交 (M-M)$B1_{M\text{-}M}$			
B2	双车道与双车道相交 (2-2)$B2_{2\text{-}2}$	山区 (mountain terrain)	丘陵 (hilling terrain)	平原 (plain terrain)
B2	双车道与多车道相交 (2-M)$B2_{2\text{-}M}$			
C	双车道与双车道相交 (2-2)$C_{2\text{-}2}$			
C	多车道与双车道相交 (M-2)$C_{M\text{-}2}$	M	H	P
C	多车道与多车道相交 (M-M)$C_{M\text{-}M}$			

2.5.2.2　平面交叉口间距

基于公路功能分类，公路平交口可分为“接入口”和“交叉口”两种类型。两种类型的平交口可以组合出以下三种间距模式：

(1) 交叉口间距(A 类)。交叉口与交叉口之间的距离。

(2) 接入间距(B 类)。接入口与接入口之间的距离。

(3) 交叉口转角净距(C 类)。交叉口与接入口之间的距离。

以集散型公路为例，对三类间距进行了示意说明(图 2-59)。我国对接入管理方面重视不够，通常会把接入口按 T 形交叉口处理，容易造成路权划分不清。

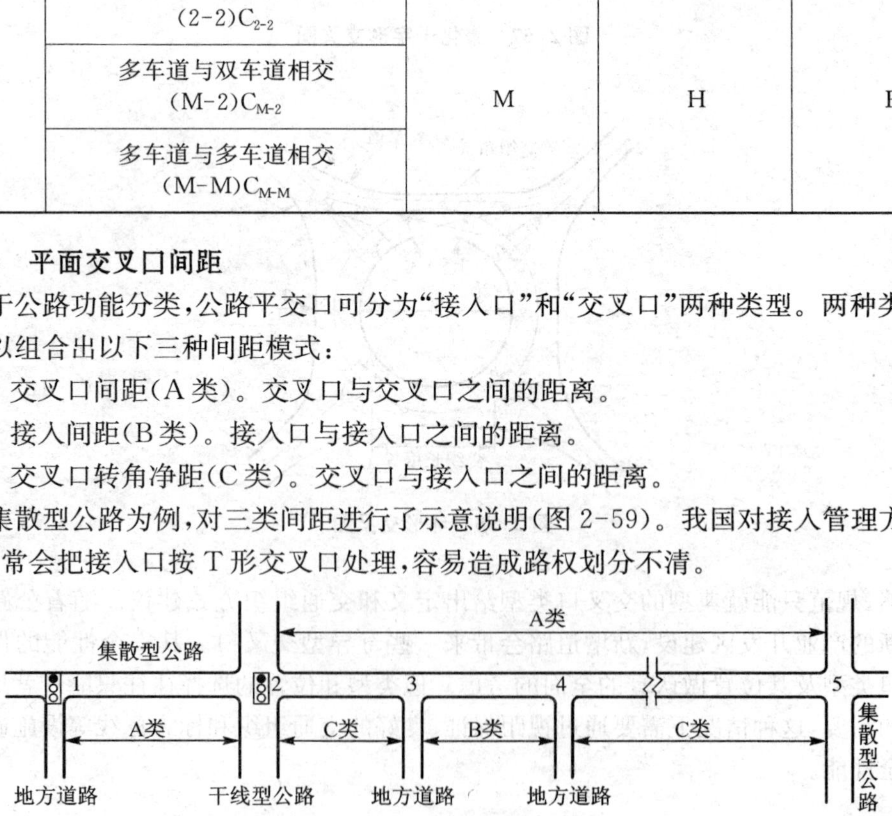

图 2-59　集散型公路平交口间距示意图

1. 交叉口安全间距理论分析

如前所述，交叉口是交通流的“中断”处，因此交叉口间距必须满足驾驶员识别交叉口所要求的距离，如图 2-60 所示。

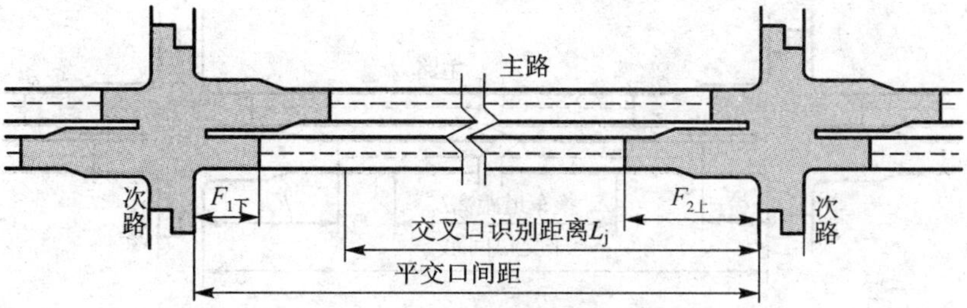

图 2-60　交叉口识别距离要求间距图

满足交叉口识别距离要求的交叉口间距为：

$$L_s^j \geqslant F_{下} + L_j \tag{2-25}$$

式中　L_s^j——满足交叉口识别距离要求的交叉口间距(m)；

$F_{下}$——交叉口下游功能区长度(m)；

L_j——交叉口识别距离(m)。

一般情况下，交叉口的间距有大有小，其是否能满足驾驶员识别视距要求与交叉口的交通标志设置、车辆转换车道需求、车辆超车需求等有关。

1) 满足交通标志设置有效性要求的交叉口间距

交叉口间距在保证交叉口功能区完整性的基础上，应满足交通标志的识别距离和标志的前置距离，如图 2-61 所示。

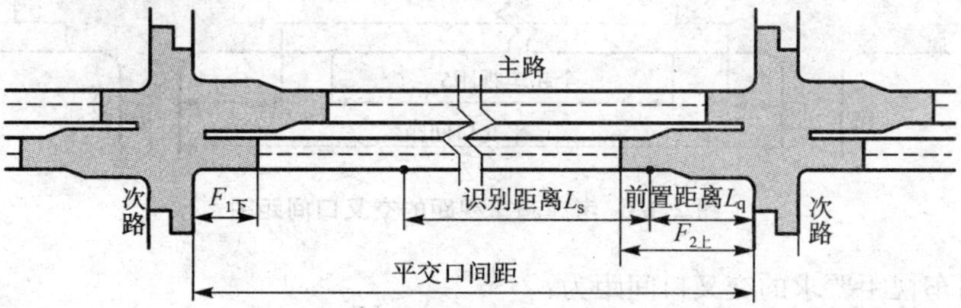

图 2-61　交通标志设置有效性要求的距离图

满足交通标志有效性的交叉口间距为：

$$L_s^b \geqslant F_{1下} + L_s + L_q \tag{2-26}$$

式中　L_s^b——满足交通标志设置有效性要求的交叉口间距(m)；

$F_{1下}$——交叉口下游功能区长度(m)；

L_q——交通标志前置距离(m)；

L_s——交通标志识别距离(m)。

2）满足车辆换道要求的交叉口间距

交叉口的间距必须满足交叉口功能区的完整性及换车道所需的宽松距离，如图 2-62 所示。

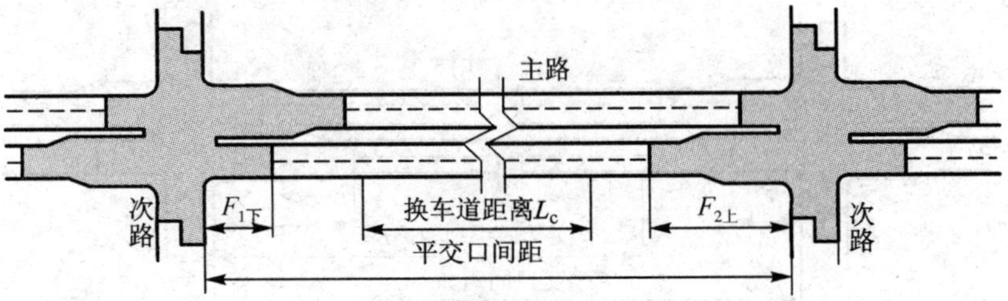

图 2-62　车辆换车道要求的距离图

满足车道换道要求的交叉口间距为：

$$L_s^c \geqslant F_{1下} + L_c + F_{s上} \tag{2-27}$$

式中　L_s^c——满足车辆换道要求的交叉口间距(m)；

$F_{1下}$——交叉口下游功能区长度(m)；

L_c——车辆换车道所需距离(m)；

$F_{2上}$——交叉口上游功能区长度(m)。

3）满足超车视距要求的交叉口间距

设置具有超车视距的路段时必须维护交叉口功能区的完整性，如图 2-63 所示。

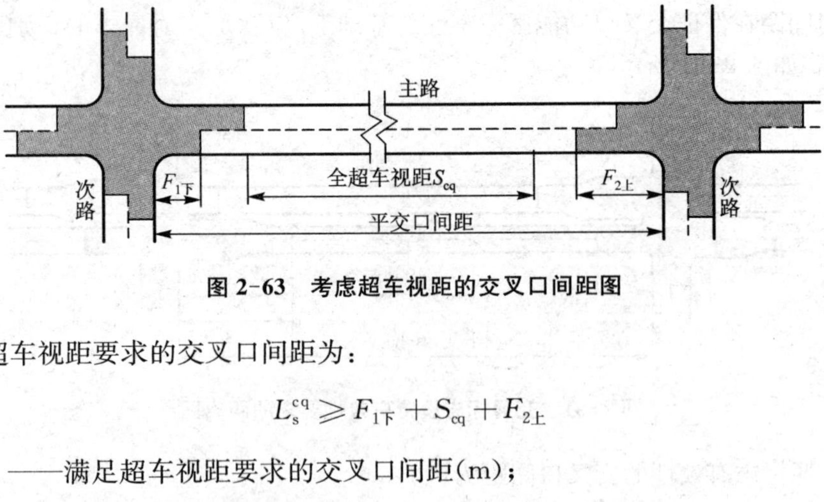

图 2-63　考虑超车视距的交叉口间距图

满足超车视距要求的交叉口间距为：

$$L_s^{cq} \geqslant F_{1下} + S_{cq} + F_{2上} \tag{2-28}$$

式中　$F_{1下}$——满足超车视距要求的交叉口间距(m)；

L_s^{cq}——交叉口下游功能区长度(m)；

$F_{2上}$——交叉口上游功能区长度(m)；

S_{cq}——路段全超车视距(m)。

4）考虑车辆行车轨迹要求的交叉口间距。

如图 2-64 所示，满足车辆行车轨迹要求的交叉口间距为：

$$L_s^g \geqslant F_{1下} + L_g + F_{2上} \tag{2-29}$$

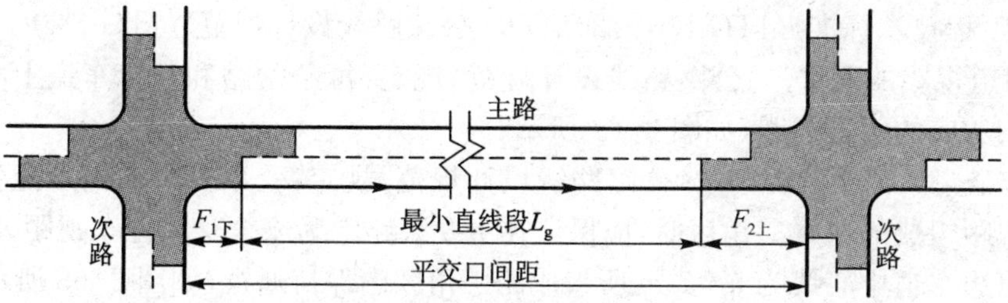

图 2-64　考虑行车轨迹的交叉口最小间距图

式中　L_s^g——考虑行车轨迹要求的交叉口间距(m)；

$F_{1下}$——交叉口下游功能区长度(m)；

$F_{2上}$——交叉口上游功能区长度(m)；

L_g——最小直线段要求(m)。

交叉口功能区定义：传统的交叉口范围一般是以各进口道停车线为边界组成的区域，可称为交叉口物理区。交叉口功能区由交叉口物理区及相交道路的上、下游延伸段组成，如图 2-65 所示。

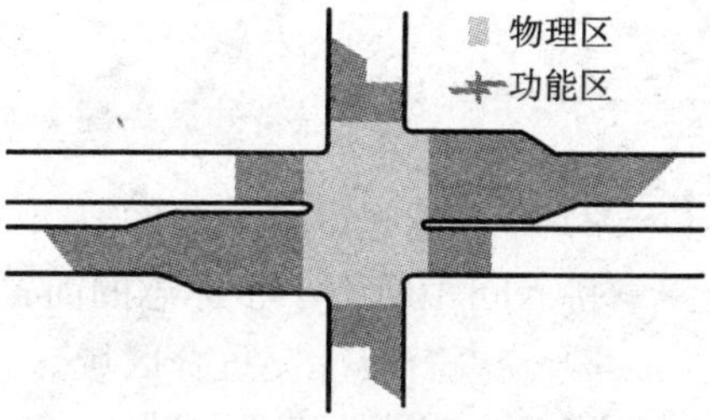

图 2-65　交叉口物理区与功能区的比较示意图

交叉口上游功能区由三部分组成，如图 2-66 所示，长度计算如下：

$$F_{上} = d_1 + d_2 + d_3 \tag{2-30}$$

式中　d_1——驾驶员发现交叉口的“感知-反应”时间内行驶的距离(m)；

d_2——车辆减速行驶的距离(m)；

d_3——车辆排队长度(m)。

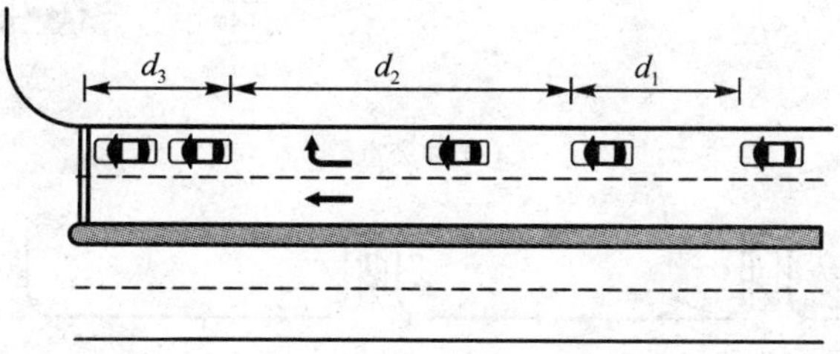

图 2-66　上游功能区车道组成图

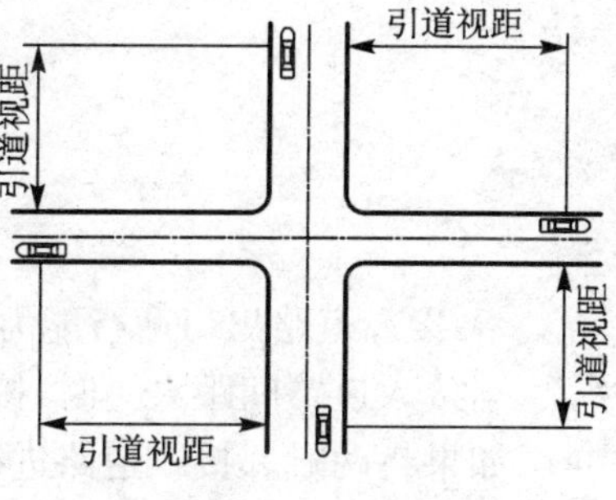

图 2-67　引道视距图

2. 接入间距

接入间距是指与各接入类别公路相交的接入道路之间的最小距离。各接入类别公路接入间距标准的制定以设计速度作为基本参数。主要考虑以下因素：

1) 满足视距要求

(1) 停车视距的要求。通常，停车视距是由驾驶员的“感知-反应”时间所决定的。停车视距的要求，国内主要依据《公路工程技术标准》(JTG B01—2014)及《公路路线设计规范》(JTG D20—2006)。

(2) 引道视距的要求。《公路路线设计规范》规定:每条岔路和转弯车道上都应提供与行驶速度相适应的引道视距,如图 2-67 所示。

(3) 安全交叉视距的要求。《公路路线设计规范》规定:受条件限制而不能保证两岔路间由停车视距组成的通视三角区时,应保证在主要公路上为安全交叉停车视距,次要公路上至主要公路边车道中心线为 5～7 m 所组成的三角区内保持通视,如图 2-68 所示。

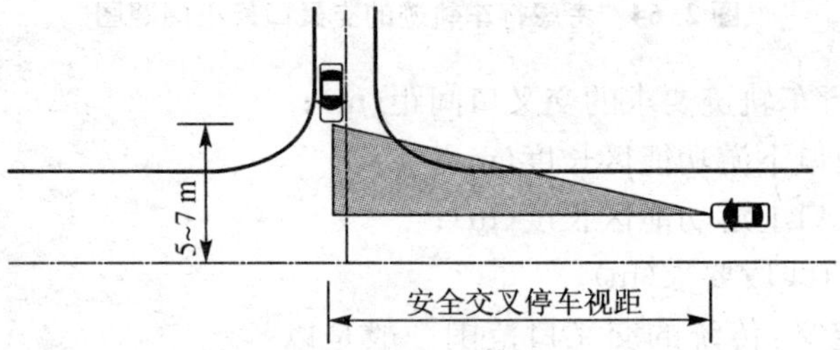

图 2-68　安全交叉停车视距三角区图

2) 警告标志设置距离的要求

接入间距应不小于标志的前置距离与驾驶员反映时间内行驶的距离之和。

3) 分离右转冲突重叠区域

当接入道路距离不足或者过密时,主路上行驶的驾驶员可能会同时受到两个或更多的接入道路的影响,即所谓的冲突重叠区,如图 2-69 所示。对于无信号接入道路其间距要足够大,从而避免出现冲突重叠区域。

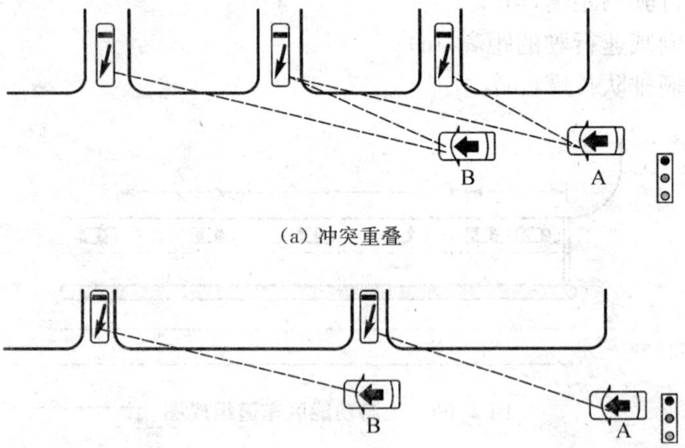

图 2-69　冲突重叠区示意图

4) 接入道路出口通行能力

当接入道路间距太短时,接入道路的出口通行能力会受到影响,如图 2-70 所示。

如果将两毗邻接入道路进行合并,则车队驶离交叉口后,车辆 1 与车辆 2 都能进入车队末尾和下游车辆之间的空隙,如图 2-71 所示。

接入间距要尽可能地使上、下游的接入口不影响彼此间的通行能力;同时应尽可能减少接入道路交通流对主路交通流的影响。

5）接入口识别距离

各接入类别公路的接入间距不应小于满足接入口识别距离所要求的距离。

(a) 状态 1

(b) 状态 2

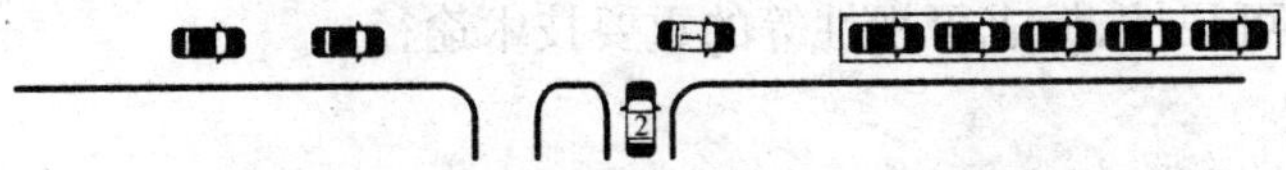

(c) 状态 3

图 2-70　接入间距不足时车流受阻示意图

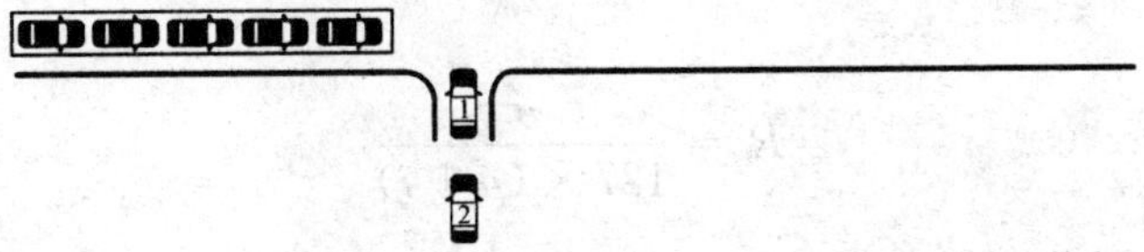

(a) 状态 1

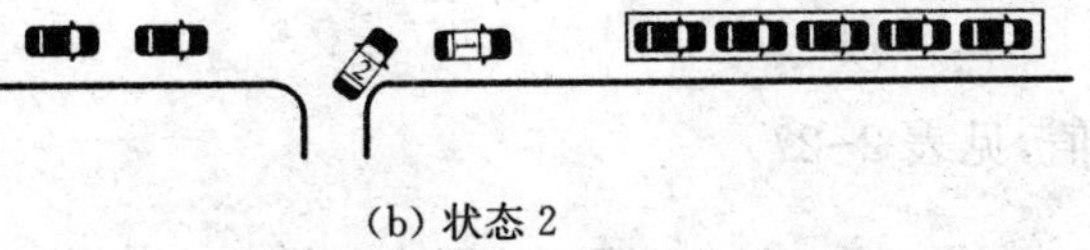

(b) 状态 2

图 2-71　接入间距足够大时车流运行示意图

3. 交叉口转角净距

交叉口转角净距指交叉口与无信号控制接入口之间的距离，如图 2-72 所示。

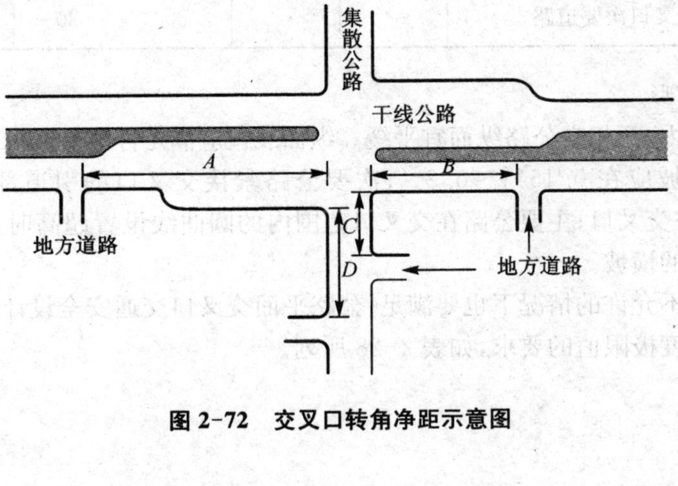

图 2-72　交叉口转角净距示意图

交叉口角净距主要考虑以下因素：

(1) 视距要求；

(2) 接入口识别距离；

(3) 接入道路出口道通行能力；

(4) 右转冲突重叠区域；

(5) 警告标志的设置距离；

(6) 交叉口功能区。

2.5.2.3 几何线形过渡

路段与平面线形的过渡是交通顺利通过交叉口的关键。不论有无信号控制，平面交叉口的运行速度都要远低于路段，限速也是最主要的安全对策。但仅仅依靠限速执法效应和标志的效应来实现限速是不够的，应通过良好的线形过渡使用户自然降速。良好的线形过渡也是保证交叉口可视性、标志可视性等的重要技术途径。

1. 平面线形

《公路路线设计规范》规定：平交口范围内两相交公路应正交或接近正交，平面线形宜为直线或大半径圆曲线，不宜采用需设超高的圆曲线。对于采用停让控制的交叉口的次要道路来说，车辆在进入交叉口范围时速度只有路段速度的 2/3，根据圆曲线极限值的计算公式：

$$R=\frac{v^2}{127\times(\mu+i)} \tag{2-31}$$

式中 v——速度(km/h)；

μ——横向力系数；

i——超高。

计算出相应的值，见表 2-27。

表 2-27　交叉口内圆曲线半径　单位：m

设计速度/(km·h^{-1})	100	80	60	40	30	20
停让控制交叉口主路和信号控制交叉口	400	250	125	60	30	15
停让控制交叉口次要道路	—	—	60	30	15	15

2. 纵断面线形

平交口范围内，两相交公路纵面宜平缓。纵面线性应满足停车视距的要求；主要公路在交叉口范围的纵坡应在 0.15%～0.3%；次要公路紧接交叉口的引道部分应以 0.5%～2.0%的上坡通往交叉口；主要公路在交叉口范围内的圆曲线设置超高时，次要公路的纵坡应服从主要公路的横坡。

即使在条件不允许的情况下也要满足《公路平面交叉口交通安全设计理论与方法》中所规定的缓坡段长度极限值的要求，如表 2-28 所列。

表 2-28　　缓坡段长度的极限值　　单位:m

道路等级	缓坡段长度极限值	道路等级	缓坡段长度极限值
一级公路	40	三级公路	15
二级公路	35	四级公路	10

3. 横断面

1) 车道宽度

我国的各种道路等级中,都有与车速相应的车道宽度值,如表 2-29 所列。

表 2-29　　车道宽度表

车速/(km・h^{-1})	100	80	60	40	30	20
路段车道宽度/m	3.75	3.75	3.50	3.50	3.25	3.00

2) 直行车道

原则上交叉口出口道的车道数量必须大于或等于进口道的直行车道数。保证出口道的车道设置在进口道的直行车道的延长线上,如图 2-73 所示。

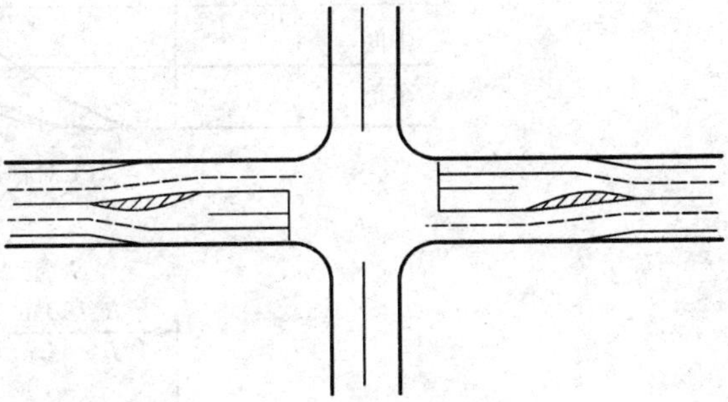

图 2-73　直行车道偏移设置

3) 左转车道

新建公路,如果不是交叉口左转车辆过少,需设置一条专用左转车道。

4) 右转车道

当右转交通量特别大或交叉口呈小角度交叉且右转交通量较大,右转车辆车速非常快时,需设置一条专用右转车道。

4. 过渡段的设计

AASHTO 出版的 *A Policy on Geometric Design of Highways and Streets*(2004)中规定:在车速较高的公路上,过渡段的比例在 8∶1～15∶1(纵向:横向或 $L∶W$)。当车辆从直行车道驶入辅助车道时,过渡段须与车辆行驶轨迹相似。过渡段太长易诱使直行车辆驶入辅助车道,同时也限制了期望进入辅助车道车辆的横向运动。在城镇化地区,过渡段越短,驾驶员越易把握目标,越易辨认辅助车道。在城市交叉口,由于高峰小时车速较慢,减速车道往往采用较短的过渡段。

如图 2-74(a)所示,直线型的过渡段是经常采用的一种。而在城市中也期望将过渡段的末端做成一条短的曲线,如图 2-74(b)所示。在两侧有路缘石的城市道路上常采用对称反向曲线的过渡段,如图 2-74(c)所示。图 2-74(d)则显示了另一种更受欢迎的非对称反向曲线。

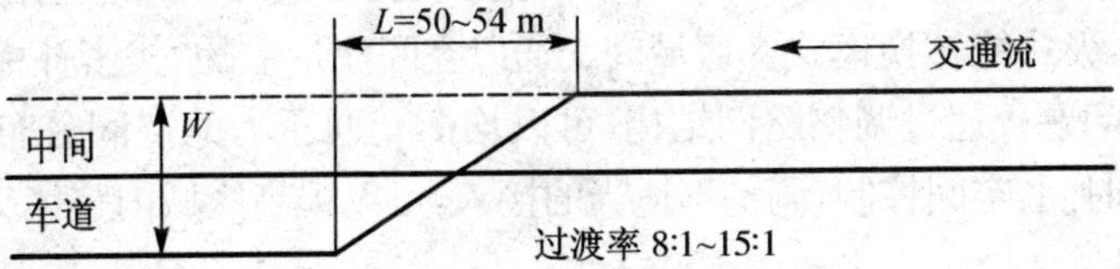

(a) 直线过渡

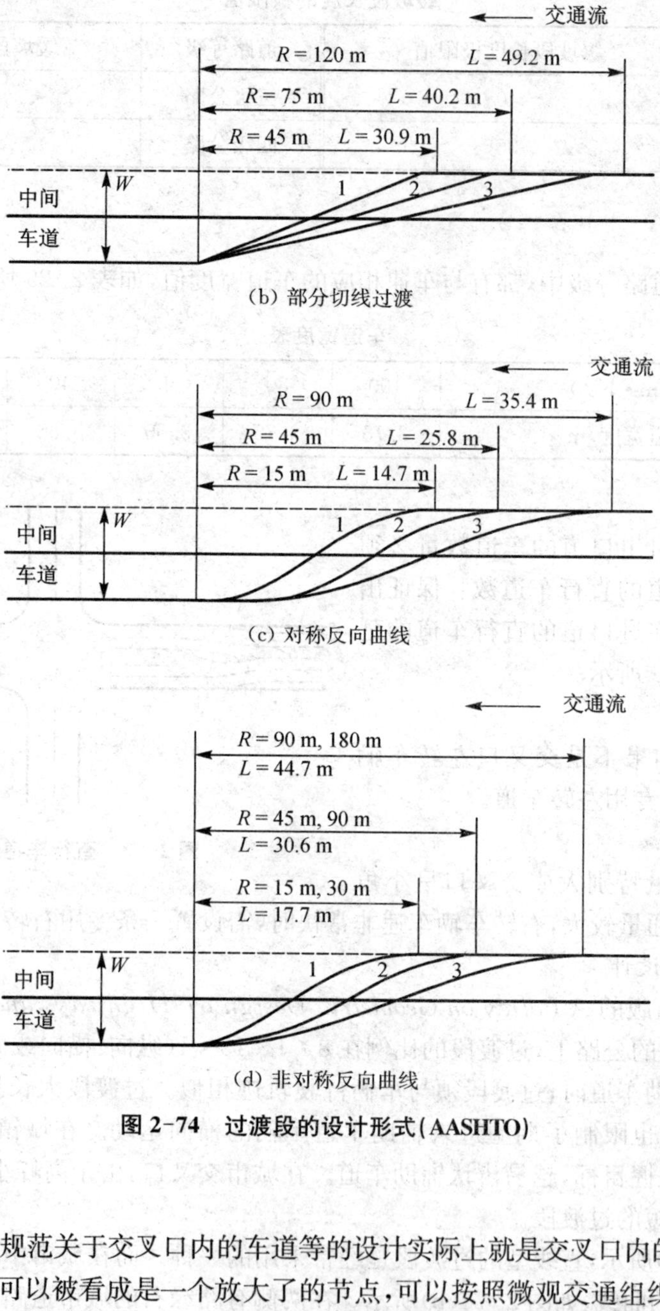

(b) 部分切线过渡

(c) 对称反向曲线

(d) 非对称反向曲线

图 2-74　过渡段的设计形式(AASHTO)

2.5.3　交通组织

我国公路设计规范关于交叉口内的车道等的设计实际上就是交叉口内的交通组织物理设施。道路沿线区域可以被看成是一个放大了的节点,可以按照微观交通组织的思路去进行区域交通流导入。区域性交通流导入解决的是路网中局部范围的交通流引导,其重点是在区域内部建立合理的路径循环机制,使不同出行目的的交通流选择路径时遵循“地方公路-集散公路-干线公路”的逐级功能转换模式。区域间交通以空间流量上的“找密补稀”为主,重在解决路网交通负荷的均衡问题。通过调整路网结构,可以均衡交通压力的空间分布;通过整合交通流,对不合理接入进行时间、空间控制,调整不适当的接入,可以提高区域内整体交通的安全性。

1. 方向性控制

即接入点禁止左转弯、禁止直行和限制性右转弯等。如图 2-75 和图 2-76 所示。

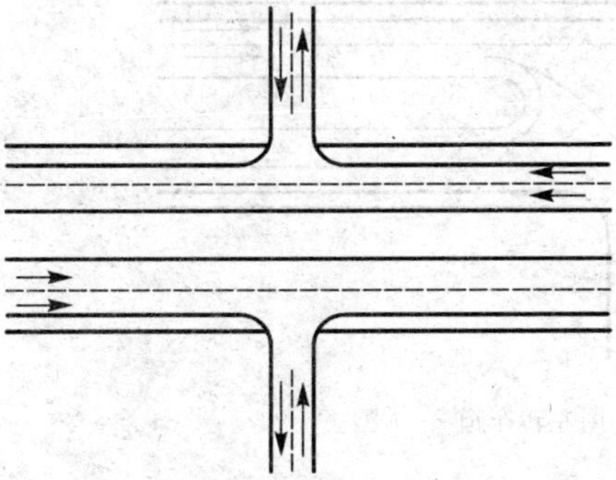

图 2-75　禁止支路直行

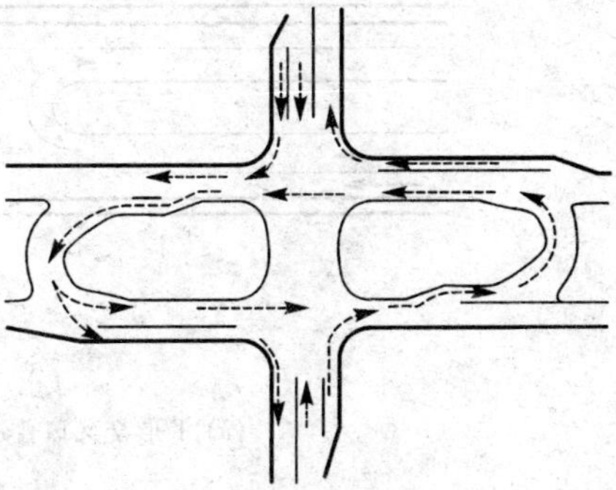

图 2-76　右转接掉头式间接左转

2. 中央分隔带开口控制

根据中央分隔带所处位置、交叉口形式和专用左转车道的情况，中央分隔带开口共有以下三大类 9 种类型。

1）路段中央分隔带开口形式

路段中央分隔带的开口形式有如下 3 种，见图 2-77。

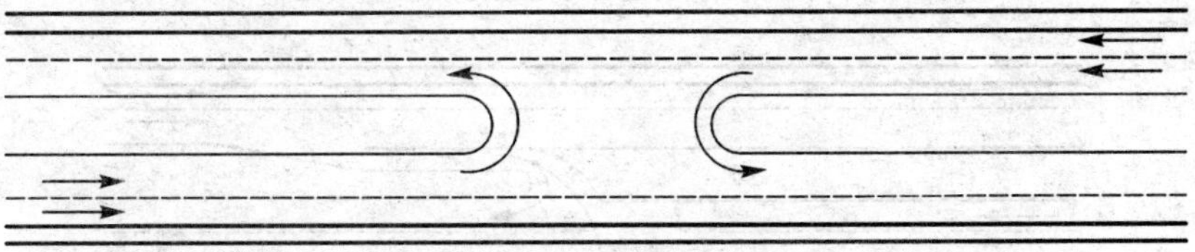

(a) 路段普通无专用左转车道 1—a 型

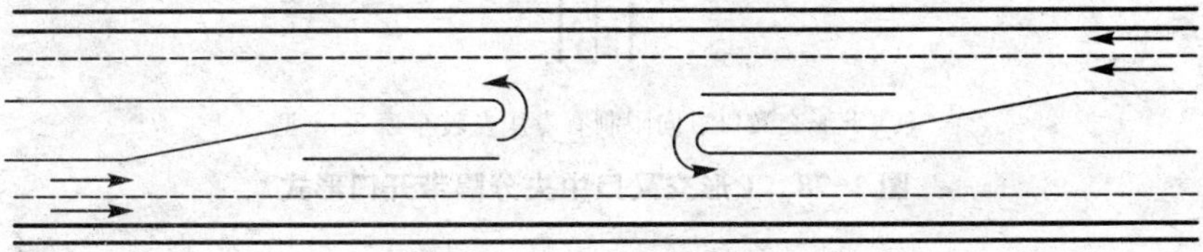

(b) 路段普通有专用左转车道 1—b 型

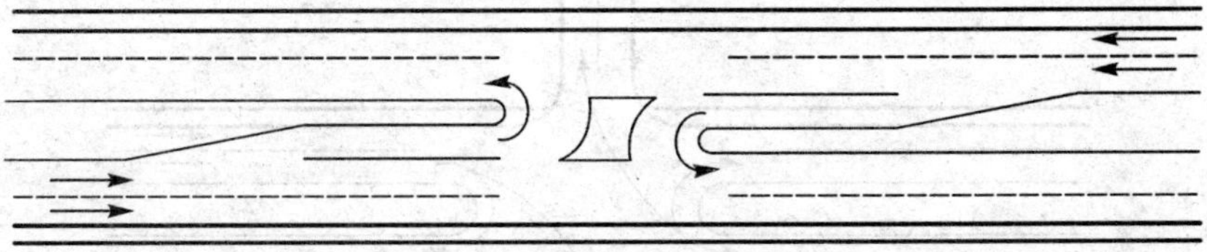

(c) 路段方向限制有专用左转车道 1—c 型

图 2-77　路段中央分隔带开口形式

2）T 形交叉口中央分隔带开口形式

T 形交叉口中央分隔带的开口形式有如下 3 种，见图 2-78。

3）十字形交叉口中央分隔带开口形式图 2-79

十字形交叉口中央分隔带开口形式有如下 3 种，见图 2-79。

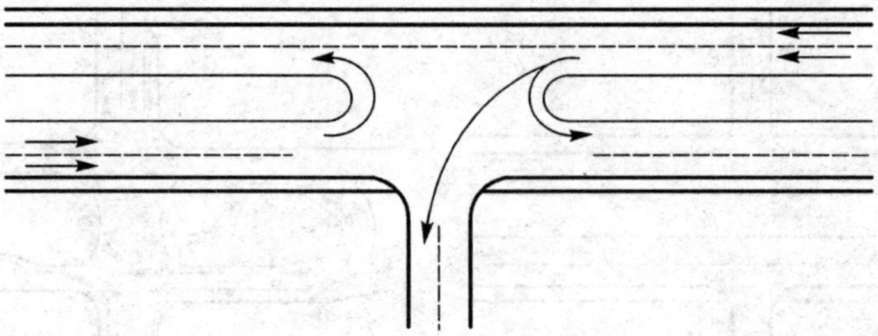

(a) T形交叉口普通无专用左转车道 2—a 型

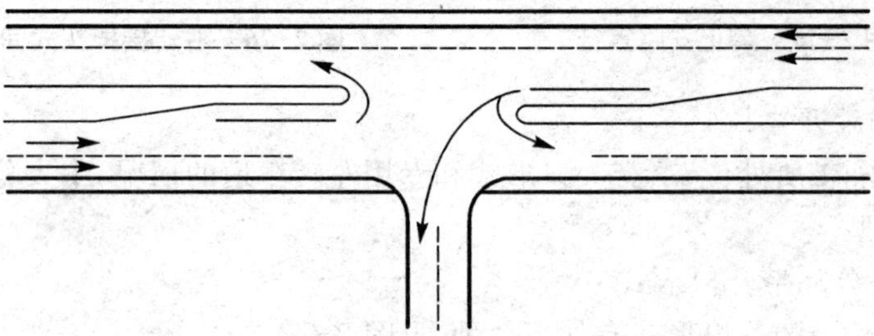

(b) T形交叉口普通有专用左转车道 2—b 型

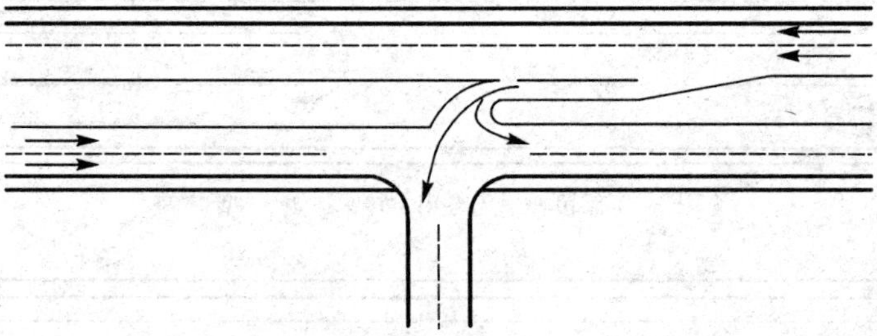

(c) T形交叉口方向限制有专用左转车道 2—c 型

图 2-78　T形交叉口中央分隔带开口形式

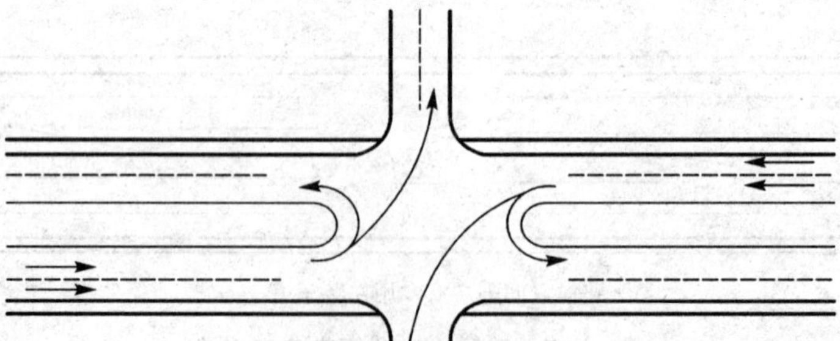

(a) 十字形交叉口普通无专用左转车道 3—a 型

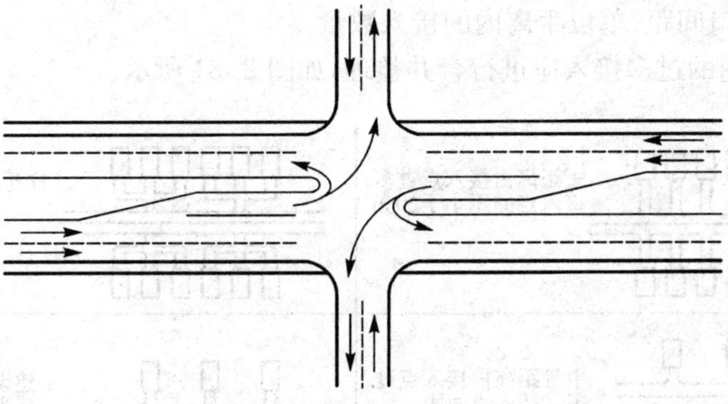

(b) 十字形交叉口普通有专用左转车道 3—b 型

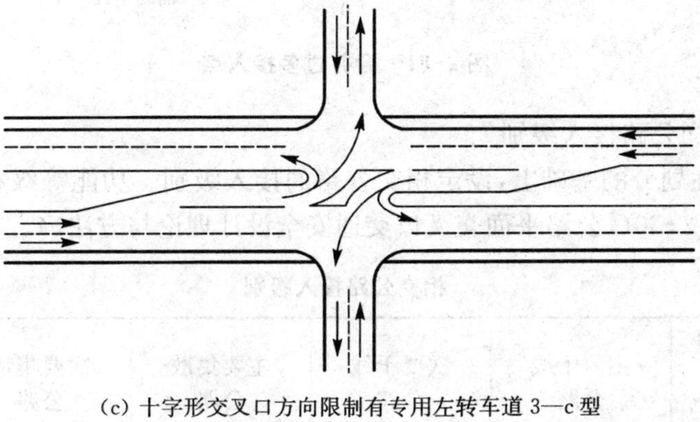

(c) 十字形交叉口方向限制有专用左转车道 3—c 型

图 2-79　十字形交叉口中央分隔带开口形式

以上仅是给出了开口形式，未提供细部尺寸。但细部尺寸对于开口形式的效用影响很大，主要影响到其可认知性。尺寸及各部分比例关系不当可误导通行方向。

3. 交通流导入原则

1) 减少接入点对干线公路的干扰，适度增加集散公路负担

利用干线公路与集散公路的接入点，使车辆在“通过”、“通达”功能高低之间进行转换。充分发挥集散公路汇集、疏散交通流的功能，允许在满足间距要求的前提下集散公路两侧适当的接入请求。充分发挥各级公路的优势出行距离。

对于干线公路两侧的工业用地，不允许其在干线公路上随意开口，应当通过辅助道路连接到支路，再连接至干线公路上，如图 2-80 所示。

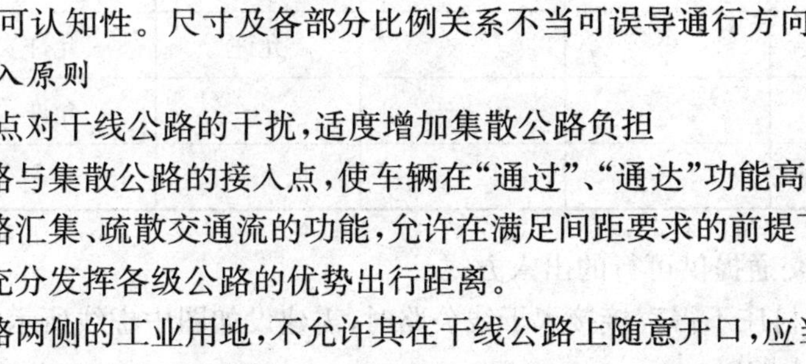

图 2-80　工业用地接入图例

2）控制交叉口间距、单位距离内的接入数量

对单位距离内的过多接入应进行合并整理，如图 2-81 所示。

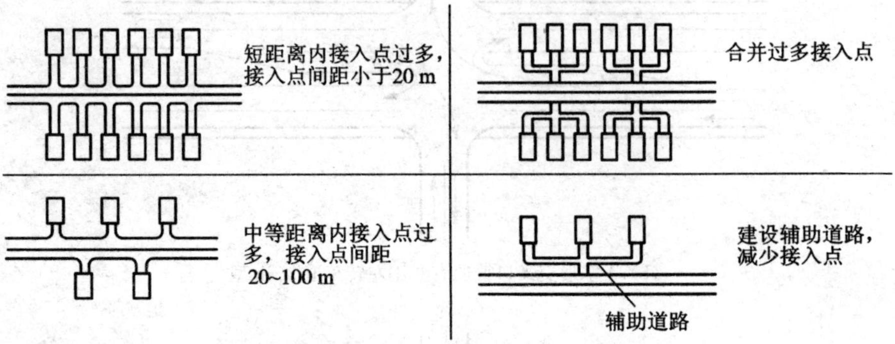

图 2-81　合并过多接入点

3）适当的相交公路接入级别

在公路功能性划分的基础上，设定相交公路的接入级别。功能等级相差 2 级以上的公路限制相交，见表 2-30（《公路平面交叉口交通安全设计理论与方法》）。

表 2-30　相交公路接入级别

类型 \ 接入许可 \ 类型	主要干线公路	次要干线公路	主要集散公路	次要集散公路	地方公路
主要干线公路	允许	允许	部分限制	限制	禁止
次要干线公路	—	允许	允许	部分限制	限制
主要集散公路	—	—	允许	允许	部分限制
次要集散公路	—	—	—	允许	允许
地方公路	—	—	—	—	允许

4）为区域内交通提供可行的出入方式

当图 2-82 中村庄不得直接接入干线公路时，需建设如图中虚线所示的集散公路。

5）适当的接入顺序

图 2-83 是接入顺序不同的两个双 T 形交叉口。

2.5.4　服务水平

平面交叉口的安全性能影响因素很多，因素量值也多变。因此，对于交叉口提出统一安全设计理论很难。可通过服务水平评价对交叉口安全性能进行分析，并发现某类交叉口的安全影响因素。

1. 无信号控制交叉口安全服务水平影响因素与流程

影响无信号控制交叉口交通安全服务水平的因素分为主要影响因素、次要影响因素和交通流量三类。具体见表 2-31。

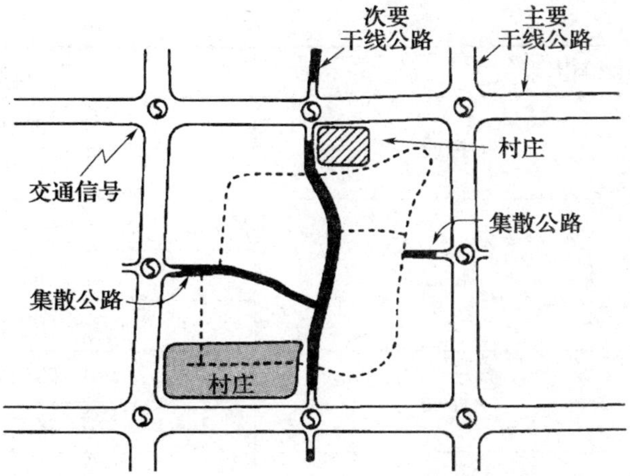

图 2-82　新建集散公路提供可行的出入方式(美国)

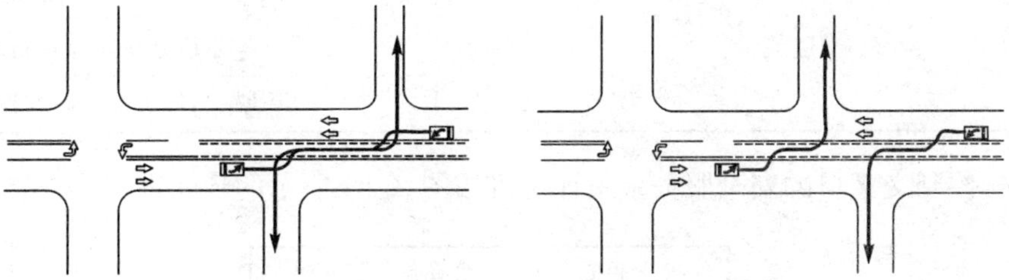

(a)　　　　(b)

图 2-83　毗邻双 T 形交叉口的接入顺序

表 2-31　　影响无信号控制交叉口安全服务水平的因素

影响因素		子影响因素
主要影响因素	机动车与机动车冲突点	交叉冲突点
		合流冲突点
		分流冲突点
	机动车与非机动车冲突点	直行机动车与非机动车冲突点
		左转机动车与非机动车冲突点
		右转机动车与非机动车冲突点
	机动车与行人冲突点	直行机动车与行人冲突点
		左转机动车与行人冲突点
		右转机动车与行人冲突点
次要影响因素	几何特征	纵坡度
		交叉角度
		视距
		车道设置
		物理渠化

（续表）

影响因素		子影响因素
次要影响因素	标线	标线可视性
		标线设置
	标志	标志可视性
		标志设置
		标志信息量
	路面	路面平整性
		路面抗滑性
	照明	路灯设置
		路灯完整性
交通流量		机动车与机动车交通量
		机动车与非机动车车流运行状况
		机动车与行人流运行状况

无信号控制交叉口的安全服务水平评价可按图 2-84 所示的步骤进行。

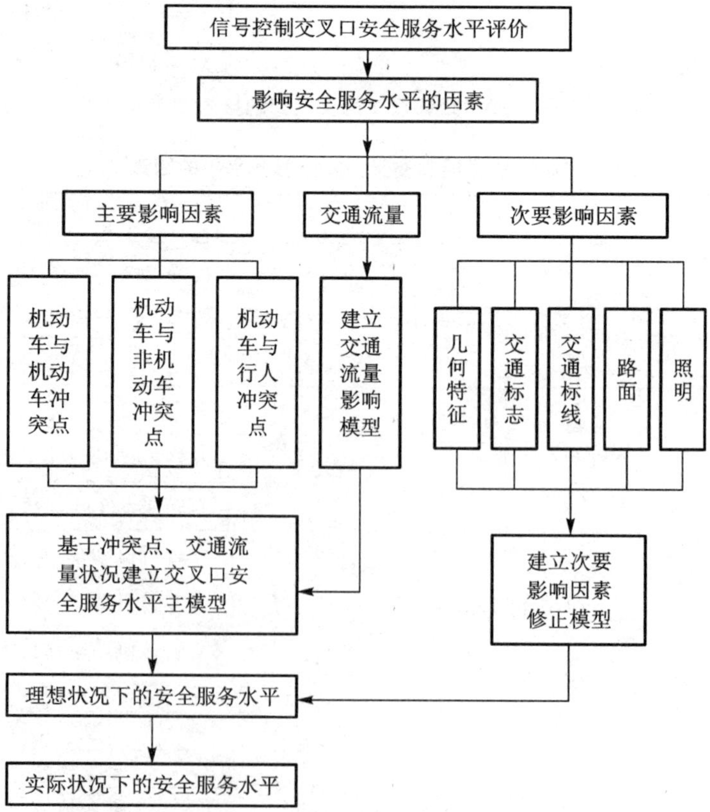

图 2-84　无信号控制交叉口安全服务水平评价方案

2. 无信号控制交叉口安全服务水平评价模型与分级

无信号控制交叉口安全服务水平评价模型包括:主模型和次要因素修正模型。

1) 主模型

主模型包括:①机动车与机动车冲突点潜在危险度模型;②机动车与非机动车冲突点潜在危险度模型;③机动车与行人冲突点潜在危险度模型;④无信号控制交叉口安全服务水平主模型。

2) 次要影响因素修正模型

交叉口的几何特征、交通标志、交通标线、路面、照明在很大程度上影响着交叉口的交通安全状况。在建立交叉口安全服务水平模型时要考虑这些因素。

由主模型和次要影响因素修正模型得到总模型:

$$EI_u = RI_u \cdot AF \tag{2-32}$$

式中 EI_u——无信号控制交叉口危险度;

RI_u——无信号控制交叉口潜在危险度;

AF——无信号控制交叉口次要影响因素修正系数。

根据交叉口安全服务水平模型的计算值——交叉口危险度,对交叉口安全服务水平进行等级划分。危险度越小的交叉口,其安全服务水平越高。将交叉口安全服务水平分为 6 级(A～F 级),分别对应很安全、安全、较安全、不安全、较危险、危险,见表2-32。

表 2-32　无信号控制交叉口安全服务水平等级

安全服务水平	交叉口危险度	安全服务水平	交叉口危险度
A	≤60	D	≤240
B	≤120	E	≤300
C	≤180	F	>300

2.6 路侧安全

2.6.1 路侧容错理念与路侧安全等级

交通活动具有一定的不可避免的风险,路侧容错理念就是为了尽可能减轻交通活动风险的后果,路侧交通运行环境应具有一定的容错能力,目的在于采用技术经济的措施尽可能降低驶入路侧车辆二次事故的严重性。路侧容错理念的核心是不论车辆驶出路外的原因如何,驾驶员的错误都不应该以牺牲生命为代价。

总体上,道路设计应从两大方面去考虑容错能力:

一是设置路侧净区,保障驶出路外的车辆不撞上路侧固定物体,并能利于车辆恢复正常行车。《公路交通安全设施设计规范》(JTG D81—2006)中规定路侧安全净区为公路行车方向最右侧车行道以外、相对平坦、无障碍物、可供失控车辆重新返回正常行驶的带状区域。

二是无条件设置路侧净区时,实施路侧危险规避与管理措施,降低车辆碰撞固定物体的事故严重程度,避免驶出路外的车辆碰撞行人、骑车者等其他道路用户。

根据路侧容错程度对路侧安全等级的划分主要从以下三方面考虑：

(1) 驶出路外的车辆是否可以安全控制并返回道路上继续行驶；

(2) 驶出路外的车辆自身产生事故的概率和严重程度；

(3) 二次事故发生概率和严重程度。

显然，路基边坡坡度、路侧边沟尺寸与类型、障碍物及其硬度刚度、路侧悬崖、居民、铁路、河流及是否通航等都与以上三个方面直接相关。

美国 FHWA 根据双车道路侧设计事故发生的概率计算事故损失(Zegeer 等研究)，将路侧安全分为七级，如表 2-33 所列。

表 2-33　路侧安全等级

等级	定　义
1	路侧净区宽度≥9 m；边坡坡度缓于 1∶4；路侧可恢复行驶
2	路侧净区宽度介于 6～7.5 m 间；边坡坡度约为 1∶4；路侧可恢复行驶
3	路侧净区宽度约为 3 m；边坡坡度为 1∶3～1∶4；路侧表面粗糙，路侧边界构造物可恢复行驶
4	路侧净区宽度介于 1.5～3 m 间；边坡坡度为 1∶3～1∶4；可能有护栏(距离路面边缘 1.5～2 m)；净区内可能有树木、杆柱或其他的物体(距离路面边缘大约 3 m)；路侧边界构造物不会与车辆碰撞，但增加了车辆翻覆的几率
5	路侧净区宽度介于 1.5～3 m 间；边坡坡度约为 1∶3；可能有护栏(距离路面边缘 0～1.5 m)；路面边缘外 2～3 m 可能是路堤边缘或者有坚硬的障碍物；路侧表面不可恢复行驶
6	路侧净区宽度≤1.5 m；边坡坡度约为 1∶2；无护栏，路侧边缘外 0～2 m 范围内存在坚硬的障碍物；路侧表面不可恢复行驶
7	路侧净区宽度≤1.5 m；边坡坡度约为 1∶2 或者更陡；路侧有峭壁或陡直的悬崖，无护栏，路侧表面不可复原且有发生严重碰撞的高危险性

高海龙等提出基于灰色聚类理论的路侧安全等级评估方法，将路侧危险程度分为 4 级。

1. 路侧安全等级＝Ⅰ级

路侧有较充足的净区宽度，净区宽度一般能达到 4 m 以上，净区内基本无危险物，边坡坡度缓于 1∶3，车辆驶出后可以自己驶回公路，发生碰撞事故和翻车事故的可能性很小。

2. 路侧安全等级＝Ⅱ级

路侧净区宽度较小，净区宽度通常不超过 3 m，路侧存在少量、零散障碍物：如树木、示警柱、标志杆柱，距离行车道外边缘较近范围也可能存在边沟、挡墙、岩壁等连续的危险物，边坡坡度陡于 1∶3，车辆驶出后不能驶回公路，驶出路外车辆一般能够得到有效控制，与障碍物碰撞的可能性较小，发生翻车事故的概率也不大。

3. 路侧安全等级＝Ⅲ级

路侧净区宽度较小，通常最大不超过 1.5 m，路侧深度达到 3 m 以上，或者距离行车道外边缘很近的范围内存在宽大边沟、房屋、坚硬岩壁等，车辆驶出路外后，能导致伤亡事故。

4. 路侧安全等级＝Ⅳ级

路侧净区宽度较小，通常不超过 1 m，路侧地形条件为陡崖、深沟、高度大于 4 m 的填方边坡或路肩挡墙，或者距离行车道外边缘很近的范围内有河流、湖泊、铁路线，车辆驶出路外后，易导致重大、特大事故。

2.6.2　路侧地势与障碍物处理

路侧安全保障工程技术包括设置适宜的路侧地势、障碍物处理与安全防护设施。

1. 路侧地势

当车辆驶出路外时，如果车辆既没有碰撞障碍物（包括固定设施、路外的车辆和行人）又没有翻车，那么在一定的范围内驾驶员可以控制车辆返回路内继续行驶。而这个范围取决于行驶速度、刹车性能、车辆行驶稳定性以及车辆驶出路外的角度等。美国较早的研究（Stonex，1960）认为在平缓的坡面上，按照公路上行车速度考虑，80%～85%的车辆在 9 m 范围内可以恢复行车。坡面坡度越大或在平曲线范围内，此距离还要适当提高。在路侧地势较陡情况下，顺坡、反坡、横坡或排水沟渠等将会对驶出路外的车辆安全造成影响。

2. 障碍物处理与保护

影响驶出路外车辆安全的路侧障碍物包括：排水设施、交通工程设施支撑结构物、行道树等。

一般来说，路侧排水设施的设置从安全的角度考虑，需要遵循如下原则：

(1) 移除不必要的排水设施；

(2) 对排水系统结构进行合理设计，使驶出路外的车辆能够安全穿越排水结构物，或使其受到的阻碍最小；

(3) 如果无法更改或移除处于对驶出路外的车辆构成危险的排水设施，选择恰当的交通路障进行防护。

美国 AASHTO 从道路安全的角度讲，排水设施的设计应采取路侧净区的概念。无护栏的路段，按照净区内可恢复行驶区和不可恢复行驶区坡度的要求设。

排水设施有时会对行车安全构成不良影响，如拦水带、集水口、泄水槽等。对这些固定设施应通过合理设计加以防护，如设置护栏或吸能式的防撞衬垫。对这些固定设施无法进行安全防护等处理时，应通过一种或多种有效的方式警告驾驶员，如标识这些固定设施等。

交通标志、照明支撑结构物，包括各类标志立柱、照明灯杆等。其中，交通标志尤其是带版面的标志，为抵抗风载和自重，需满足设计强度要求，立柱通常也会很粗且刚性很强，一旦失控车辆与之发生碰撞后，会造成严重后果。因此，安全设计人员应首先分析是否有必要设置标志，若必须设置，可将立柱尽可能设置在远离车道的位置，也可对立柱进行一些结构上的改进。另外，宜使用解体消能支撑结构。合理设计并正确安装解体消能支撑结构，能确保其发挥正常功效和最大程度上减小失控车辆撞上的可能性。多柱式标志解体消能支撑的撞击性能如图 2-85 所示。

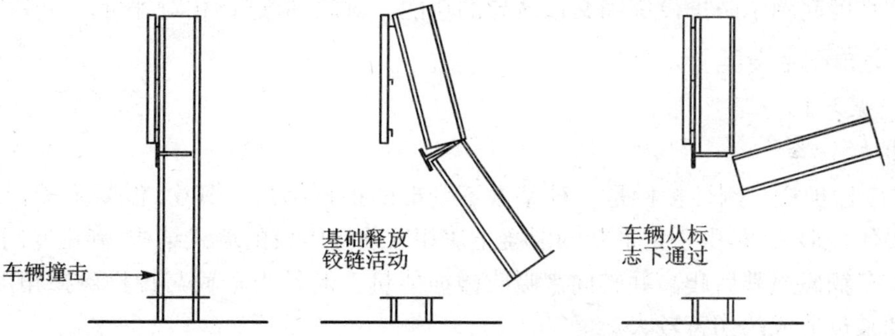

图 2-85　多柱式标志解体消能支撑的撞击性能

安装在路侧边坡上的支撑结构物，基础或者非解体部分坚固结构不应对驶出路外的车辆形成障碍，周围地形必须允许车辆能越过残留在地面或刚性连接在地面的支撑装置非解体部分。解体消能支撑底座距地面最大安全高度为 100 mm(图 2-86)。

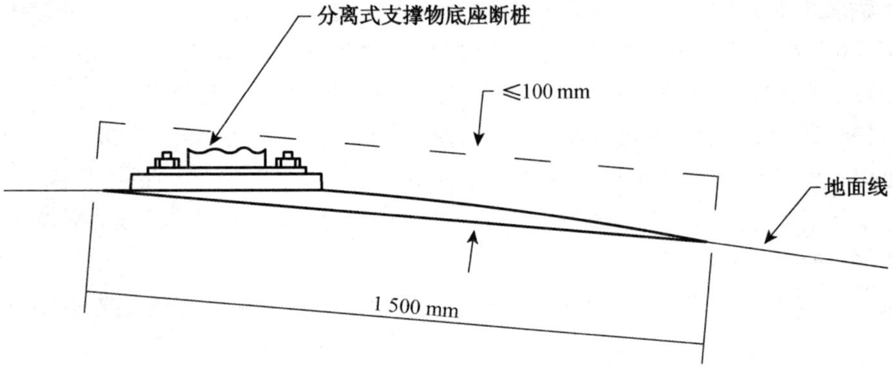

图 2-86　解体消能支撑底座高度

从安全的角度考虑，最佳的解决方法是尽可能减少设置设施杆柱，应把杆柱设置在被车撞到概率较小的地方。对于必须设置杆柱的地方，应遵循以下一些原则：

(1) 增大路侧多功能杆柱的横向距离；

(2) 增大路侧多功能杆柱间的间距；

(3) 把电线、通信线缆等埋入地下。

美国 AASHTO 调查得出，每年车辆碰撞树木事故占所有碰撞固定物死亡事故的 25%。树木的直径和位置会对交通车辆构成潜在障碍，直径超过 10cm 的树木一般会对车辆安全构成威胁，树木距离道路越近，车辆就越容易碰到它们。

解决行道树的安全问题通常有两种方法：首先是尽量保持车辆行驶在行车道内，措施包括路面标线、震动带、标志、轮廓标和道路线形改善；其次是为了减少路侧固有危险，路侧措施主要包括树木移除和加强防护。

从保护环境的角度，对于紧邻行车道的行道树应首先考虑移植措施。如果无法移植别处，行道树就会对行车安全产生十分不利的影响。如果历史事故资料中有车辆与行道树相撞的记录，应采取砍伐措施。

我国农村公路防护设施等相对不够完善，路侧边坡排水等设施不具备净区的功能，行道树在某种程度起到了防护设施和交通诱导的功能。对此，应进行相对评价。

2.6.3　交通安全设施

1. 路基护栏

1) 护栏分类

(1) 刚性护栏。刚性护栏是一种基本不变形的护栏结构。其中，混凝土护栏是刚性护栏的主要代表形式，是由一定形状的混凝土块相互连接组成的墙式结构，利用专门设计的断面使失控车辆碰撞其后爬高并转向来吸收碰撞能量。但是当车辆与护栏碰撞角度较大时，对车辆和乘员造成的伤害较大。

(2) 半刚性护栏。半刚性护栏包括波形梁护栏和钢背木护栏。其中，波形梁护栏是半刚性护栏的典型代表。它是一种连续的梁柱式护栏结构，具有一定的刚度和柔性，由立柱支撑的波纹状钢板相互拼接而组成。半刚性护栏刚柔相兼，具有较强的吸收碰撞能量的能力，对车辆和乘员造成的伤害相对较小。

(3) 柔性护栏。柔性护栏是一种具有较大缓冲能力的韧性护栏结构。缆索护栏是柔性护栏的主要代表形式，它是以数根施加初张力的缆索固定于立柱上组成的结构，主要依靠缆索的拉应力来抵抗车辆的碰撞。柔性护栏在受到碰撞后，由于变形较大，因此对车辆和乘员造成的伤害最小。

护栏形式的选择需要综合考虑护栏的防撞等级、变形量、现场条件、通用性、全寿命周期成本、养护以及美观、环境等因素。

2) 护栏防撞等级确定因素

国内规范根据车辆驶出路外有可能造成的交通事故等级，按规定选取路侧护栏防撞等级。因公路线形、运行速度、填土高度、交通量和车辆构成等因素易造成更严重的后果的路段，应在表 2-34 的基础上提高护栏的防撞等级。

表 2-34　　路基护栏防撞等级的使用条件

防撞等级	碰撞条件				碰撞能量/kJ	护栏性能评价条件
	防撞速度/($km \cdot h^{-1}$)	车辆质量/t	碰撞角度/°	碰撞加速度/($m \cdot s^{-2}$)		
B	100	1.5	20	≤	—	乘员安全
	40	10	20	—	70	护栏强度
A、Am	100	1.5	20	≤	—	乘员安全
	60	10	20	—	160	护栏强度
Sm、SBm	100	1.5	20	≤	—	乘员安全
	80	10	20	—	280	护栏强度
SA、SAm	100	1.5	20	≤	—	乘员安全
	80	14	20	—	400	护栏强度
SS	100	1.5	20	≤	—	乘员安全
	80	18	20	—	520	—

3) 路侧护栏设置原则

路侧护栏设置与否以及护栏等级取决于路基填筑高度和边坡坡度。

我国规范在确定边坡坡度、路堤高度与设置护栏的关系时，根据我国公路交通的实际情况和经济承受能力水平，将边坡坡度、路堤高度划分为三个区域。

《公路交通安全设施设计细则》规定，二级及以上等级公路边坡坡度和路堤高度在Ⅰ区方格阴影范围之内的路段必须设置路侧护栏；二级及以上等级公路边坡坡度和路堤高度在Ⅱ区斜线阴影范围以内的路段以及高速公路、一级公路路侧安全净区内设有车辆不能安全穿越的照明灯、摄像机、可变信息标志、交通标志、路堑支撑壁、声屏障、上跨桥梁的桥墩或桥台等设施的路段，二级及二级以上公路路侧边沟无盖板等车辆无法安全穿越的挖方路段应设置路侧护栏；二级及二级以上公路边坡坡度和路堤高度在Ⅲ区内的路段，三、四级公路边坡和路堤高度在Ⅰ区内，二级及二级以上公路纵坡大于或等于现行《公路工程技术标准》(JTG B01—2014)规定的最大纵坡值的下坡路段和连续长下坡路段，二级及二级以上公路平曲线半径小于现行《公路工程技术标准》(JTG B01—2014)一般最小半径的路段外侧等宜设置路侧护栏，如图 2-87 所示。

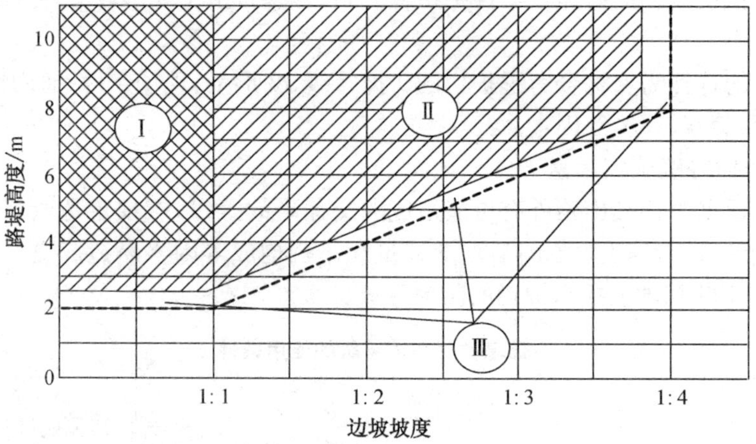

图 2-87　边坡坡度、路堤高度与设置护栏的关系

2. 中央分隔带护栏

中央分隔带是常用的纵向防护设施，用来隔离对向交通流。一旦车辆越过中央分隔带闯入对向车道发生事故，其后果非常严重。

各国在规定中央分隔带护栏设置标准时，往往以中央分隔带的宽度、交通量为依据。《公路交通安全设施设计细则》规定：当整体式断面中间带宽度小于或等于 12 m 时，必须设置中央分隔带护栏；当整体式断面中间带宽度大于 12 m 时，应分路段确定是否设置中央分隔带护栏；公路采用分离式断面时，行车方向左侧应按照路侧护栏设置；上下行路基高差大于 2 m 时，可只在路基较高的一侧按路侧护栏设置；高速公路和禁止车辆掉头的一级公路中央分隔带开口处，必须设置活动护栏。高速公路中央分隔带宽度设置如图 2-88 所示。

根据车辆驶入对向车道造成的交通事故等级，应按照规定选取中央分隔带护栏的防撞等级，对于因公路线形、运行速度、填土高度、交通量和车辆构成等因素易造成更严重后果的路段，应适当提高护栏的防撞等级。

中央分隔带护栏端头处理的位置应在最可能受到冲击的地方。在有车辆直接碰撞时，端头必须引导事故车辆至端头或者防撞垫的后方。

考虑到端头处理不恰当会引起的许多重特大事故，以及端头处理的成本等因素，中央分隔带的开口应尽可能的少。

3. 端头处理

针对不良护栏端头设计带来的安全问题，除采用特殊结构的安全型端头或在端头前方放置具有缓冲作用的设施外，设计人员还可运用其他一些更为经济的措施来尽可能降低或避免车辆与护栏端头相撞。常见的方式有：改进和完善标志、标线系统；在端部涂以反光漆或粘贴反光膜；在端头前方放置沙桶或警示桶。

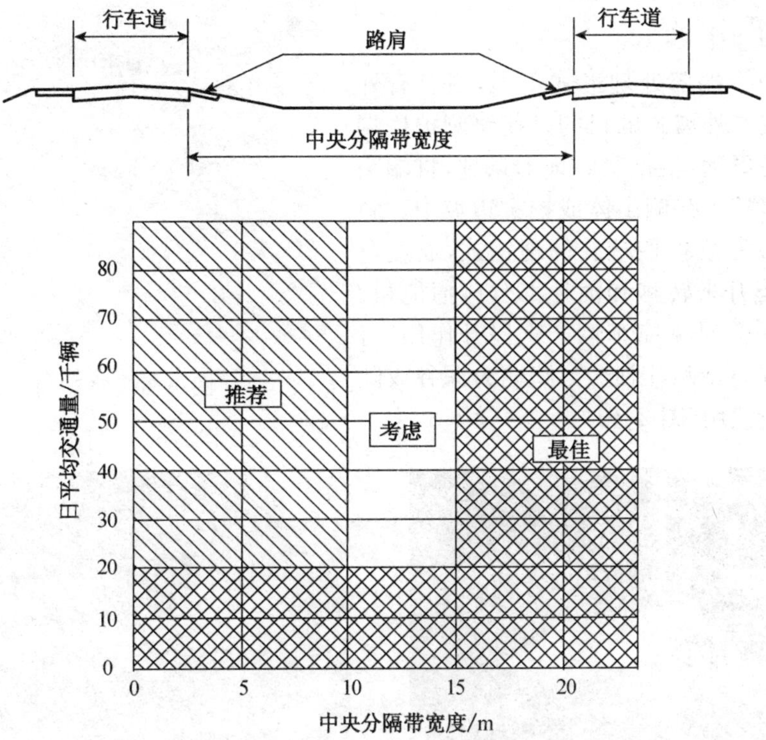

图 2-88　高速公路中央分隔带宽度设置

国内目前对护栏端头的处置方法一般多采用端头外展的做法。

1）波形梁护栏端头

国内的端头处理较为单一，主要为圆头式和地锚式。《公路交通安全设施设计细则》中对行车方向的上游端头宜设置为外展地锚式或圆头式，端头与护栏标准段之间应设渐变段。行车方向下游端头可采用圆头式，并与标准段护栏成一直线设置(图 2-89)。

(a) 圆头式　　(b) 地锚式

图 2-89　波形护栏端头形式

图 2-90 为“ELT”护栏端头，该端头通过了美国 NCHRP350 报告测试水平 3 的要求，在北美和欧洲应用较多。它具有解体消能的功效，能很好地降低事故车辆被护栏刺穿的可

能性。

2）混凝土护栏端头

混凝土护栏端部处理形式不多，主要有外展式和斜坡式。外展式的目的是使路侧护栏端部距离行车道更远，根据实际地形条件，将端头“隐匿”或“消隐”于路侧山体或挖方边坡中。斜坡式类似于波形梁护栏端头的地锚式，通过车辆在斜坡上爬升来转移和消耗部分碰撞能量。但斜坡式端头会对碰撞车辆产生提升作用，可能导致车辆翻向路侧，因此，当路侧为深谷或陡崖的路段时应慎用(图 2-91)。

图 2-90 “ELT”护栏端头

(a) 外展式　　(b) 斜坡式

图 2-91 混凝土护栏端头

3）缆索护栏端头

缆索护栏施工较为复杂，需要在端部缆索施加初张力，因此国内对缆索护栏端部多采用规范的结构设计。从安全角度来考虑，缆索护栏端头处置方式采用与其他护栏相类似的原则：端部立柱尽量远离行车道；对于无外展条件路段，宜采用发光材料标识其轮廓，或利用周围地物遮蔽护栏端头等。

图 2-92 缆索式护栏端头

4）护栏过渡段

护栏过渡段是指两种不同护栏断面结构形式之间平滑连接并进行刚度或强度过渡的专门结构段，大多设置在路基与桥梁连接处。护栏过渡段设计要点如下：

(1) 过渡段多用于一般路段波形梁护栏与桥梁混凝土护栏相连接处，两种不同结构的护栏不宜在桥头连接处断开，也不应在未作加强处理的情况下直接相连。

(2) 当波形梁护栏用于防护刚性危险物(如桥墩)，且护栏与刚性体之间的侧向距离不能满足护栏变形量要求时，危险物处上下游一定范围内的护栏需要设置过渡段。

(3) 从半刚性护栏到刚性护栏过渡时，应确保过渡段的刚度或强度平稳、持续地增加，刚度的增加可通过减小立柱间距、增加立柱尺寸、增设护栏横梁等方法实现。

(4) 过渡段应设置足够的长度，以保证在短距离内不会发生变形量的剧变。一般情况下，过渡段长度可按两护栏系统变形量之差的 10～12 倍设置。

(5) 隧道口附近通常为事故多发处，进出口处的护栏尤其是进出口段的护栏应进行特殊处置。

(6) 尽量避免排水设施(如路缘石、涵洞的进出水口等)设置在过渡护栏的前面，以避免车辆撞到排水设施后导致车辆行驶不稳或车辆以非设计条件碰撞护栏，影响护栏过渡段的性能。

2.6.4　路侧净区障碍物管理

1. 路侧净区障碍物

开阔、平坦、无障碍物是最理想的路侧条件，但是当公路路侧净区范围内不能提供安全行车的条件时，则需要设置护栏来保护障碍物，如表 2-35 所列。

表 2-35　　不能通过的地形和固定地物的常用防护措施

障碍物	依据
桥墩、栏杆端头	通常必须防护
巨砾	取决于固定地物的性质以及被撞击的概率
涵洞、管道	取决于大小形状和位置
填/挖边坡(平缓)	一般不需防护
填/挖边坡(不平缓)	取决于撞击的概率
路堤	取决于填方高度和坡度
挡土墙	取决于墙体的相对平滑性和预测的最大撞击角度
标志/灯柱	需要不可断裂式支柱
交通信号支柱	在农村高速路段孤立的信号灯柱应进行防护
树木	取决于具体环境
河流	取决于河流的位置、深度以及侵入河流的可能性

2. 路侧净区障碍物管理原则与措施

许多情况下，受道路路侧动植物保护、水源保护、文物保护等多方面的限制以及人工交通设施的设置影响，无障碍物、可恢复行驶的路侧净区设置起来会比较困难。为了确保路侧安全，在综合考虑技术经济效益的基础上，可对路侧净区范围内会对驶出路外车辆安全造成危害的物体[如杆柱、树木、涵洞端头、挡墙、陡边坡(不大于 1∶6，理想 1∶4)、排水边沟等]进行处理。

路侧无障碍物区范围大小取决于行车速度、路侧地形、道路几何线形、交通量等多个因素。

2.7 服务区/旅游/观景台

2.7.1 选址、间距与规模

观景台和服务区选址应从安全、观景、经济与自然环境协调性方面考虑。避免将观景台和服务区设置在特殊路段处。要考虑服务设施的布置对于安全的影响，应充分考虑所选位置的景观性，充分考虑所选地点的供电、排水是否满足运营需求。在服务区、观景台选址过程中，应在一定的识别视距处布置服务区、观景台。通常，识别视距大于1.25倍的主线停车视距为宜。表2-36为不同设计速度下的识别视距。

表2-36　　识别视距取值

设计速度/($km \cdot h^{-1}$)	120	100	80	60
识别视距/m	350～460	290～380	230～300	170～240

当选址路段的信息量较大(标志数量或信息量较大、标线密集、行车环境复杂)时，可取较大值。为了满足驾驶员及旅客休息等基本需求，设置间距一般选取15～25 km。

观景台的规模，主要受平台大小、停车区大小控制。平台大小根据地质条件确定。停车区大小，主要由主线交通量和驶入率、周转率确定。从控制观景台对生态和主线交通影响的角度，适应主线交通量的同时，需要控制其规模，一般采用5～10个停车位。

服务区规模主要根据交通量、毗邻公路车辆驶入率等因素确定。而主要考虑出发点是为适应交通量的需求。另外，服务区的规模也主要受到停车面积、绿化面积、建筑面积等控制。其中停车面积大约占到总体面积的1/3。

2.7.2 服务区、观景台出入口

1. 入口

从车辆准备驶出主线，驶入观景台或服务区时，其驾驶行为类似于匝道出口处驾驶员的驾驶行为。在观景台及服务区的入口处应设置减速车道，可考虑采用平行式减速车道。

$$L = L_1 + L_2 = \frac{v_0 t_1}{3.6} - \frac{1}{2} a_1 t_1^2 + \frac{1}{25.92 a_2}(v_1^2 - v_2^2) \tag{2-33}$$

式中　t_1——发动机减速持续时间，取值为3 s；

a_1——用发动机减速的减速度(m/s^2)；

a_2——用制动器制动的减速度(m/s^2)；

v_0——初始速度(km/h)；

v_1——发动机减速后速度(km/h)；

v_2——制动器减速后车速(km/h)。

为保证车辆在未用发动机减速情况下的安全，计算减速车道长度时，可近似取$v_1 = v_0$计算。表2-37为单车道平行式减速车道长度。

表 2-37　　单车道平行式减速车道长度(包含三角段)

主线车速/(km·h⁻¹)		减速度/(m·s⁻²)		观景台及服务区内部设计车速/(km·h⁻¹)					
				30	35	40	50	60	80
设计车速	平均车速 v_0	a_1	a_2	观景台与服务区内部平均车速 V_2/(km·h⁻¹)					
				30	35	40	45	55	80
				减速车道长度/m					
120	90	1.0	2.0	210	205	200	190	170	135
100	80	0.9	1.8	185	175	170	160	135	—
80	70	0.8	1.6	155	145	135	125	100	—
60	55	0.6	1.2	115	105	90	80	—	—

2. 出口

在观景台与服务区的出口处，可以设置加速车道，以便车辆顺利驶入主线。加速车道设计可考虑采用基于服务交通量的加速车道长度设置方法。

设主线车道设计车速 V_1，车辆的汇入主线的合流车速为 U，车辆达到合流区鼻端相应位置的初速度为 u，加速度 a，p 表示车辆可直接汇入主线的概率；Q_r 为驶出观景台与服务区的道路服务交通量，考虑了主路服务交通量的加速车道长度 S 可由下式计算。

$$S=\frac{U^2-u^2}{26a}-\frac{3\,600}{Q_r}\ln(1-p)$$
$$Q_r=3\,600Q_1\mathrm{e}^{-Q_1t}\left(0.5+\frac{1}{Q_1t_0}\right) \tag{2-34}$$
$$U=V_1-15$$

式中　Q_1——主线交通流量；

t_0——次要车流饱和车头时距；

t——次要车流最小车头时距。

加速车道长度设计的推荐值如表 2-38 所示。

表 2-38　　加速车道长度推荐值

匝道设计车速/(km·h⁻¹)	主线设计车速/(km·h⁻¹)			
	120	100	80	60
	渐变段长度/m			
	95	85	70	55
80	220	65	—	—
60	330	170	50	—
40	400	250	130	35
30	430	280	155	60
0	465	310	190	100

2.8 交通环境与自然环境交互影响

2.8.1 公路路域环境组成元素及其属性分析

所谓路域环境，是指围绕驾驶员，并会对其行为和感受产生影响的外部事物的总合。环境涉及的范围大小不是固定不变的，而是由外部事物与驾驶员发生交互的程度来决定。即使是数公里之外的远山背景，如果能够进入驾驶员的视野范围，从而有可能对其产生影响，则也属于路域环境的范畴中；反之，路堑边坡外侧被遮挡的石碑，尽管距离驾驶员不过数十米，但由于不会与其发生交互关系，因此也不算在路域环境的范围内；另外，如“风”等自然现象虽然不可见，但驾驶员的感受和被影响却是实实在在的，因而也是路域环境的一部分。

依据研究的需要，以环境元素是否依赖于道路的建设和运营而存在为标准，可以将路域环境划分为“交通环境”和“自然环境”两个范畴。

交通环境是指在路域环境中，由于公路建设和运营而带来的环境元素部分的总合。其判别条件是“若假设该公路不存在，则这些环境元素也将不存在或处于其他形态”。例如：路侧护栏等交通工程设施离开道路是不可能存在的；路堑边坡的土体虽然在道路建设前就天然存在，但并非呈现边坡的形态。因而这些都属于交通环境的元素。

自然环境是指在路域环境中，与公路建设无关，能够不依赖于公路而存在的环境元素部分的总合。与交通环境类似，其判别条件是“无论公路是否存在，该环境元素均会保持当前形态”。例如：有的居民在公路建设前即已居住在附近，不论公路修建与否，他们在当前位置居住的状况都不会改变。因此，这部分居民的住宅即属于自然环境的部分，尽管按照平常的分类方法，建筑物通常被归为“人文环境”。由此也可以看出，在该分类标准里，“自然环境”的概念与通常情况相比是有所区别的。

环境对交通安全的影响可从两个层面分析：一是自然环境本身沿线的变化对道路用户心理的作用（吸引）；二是道路交通基础设施与自然环境的和谐性。

路域交通环境的有关内容在本书第1章与本章前面几节都已有介绍。

路域内的自然环境多变，大致可以分为天然资源、气候、景观、人文等几类，可包括以下内容：

1. 地质、地形、地貌

地质环境主要指的是地表面下的坚硬壳层，由岩石及其风化产物——浮土两个部分组成，是地球演化的产物。高速公路的修建离不开地质环境做基础。地质环境所形成的表面地形为公路提供了基本条件：路堤、路堑、桥、隧道等都是公路与地质环境的直接关系，同时也在布线和线形设计上受到其限制。

2. 水环境

水环境是构成自然环境的基本要素之一，指自然界中水的形成、分布和转化所处空间的环境。水环境主要由地表水环境和地下水环境两部分组成。地表水环境包括河流、湖泊、水库、海洋、池塘、沼泽、冰川等，地下水环境包括泉水、浅层地下水、深层地下水等。

3. 大气环境

大气环境是指生物赖以生存的空气的物理、化学和生物学特性。大气的物理特性主要包括空气的温度、湿度、风速和气压。化学特性则主要为空气的化学组成：大气对流层中氮、氧、氢 3 种气体占 99.96%，二氧化碳约占 0.03%，还有一些微量杂质及含量变化较大的水汽。

4. 生态环境

生态环境是指生物之间和生物与周围环境之间的相互联系、相互作用的各种自然因素、条件的总和，是由生物群落及其相关的无机环境共同组成的功能系统，也可称为生态系统。

5. 气象环境(雾、雨、冰、雪等)

气象环境因素在本书第 1 章有讨论。

6. 人文环境

人文环境，又称文化环境，是人们在日常生活中，为了满足一些物质和精神等方面的需要，在自然环境的基础上叠加了文化特质而构成的。其最主要的体现即聚落，其次有服饰、建筑、音乐等。人文环境表现形式多种多样，可以有实物载体，如文物古迹、宗教建筑、石刻、村落等，也可以有民间传说、地方戏曲或风土人情等非物质文化。

7. 农业环境

与农业领域的定义不同，农业环境在此处是指农田、果园等农业生产场景，严格来讲应归为人文环境的一部分，但又有其特殊性。农业主要包括种植、畜牧、渔业等方面的内容，其劳动对象为经人工驯化后的动植物，属于生物领域；而劳动过程又深刻地受到人为影响的介入，是人类深入改造自然的结果，带有人文特色。由于这些原因，人们更容易控制农业环境与公路建设之间的影响。

8. 景观

上述自然环境的组成部分都是客观存在的，而景观的概念需要依赖人的主观感受。它是指具有审美特征的某地区或某种类型的自然景色，也包括人工创造的景色。

2.8.2　自然环境对交通运行环境的直接影响

自然环境对交通环境的直接影响主要体现为环境对驾驶员驾驶行为的影响及各种自然环境灾害下交通安全与运行保障问题。在这方面，虽然其缺少有效的定量数据表达道路交通安全与自然环境参数的关系，但定性上讲，环境对交通安全有一定的影响。路侧一处秀丽的山川，可以带给道路用户愉悦的心境，缓解驾驶疲劳，但也吸引驾驶员的眼球，导致驾驶分心。

1. 自然灾害

自然生态环境包括土地、水、大气、生物等环境资源，承载了高速公路的存在，很容易直接影响到其交通环境。

在较为极端的情况下，地质条件发生剧变，会引起地震、滑坡、崩塌、泥石流等地质灾害，严重时可直接破坏道路结构，造成路基垮塌、路面断裂、线形畸变、交通工程设施损坏等交通环境问题；即使情节轻微，也容易造成路面上遗落土石，或是路面平整度变差，同样会破坏行车环境的安全性，使高速行驶的车辆失控，带来安全隐患。

某些野生动物出于迁徙或生存可能横穿公路，植物也可能枝条过长伸入路域范围，或是有枯枝掉落到公路上。当这些本不该存在的异物突然出现在公路上，毫无心理准备的驾驶员会采取紧急制动或是避让措施，引起交通流的不稳定。一旦发生撞击，由于二者具有很高的相对速度，撞击能量大，很可能对车辆或乘员造成损害。路侧绿化的枝条还可能入侵道路空间，造成遮挡交通标志、缩短视距等问题。这些都是路域生物对交通环境的负面影响。但自然环境中的生物也会给公路带来正面影响。经过足够长时间的自然恢复后,路侧植被的发育会起到固土防水的作用,保护道路边坡免遭侵蚀;达到一定规模的树林带可有效降低公路噪声对外界的影响;绿色植物能够在一定浓度范围内吸收公路产生的有害气体,还可以阻滞和吸附大气中的粉尘污染物,避免粉尘覆盖路面。

2. 恶劣天气对交通环境的直接影响

恶劣天气的影响见本书第1章和第4章的有关内容。

3. 人类活动

在高速公路路域范围内,与行车无直接关系的人类活动也可归属于自然环境的一部分,同样会对交通环境产生一定的影响。

例如,在公路附近的挖掘、堆载等工程可能造成路基的不均匀沉降,严重时会损坏路基路面结构;个别当地居民为了搭便车、出售农产品等目的,违规占用公路空间,带来安全隐患;当公路附近农田喷洒农药时,气味扩散到公路上空,破坏路域空气环境,使驾驶员产生加速驶离的动机和行为,不利于行车安全;某些地方的农民有在农田里就地焚烧秸秆的习惯,这会产生烟雾团,笼罩在公路路域,降低局部能见度,带来很大的行车风险。因此,公路附近居民的生活活动也会给交通环境带来直接影响。

村镇过境公路的两侧居民生活与经济活动都直接与交通安全有关。

2.8.3 交通环境与自然环境融合性

交通环境与自然环境会频繁发生交互影响,这种交互作用深刻地关系到驾驶员的感受和行为,因而与整个道路交通的安全状况和服务水平密切相关。高速公路环境景观的设计应考虑这些因素,由于景观与环境的影响错综复杂,涉及到诸多方面,许多关系难以量化。

评价立足于驾驶员视角,侧重交通环境与自然环境的景观融合性,因此主要突出可能出现在驾驶员视野中的景观要素。该评价可以从以下六方面着手构建评价指标体系。

(1) 道路线形与沿线地形的协调;

(2) 路侧地势与自然地貌的协调;

(3) 大型构造物(桥梁、立交等)与自然环境协调性;

(4) 排水设施突兀性;

(5) 公路绿化与原状植被的协调;

(6) 附属设施的环境协调性;

(7) 人造景观与历史文物、自然景观的协调性。

该评价体系均基于以上分段方法形成的段落。

1. 线形与地形的协调

1) 线形与地形协条性评价方法

进行与地形相关的量化研究时,可通过分析道路线形与地表等高线的相互关系,评价二者的协调性。和谐的线形设计应具备以下特点:①线形顺应地势变化;②纵向坡度值较小;③造成的工程填挖量较小。

将上述特点转化为定量概念,即:与地形协调的道路线形设计应尽量保持在一定的等高线条带内走线,减少路线与等高线的交叉,不可避免的交叉则以交角较小为宜。据此,确定道路线形与地形协调性的评价参数包括路线与等高线组形成的交叉角度 θ 及相邻交点间的距离 l。

等高线为地图上地面高程相等的各相邻点所连成的曲线。由于高程起算面和等高距的选择不唯一，一定区域内的等高线图也不是唯一的。虽然二者均会影响评价的最终结果，但对于具有一定长度的路段而言，高程起算面对各点评价的影响可以相互抵消，从而可忽略该因素所造成的偏差，故在评价中仅需选取合适的等高距。

针对某路段选定等高线组后，即可首先进行单点评价。依次记录道路中线与等高线组相交而成的各交点的参数，包括交叉角 θ 及相邻交点的间距 l。其中，θ 反映了该处路线对地形的顺应，取值越小越优，范围为 $0°\sim 90°$，可通过余弦函数转化为 0～1 之间的评价值；l 反映了沿道路中线的地面坡度，取值越大越优，且达到某一阈值 L 以上时，评价为“满意”，对应评价值恒为 1，则在 $0\sim L$ 范围内对 l 的评价可通过添加系数的正弦函数转化为 0～1 之间的评价值；此两项指标相互独立。考虑到 l 足够大时可忽略 θ 的影响，因而具有更高的权重，又因评价对量纲平衡有所需要，故构造评价模型为：

$$f=\sqrt{\alpha \sin\frac{\pi l}{2L}\cos\frac{\pi\theta}{180}+\beta\left(\sin\frac{\pi l}{2L}\right)^{2}} \tag{2-35}$$

式中　f——路线的地形协调性指标；

l——相邻交点间的距离(m)；

θ——路线与等高线组形成的交叉角(°)；

L——为 l 的某一阈值，当 $l>L$ 时，评价为满意；

α——交角与间距的关联作用的加权系数；

β——交点间距影响作用的加权系数。

在单点评价的基础上，可以进行路段协调性的总体评价。事实上，由于单点评价受到等高线组选取的影响较大，并且线形协调的概念是基于驾驶员连续行车的主观感受的，因此路段评价更有实际意义。为便于说明数据处理的方法，现对路段评价中的参量做如下设定：

(1) 沿上行方向，路段内各交点依次编号为 $\{P_0, P_1, P_2, \cdots, P_i, P_{i+1}, \cdots, P_n\}$，其中 P_0、P_n 分别为路段的起、终点，而非路线与等高线的交点；

(2) P_i 与 P_{i+1} 间以路程计的实际间隔为 m_i，$0\leqslant i\leqslant n$；

(3) l'_i 为点 P_i 与 P_{i+1} 间的名义间距，需考虑对 m_i 的某种修正，$0\leqslant i\leqslant n$；

(4) 单点评价使用的 l 称为“相邻交点的间距”，而每个交点的上、下行方向都各有一个相邻交点。为了保证单点评价对上、下行方向的一致性，并使间距 l 成为隶属于孤立点的参量，故定义“P_i 点的毗邻交点间距” $l_i=0.5\times(l'_{i-1}+l'_i)$，$0\leqslant i\leqslant n$；

2) 特殊情况模型的修正方法

考虑到实际评价中的某些特殊情形，需要做出相应修正。

(1) 路段内存在的短隧道：因路线在隧道内的部分与自然地形没有关联，故将协调性评价值 f 统一取为 1。

(2) 路段内的小桥：架桥跨越起伏地形可取得良好的协调效果，并且在驾驶员的感知中，桥梁是作为一个整体在体现其与地形的关系，因此应忽略落在桥梁段内部的交点，把桥梁整段计入桥两端交点的实际间隔 m。

(3) P_i 与 P_{i+1} 位于同一条等高线上：相当于路线沿某条等高线在其两侧摆动，与地形具有较好的协调性，不同于普通情形下与两条等高线相交的情况；通过与上文标准模式分析的对比，可知应修正 $l'_i = 2m_i$。

（4）分离式路基：对上、下行的两幅路基分别应用该评价方法，其后取平均值。

对划分好的某一路段进行评价时，首先应在道路线位设计图上，从分段起点开始依次标记道路中线与所选等高线组的交点，根据实际情况进行必要的数据处理后，将各点相应的 θ 和 l 代入模型式(2-35)计算，得出该段内各交点的单点评价；其后，依据各交点评价结果的影响范围进行加权计算，得到对路段的总体评价值；最终以里程为横坐标、评价值为纵坐标作图，将各交点的评价值和总评值在同一折线图中表示，可同时对路段的总体协调水平和局部变化有直观了解。

具体而言，对点 P_i 的评价可影响长度为 $0.5(m_{i-1}+m_i)$ 的范围，以此作为加权计算的权数，则该路段内线形与地形协调性的总评可表示为：

$$F=\frac{\sum_{i=1}^{n-1}0.5(m_{i-1}+m_i)f_i}{\sum_{i=1}^{n-1}m_i-0.5m_{n-1}+0.5m_0} \tag{2-36}$$

式中 F ——对该路段的总体评价；

f_i —— P_i 点的单点评价；

P_i ——路段内第 i 交点，$0\leqslant i\leqslant n$；

m_i —— P_i 与 P_{i+1} 间以路程计的实际间隔，$0\leqslant i\leqslant n$。

2. 边坡与地貌的协调

边坡是公路工程的重要组成部分，作为连接路面和路侧自然环境的过渡带，边坡与周围地貌的协调性十分重要；边坡在驾驶员的视野场景中占据了很大的面积，也是最主要的变化部分，对视觉环境影响很大。由于路堤的设计坡度一般在 1∶1.5 左右，在驾驶员的视角中路堤边坡是不可见的，因此，对于边坡的协调性评价可更具体地认为是评价路堑边坡与周围地貌的协调性。

使用“黑箱法”可以定量地评价路堑与地貌的协调性，但只能应用于边坡植被已经过若干年自然恢复后的道路，应用受到局限。为了便于在设计及施工阶段对高速公路边坡的环境协调性做出评价，可采用以下四方面的指标来分析影响协调性的因素，并进行评价。边坡的协调性从因素分析的角度评价难以量化，评价采用专家打分法，可从四个方面打分。

1）形状与地形的协调程度

人工路堑边坡与周围自然山坡的相似程度。由于目前道路设计方法普遍较为粗放，边坡设计在大多数情况下是套用标准横断面图形成的，因此路堑边坡多以平直的坡面为主，缺少变化。而自然状态下的山坡是在风化的作用下形成的，往往凹凸不一、坡形圆润，与人工修建的路堑边坡形成了鲜明的对比，反差过大，造成了不协调。

2）坡度与地形的协调程度

坡度直接影响到边坡的稳定性和经济性。一般来说，平缓的坡度可以降低边坡的景观敏感度，容易达到与周围环境的协调。若边坡的最大坡度与周围自然地形坡度相差不大，就可以取得较好的协调感。

3）坡面与环境的协调程度

路堑边坡的坡面实际为对原状地面开挖后造成的“创伤面”，其与环境的协调程度非常重要。为了更合理地评价该项指标，又细分为 3 个子指标来评价：①颜色与环境的协调程度；②坡面防护的美观程度；③人工痕迹弱化程度。

4）坡高与环境的协调程度

总坡高越小，对环境的破坏越小，协调性越好。另外，若单级边坡高度根据岩石的开挖需要和环境的需要合理变化，则协调程度较好。根据“不破坏就是最大的保护”的新理念，考虑到目前环境保护规范对深路堑的规定，推荐以 30 m 的总坡高作为对环境破坏“大”的分界值。

3. 排水设施的环境协调性

公路排水设施包括路基排水管道、边沟、截水沟、管涵等内容，在评价排水设施与环境的协调程度时，主要考虑其中对视觉景观影响比较大的部分，因此选取截水沟的隐蔽程度和边沟的隐蔽程度这两个指标。鉴于目前截水沟和边沟以浆砌为主，视觉冲击大，影响景观效果，故利用地形及植被遮蔽后的排水设施为佳。

1）截水沟的隐蔽程度

视觉对路堑段的截水沟敏感程度很高，一小段暴露的截水沟即可给环境协调性留下不和谐的印象。

2）边沟的隐蔽程度

路堑段边沟也会出现在驾驶员视野中，视觉敏感度也较高。近年来对边沟形式的研究和改进已得到道路建设者的重视，新建项目均在路堑边沟的设计上采取了一定措施，选用盖板边沟、暗埋式边沟、浅碟形覆草边沟等，大大改善了路堑边坡的景观协调性。

4. 绿化与植被的协调

评价植被形式与环境的协调程度，可从以下 5 个方面进行。

1）用地范围内外的乔灌木匹配合理性

主要是路堑坡脚绿化平台、中央分隔带、坡面、路界内坡顶、路界外绿化带及与路域外植物品种搭配的合理性。

2）植物栽植模式的协调程度

指坡脚、坡面、坡顶及路域范围内绿化植物的栽植模式与环境背景的匹配程度。植物栽植应选择与周围环境和公路特点相适应的模式。

3）植被覆盖率

路堑边坡植被覆盖率与周围覆盖率的差异对环境协调影响也较大。一般来说，边坡覆盖率在不低于周围绿化覆盖率的情况下，能取得较好的协调效果。但在天然植被覆盖很差的路段，绿化也不宜过满。

4）植物多样性协调程度

植物多样性是指植物和由它组成的系统的总体多样性和变异性。边坡绿化应以草、灌、乔、花合理搭配，品种丰富为宜。多样性是自然植被的特点之一，也是公路途经多个地区的客观反映，同时也是驾乘人员所追求和喜爱的景观效果。

5）植被乡土化率

乡土植物更适应当地的气候和土壤，易于融入周围的环境，形成有地域特色的植物景观，养护管理成本低，病虫害少，是路域绿化的合理选择。若因绿化引入有害植物品种，对当地生态环境来说是一场灾难。

5. 构造物与附属设施的环境协调性

高速公路的构造物与附属设施类别很多,如桥梁、隧道、立交、支档结构、隔离栅、标志、护栏等,不同的路线分段的构造物与附属设施,在种类和数量上也有很大差异,其与环境的协调程度,均可用以下 3 个指标包含(这里不含大中桥梁和长大隧道等需进行特殊景观设计的重大设施)。

1) 公路构造物及附属设施自身的形式美

道路设施在设计时均会考虑美学要求,评价则主要是利用"统一、变化、对比、相似、均衡、比例、尺度、韵律、节奏"等方面形式美的基本原则去检验路段内的构造物与附属设施是否是美的。

2) 设施型式与周围环境的协调性

评价构造物及附属设施在型式上能否融入环境,例如跨线桥的桥型和尺寸比例是否与路堑环境相配,隧道洞门选用的形式是否与山坡地形协调等。

3) 设施的表面处理协调性

包括构造物表面的颜色、纹理、质感等方面,力图和周边环境的色彩、质地相协调。一般来说,材料本身的色彩、质感容易与环境协调,并以非彩色和低明度、低彩色的颜色基调为好。

2.9 公路自然环境和谐性与景观

在不断深入研究的过程中,人们逐渐意识到道路交通设施与自然环境之间协调性的重要;道路沿线的景观设计与路线设计、交通设施以及运营管理等方面一样对驾驶员行车安全造成许多潜在的影响。

2.9.1 道路交通设施与自然环境协调性

道路交通设施与自然环境协调性即公路沿线自然环境现状及其变化能提高公路运营安全性,增加视觉美学效果,减少对路域生态环境干扰与破坏的程度。一条道路交通设施与自然环境相协调的公路应该能在保障交通安全的前提下实现高效运营,将沿途优美景观展现给道路用户。

1. 设计理念

道路交通设施与自然环境协条性的设计理念是指在公路建设的同时需要保护生态环境、景观、人文历史等资源并为公众提供安全、高效的交通运输服务。应使驾驶行为、道路环境及道路两侧的自然环境相协调,保证道路功能,并为用户所认知和接受,从而使道路交通事故的风险降低。道路交通设施与自然环境协调性应遵循以下各项设计理念:

(1) 工程设计与景观设计相结合的理念;

(2) 创造式设计的理念;

(3) 动态设计的理念;

(4) 工程设计与绿化设计相结合的理念;

(5) 施工允许有创作的理念。

2. 设计方法

强制性指标要严格执行,一般性指标灵活运用,超限指标论证采用。灵活性设计应尽量追求与地形地貌的协调性,同时避免对环境的过度破坏;应充分考虑公路与周围附属基础设施、自然环境等构成的交通视觉空间，利用视觉空间深度确保行车安全。不应片面追求高标准和宽平直，公路等级不在于高而在于适用，路面不在于宽而在于畅通。如在山区公路改建时，对能满足安全通行要求的，可维持原路标准，适当调整线形，避免大填大挖，最大限度地减少施工对周围自然环境的破坏，最大限度地发挥旧路的资源效益。

3. 创作设计

创作设计的目的是公路设计者的想象力及创造性，采用一种综合设计手段，在保证公路交通系统安全及出行需要的同时，全面考虑保障道路交通设施、自然景观、历史、美学与其他文化价值的协调性。如：

(1) 选取设计题材。道路交通设施与自然环境协调性设计中存在着诸多要素，如道路交通设施的颜色、材料、标志、结构特点、图形样式等，这些要素具有独立性又相互联系，设计者需要将所有要素统一考虑。

(2) 多学科团队合作与公众参与。多学科的设计团队，有助于充分考虑公路与周边环境的特征，并依此调整设计方案。另外，听取社会公众的意见，对保持居民的居住环境，尊重地方文化特色具有明显的作用。

(3) 注重设计细节。充分考虑公路沿线自然环境和视觉特点，体现设计者的创作力和民众的意见，以满足协调性要求。

2.9.2 人造景观

公路沿线的边坡、路侧景观小品、跨线桥等重要结构物景观都可作为人造景观的展示平台。人造景观对交通安全的影响可采用驾驶员对不同展示区人造景观的偏好性与关注程度评价人造景观是否合理。人造景观信息对驾驶员的影响可分为显式影响与潜式影响。显式影响指驾驶员在接受到公路人造景观所表达的信息后，立刻对驾驶行为产生了影响，这种影响不仅能被驾驶员自身所感知，也能被观察驾驶员的人所感知。如为了标新立异，在路侧设计了极其与众不同的大型雕塑，如果有驾驶员因此而产生好奇心，减慢车速以观看景观，则会产生较危险的显式影响。潜式影响就是驾驶员在接受到公路人造景观所表达的信息后，没有立即对驾驶行为产生影响，但是却使驾驶员产生了某种情绪，这种情绪可以被驾驶员自身所感知，影响到驾驶行为，也可能会消失不见。

2.9.3 设计原则

为了实施以上理念，在青莱高速公路建设中针对不同的分项工程采取了相应的设计原则。

青莱高速公路边坡设计时在坚持创新的基础上，针对青莱高速的具体情况采用了以下的设计原则：

(1) 坚持动态设计。由于地质勘探不可能充分暴露工程地质情况，需要专家组在挖方现场根据揭露岩性、风化程度、地质构造、准确的桩号和周围环境具体确定设计方案。

(2) 从景观和生态恢复角度考虑，最大限度减少工程防护措施，必须采取时注重工程防护与生态防护的结合，比如采用锚杆框格防护等。

(3) 尽量避免上边坡采用高挡墙、进行大段落防护，可以不设挡墙的一定不设。

(4) 稳定是基础。特别重视风化花岗岩、片麻岩等的稳定问题，以及坡面或坡顶有高压线、天桥桥台等构造物时的边坡稳定。

(5) 边坡坡率灵活自然、因地制宜、顺势而为，不宜采用单一坡度，以减少人工痕迹，敢于突破设计规范缺少变化的坡形、坡度和坡高。比如边坡坡度根据岩石稳定及自然纹理，坡度可以垂直；坡面不刻意追求平直；边坡高度灵活调整；边坡形状遇土可为弧状处理体现自然，遇坚石可为大块的棱角状体现刚毅，遇土包石可采用露石绿化体现顽石景观等。

在进行隧道口优化设计时遵循了以下指导原则：

(1) 注意减少对周边生态环境的破坏。

(2) 追求自然，提倡早进洞、晚出洞，与自然地形坡面平顺衔接。避免在洞口形成高边坡和高仰坡。在难以避免的情况下，通过接长明洞等方法消除不良影响。

(3) 不提倡隧道洞门设计的人工化，不提倡宏大、雄伟、醒目，而提倡简洁、隐蔽、淡化的洞口处理，营造"悄悄"进洞气氛。

(4) 提倡优先采用明洞式洞门。当必须采用端墙式洞门时，端墙的色调采用冷色调，墙面装饰不应采用光面，不设置细腻的图案、雕塑等。减少对驾驶人视线的影响。

(5) 对影响洞门效果的截水沟必须要隐蔽处理。

青莱高速公路沿线自然人文景观保护与应用建议遵循以下原则：

1. 以恢复和保护自然环境为首要选择

这是打造"两型交通"的重要要求。交通是个资源依赖型和能源消耗型的传统行业，对不可再生资源的依赖性较强，对环境影响较大，强调构筑物的景观设计与工程设计施工同步，少破坏、早恢复、重保护，以可持续发展为理念。

2. 景观设计追求简洁实用的自然美

这符合现代崇尚自然的审美趋势，也体现了灵活性设计的要求。实用就是要求高速公路沿线各类景观点的设计从整体入手，从细处下笔，景观规划与交通规划同步，规模分期适度。简洁是自然美的典型要求，不过分修饰或贪大求宏，追求原生态美是其目标追求。

3. 营造与自然环境相协调的人文景观

这是高速公路展示地方风貌的基本原则。通过引入与展示、象征与延伸、联想与隐喻等方式营造人文景观以宣传当地文化，是旅游交通景观设计的一个重要方面。但高速公路作为一个大尺度景观主体，过分渲染人为景观，即浪费资源，又可能造成原生态美的缺失，应以自然景观展示为主，和谐的人文景观作为点睛之笔，适地适度。

4. 景观设计要同时考虑不同的观景主体

这体现了以人为本的要求。公路景观的设计应同时考虑内部景观和外部景观。前者主要为公路主线的路用者服务，后者则为其他等级的公路、地方道路，以及路侧居民等观景主体服务，为不同的主体营造景观享受的机会是提升公路形象和服务质量的重要手段。

2.10 小结

本章主要探讨道路交通基础设施安全性能的设计，及如何从道路交通基础设施与路域环境安全设计方面为道路用户提供具有一定安全性能的道路交通基础设施或路域环境。分别对道路几何线形、典型设施路段(桥梁、隧道、立交及环境过渡路段、平面交叉)安全设计理论和方法做了研讨；对路域环境景观、交通环境与自然环境的协调及其对路域环境安全性的影响等也做了研讨。通过研讨，提出了一些道路交通基础设施安全性能的设计理念、基本方法。

第3章

道路交通安全管理系统

3.1 道路交通安全管理系统功能与构成

路域环境的安全设计是针对设计阶段所预见的安全问题、基于设计时期的安全设计理论与方法,尽可能考虑长远的发展,设计路域环境的基础设施,使道路交通基础设施具有一定安全性能。要持续保障道路交通安全,需对路域环境开展可持续的安全管理,并实施交通的实时安全管理与控制。

1. 道路交通运行安全动态管理

对道路交通运行状态进行监测,动态分析交通状况,实时评价运行风险,及时采取规避对策,事前消除事故肇因,或遇突发事件及时启动预案,对事中和事后的运行实施管理与控制行动,保障道路通行安全。

2. 道路运行安全静态管理

对道路交通运行环境和交通状况进行监测,定期分析运行环境和交通状况,超前预测运行环境的安全性能和交通运行风险,按期制定道路安全规划和事故预防对策,保障道路交通基础设施具有适宜的安全性能。

要保障道路全天候的运行安全,彻底根除道路事故隐患,必须动态管理和静态管理双管齐下,努力完善和发展我国道路安全的管理模式!

本章主要介绍道路运行安全静态管理,即道路交通安全管理系统。

目前,道路交通安全方面存在以下问题:

(1) 道路运营阶段的管理工作主要侧重路面等设施的日常养护,而没有将安全问题作为道路日常养护及运营管理的内容,致使出现的安全问题不能得到及时消除,造成生命财产的重大损失。只有将安全管理作为公路日常养护及运营管理的重点内容,才能有效改善我国公路的运行安全现状,提高我国公路的运行安全水平。

(2) 传统的安全管理以事后管理为主,事故发生了,问题出来了,解决问题。随着交通事业的发展和管理水平的提高,这种以人民生命财产为代价的事后管理已经不能满足交通安全管理的需求。在道路运营过程中及时发现潜在的安全隐患,预防交通事故的发生是安全管理的发展趋势。

(3) 由于道路安全问题的复杂性,必须以系统工程的观点和方法来管理与协调,建立适合我国国情的道路交通安全管理系统。

(4) 管理决策的制定必须以科学的理论方法体系为依据,建立服务于道路交通安全管理的评价、预测和决策理论方法是实现管理科学化的关键。

道路交通安全静态管理系统是指在道路建设与管理的不同阶段实施安全管理。包括道路安全评价、国家和地区的路网安全战略规划、道路及路网的定期安全评估与安全改造、安全教育以及交通安全法规的制定。

道路运行安全养护管理系统功能可由如图 3-1 所示的几部分组成。系统的业务流程可简单地用图 3-2 表示。

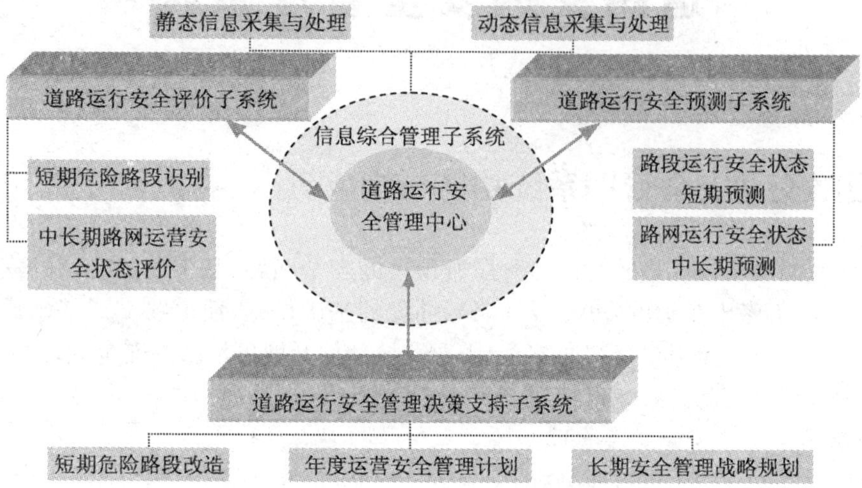

图 3-1　道路运行安全养护管理系统功能与结构

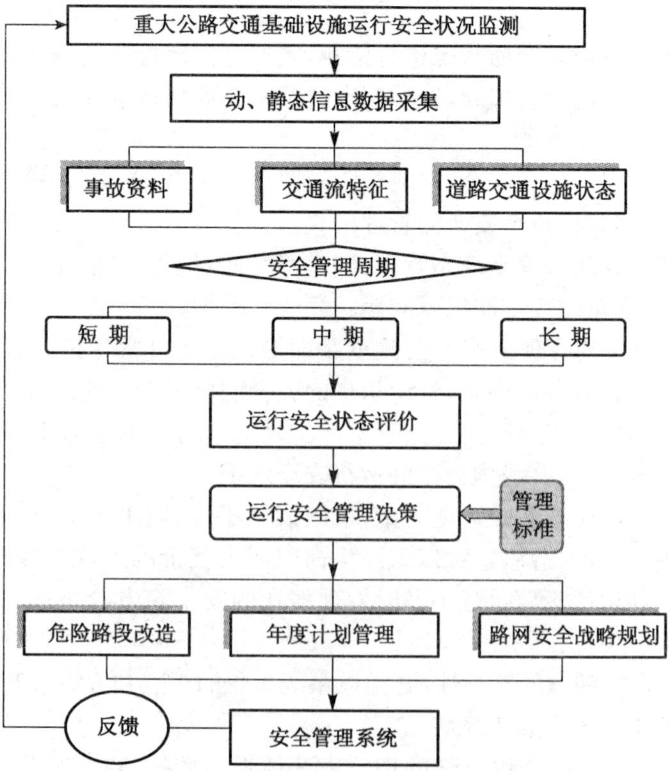

图 3-2　道路运行安全养护管理系统业务流程图

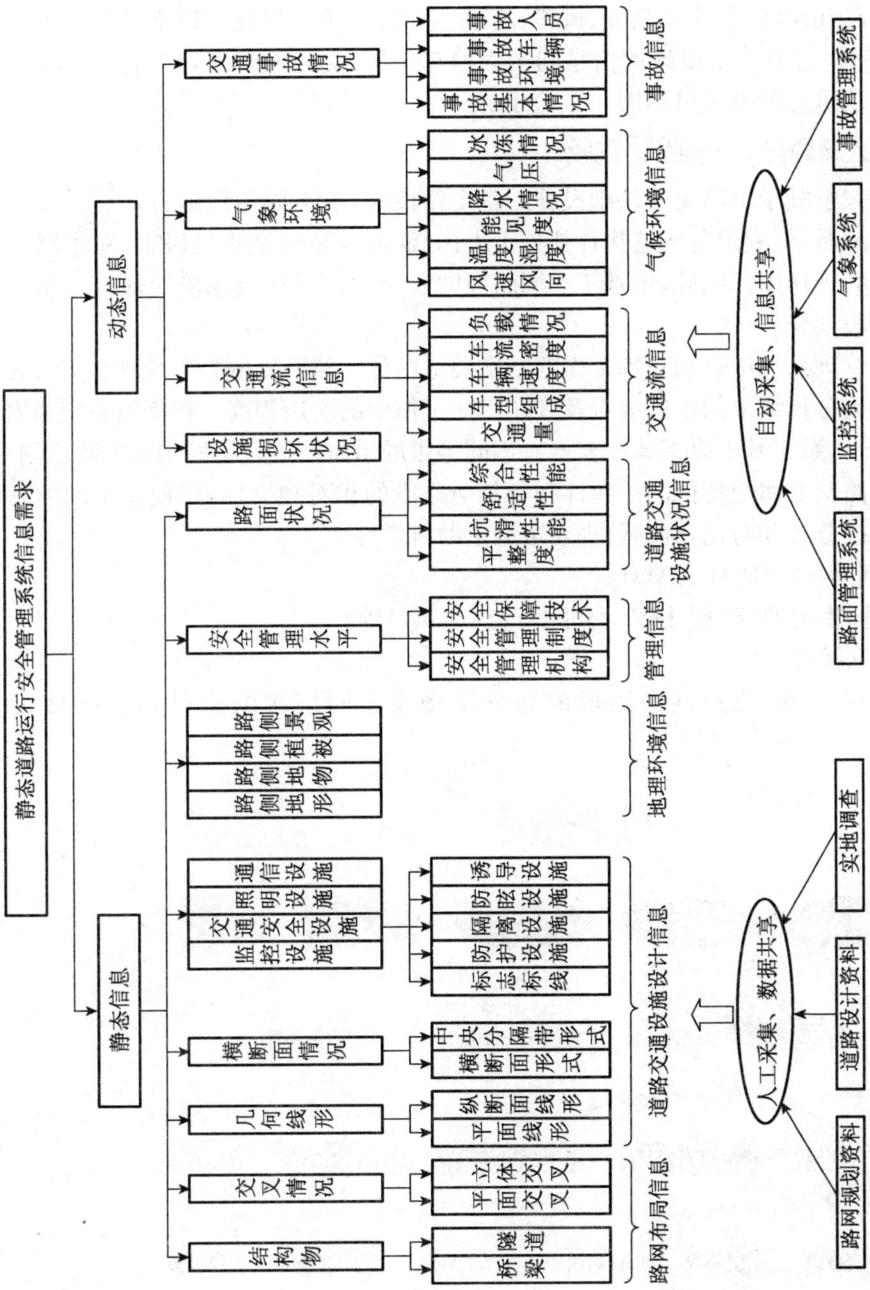
静态道路运行安全管理系统信息需求
静态信息
动态信息
结构物
桥梁
隧道
交叉情况
平面交叉
立体交叉
几何线形
平面线形
纵断面线形
横断面情况
横断面形式
中央分隔带形式
监控设施
交通安全设施
照明设施
通信设施
标志标线
防护设施
隔离设施
防眩设施
诱导设施
路侧地形
路侧地物
路侧植被
路侧景观
安全管理水平
安全管理机构
安全管理制度
安全保障技术
路面状况
平整度
抗滑性能
舒适性
综合性能
设施损坏状况
交通流信息
交通量
车型组成
车辆速度
车流密度
车负载情况
气象环境
风速风向
温度湿度
能见度
降水情况
气压
冰冻情况
交通事故情况
事故基本情况
事故环境
事故车辆
事故人员
路网布局信息
道路交通设施设计信息
地理环境信息
管理信息
道路交通设施状况信息
交通流信息
气候环境信息
事故信息
人工采集、数据共享
自动采集、信息共享
路网规划资料
道路设计资料
实地调查
路面管理系统
监控系统
气象系统
事故管理系统

图 3-3　信息需求与来源

3.2 信息需求与信息处理技术

道路交通安全管理系统需要以信息为基础，总体上可把信息分为两大类，静态信息和动态信息。道路几何线形、路基路面、桥梁、隧道、立交、交通工程安全设施等相对于交通流等相对是不变的，这类关于设施的信息归类为静态信息；交通流状态等信息可归类为动态信息。信息需求可能的来源可用图 3-3 表示。

3.2.1 道路交通基础设施路段划分

道路用户行驶于道路交通基础设施的各个路段时，对不同路段运行环境的安全感受差异较大。大型桥梁、隧道等构造物往往处于大山、河流等特殊地理区段上，对道路用户造成一定的行驶心理作用。因此，可基于不同路段的安全性能及运行环境特征对道路交通基础设施进行路段划分。

路段是管理系统中一切管理工作的基本实施单位。路段划分是否合理在很大程度上决定了系统决策分析结果的正确与否及其在实际工作中的实用程度。根据道路交通安全管理的应用性要求，系统基于以下 3 个要素对不同等级的道路网进行不同层次的路段划分，使各路段保持道路交通属性特征的一致性和与其他路段的相对独立性，以便于不同类型路段交通安全状况的分析和对比，确保管理对策制定的科学性。

(1) 年平均日交通量 AADT；

(2) 结构物类型(路基、桥梁、隧道、立交、交叉口等)；

(3) 平纵线形。

以公路网为例，公路网中路段的划分步骤及不同层次的路段划分结果如图 3-4 所示。

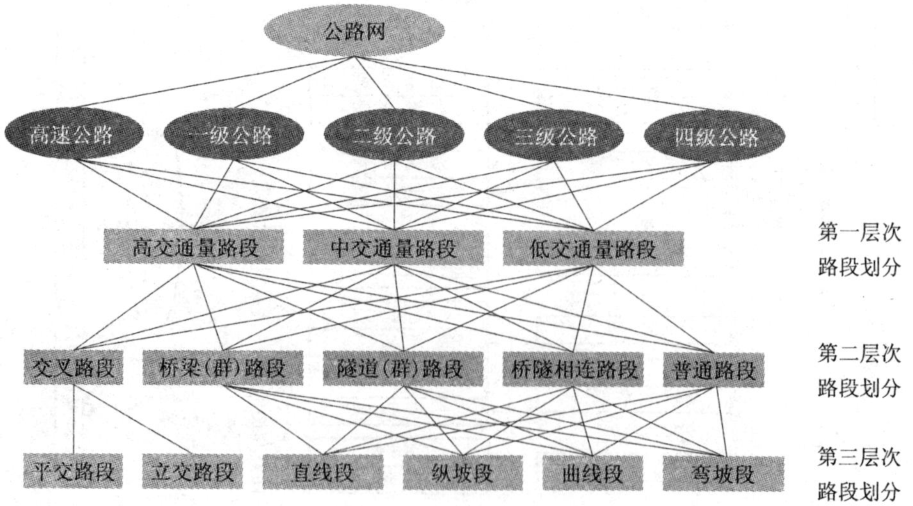

图 3-4 路段划分示意图

根据不同结构物特征，将道路交通基础设施路段按桥梁路段、隧道(群)路段、枢纽立交路段三类划分，以便于研究不同结构物路段的运行安全性能及相应的管理对策。

3.2.2　动态信息处理技术

对于分类性动态信息可按照管理系统中的路段划分结果，直接输入相应的路段；对于连续性动态信息在系统中经过每日(月、年等)的统计分析，得到相应的日交通运行参数，即日(月平均、年平均等)交通量、行车风险、运行车速等。然后按照管理系统中的路段划分结果，输入相应的路段。如对于一特定隧道入口段，依据视频等数据，可以计算分析实时交通流运行风险，将一日的数据进行分析，可统计分析得出日最高小时运行风险、日平均交通运行风险等。表 3-1 为路段动态特征的表述形式，表 3-2 为路段的动态特征参数。

表 3-1　　路段动态特征的表述形式

路段	前段	本段	后段
编号	$i-1$	I	$i+1$
特征参数	前段动态特征参数	本段动态特征参数	后段动态特征参数

表 3-2　　路段的动态特征参数

路面状况	采集时间	路面状况指数，行驶质量指数，路面摩阻系数
设施损坏状况	采集时间	损坏的设施类型、损坏原因、损坏程度
交通事故	采集时间	事故类型、事故原因、事故严重程度、事故车辆等
交通流特征	采集时间	日交通量、日行车风险、日运行车速

3.3　道路交通运行安全状态评价技术

3.3.1　道路交通运行安全状态的概念

道路交通运行安全状态的概念应具有唯一性和可比性特征，并且应该是一个多维的概念，具有综合性的特征。具备以下几方面的特点：

(1) 道路交通运行安全状态应该能够唯一地表征道路交通运行安全性，即一个路段只能具有一种运行安全状态。

(2) 道路交通运行安全状态应该能够体现不同路段运行安全性的差异，即能够实现不同路段运行安全性的比较。

(3) 从道路交通运行安全性的本质角度考虑，道路交通运行安全状态应该能够包含体现道路交通运行安全性的多方面信息。

(4) 从道路交通运行安全管理的角度考虑，道路交通运行安全状态应该能够包含管理决策所需的多方面信息。

3.3.2　不同分析周期的道路交通运行安全状态信息

对于不同的分析周期和不同的管理类别，道路交通运行安全状态的信息是不尽相同的，既有对具体的微观信息的需求，也有对综合的宏观信息的需求；既有对道路交通运行状态动态信息的需求，也有对道路交通运行状态长期静态信息的需求。所以，道路交通运行安全状态不可能只用一个指标来评价，而需要用多种类、多层次的指标构成的指标体系来满足不同管理工作的需要，可以用图 3-5 表示。

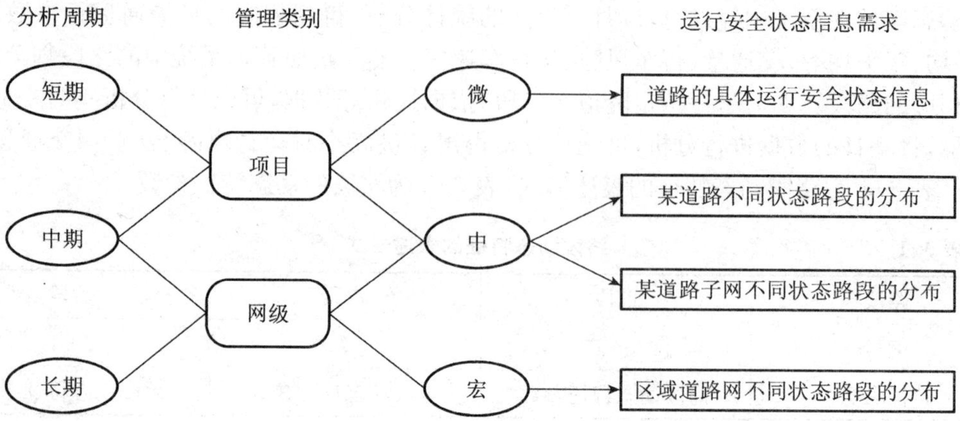

图 3-5　不同分析周期对信息的需求

3.3.3　道路交通运行安全状态的度量指标

道路交通运行安全状态的度量指标可分为事前指标、事中指标和事后指标。从安全规划的角度，应做到事前保障，可用道路交通基础设施状态所具有的安全性能表示，道路交通技术设施状态是道路交通运行环境安全性能的基础。事中指标主要以表征交通流风险的交通流状态参数表示，而事后指标当然是事故率。公路运行环境安全状态评价指标体系可以用图 3-6 表示。

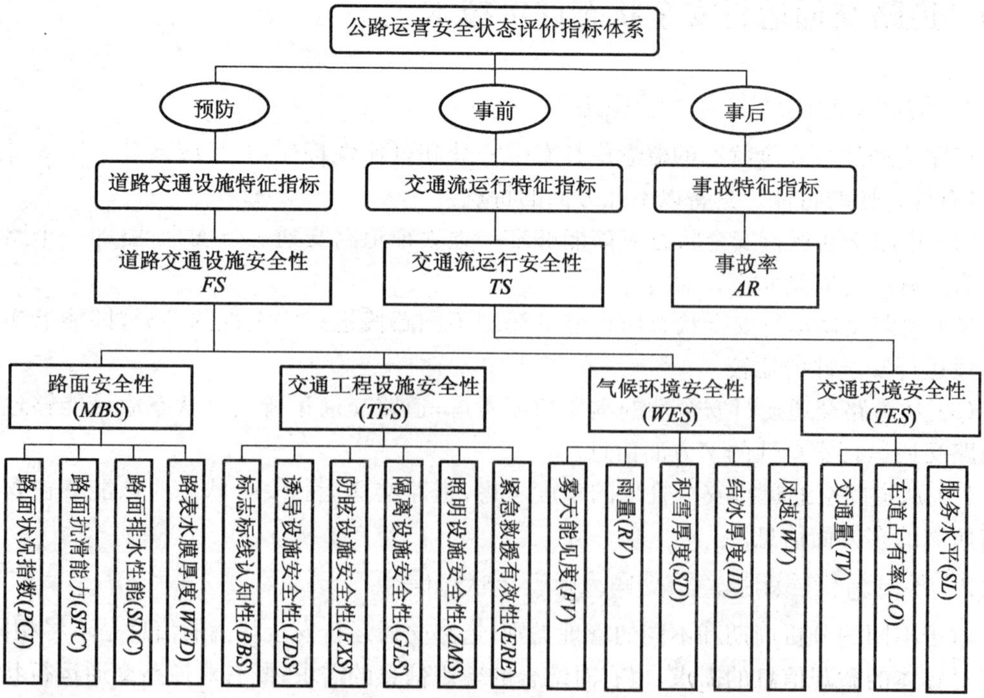

图 3-6　公路运行环境安全状态评价指标体系

在静态道路交通安全管理系统中，用于公路运行安全状态评价的事故特征指标选用不同分析周期的事故率（AR），可依据事故率将安全状态分为 4 个不同的安全等级，各等级的定性描述如表 3-3 和图 3-7 所示。

表 3-3　　事故率等级定性描述

事故率等级	定性描述
AR-Ⅰ	事故率很低，事故率再降低的潜力不大，维持既有水平即可
AR-Ⅱ	事故率低于期望水平，在维持既有水平的基础上，可适当采取措施进一步降低事故率
AR-Ⅲ	事故率高于期望水平，事故率再降低的潜力较大，须采取改善措施
AR-Ⅳ	事故率很高，事故率再降低的潜力很大，安全问题急需改善

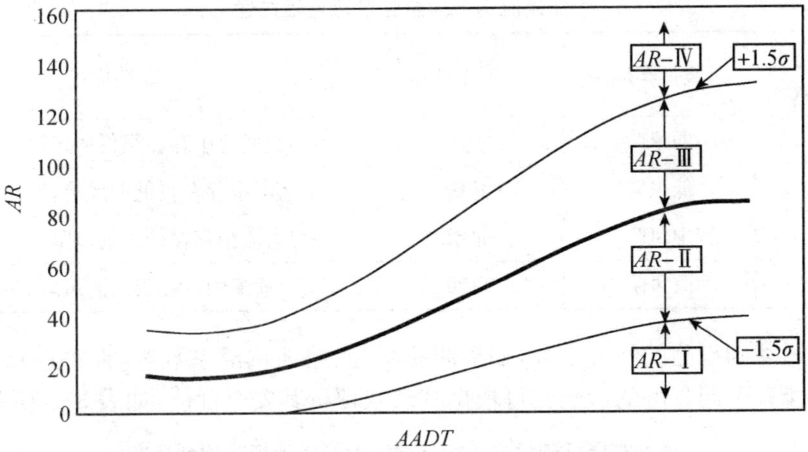

图 3-7　按事故率指标划分安全性等级

可通过调研分析不同类型路段交通流状态参数与车辆运行安全性的关系，通过统计分析选取交通流特征参数，将一定分析周期内的特征参数转化为静态值，由此表示在分析周期内的交通流运行安全性或称运行风险。这里统称为安全性。如图 3-8 所示。

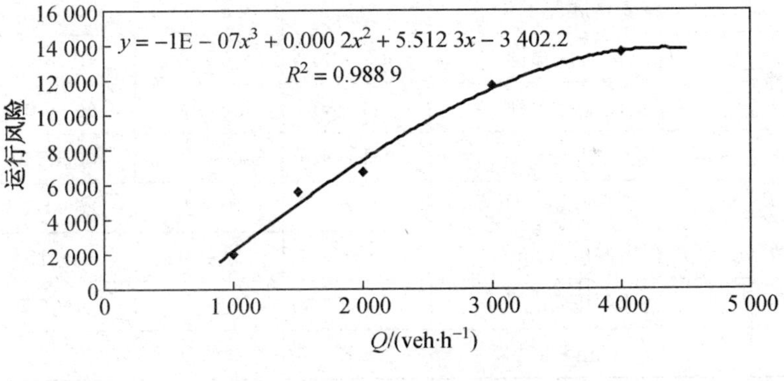

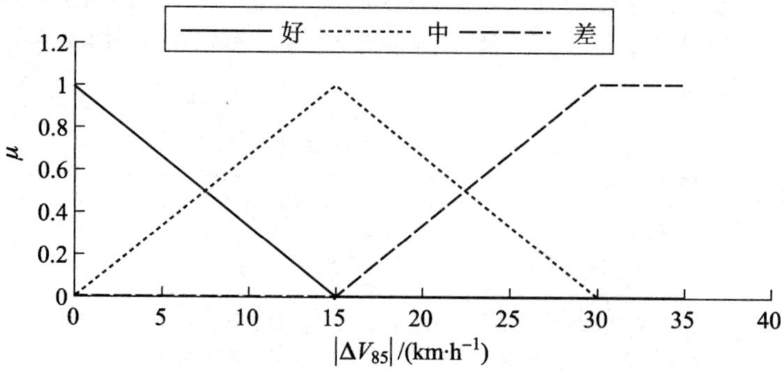

图 3-8 按交通流风险划分安全性等级

根据交通交通流运行风险也可划分安全等级,如表 3-4 所列分为 4 级。

表 3-4 交通流运行安全性等级定性描述

交通流运行安全性等级	路段行车风险	运行车速差	定性描述
TS-Ⅰ	弱风险	Ⅰ级	交通流中存在很低的风险,可接受
TS-Ⅱ	低风险	Ⅱ级	交通流中存在较低的风险,有条件地接受
TS-Ⅲ	中风险	Ⅲ级	交通流中存在较高的风险,不希望出现
TS-Ⅳ	高风险	Ⅳ级	交通流中存在很高的风险,不可接受

道路交通基础设施的特征参数,如平曲线半径、路面抗滑系数等,都对道路交通基础设施的安全性能有不同程度的影响。可根据其现状评价其安全性能,如表 3-5 所列。

表 3-5 道路交通基础设施运行环境安全性指标模糊评判标准

道路交通基础设施运行环境评价指标		道路交通基础设施运行环境安全性等级			
		Ⅰ	Ⅱ	Ⅲ	Ⅳ
路面安全性	路面状况指数	100～80	80～60	60～40	40～0
	路面抗滑能力	≥0.50	0.50～0.40	0.40～0.30	<0.30
	路面排水性能	优	良	中	差
	路表水膜厚度	0～2.5	2.5～5.0	5.0～7.5	>7.5
交通设施安全性	标志标线认知性	100～80	80～60	60～40	40～0
	安全设施有效性	100～80	80～60	60～40	40～0
气候环境安全性	能见度/m	>1 000	500～1 000	100～500	<100
	雨量/mm	<10	10～25	25～50	>50
	积雪厚度/mm	0～5	5～10	10～15	>15
	结冰厚度/mm	<2	2～4	4～6	>6
	风速/(km·h^{-1})	<15	15～20	20～25	>25

（续表）

道路交通基础设施运行环境评价指标		道路交通基础设施运行环境安全性等级			
		Ⅰ	Ⅱ	Ⅲ	Ⅳ
交通环境安全性	交通量	自由流	稳定流	非自由流	饱和流
	车道占有率	Ⅰ级	Ⅱ级	Ⅲ级	Ⅳ级
	服务水平	优	良	中	差

将表中参数进行汇总分析，也可划分道路交通设施安全性能等级，如表 3-6 所列。

表 3-6　　道路交通设施安全性能等级定性描述

道路交通设施安全性等级	定性描述
FS-Ⅰ	道路交通设施特征满足交通安全要求，有利于行车安全，并且具有容错性，不需要进行改善
FS-Ⅱ	道路交通设施特征基本满足交通安全要求，但具有进一步改善的潜力
FS-Ⅲ	道路交通设施特征不满足安全要求，有条件时应进行改善
FS-Ⅳ	道路交通设施特征不满足安全要求，对行车安全造成负面影响，急需进行改善

3.3.4　道路交通运行安全状态的描述与判别标准

道路交通安全状态包括多方面属性，各方面属性从不同角度反映交通安全水平，为了确切反映交通安全状态信息，可以采用状态向量等形式描述。把交通安全状态看作是由 n 项属性组成的 n 维向量，每一项属性参数值的变化范围划分为若干个等级，通过调查和测定，确定各项属性所处的向量值。采用一个 n 维向量来描述交通安全状态。

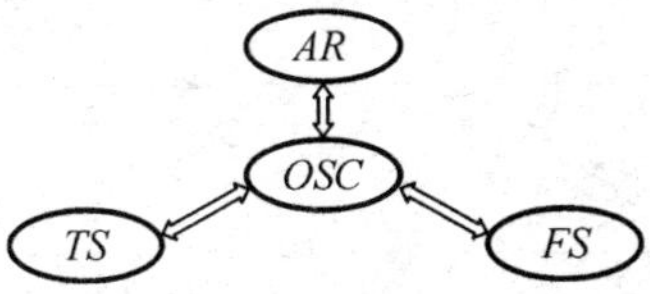

图 3-9　交通安全状态评价指标

根据道路交通安全状态的评价指标，选用事故率 *AR*、交通流运行安全性 *TS* 和道路交通设施安全性 *FS* 这三个指标作为道路交通安全状态向量的三个分量（图 3-9）。根据道路交通安全状态评价模型，每一个分量划分为 4 个等级，如表 3-7 所列。

表 3-7　　道路交通安全状态向量分级表

安全等级	事故率 *AR*	交通流运行安全性 *TS*	道路交通设施安全性 *FS*
LOS-1	*AR*-Ⅰ	*TS*-Ⅰ	*FS*-Ⅰ
LOS-2	*AR*-Ⅱ	*TS*-Ⅱ	*FS*-Ⅱ
LOS-3	*AR*-Ⅲ	*TS*-Ⅲ	*FS*-Ⅲ
LOS-4	*AR*-Ⅳ	*TS*-Ⅳ	*FS*-Ⅳ

采用三维向量形式表示道路交通安全状态，各变量不同等级的每一种组合，构成一种交通安全状态，则共有 4×4×4=64 种状态。

$$OSC_i = (AR_j,\ TS_k,\ FS_m) \quad (i = 1,\ 64;\quad j,\ k,\ m = 1,\ 4) \tag{3-1}$$

为了更直观地描述道路交通安全状态并且便于不同状态之间的对比，需对道路交通安全状态进行显示和深入分析，如图 3-10 所示的雷达图分析方法。

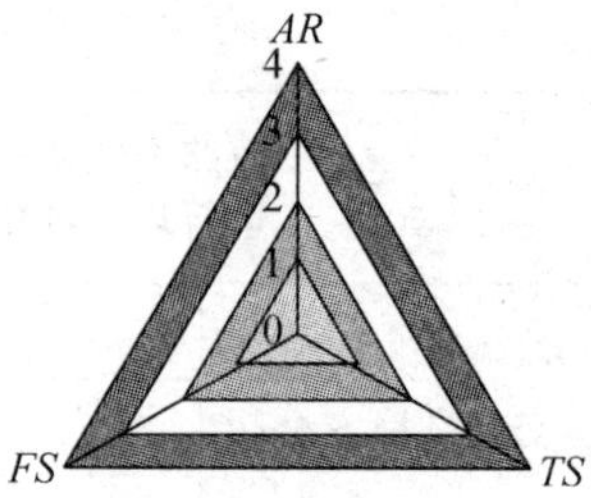

图 3-10 道路交通安全状态典型雷达图

雷达图分析方法是基于形似导航雷达显示屏上的图形而构建的一种多变量对比分析技术。雷达图法用于道路交通安全状态综合评价，即将三类交通安全评价指标用二维平面图形表示，该图形往往与导航雷达显示屏上的图形十分相似因而得名。将单项指标用从原点射出的轴表示，单项指标值(即评价等级)用该轴上相应的点表示。各单项指标轴从原点射出的角度可根据评价者的经验或由专家评议确定。将二维平面上毗邻轴上的点连接起来得到的图形就是描述交通安全状态的雷达图。

根据交通安全状态向量及相应的雷达图特征可进行路段交通安全状态的判别、诊断和控制。根据道路交通安全状态典型雷达图中不同颜色三角形的覆盖范围，将道路交通安全状态划分为 A、B、C、D 四个等级。

道路交通安全状态分级和判别的标准如图 3-10 和表 3-8 所示。

表 3-8 道路交通安全状态分级与判别标准

状态等级	状态向量特征	雷达图特征	状态描述
A	三个变量都处于一级安全水平	绿色区域内	交通状态最佳 不需要进行安全改善，维持现状即可
B	至少一个变量处于二级安全水平	绿色区域外 蓝色区域内	交通状态良好 有条件时可采取适当的改进措施
C	至少一个变量处于三级安全水平	蓝色区域外 黄色区域内	交通状态不良 存在一定的安全问题，应采取改善措施
D	至少一个变量处于四级安全水平	黄色区域外 橙色区域内	交通状态危险 存在严重的安全问题，急需采取改善措施

由三维向量表述的道路交通安全状态共有 64 种，经过上述等级划分，处于 A 级状态的有 1 种，处于 B 级状态的有 7 种，处于 C 级状态的有 19 种，处于 D 级状态的有 37 种。

另一方面，交通安全状态向量中的三个变量的重要性又是不等同的，事故率指标相对于事后管理，当事故率处于三级或四级水平时，说明路段上的交通安全问题已经暴露出来，那么管理部门必须采取对策进行改善。交通流运行安全性指标相对于事前管理，能反映路段上潜在的交通安全问题，当交通流运行安全性处于三级或四级水平时，说明路段上已经存在交通安全问题，只是还没有暴露出来，那么管理部门应该对这些路段给予充分重视，采取适当的对策消除潜在的安全隐患。道路交通设施安全性指标相对于预防性管理，当道路交通设施安全性处于三级或四级水平时，说明路段上有可能会出现交通安全问题，管理部门应进行相应的设施改善。因此，事故率指标所反映的交通安全问题最严重，交通流运行安全性指标次之，道路交通设施安全性指标最轻微。

通过上述分析，按照事后管理、事前管理和预防性管理三个不同的管理类别对 C、D 两个交通安全状态等级进一步细分，各等级对应的管理类别如表 3-9 所列。

交通安全状态雷达图图形的面积大小能一定程度地反映交通安全状态的好坏，同一状态等级的雷达图中三角形的面积越小表明交通状态越好。从路段交通安全状态的雷达图也可直观地发现存在的问题。在交通安全状态雷达图中，如果某一单项指标值大于2，该项指标应给予关注；单项指标越远离中心位置，说明问题越严重，须要及时采取措施进行改善。

表3-9　　路段交通安全状态等级与管理类别对照表

路段交通安全状态等级		路段交通安全管理类别
A		日常维护
B		预防性管理
C	1	预防性管理
	2	事前管理
	3	事后管理
D	1	预防性管理
	2	事前管理
	3	事后管理

基于三维向量和雷达图对路段的交通安全状态进行综合评价，可以进行不同路段之间的横向比较，也可以进行同一路段不同时期的纵向比较。横向比较可以对比同一时期不同路段的交通安全状态优劣，通过上述状态等级的划分和判别可以实现。纵向比较可以发掘路段交通安全状态在不同时期的状态变化规律，从而进行管理对策的效果评估，为管理决策的制定提供依据。

以上是以雷达图的方式表达了如何用事前、事中和事后三项指标融合起来表达道路交通运行安全状态。有很多数学方法可以进行类似的数据处理。

3.3.5　道路交通安全管理标准

道路交通安全管理可分为项目级和路网级管理。

根据路段运行安全状态等级的划分，项目级运行安全管理标准如图3-11所示。

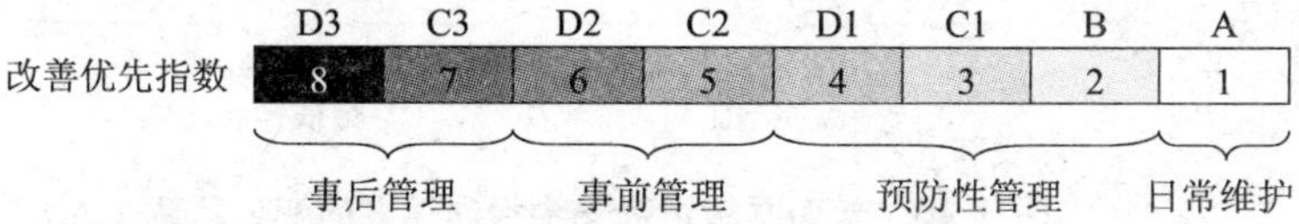

图3-11　道路交通基础设施项目级运行安全管理标准示意

短期的项目级运行安全管理，主要是针对事故多发路段进行事后管理，即对运行安全状态处于D3和C3等级的路段进行改善。

中期的项目级运行安全管理，包括事后管理、事前管理和预防性管理，当管理资金非常有限时，主要对事故多发路段进行事后管理，当管理资金较多时，可对潜在危险路段进行事前管理，当管理资金非常充裕时，可进行预防性管理。

对于路网级管理，管理标准基于路段的运行安全状态等级制定，管理标准体现为不同状态等级的路段的控制比例，即要求危险路段的比例要低于某个水平，安全路段的比例要高于某个水平。

根据路段运行安全状态等级的划分，认为日常维护和预防性管理路段，即 A、B、C1 和 D1 类的路段为安全路段(处于容许状态)，认为事前管理和事后管理路段，即 C2、D2、C3 和 D3 类的路段为危险路段(处于不容许状态)，制定网级运行安全管理标准如图 3-12 所示。对于具体的控制比例数值应根据不同管理部门的要求和运行安全现状制定，管理标准不宜太高，否则不容易达到，管理标准也不能太低，否则危险路段不能得到及时改善，将导致较大的社会和经济损失。

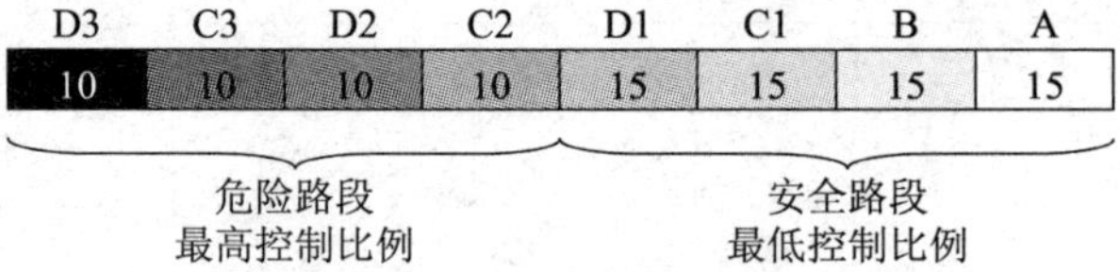

图 3-12　道路交通基础设施路网级运行安全管理标准示意

中期的网级运行安全管理，按照网级运行安全管理标准控制下一年的路网中处于不同运行安全状态的路段比例。

长期的网级运行安全管理，按照网级运行安全管理标准控制下一个长周期(5 年)内路网中每年处于不同运行安全状态的路段比例。如图 3-13 所示。

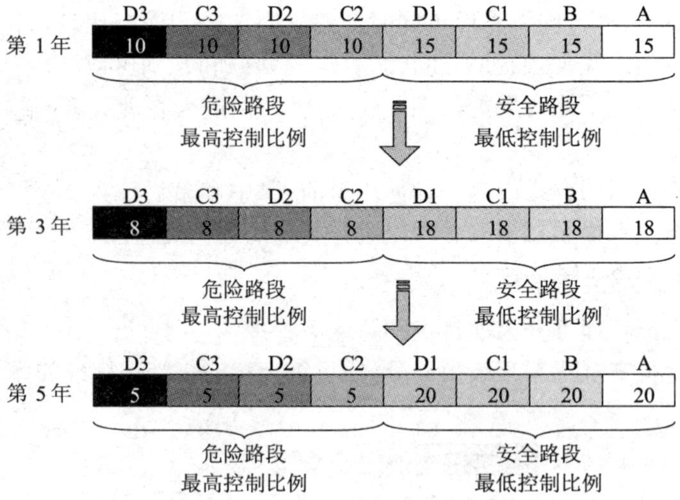

图 3-13　长期网级运行安全管理标准的变化示意

上述 A 到 D 的指标与道路交通基础设施现实状况及其具有的安全性能、经济发展需求等有关。

3.4　道路交通运行安全状态预测

3.4.1　道路交通运行安全状态预测的目的与方法

道路交通安全管理系统的最终目的是提供道路运营阶段的管理决策方案。为了提出道路交通安全管理方案，对各方案进行费用分析以及选择最佳管理对策等，都需要知道应该何时对哪些路段采取改善对策以及采取什么对策合适。因此，道路交通安全状态预测的目的可以概括为以下两个方面：

（1）在各种诱因作用下，预测道路交通运行安全状态在未来一定时期的发展趋势，及时了解潜在的安全隐患，为采取主动的管理措施提供前提，真正达到事故预防的目的。

（2）针对不同的管理对策，预测道路交通运行安全状态随时间的变化规律，为决策的制定提供基础和依据。

道路交通运行安全状态预测方法可以分为两大类，即空间静态类和时间动态类。

1. 空间静态类

分析决定被预测量的特征因素，给出结构方程，通过测量未来某时刻的因素状态得到预测值，研究方法主要为多元统计分析，如美国《公路安全手册》中的事故预测模型。

2. 时间动态类

通过被预测量的历史数据总结出依时间推移的变动规律，预测该量在未来时刻的状态，研究方法采用时间序列分析方法。

3.4.2　中短期道路交通安全状态确定型预测模型

预测是为决策服务的，根据前述预测目的，道路交通安全状态的确定型预测模型的构建可按如下思路进行：

（1）运用时间序列分析方法建立道路交通安全状态评价指标的预测模型。

（2）总结各种改善对策的实施效果，对模型进行修正。

道路交通安全状态是由评价指标进行描述的，可以通过预测未来时段评价指标的数值来进行道路交通安全状态的预测，并根据管理对策的实施效果对模型进行修正，确定型模型预测的思路如图 3-14 所示。

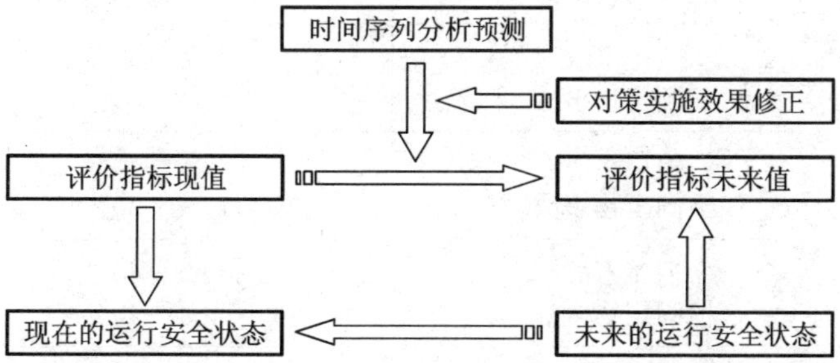

$$\begin{cases} AR(t) = T \times C \times S \times R \times \xi_{AR} \\ TS(t) = T \times C \times S \times R \times \xi_{TS} \\ FS(t) = T \times C \times S \times R \times \xi_{FS} \end{cases}$$

图 3-14　道路交通安全状态确定型预测模型

1. 道路交通安全状态评价指标的时间序列分析预测

道路交通安全状态评价指标在一定的社会环境、一定的人、车、路行车环境下有一个总的发展趋势，短期内各指标的动态变化还具有明显的季节性。因此，确定性时序分析应考虑交通安全状态评价指标随时间的趋势变动特征、循环变动特征、季节变动特征和随机变动特征，对评价指标进行时间序列分析预测：

$$OSC(t) = T \times C \times S \times R \quad t = 1, 2, \cdots, M \tag{3-2}$$

式中　$OSC(t)$——交通安全状态评价指标的预测值；

T——趋势变动模式；

C——循环变动模式；

S——季节变动模式；

R——随机变动模式。

利用时间序列的特点，结合较为详细的多年各季度道路交通安全状态各项评价指标的数据资料，可确定指标的趋势变动模式、循环变动模式、季节变动模式和随机变动模式，进而构建出时间序列预测模型 $OSC(t)$，当式中 $t=M+1$ 时，$OSC(M+1)$ 即为所需要的预测值，具体建模方法可参考相关文献。

2. 管理对策实施效果对模型的修正

道路交通安全状态确定型预测模型主要用于项目级的中短期交通安全管理，即预测中短期的交通安全管理对策所引起的道路交通安全状态的变化情况。

短期项目级道路交通安全管理主要针对危险路段进行事后管理，中期项目级道路交通安全管理包括对危险路段的事后管理，以及潜在安全隐患路段的事前管理和预防性管理。中短期交通安全管理对策的实施引起的交通安全状态的改变体现在三个方面：

1）管理对策的实施所引起的事故率的减少

K. G. Odgen 对国外不同的安全改善对策的效果进行了总结，这些对策曾经应用于一些典型的事故并被证明是有效的，具有一定的参考价值，高速公路有关的安全改善对策的实施效果表 3-10 所示。经过长期的管理资料积累，可以总结出各种管理对策的实施效果，供管理决策者参考。

表 3-10　　常见高速公路安全管理对策实施效果

管理对策	适用的事故类型	效果（事故减少率）
速度限制标志	追尾事故 撞固定物事故	10%～20% 20%～40%
沿线照明	追尾事故 撞固定物事故	20%～30% 25%～50%
路面罩面	追尾事故 撞固定物事故	20%～40% 10%～30%
轮廓标	追尾事故 撞固定物事故	30%～40% 30%～40%
加宽路肩	撞固定物	20%～30%
设置专用车道	撞固定物事故 追尾事故	30%～50% 20%～30%
导向柱	撞固定物	30%～40%

管理对策的实施所引起的事故率的减少通过修正系数来实现，修正后的事故率预测值如下式所示：

$$AR(t)=T\times C\times S\times R\times \xi_{AR}\quad t=1,\ 2,\ \cdots,\ M \tag{3-3}$$

式中，ξ_{AR} 根据该管理对策实施效果而定，如上表中由于某项管理对策的实施使事故率降低

$a\%$。则 ξ_{AR} 为 $1-a\%$。

2）管理对策的实施所引起的交通流运行安全性的变化

某些管理对策的实施可引起交通流运行安全性的变化，如限速、限流等交通管理对策。同济大学盛彦婷对高速公路出入口区域的行车风险进行了仿真分析，得到了交通量、车速和行车风险的关系，如图 3-15 和图 3-16 所示。

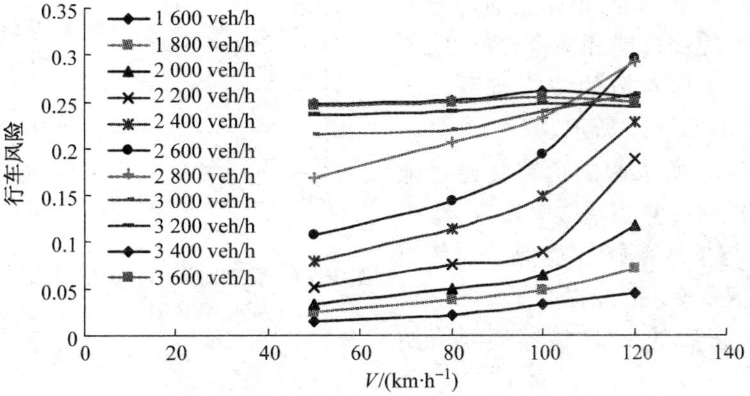

图 3-15　车速—运行风险关系图

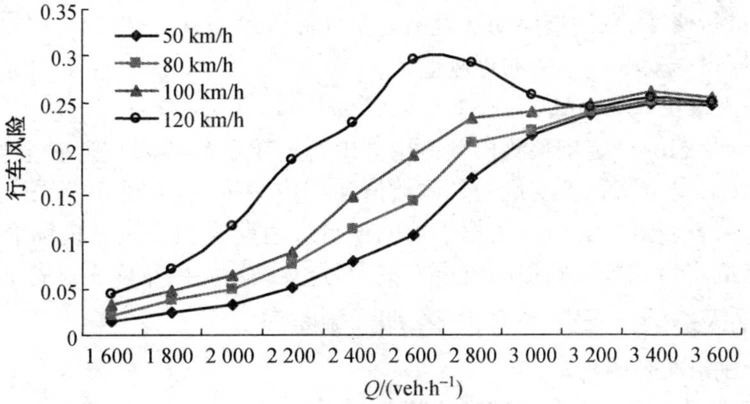

图 3-16　交通量—运行风险关系图

从交通量、车速和行车风险的关系图可以看出，采用适当的限速、限流等交通管理对策，可以降低行车风险，提高交通流运行安全性。借助仿真分析手段，可以建立交通量、车速和交通流运行风险的关系模型，定量的分析各种管理对策的实施所引起的交通流运行风险的变化量，对预测模型中的交通流运行安全性评价指标进行修正。如根据图 3-15，将车速从 120 km/h 控制到 100 km/h，对于 2 200 veh/h 的交通量，交通流运行风险将从 0.2 下降到 0.1，降低 50%。根据图 3-16，将交通量从 2 700 veh/h 控制到 2 500 veh/h，对于 100 km/h 的车速，交通流运行风险将从 0.22 下降到 0.15，降低约 30%。

管理对策的实施所引起的交通流运行安全性的变化也通过修正系数来实现，修正后的交通流运行安全性预测值如下式：

$$TS(t) = T \times C \times S \times R \times \xi_{TS} \quad t = 1, 2, \cdots, M \tag{3-4}$$

修正系数 ξ_{TS} 的确定方法与事故率指标类似，如某项管理对策的实施使交通流运行风险降低 $a\%$。则 ξ_{TS} 为 $1-a\%$。

3）管理对策的实施所引起的道路交通设施安全性能的变化

道路交通设施随着时间的推移，其使用性能和安全性能会逐渐下降，对道路交通设施进行改善将会提高其使用性能和安全性能，以路面状况指数为例，管理对策的实施所引起的 PCI 指标的变化如图 3-17 所示。

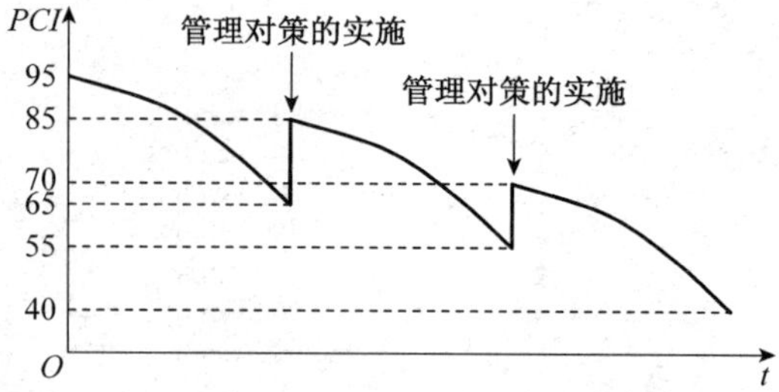

图 3-17　管理对策的实施所引起的 PCI 指标的变化示意图

管理对策的实施所引起的道路交通设施安全性的变化同样通过修正系数来实现，修正系数的确定方法与事故率指标类似。如某项管理对策的实施使 PCI 指标提高了 $a\%$。则 ξ_{PCI} 为 $1+a\%$，修正后的 PCI 指标预测值如下式：

$$PCI(t) = T \times C \times S \times R \times \xi_{PCI} \quad t = 1, 2, \cdots, M \tag{3-5}$$

深入分析管理对策的实施所引起的各项道路交通设施评价指标的变化，对各项指标的时间序列预测值进行修正，采用道路交通设施安全性评价模型，可以得到管理对策实施后未来时段的道路交通设施安全性指标的预测值。

3. 确定型预测模型的适用性

道路交通安全状态的确定型预测模型适用于中短期项目级道路交通安全管理，可以预测未来时段道路交通安全状态各变量的具体数值和相应的等级，并可预测未来时段道路交通安全状态综合评价指标值的变化，根据中短期项目级道路交通安全管理标准及其决策优化模型，可以最终确定短期危险路段的改造方案，制定某条道路的年度交通安全管理计划。

3.4.3　中长期网级道路交通安全状态概率型预测模型

1. 马尔柯夫理论及预测思路

实践证明，管理现象的未来发展情况往往受现在状况的影响。20 世纪初，俄国数学家马尔柯夫研究发现：某些现象的第 n 次试验结果取决于第 $n-1$ 次试验结果。如果一种情况转移到另一种情况的过程具有转移概率，而且这种转移概率可以从前一种情况推算出来，这一过程称之为马尔柯夫过程。一连串这种转换过程的整体称为马尔柯夫链锁。以其为基础预测未来发展状况称为马尔柯夫分析，即马尔柯夫理论。应用马尔柯夫理论的分析思想，说明道路交通安全状态的变化具有一定的规律性，进而建立预测模型。

马尔柯夫分析模型是一种动态随机数学模型，它建立在系统的状态和“状态转移”的概念上。当系统完全由定义状态的变量所取的值来描述的时候，称作系统处于一个状态。如果系统的描述变量从一个状态对应的特定值变化到另一个状态的特定值，则系统实现了状态的转移。把道路看作是具有若干交通安全状态的系统，则各状态之间在影响因素作用下就会发生转移，其转移的可能性就是状态转移概率。根据马氏理论的假设，如果通过调查研究确定了道路交通安全状态的初始情况，针对不同类型的路段，确定合理的状态转移概率矩阵,就可以推算道路在不同时期处于各种交通安全状态的概率,预测思路如图 3-18 所示。

目前的状态分布　　状态转移概率矩阵　　未来的状态分布

$$\{P_i\} \quad \cdot \quad \{P_{ij}\} \quad = \quad \{P_{i+1}\}$$

⇕

$$P_{sn_1,\,n_2} = P^{AR}_{i_1,\,i_2} \times P^{TS}_{j_1,\,j_2} \times P^{FS}_{k_1,\,k_2}$$

图 3-18　马尔柯夫预测模型基本思路

假定如前所述道路交通安全状态是由事故率 AR、交通流运行安全性 TS、道路交通设施安全性 FS 三个变量组成的三维向量来描述的。从系统的观点来看,影响道路交通安全状态变化的各个变量并非独立的发生作用,而是在相互影响中共同发生作用,因而,分别测定各个状态变量的变动的简单综合,不等于状态的总变动。应该将道路交通安全状态时间序列看作系统的动态行为的客观记录,从整体上来考察其动态结构和变动规律性。

2. 建模过程

应用马尔柯夫过程建模的步骤主要包括:①选择道路交通安全状态变量,定义道路交通安全状态;②基于数据资料提出状态转移概率矩阵;③利用状态转移概率矩阵预测道路某时段处于某种交通安全状态的概率。

1) 道路交通安全状态的划分

道路交通安全状态由事故率 AR、交通流运行安全性 TS 和道路交通设施安全性 FS 三个变量组成的三维向量进行描述,共有 64 种道路交通安全状态。

$$OSC_i = (AR_j,\ TS_k,\ FS_m) \quad (i = 1 \sim 64;\quad j,\ k,\ m = 1 \sim 4) \tag{3-6}$$

2) 计算初始概率分布 $\{p_i\}$

$$\{p_i\} = \frac{\text{属于状态 } OSC_i \text{ 的数据个数}}{\text{数据的总个数}} \quad (i = 1 \sim 64) \tag{3-7}$$

3) 计算一次状态转移概率矩阵 P

$$P = \{p_{ij}\} = \frac{\text{从状态 } OSC_i \text{ 向 } OSC_j \text{ 转移的数据个数}}{\text{处于状态 } OSC_i \text{ 的数据个数}} \quad (i,\ j = 1 \sim 64) \tag{3-8}$$

由于转移概率是条件概率,同样也具有概率的基本性质,对任意 $i(i=1\sim64)$,有:$\sum_{j=1}^{64} p_{ij} = 1$。

4) 根据状态转移概率矩阵做预测

在某时段,处于不同状态的路段的百分率(概率),称为该时段的状态矢量阵 $p(t)$,根据预测对象当前所处的状态(初始概率分布 $\{p_i\}$ 和转移概率矩阵 $\{p_{ij}\}$),求得状态变化后的情况 $\{p_{i+1}\} = \{p_i\} \cdot \{p_{ij}\}$,类似可求得二次转移概率矩阵 $\{p_{ik}\} = \{p_{ij}\} \cdot \{p_{jk}\}$(若为线性变化则 $\{p_{ik}\}\ \{p_{ij}\}^2$),依次可得 n 次转移概率,并可确定 n 步变化后的情况。

3.5 道路交通安全管理决策模型

道路交通交通安全管理决策的思路为根据管理标准按照改善优先指数依次选择需进行改善的路段,针对选出的路段从对策库选出相应的备选改善对策,在一定的决策目标下,运用最优化方法建模,以提供在分析期内取得最大安全效益的最佳管理方案。

决策所追求的目标有两类。一类是在分析期内给定的预算额的条件下,选择投资项目,使安全效益最大化。这是管理部门进行项目规划时的工具。另一类是保证营运安全水平在分析期内符合预定管理标准的条件下所需的总费用最少。这是进行财政规划(资金分配)时的工具。

道路交通安全管理采用的决策方法,分项目级决策和网级决策两类。本文研究的项目级决策模型为加权目标线性规划模型,用于中短期安全管理,实现管理资源的最优分配;网级决策模型为马尔柯夫决策模型,用于中长期管理,制订财政规划。

3.5.1 项目级道路交通安全管理决策模型

项目级道路交通安全管理决策模型综合考虑各路段的改善优先指数,对策的改善效果和预算资金的约束,确定最终的管理方案和资源分配。

项目级道路交通安全管理决策模型的输入变量包括:

(1) 各路段安全管理的改善优先指数,依据项目级管理标准确定;

(2) 各对策的成本,根据实施对策所需的人力、材料费用等计算;

(3) 各对策的改善效果,根据道路交通安全状态确定型预测模型,预测实施对策后交通安全状态综合指标的变化值,表示各对策的改善效果;

(4) 项目级管理费用的预算。

项目级道路交通安全管理决策模型的输出为在资源最优分配的情况下一组路段的管理对策的总和。

一般来说,等级较高的对策改善效果好,其成本也相应高,因此,决策过程中在一定的预算约束下,是选用等级较高的对策对较少的路段进行改善,还是选择等级较低的对策对更多的路段进行改善,在此之间需要做出权衡。这里使用目标规划法,依据每个目标的重要程度确定相对权重,建立加权目标线性规划模型如下:

$$\max\sum_{i}\sum_{k}PI_{i}(a_{ik}+b)y_{ik} \tag{3-9}$$

约束条件:

$$\sum_{i}\sum_{k}c_{ik}y_{ik}\leqslant B$$

$$\sum_{k}y_{ik}\leqslant 1,\ \forall i$$

式中 PI_i——路段 i 的改善优先指数;

a_{ik}——路段 i 采用对策 k 的改善效果;

c_{ik}——路段 i 采用对策 k 的成本;

y_{ik} ——0－1变量，表示对策 k 是否在路段 i 上实施；

B——预算；

b——权重系数；设定了矛盾目标的相对重要性（即选用等级较高的对策对较少的路段进行改善，还是选择等级较低的对策对更多的路段进行改善）。较高的 b 值表示选用等级较高（费用较高）的对策对有限的路段进行改善，较低的 b 值表示选用等级较低的对策对更多的路段进行改善。

3.5.2 网级道路交通安全管理决策模型

根据网级道路交通安全状态预测模型的特点，以及网级管理标准的要求，应用马尔柯夫决策过程建立网级道路交通安全管理决策模型。模型的输入部分包括：

(1) 路段交通安全状态现状，根据路段交通安全状态评价模型确定路网中处于各交通安全状态的路段比例；

(2) 管理对策，从对策库按照一定的规则确定；

(3) 状态转移概率，路段在采取对策 a_k 后由状态 i 转移到状态 j 的概率 $p_{ij}(a_k)$ 根据路段交通安全状态概率型预测模型确定；

(4) 网级交通安全管理标准，网级道路交通安全管理标准的要求以处于某种状态的比例表示，可规定处于容许状态（安全状态）的路段的最低比例和处于不容许状态（危险状态）的路段的最高比例；

(5) 对策费用，根据实施对策所需的人力、材料费用等计算。

网级道路交通安全管理决策模型的目标是寻求以尽可能低的费用使道路交通安全状况在长时期内满足管理标准要求的最佳管理方案，模型的输出为路网中长期的财政规划方案。

确定了路网中处于各交通安全状态的路段比例，以及在各项对策实施后，路段的交通安全状态转移概率，就可以计算采取某项对策后各路段处于状态 j 的预期比例 q_j。所选的决策变量是在第 t 时段开始采取管理对策 a_k 的状态为 i 的路段比例 W_{ik}^t，则有 $q_i=\sum_k W_{ik}^t$。目标函数为分析期内管理费用最小。设 C_{ik} 为对 i 状态的路段采用管理对策 a_k 的成本。

对于中期管理，目标函数为下一年管理费用最小，即

$$\min\left(\sum_{ik} W_{ik}C_{ik}\right) \tag{3-10}$$

约束条件：

$W_{ik}\geqslant 0$（对所有的 i 和 k，状态分布比例不能为负值）；

$\sum_k W_{jk}=\sum_{i,k} W_{ik}\cdot p_{ij}(a_k)=q_j$（对所有的 j）；

$\sum_{i,k} W_{ik}=1$（对所有的 i 和 k，状态分布比例总和应为1）；

$W_{ik}=0$（如果 k 项对策对状态 i 不适用）；

$\sum_{s,k} W_{jk}\geqslant\varepsilon \quad (j\in s)$（$\varepsilon$ 为处于容许状态 s 的最低路段比例）；

$\sum_{u,k} W_{jk}\leqslant\gamma \quad (j\in u)$（$\gamma$ 为处于不容许状态 u 的最高路段比例）。

对于长期管理，目标函数为下一周期(5年)在时段 $t=1, 2, 3, 4, 5$ 期间的管理总费用最小，即

$$\min: \sum_{i,k,t} W_{ik}^t d_t C_{ik} \tag{3-11}$$

式中，d_t 为现值系数。

约束条件：

$W_{ik}^t \geqslant 0$（对所有的 i，k 和 $t=1, 2, 3, 4, 5$）；

$\sum_k W_{ik}^1 = q_i^1$（对所有的 i）——第一时段 $t=1$ 开始不同状态路段的比例；

$\sum_k W_{jk}^t = \sum_{i,k} W_{ik}^{t-1} \cdot p_{ij}(a_k)$（对所有的 j 和 $t=1, 2, 3, 4, 5$——第 t 时段开始处于 j 状态的路段比例必须等于前一个时段$(t-1)$末处于 i 状态的路段比例；

$W_{ik} = 0$（如果 k 项对策对状态 i 不适用）；

$\sum_{s,k} W_{ik}^t \geqslant \varepsilon \quad (i \in s)$（对于 $t=1, 2, 3, 4, 5$）；

ε——第 t 时段处于容许状态 s 的最低路段比例；

$\sum_{u,k} W_{ik}^t \leqslant \gamma \quad (i \in u)$（对于 $t=1, 2, 3, 4, 5$）；

γ——第 t 时段处于不容许状态 u 的最高路段比例。

3.6 小结

道路交通基础设施的安全性能随着其服务年限的增加和服务对象的变化，其安全性能逐步衰减或不能适应新的交通运输需求。整个环境也在开放交通后逐步变化，包括景观、沿路经济与人文、接入模式等。道路安全管理是应对这一变化的技术对策。本章对道路交通基础设施安全管理信息、安全性能评估技术指标与方法、安全性能模型及预测、对策与决策技术等做了研讨。

第 4 章

运行安全管理系统

道路交通运行环境实际上是实时变化的，受如下因素的影响：

(1) 道路交通基础设施的性能与状态的变化(衰变或提升)；

(2) 气象环境实时变化；

(3) 交通流状态实时变化；

(4) 计划事件与突发事件；

(5) 其他因素。

道路交通基础设施的性能与状态逐年变化，不一定适应现实交通的发展，这一部分在本书第 3 章的道路交通安全管理系统中解决。实时变化的运行环境因素对运行安全的影响须通过运行安全管理解决，即对实时的交通运行状态、运行环境进行监测与评估，在此基础上实施相应的交通管理与控制对策。

4.1　事件

在道路交通运行过程中，不可避免地会发生突发事件，事件可按照其发生的直接因素及对交通(通行与安全)的影响程度进行分类。如表 4-1 的所列。

道路上发生的事件主要包括计划事件、灾变事件、交通事件这三大类。计划事件指有组织有具体事件安排的事件，如节假日的庆祝活动、有组织的游行、道路交通交通基础设施的计划养护维修等(节假日突出的大流量出行虽可预测，但不是计划事件)；灾变事件指由气象灾害、地质灾害、人为恐怖袭击等因素所致突发事件；交通事件指交通事故、交通拥堵等。事件对交通运行安全的影响分为两个层面，一是事件对交通基础设施的破坏程度或造成的功能缺失，如车道关闭、桥梁倒塌、隧道坍塌等；二是事件对交通流的影响，如事件的持续时间、事件的路网影响范围。

表 4-1　　事件等级划分表

<table>
<tr><th>事件等级</th><th colspan="2">事件类型和特征</th><th>事件的影响</th><th>交通流运行特征</th></tr>
<tr><td rowspan="4">一级</td><td>灾变事件</td><td>地震、海啸、恐怖袭击等，泥石流、洪涝、暴雪等</td><td rowspan="4">桥梁垮塌或断裂、隧道坍塌或掩埋等，导致交通流完全中断，关闭高速公路通道</td><td rowspan="4">中断交通流；车道密度为 $K>110$ pc/km/lane；车流速度 $V=0$ km/h；道路通行能力折减 80%～100%</td></tr>
<tr><td>交通事件</td><td>特大重大交通事故、大面积交通拥堵</td></tr>
<tr><td>计划事件</td><td>重大集体活动等、大范围养护作业</td></tr>
<tr><td>交通事件</td><td>特大交通事故等</td></tr>
</table>

（续表）

事件等级	事件类型和特征		事件的影响	交通流运行特征
二级	紧急事件	隧道火灾、车辆自燃等	关闭部分车道，尚存部分车道供车辆行驶，道路通行能力下降，限速行驶	高密度堵塞交通流；车道密度 $28<K<110$ pc/km/lane；车流速度 $V=0\sim40$ km/h；道路通行能力折减60%～80%
	灾变事件	大雪、飓风、浓雾等		
	计划事件	路面养护或维修施工等		
	交通事件	重大交通事故等		
三级	紧急事件	—	行车视距下降、运行速度降低、车头间距增大	通行能力流；车道密度 $22<K<28$ pc/km/lane；车流速度 $V=40\sim50$ km/h；道路通行能力折减40%～60%
	灾变事件	大雾、中雨、小雪等		
	计划事件	—		
	交通事件	一般交通事故等		
四级	紧急事件	—	车辆间存在一定的干扰，车辆加减速频繁	扰动交通流；车道密度 $15<K<22$ pc/km/lane；车流速度 $V=50\sim80$ km/h；道路通行能力折减20%～40%

4.2 交通运行风险与后果

正常运行与事件状态下运行都存在交通运行风险，风险达到一定严重程度时则诱发交通事故。

4.2.1 事故后果与危险等级划分

交通事故对道路用户生命和财产带来损失。事故后果对于人体的伤害程度，在劳动保护等领域有很多的研究成果，各国也有相关的法律等规定。风险的严重程度可以从风险诱发事故的概率和事故后果两个方面界定。

1. 人体各部位的耐冲极限特征分析

人体各器官对外力冲击皆有一个相应的承受极限。交通事故过程中，人体受伤的程度与车辆的减速度和减速时间有关，即碰撞时车辆的减速度越大，人体受伤程度也就越重；减速度持续时间越长，人体受伤的可能性也越大。因此，依据可能产生的瞬间减速度和减速作用时间量化不同速度下的事故危险等级，可为各种安全管理措施提供决策依据。

1）头部耐冲极限

美国国家安全委员会(National Safety Council，NSC)统计，头部受伤情形在机动车事故中占71%，在摩托车事故中占50%。美国Gurdjian、Lissenr和Latimerr等(1953年)学者研究不同减速度对人体头部的伤害，建立了WSTC(Wayne State University Cerebral Concussion Tolerance Curve)曲线，减速度大小、减速持续时间与头部伤害之间的关系，用以界定大脑是否受到致命的伤害。

当车辆碰撞时瞬间产生的减速度大于57 g(g为重力加速度)时，车上乘客发生死亡的危险性很大。对比分析头部和面部的受伤程度可知，面部的受伤界限值低于头部受伤的界限值，即面部的受伤界限较更能灵敏地反映碰撞事故的严重性。

2）颈部耐冲极限

目前，主要以碰撞时的前倾角度和后倾角度为主要的受伤判别依据。人体的颈部受伤原因较为复杂，有时轻微冲击，也能造成乘员重伤。目前，主要以碰撞时的前倾角度和后倾角度为主要的受伤判别依据。头盖骨与第一颈椎结合处因头部前倾或后倾均产生力矩，造成颈部损伤。

3）胸部耐冲极限

通常，胸部受到超过 6 400 N 的冲击力时，人体会受到胸骨骨折、肋骨骨折、胸肺损伤等严重伤害(美国)。此外，当冲击加速度大于 30 g(294 m/s^2)时，人体的血管损伤，脉搏慢。我国现行规范中的护栏缓冲功能评价中，采用的胸部性能指标 $THPC \leqslant 75$ mm。

2. 加速度与人的生理反应特征

在交通心理学的研究中，通过对不同加(减)速度情形下驾驶员的血压、脉搏等生理反应进行分析，发现了不同加(减)速度下驾驶员的生理感受。一般当减速度大于 3 m/s^2 时，驾驶员的视觉就模糊，严重影响车辆的安全驾驶。随着减速度的逐渐增大，驾驶员的不良反应急剧增大，忍受时间也越来越短，发生危险的可能性也越来越大。相关的研究成果如图 4-1 所示。

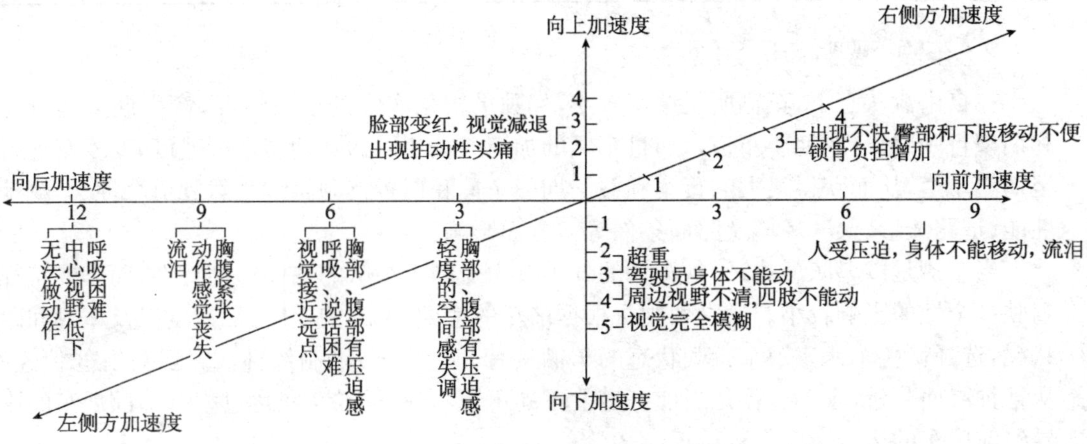

图 4-1　驾驶员对不同加速度的生理反应

3. 碰撞过程中减速度变化特征分析

在碰撞过程中，车辆之间存在能量交换，如当车速差达到 100 km/h 时，此过程产生的最大加速度约为 3.5 g；在此加速度下，人体出现腹部受压、胸部绷紧、呼吸和说话困难、视觉模糊等生理反应。碰撞后合为一体的两车减速，通过地面摩擦(如制动 1～3 s 后)或撞固定物等方式，最终车辆停止，此过程的减速度比两车碰撞过程中的减速度大，减速度最大约为 32 g(当碰撞后的车速为 140 m/s 时)；在此最大减速度下，人体基本丧失了意识判断能力，各部器官已经受到损害，如面骨已经达到骨折的极限。单车行驶的车辆与固定物发生碰撞，此过程产生的减速度最大，主要原因是假设车辆碰撞前未发生减速，但实际中车辆在发生碰撞前会进行减速。

综合上述三种情形，考虑车辆制动的实际状况，如以 3 s 制动后的减速度作为衡量不同车速下，人体在不同减速度下可能受到的伤害用于划分车辆的运行风险等级。

国内外有关人体耐冲极限的研究成果可用于不同减速度范围内的安全等级分类标准：如以人体在 X、Y 和 Z 方向上所能承受的最大减速度为一级危险等级，依次对危险等级进行划分，可得出表 4-2 的风险等级。

表 4-2　　不同车速和减速度下车辆运行风险等级

制动减速度/($m \cdot s^{-2}$)	>117.6	88.2～117.6	58.8～88.2	29.4～58.8	9.8～29.4	6～9.8	3～6	0～3
制动减速度/g	>12	9～12	6～9	3～6	1～3	0.61～1	0.3～0.61	0～0.3
车速/($km \cdot h^{-1}$)	>140	120～140	110～120	100～110	90～100	80～90	70～80	<70
车速差 ΔV/($km \cdot h^{-1}$)	$V_{临}-V_{实}<0$	$V_{临}-V_{实}<5$	$V_{临}-V_{实}<10$	$V_{临}-V_{实}<20$	—	—	—	—
车头时距 Δh/s	$h_{临}-h_{实}<1$	$h_{临}-h_{实}<2$	$h_{临}-h_{实}<3$	$h_{临}-h_{实}<4$	$h_{临}-h_{实}<5$	—	—	—
危险等级	一级	二级	三级	四级	五级	六级	七级	八级
风险指数 F_a	0.8～1.0	0.6～0.8	0.4～0.6	0.3～0.4	0.2～0.3	0.1～0.2	0～0.1	0
人体反应特征	器官受损	视距模糊	手脚不能动	呼吸困难	腹部受压	感觉不适，轻度碰伤		

4.2.2　车辆行驶状态运行风险

在自由流状态下，车辆所受约束较小，驾驶员根据实际的道路情况，产生期望运行速度和期望行驶路线（或期望车道），通过车辆的加速或减速以达到期望运行速度，变换车道行驶至期望车道，从而获得最大的行车利益。期望车速和期望行驶路线受驾驶员个性、车辆动力性能、道路线形、天气环境及路面条件等多方面影响。

当车辆是以车队形式运行，车辆的驾驶行为受制于车队的整体运动特性，而车辆特征和驾驶员个性的影响较小。通常驾驶员根据前车的速度、本车的速度、加速度以及车辆间距等状况，选择调整车速。跟车行驶状态的车辆具有 3 个特征：①制约性；②延迟性；③传递性。从某种层面分析，跟车过程是当前车道上不同车辆驾驶行为的"同化过程"，即前后车的影响导致前后车的运行速度大致相近。

在中等交通流密度状态时，车辆间存在着可变换车道的空间，正常行驶的车辆为摆脱慢速车辆的限制、驶入或驶出匝道等而变换车道，从而获得最大的驾驶满意程度或达到一定的驾驶目的。根据换车道的形态特征，将换车道行为划分为判断性换车道和强制性换车道两大类：前者主要发生在交通流畅行的高速公路基本路段上，属于选择性操作行为；后者主要发生在匝道出入口、立交交织区、受事件影响的部分路段等，属于强制性操作行为。

4.2.2.1　车辆行驶约束条件

车辆行驶过程中，行驶速度和路线受到一定的约束或称安全行驶应具备的行为条件。是车辆安全行驶应与其他车辆保持的安全时空尺度。

正常行驶的车辆应满足的安全约束条件可解释为实际车速 $V_{实}$ 小于相应天气和路面状况等条件下的路段安全临界车速 $V_{临}$，即 $V_{实}<V_{临}$。此安全临界车速包括雨雪天气的抗侧滑临界车速 V_{ch}^{yx}、强风天气的抗滑临界车速 V_{ch}^{qf}、雨雪天气的车辆抗侧翻临界车速 V_{cf}^{yx}、强风天气的抗侧翻临界车速 V_{cf}^{qf}等，即 $V_{临}\leqslant\min\{V_{ch}^{yx}, V_{ch}^{qf}, V_{cf}^{yx}, V_{cf}^{qf}\}$。

跟车行驶状态，不仅要满足正常行驶的安全条件，还要满足跟车的安全约束条件，如图 4-2 所示。

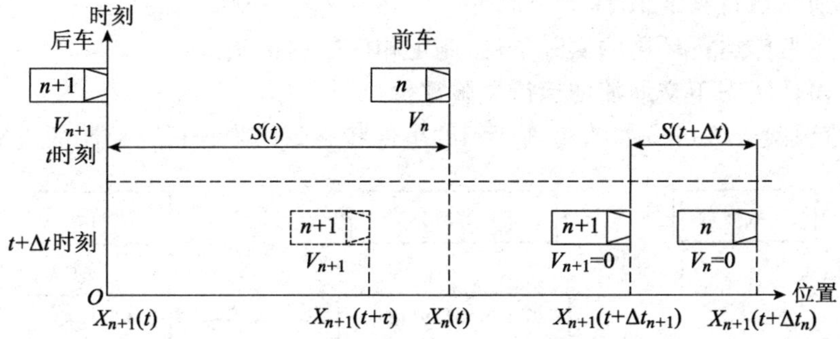

图 4-2　车辆紧急制动下后车运动变化示意图

跟车行驶的安全约束条件是前后车辆间保持避免追尾碰撞的安全车距，即在前车紧急制动的情况下，后车驾驶员能操控车辆从而使车辆完全制动，避免发生追尾事故。可用式(4-1)或式(4-2)的形式表示。

$$\frac{V_n^2}{254(\mu_l \pm i)} + \frac{V_n h_{n+1\_n}}{3.6} \geqslant \frac{V_{n+1}\tau}{3.6} + \frac{V_{n+1}^2}{254(\mu_l \pm i)} + L \tag{4-1}$$

或

$$h_{n+1\_n} \geqslant \frac{V_{n+1}^2/V_n - V_n}{70.56(\mu_l \pm i)} + \frac{V_{n+1}\tau}{V_n} + \frac{3.6L}{V_n}; \tag{4-2}$$

式中　V_n，V_{n+1}——前车与后车的车速，如图 4-2 所示；

μ_i，i——该路段纵向附着系数和纵坡；

h_{n+1_n}——车头时距；

τ——反应时间，取 0.3～1.5 s；

L——安全距离。

在雨雾冰雪天气下，驾驶员的行车视距受到雾天的影响，会出现反应时间增大，路面抗滑能力降低，刹车距离增大等情况，因此跟车的临界车头间距也相应增大。因此，在跟车安全车头时距的约束模型中，可考虑增加由此引发的驾驶反应时间或增大安全距离。

在换车道过程中，要考虑纵向位移 ΔY_1 的约束条件和横向位移的约束条件，假定车辆 n 与前车 $n-1$、后车 $n+1$ 的安全最小车头时距 $h_{n\_n-1}^{\min}$ 和 $h_{n+1\_1}^{\min}$，与速度等的关系为：

$$h_{n\_n-1}^{\min} = \frac{V_n^2/V_{n-1} - V_{n-1}}{70.56(\mu_l \pm i)} + \frac{V_n(\tau_s + \tau_w)}{V_{n-1}} + \frac{3.6L}{V_{n-1}} + \frac{3.6R_1}{V_n}\arccos\left(\frac{R_1 - 0.75W_l}{R_1}\right) \tag{4-3}$$

$$h_{n+1\_n}^{\min} = \frac{V_{n+1}^2/V_n - V_n}{70.56(\mu_l \pm i)} + \frac{V_{n+1}(\tau_s + \tau_w)}{V_n} + \frac{3.6L}{V_n} + \frac{3.6R_1}{V_n}\arccos\left(\frac{R_1 - 0.75W_l}{R_1}\right) \tag{4-4}$$

式中　V_{n-1}，V_n，V_{n+1}——第 $n-1$，第 n，第 $n+1$ 辆车的车速；

τ_s——晴天下的驾驶员反应时间，取 0.3～1.5 s；

R_1——换道行驶的转向圆曲线半径；

τ_w——因雾天增加的驾驶员延迟反应时间；

W_l——车道宽度。

因此，换车道行驶的最小车头时距 $h_{n+1\_n-1}^{\min}=h_{n\_n-1}^{\min}+h_{n+1\_n}^{min}$。

同理，应考虑运行环境的实际条件，制定相应的约束条件。

4.2.2.2 事件状态下交通流的运行风险评价

交通流风险分级可按如图 4-3 所示的事件状态下风险分析与控制的逻辑结构进行。

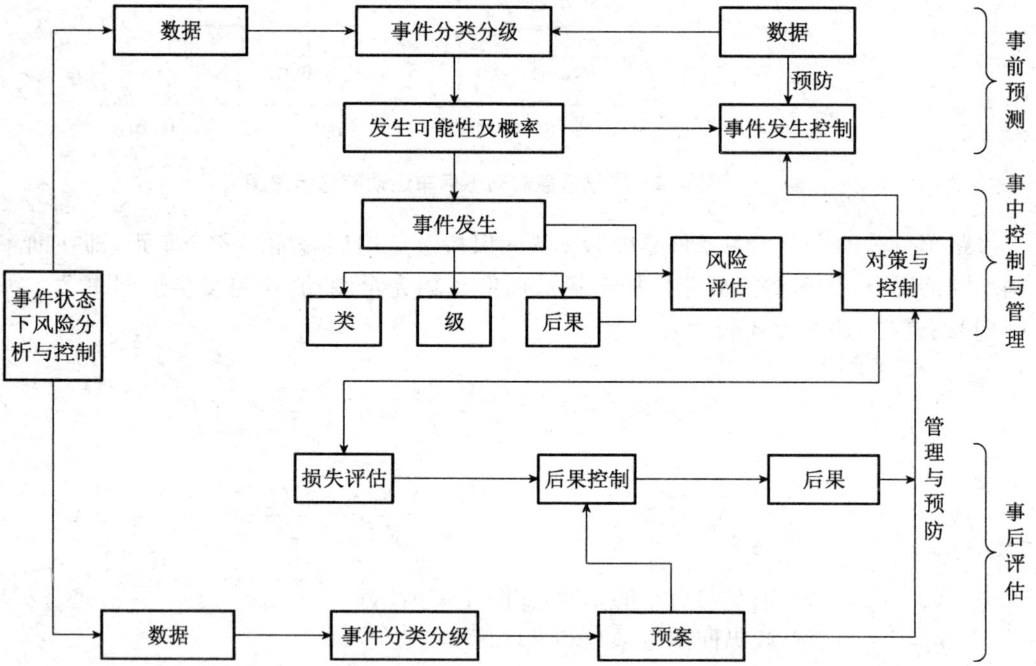

图 4-3 事件状态下风险分析与控制的逻辑结构图

交通流运行风险值计算目前一般根据交通流的密度情况按计算分析自由行驶、跟车行驶和换车道行驶三种运行风险。可引用交通流理论或方法分析与运行风险有关的交通流状态特征参数。简单的算法是根据车辆间的速度差和车头时距进行计算。

1. 自由行驶风险值 χ_j^{fo} 计算

自由行驶的车辆不受其他车辆的影响，其风险值的大小以紧急情况下制动 3s 后产生的碰撞加速度为依据，建立不同速度区间的自由行驶风险值 χ_j^{fo}。

2. 跟车行驶风险值 $\chi_{i\_j}^{lc}$ 计算

1）跟车 j 的临界最小车头时距 $h_{j\_i}^{\min}$

车头时距 $h_{j\_i}(t)$ 越小，跟车行驶的风险也越高。当前车 i 与后车 j 之间的车头时距达到最小时，后车 j 的实际车速 V_j^s 与临界安全车速 $V_j^{\max}$ 的差值最大，因此，以车速差最大时刻对应的最小车头时距作为后车 j 在检测区段内的跟车风险值。

2）跟车 j 的实际车头间距 $h_{j\_i}^s$

当车辆 j 经过上游时，与前车 i 的实际车头时距为 $h_{j\_i}=t_j-t_i$；由于车辆 j 与前车 i 存在的车速差，两车的车头时距 h_{j_i} 是随时间变化；当两车的车头时距 h_{j_i} 最小时，车辆 j 的跟车危险度最大。

3）跟车行驶风险值 $\chi_{i\_j}^{cf}$ 计算

根据临界车头时距与实际车头时距的车头时距差，建立跟车行驶的风险值。

3. 换车道行驶风险值 $\chi_{i\_j}^{lc}$ 计算

根据目标车道的临界车头时距 $h_{n+1\_n-1}^{\min}$ 与实际车头时距 $h_{j\_i}^{s}$ 的车头时距差 Δh，建立换车道行驶的风险值 $\chi_{i\_j}^{lc}$。

4.2.2.3 交通流运行风险指数及安全等级

如前所述，风险等级可根据事故后果对人体造成的伤害程度进行分级。

根据同类交通流之间的关联矩阵和状态矩阵，定义交通流运行风险指数 R_{Index} 为：

$$R_{\text{Index}}(k,\ n)=\begin{pmatrix} A_k^1\times(B_k^1)^{\mathrm{T}} \\ A_k^2\times(B_k^2)^{\mathrm{T}} \\ \vdots \\ A_k^n\times(B_k^n)^{\mathrm{T}} \end{pmatrix}_{n\times 1}=\begin{pmatrix} r_{11}\omega_{11}+r_{12}\omega_{12}+\cdots+r_{1n}\omega_{1n} \\ r_{21}\omega_{21}+r_{22}\omega_{22}+\cdots+r_{2n}\omega_{nn} \\ \vdots \\ r_{n1}\omega_{n1}+r_{n2}\omega_{n2}+\cdots+r_{nn}\omega_{nn} \end{pmatrix}_{n\times 1} \tag{4-5}$$

其中，

$$\begin{aligned} A_k^n\times(B_k^n)^{\mathrm{T}} &= (r_{n1}\quad r_{n2}\quad \cdots\quad r_{nn})_{1\times n}\times(\omega_{n1}\quad \omega_{n2}\quad \cdots\quad \omega_{nn})_{1\times n}^{\mathrm{T}} \\ &= (r_{n1}\omega_{n1}+r_{n2}\omega_{n2}+\cdots+r_{nn}\omega_{nn})_{1\times 1} \end{aligned}$$

不同行车状态下车辆的运行风险指数如表 4-3 所列。

表 4-3　不同行车状态下车辆的运行风险指数 R_{Index}

自由行驶指数 $\chi_{j\_i}^{fo}$	1	0.8	0.6	0.4	0.3	0.2	0.1	0
跟车行驶指数 $\chi_{j\_i}^{cf}$	1	0.8	0.6	0.4	0.3	0.2	0.1	0
换车道行驶指数 $\chi_{j\_i}^{lc}$	1	0.8	0.6	0.4	0.3	0.2	0.1	0
运行风险指数 R_{Index}	0.8～1.0	0.6～0.8	0.4～0.6	0.3～0.4	0.2～0.3	0.1～0.2	0～0.1	0
危险等级	一级	二级	三级	四级	五级	六级	七级	八级
人体反应特征	器官受损	视距模糊	手脚不能动	呼吸困难	腹部受压		感觉不适，轻度碰伤	

4.2.2.4 累计风险

上述为一辆车行驶的风险值，对于一个断面或路段需监测计算累积风险。

如图 4-4 所示，横断面变窄状态下的交通流必然引起换车道与汇流行为。如车道关闭导致路段上交通供给与交通需求出现失衡现象，形成了路段上的固定交通瓶颈。不同的交通流量情形时，固定交通瓶颈的影响程度和影响范围不同。

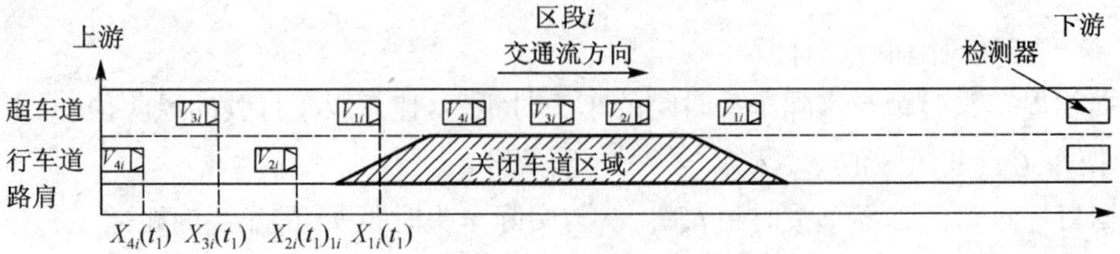

(a) 关闭行车道时路段交通流运行特征

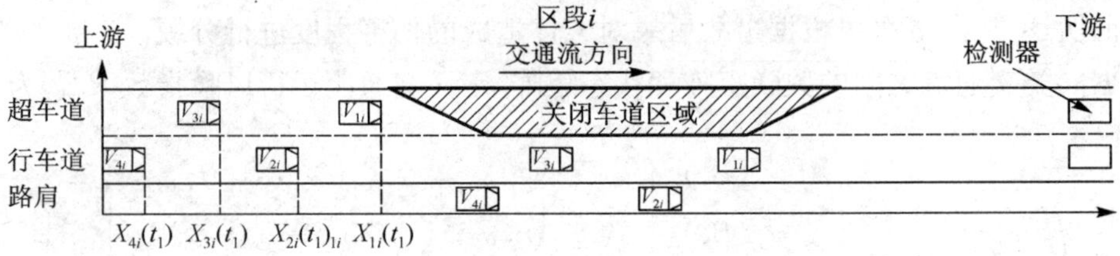

(b) 关闭超车道时路段交通流运行特征

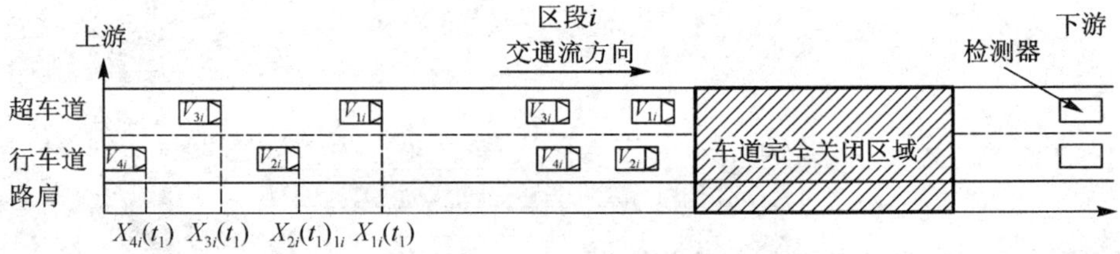

(c) 车道完全关闭时路段交通流运行特征

图 4-4　横断面变窄状态下的交通流

同样，对于出入口、急弯陡坡路段与缓坡路段过渡、交通事故临时关闭车道、隧道进出口等路段都导致交通流状态变化，诱发相应的交通风险。

1. 横断面检测算法

在任一桩号 K，检测经过该断面的车辆，计算每一车辆的运行风险值（包括自由行驶风险、跟驰风险、换车道风险），合计为该断面累计风险：

T 时刻经过该断面的风险：

$$RR_{kT} = \sum w_i Risk_j \tag{4-6}$$

式中　W_i——风险等级权重；

$Risk_j$——j 辆车的运行风险值；

j——k 断面经过的第 j 辆车。

由此可以确定该断面最大风险及出现的时间段、日平均风险值、最大最小时段平均风险值等。

2. 路段风险监测算法

设某特征路段长度为 L，车道数 $Lane$，监测同一时间路段内所有车辆的风险值，则在某时刻 t 路段的平均车道公里风险值为：

$$R\text{-}Risk_s = \sum W_j \times R\text{-}Risk_j / Lane\text{-}L \tag{4-7}$$

式中　$Risk_j$——j 辆车的风险值；

j——路段内 t 时刻的第 j 辆车。

由此可以分析该路段内日平均风险值最大风险值出现时间、最大小时平均风险值等特征风险指标。

3. 运行速度替代法

风险简单的替代指标是用第一章的运行速度指标值。但当路段或断面的交通流处于非自由流状态时，简单地使用运行速度指标 V_{85} 是无效的。

4. 安全等级确定

安全水平仍最终用事故相关的指标评价，可以是事故率、当量事故率、事故损失等。本书第 1 章已经讨论过按事故率确定安全水平，这是与交通运输发展、国民经济发展水平相关的参数，同时也与整个国家道路交通安全水平和道路交通安全科学技术发展水平相关。

安全水平是道路安全管理与运行安全管理的目标，为了根据安全水平目标确定目标风险管理与控制阈值，应建立风险值与事故率相关指标的关系；需对不同的路段和断面进行长期观测，包括风险和事故，建立两者的统计关系。从而确定目标风险控制阈值。

4.3　道路交通基础设施关联路网

事件发生时，须通过相关路网进行交通组织，疏散交通或告知用户道路交通延误时间等交通出行信息，以便用户在事件状态下选择合适的通行路线。

道路交通基础设施关联路网，可以定义为：连接该公路交通基础设施区域路段和重大基础设施（大跨度桥梁、长大隧道、跨海大桥等）两端及周边地区的可实施交通组织的各类道路的线段、节点及相应辅助设施所组成的复合体。

(1) 区域路段：可按行政独立管理、地形特征、气候特征路段等进行划分。

(2) 节点：平面交叉口、立交、出入口、高速公路中央分隔带开口等。

(3) 重大公路交通基础设施：桥梁、隧道、立交等。

下面以重大公路交通基础设施为例介绍构建方法。

4.3.1　路网组成与构建原则

在结构上，道路交通基础设施关联路网由节点、边和权构成。

(1) 节点：在交通网络拓扑结构中，节点通常表示路段的连接处，是交通流产生、消失和交通流路径变换的地点。

(2) 边：在交通网络拓扑结构中，边用于连接两个节点，具有方向性，通常是交通流行进的主要载体。

(3) 权：权是与该网络有向边相关的指标，如运输方式的旅行时间、旅行距离、运输费用，以及换乘距离和时间等。

路网中每一路段都对应两个节点，针对道路交通基础设施其车流流动方向是确定的，节点分为始节点和末节点。路网的拓扑关系可以用路段与节点的对应关系来表示。

道路交通基础设施关联路网的基本构建原则，包括：

(1) 联通性原则：有包含进路网的道路及设施与道路交通基础设施之间，或者两两相互之间应当在空间位置上是联通的。

(2) 等效性原则：当道路用户选择是否通过道路交通基础设施时，用户在路网的邻接边界上所选择的路径，要求具有等效性。这里的等效可以是时间，也可以是费用。只要是道路用户进行路径选择时可能采用的目标参数都应该满足所提出的等效性要求。

(3) 相关性原则：设置辅助道路的目的是在道路交通基础设施遭遇灾变事件而变得拥挤、堵塞时，可以合理地利用周边的道路进行交通疏导。因此，辅助路应当跟道路交通基础设施具有良好的相关性，这种关联一方面要求道路交通基础设施与纳入路网的其他道路相互连通，另一方面要求道路等级、通行能力等指标需与道路交通基础设施相匹配，通达间距也不能相差太远，否则难以实现辅助作用。

(4) 均衡性原则：当有灾变事件出现时，道路交通基础设施上的所有车辆在事件周期内能够通过毗邻路网得到及时疏散和容纳，即道路交通基础设施的道路通行能力与其周边路网要有一定的均衡。

(5) 可知性原则：道路交通基础设施关联路网是为交通安全运行管理目的提出的，因此纳入路网中的道路的实时状态应该为管理系统所掌握。可知性原则就是要求选择可以提供及时路况信息的道路，或者要对已纳入路网范围但不能提供信息的道路能够提出相应的信息供给和改造措施。

(6) 可控性原则：除了知道道路的路况信息外，还要求该道路具有相应的管理设施，能够实现提出的相应管理对策。不具备此原则的道路也不必纳入路网范围内。

以上原则用于道路交通基础设施通道路网边界及道路确定时，应该结合现实道路交通状况，同时兼顾未来的规划发展。部分原则可以通过改造措施达到要求。

4.3.2 关联路网结构模型

一般区域性交通网络可大致分为：

(1) 蛛状网络，每一节点与所有邻近节点均有运输线相连的网络；

(2) 通道网络，每对运输起讫点间均有数条运输路径的网络；

(3) 单线网络，每对运输起讫点间只有一条运输路径的网络；

(4) 单一运输线，仅用一条运输线描述整个区域的运输网；

(5) 单一节点，不对区域运输网从空间结构上描述，仅用一个节点表示。

以重大公路交通基础设施为例，其特征如下：

重大公路交通基础设施及关联路网具有整体性、关联性和动态性。路网各部分之间有机地结合成一个综合性的整体，从而具备整体功能，使整个道路交通系统良好地运作。路网交通系统中各要素是相互联系、相互作用的。任何一个子系统的状况发生改变，都会导致节点的交通状态，或者局部路段甚至整个路网交通运行状态的变化。重大公路交通基础设施路网交通的重要特征是随机动态特性，特别是交通网络与出行者的活动密切相关，具有诸多不确定因素。

重大公路交通基础设施在地理位置分布(即空间分布)上具有分布独立性、路线里程长、出入口单一以及连通独立路网的特征。

重大公路交通基础设施在交通网络中主要完成输送任务，具有明显的干线特征。重大公路交通基础设施关联路网则同时兼容输送与集散两种功能。巨大的交通通行量和复杂的交通组成也是重大公路交通基础设施及关联路网的显著交通特征。

根据重大公路交通基础设施及关联路网的空间分布特性和交通特征，运行安全管理可分为中(宏)观和微观两个层次；从位置分布上分为主体和周边路网两类；从具体措施可分为工程措施、交通管理措施以及联动措施等。具有明显的层次性、部位性、时效性和联动性等管理特征。

针对重大公路交通基础设施及关联路网的特殊性和组成，可构建 3 种具有典型形式和特征的基本路网模型：单通道路网、双通道路网、多通道路网，如图 4-5 所示。这几种网络结构形式在某些情况下可以相互转换或组合，网络形式的选择因重大公路交通基础设施结构布局的情况而有所不同。

1. 单通道路网

单通道路网，指单通道重大公路设施两端连接一系列节点的路网形式，用于重要程度相当的节点间的直达交通联系，重大公路交通基础设施两端连接不同城市或区域路网。有助于促进区域间交通联系并增强重要城市对周围地区的辐射和影响作用。

2. 双通道路网

双通道路网，为两条并行重大公路设施与连接设施两端一系列节点构成的路网形式。此类路网具有效率高、充分发挥重大公路交通基础设施两端节点之间的连接作用的优势，缺点是处于两条设施中间的并列节点之间联系较弱，其路网可靠性随着并联设施数目的增加而增加。

3. 多通道路网

多通道路网形式，为两条以上相连或相交的重大公路交通基础设施与周边路网相衔接，形成环形或环＋放射状路网，一些重要的交通枢纽和周边区域多构成此类路网形式(图 4-5)。优点是各重大公路交通基础设施和连接的各个区域路网之间非直线系数小，路网通达性好，能有效分散路网交通压力，路网可靠性较高。

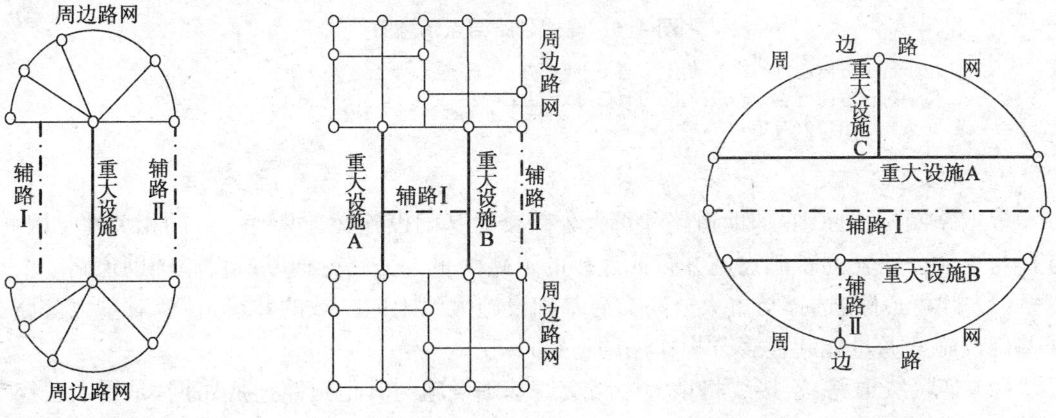

图 4-5　重大公路交通基础设施及关联路网结构模型图

根据确定的构建原则，提出以下路网的构建流程。

(1) 根据重大公路交通基础设施对周边路网的影响，确定路网的层次和边界范围。

(2) 确定路网中节点以及各节点间相连的道路，列出各路段及节点的拓扑关系。

(3) 由于与重大公路交通基础设施相连道路通常为高速(等级)公路，两节点构成的实际通路为双向的有向通路。为方便求解和避免歧义，构建路网求解时，根据交通流向可将路网进一步简化为单向网络图。

(4) 对周边路网根据总体流向趋势(流向重大公路交通基础设施或离开重大公路交通基础设施)简化路网。

4.3.3 道路交通基础设施关联路网管理范围

仍以重大公路交通基础设施为例。

重大公路交通基础设施关联路网管理的确定是路网应用的第一步，通过边界的确定可以确定重大公路交通基础设施运营安全管理对策实施的范围和层次。

最终确定的路网范围内的道路用户被认为是关键设施的服务对象，边界外的为非服务对象。

1. 路网节点的选取

重大公路交通基础设施关联路网中各点、面上的运输需求是有主次之分的，运输供给线亦有主次之分，故需将节点进行主次划分。由于网络节点可以代表点，也可以代表面，确定了需要控制的网络节点，也就确定了需要控制的路网范围。

路网中结点主要有起终点收费站、立交、出入口，结点确定方法和步骤如下：

(1) 首先，确定道路的起终点，将具有交通限流作用的起终点收费站确定为道路的结点；

(2) 确定路网中的立交、出口、入口位置，出入口的位置还需确定其所在路段的行车方向，如图 4-6 所示。

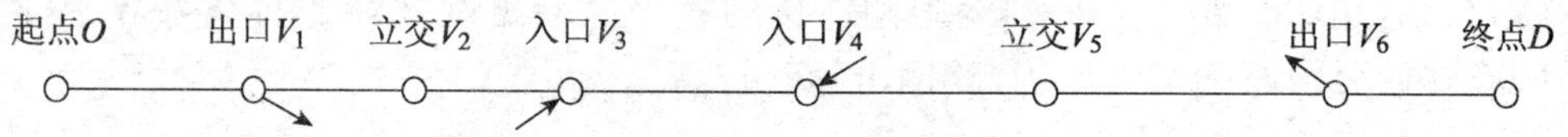

图 4-6 高速公路结点示意图

注：① 位于行车方向起点—终点的出入口标于线下方；
② 位于行车方向终点—起点的出入口标于线上方；
③ 箭头表示出口方向。

2. 辅助道路确定

根据路网构建原则，辅助道路和重大公路交通基础设施必须具有一定的相关性。因此，选择与重大公路交通基础设施并行或连接的道路为重大公路交通基础设施辅助道路。

(1) 并行道路：选择与重大公路交通基础设施大致走向一致的并行道路，对重大公路交通基础设施交通量能起显著分担作用的道路；

(2) 连接线道路：连接线将重大公路交通基础设施与其他道路连成路网，是重大公路交通基础设施关联路网不可缺少的组成部分。

其中并行线是待定的主要道路，连接线随并行线的位置而定。由于路网形式的复杂性，各条道路与重大公路交通基础设施之间的相关性有较大差别，同一条道路当中的某一段与重大公路交通基础设施相关性较好，但全段相关性较差。对于这样的道路，利用其相关性好的个别路段作为关联路网的有益补充。因此，并行道路的确定步骤分为两步：

(1) 与重大公路设施全线并行的辅助线确定；

(2) 与重大公路交通基础设施部分路段并行的辅助线确定。

1) 关联度计算方法

并行线与重大公路交通基础设施的关联度可通过距离综合评价方法确定，毗邻并行线与重大公路交通基础设施（或部分路段）各项指标的接近程度越大，关联度也越大。

距离综合评价法的基本思想是在空间确定两个参考点：最优样本点和最劣样本点。然后计算各评价点到参考点的距离，将主线高速公路视为自身的最优并行线，即为最优样本点，距最优样本点越近越好，距最劣样本点越远越好。

距离综合评价法确定并行线与重大公路交通基础设施关联度的方法如下：

(1) 评价指标体系的确定；

(2) 指标标准化；

(3) 加权数据矩阵的构造。

2) 与重大公路交通基础设施全线并行的辅助线确定

首先，在交通网络图中确定与重大公路交通基础设施全线并行的道路，主要以道路的起终点是否与重大公路交通基础设施落在同一个城市为依据，然后计算这些道路与重大公路交通基础设施的关联度，得到排序。

根据路网构建原则(4.3.1)原则(3)和原则(4)，并行辅助线的数量以满足疏散要求为基本条件，即当有灾变事件出现时，被困在重大公路交通基础设施上的所有车辆，能够在一定时间段内，通过诱导从并行辅助线上疏散，或者通过并行辅助线迂回到原路。

3) 与重大公路交通基础设施路段并行的辅助线确定

上述确定的并行辅助线仅满足可疏散性最低要求。鉴于局域路网的复杂性，有必要通过主观判断，将与重大公路交通基础设施路段相关性较好的特殊路段作为其有益补充。这些特殊路段相关性以与重大公路交通基础设施的时间距离接近程度为主要参考要素，选择距离重大公路交通基础设施较近的路段、各项设施较好的路段作为关联路网的有益补充。

综上所述，重大公路交通基础设施关联路网包括的道路有重大公路交通基础设施、与重大公路交通基础设施全线并行的辅助线道路和部分并行道路，所包含的道路结点有重大公路交通基础设施的起终点、立交、出入口等。

4.4　道路交通基础设施关联路网运行安全管理对策

4.4.1　运行安全管理对策分类

根据安全管理对策的特征，灾变事件状态下道路交通基础设施交通管理与控制对策可分为以下三大类：

(1) 限行：包括限制车型、限流、限速等；

(2) 交通分流：将交通流部分分流到其他道路；

(3) 关闭道路：关闭全段、部分路段等。

为了实施以上对策，需要配套的交通保障对策，如：

(1) 交通诱导对策,包括所有交通控制与管理信息的发布和工程诱导;

(2) 生存保障对策,包括医疗救援、消防救援、生活物资供应等;

(3) 紧急工程对策,包括设施紧急修复、临时道路或交通工程与安全设施、预警等。

在对策中,限行与分流可以归类为管理与控制,应依据风险控制和安全保障目标制定相应的控制标准:

(1) 限速:对不同车型限制最高行车速度;

(2) 限制车型:对某种车型限制通行;

(3) 限流:限制通行的流量。

例如在雨雾天,低能见度和路面抗滑性能的减小会使道路交通基础设施的安全性能大大降低,事故数量急剧增加,且多为严重的恶性事故,由此而造成的财产损失巨大,更有许多的人员伤亡。因此,如何在低能见度和路面抗滑性能不足的情况下保证道路的安全通畅需要制定相应的控制对策。车速限制是目前保障高速公路雨雾冰雪天交通安全行之有效的一项手段。对于车速制定的合理性,如果标准太低则不能很好地控制群车追尾等重大恶性事故的发生,车速限制也就失去了意义。如果标准太高则会降低高速公路的通行能力,造成不必要的经济损失。

事件造成道路交通基础设施交通功能和安全性能的损失,导致一些车型无法通行或通行风险高不可控制,应限制相应的车型车辆的通行。

交通分流是限流后为多余的车辆提供可行的其他道路,可在关联道路上分流,也可实施大范围的路网交通组织。

关闭道路是对所有车辆限行。

限速、限流、限行等控制标准可根据相关交通流理论、车辆行驶稳定性分析等理论和方法制定。对于危险品事件还要考虑爆炸、辐射等波及的范围。

4.4.2 对策示例表

表 4-4 给出了相关对策的示例和解释,制定的对策也可作为预案。

表 4-4　运行安全管理对策的分类

对策分类	对策细分	应用范围
分离类对策	车道关闭控制对策	某车道发生事故或安排施工
	专用车道对策	为工程抢险或紧急医疗救援所用,在特定时间从同一方向或相反方向的车道中开辟一条车道作为专用车道
	对向车道变向使用对策	某一方向的某一路段因为事故或施工原因,临时借用对向车道,包括单进单出、单进双出和双进双出三种交通组织方式
	同向车道变向使用对策	当灾变事件导致单向隧道、大型立交匝道或长大桥梁的交通完全中断时,根据实际情况将个别同向车道临时变向,并通过现场交警指挥和交通标志发出车道变向信息,及时疏导被困车辆退出事发路段单元
	出口管理对策	解决灾变事件下高速公路立交匝道出口处交汇交通的安全问题,可采取调节匝道出口交通量、封闭主干高速路部分车道等措施

（续表）

对策分类	对策细分		应用范围
车辆行驶限制类对策	限速对策	车速控制对策	当管理路段单元较多且交通、环境等状态差异较大时，采用统一的车速控制标准是不合理的，此时，应采取分级限速对策进行交通控制
		建议避免急刹车、突然减速或转向对策	当路面有结冰、积雪或路面水膜达到一定厚度时，急刹车或突然减速极易造成追尾或连环追尾交通事故，而突然转向会造成车辆滑移失控
	车距控制对策		灾变事件下，预防前车在紧急情况下急刹车时后车有足够的安全距离进行刹车以避免追尾事故
	禁止超车对策		灾变事件下为了尽量保持交通流的平稳、有序，一定条件下需要规定车辆严格按车道分离行驶
	车型控制对策	风灾害下分车型管理对策	主要是针对长大桥梁和隧道口的侧风危害造成倾覆稳定性问题而制定的，分车型限速对策主要是针对高速行驶车辆的漂移及倾覆稳定性而制定的
		计划事件下分车型管理对策	对桥梁、隧道或枢纽立交匝道等进行维修作业时，往往需要对过往车辆的最大载重、最大高度进行限制，以保证维修期间工程结构的安全
限流类对策	入口流量限制对策		在各入口匝道控制流入车辆数来对目标控制路段上的交通流量进行限制，包括匝道定时限流方式、匝道感应式限流方式和匝道系统协调控制限流方式
	封闭入口对策		当重大公路交通基础设施因重大灾变事件导致交通中断时，需直接关闭其入口，以避免交通状况进一步恶化或为紧急救援车辆通行提供足够的空间
诱导类对策	网内分流路径有道对策		灾变事件下要求通过重大公路交通基础设施的交通需求大于设施通行能力时，降低交通运行风险，保证重大公路交通基础设施的正常运行
	网外交通流入网诱导对策		灾变事件影响时间范围内进入重大公路交通基础设施所在管理路网的网外交通流也可能影响到管理路网内受阻交通流的及时疏散
	枢纽立交匝道交通流向重组对策		在极端条件下，如大雪灾引起的大区域范围交通瘫痪的特殊情况下，为了尽快疏导交通，经现场充分调研论证可行的情况下，对枢纽立交的匝道交通流向进行合理的重组，以满足应急交通疏导或紧急物资输送的需要
生存保障类对策	逃生路径引导对策		逃生路径引导对策应用于重大灾变或危险的有毒有害事件下，重大公路交通基础设施及其关联路网内的逃生路径诱导，其中最重要的是长大隧道内的逃生路径引导
	紧急医疗救护对策		主要是重大公路交通基础设施运营管理单位与附近医疗卫生部门建立联动协作关系，当重大公路交通基础设施管理路网内发生灾变事件导致人员伤亡时，启动紧急医疗救护措施，就近进行应急医疗

（续表）

对策分类	对策细分	应用范围
生存保障类对策	通风对策	在长大隧道或隧道群发生火灾或有毒有害危险物质泄漏时实施的救生对策
	自设消防对策	重大公路交通基础设施的长大桥梁或隧道(群)，自身应装备有应付突发的一般规模火灾事故的消防设备
	联动对策	除了交通管制和工程对策外，还应采取路政、交警、抢险、特殊危险品处理部门联动措施
	应急照明对策	应急照明对策包括开启防雾灯、开启车道灯，以及导行灯等
紧急工程对策	应急消雾对策	重大公路交通基础设施路段出现浓雾现象，导致行车安全和通行能力受到严重影响时
	应急道路维修对策	灾变事件导致重大公路交通基础设施及其管理路网内道路受损或有障碍时，要求道路养护部门迅速清除障碍，及时维修并恢复损坏的道路设施
	应急除冰或除雪对策	冰雪天气严重影响重大公路交通基础设施(隧道内除外)的行车安全和通行能力，一旦结冰率或积雪厚度达到一定的条件，必须采取紧急工程对策进行除冰或除雪

4.5 运行安全管理决策

4.5.1 安全管理决策依据、目标与准则

事件下道路交通基础设施及其关联路网运营安全管理的对策很多，有的对策是必须使用的，而有的对策则是有条件使用，因此，明确安全管理的决策依据并制定科学合理的决策准则，是道路交通基础设施及其关联路网运行安全管理的基础。

对于实际决策，灾变事件(类型、等级)、交通流状态、运行安全标准、交通保障资源配置、实时可靠度等是其制定的技术依据。

用户行程时间主要用于交通分流诱导的路径选择决策。用户行程时间受灾变事件和实时交通状况影响很大，未发生灾变事件时，影响路段行程时间的主要因素是交通流状况，发生灾变事件时，还与事件持续时间及其严重程度有关。

道路用户交通安全和行程时间等可作为决策目标。

可参考的安全管理决策准则见附录 A。

4.5.2 路网交通诱导决策模型

路网交通诱导决策包括的内容有：①判断是否需要进行交通分流诱导；②交通诱导时空范围的计算；③分流路径选择决策；④分流信息发布。

事件状态下，交通运行安全保障应在确定的决策依据和目标下，制定相应的决策模型和方法。

1. 交通分流诱导的条件

交通分流诱导的实施取决于可利用路网内的道路时空资源。若根据附录 A-(4)，当满足下列两个条件之一：①重大公路交通基础设施的实时安全可靠度 $S(t)<0.4$，即设施的运行水平属于较危险和危险级别，或②$Q>C$，即通过重大公路交通基础设施的交通需求大于灾变事件下设施的实际通行能力即重大公路交通基础设施已无法保证正常的安全运行水平，这对设施本身或在其上(内)行驶的车辆都有较高的运行风险。此时，必须对通过重大公路交通基础设施的交通需求进行部分、甚至全部分流，以保护重大公路交通基础设施的安全及改善行车安全状况，保证区域交通安全、畅通。

2. 交通诱导范围及其计算方法

从实际操作需要考虑，交通诱导范围包括空间范围和时间范围，以分别确定交通诱导信息应当发布的路段及时间段。

交通诱导对策的空间范围应该是事件所在设施入口上游的路网。如可以用通道型路网模型作为灾变事件下重大公路交通基础设施交通诱导信息发布范围所在路网的计算模型。图 4-7 为交通分流诱导空间范围示意图。

可以采用交通流理论确定交通诱导范围；或仅采用运行车速为参数确定交通诱导范围。交通流理论法要求有较完备交通流参数，当重大公路交通基础设施上布设的交通设备较完善时较适合采用；运行车速法考虑条件较简单，基本不考虑交通流状态，显得较粗糙，但对于交通检测设备布设不完善的重大公路交通基础设施及其关联路网，不失为一种简易可用的方法。

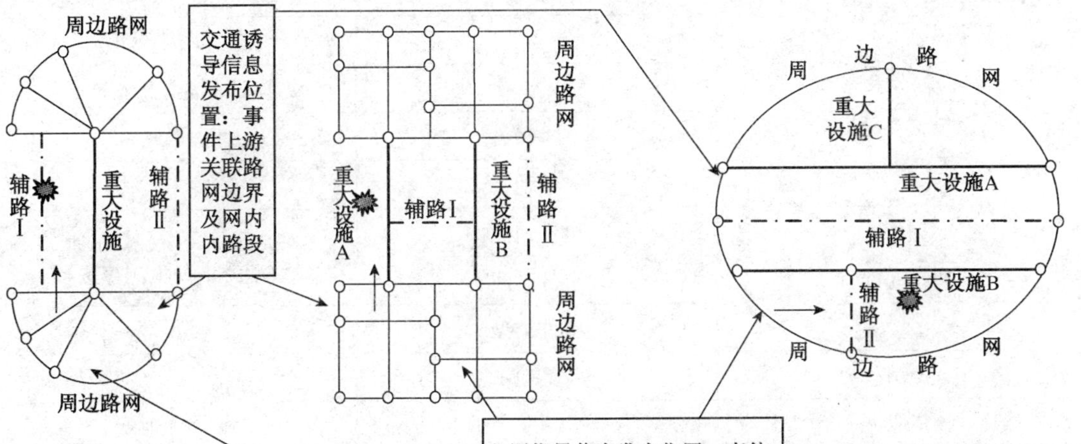

图 4-7　交通分流诱导空间范围示意图

当重大公路交通基础设施所在地发生大范围区域性事件，即覆盖范围大、影响面广的事件时，可按照多级信息发布模式的计算公式计算交通诱导信息发布的时空范围(严格地说，是各级交通管理信息的发布范围)。

当重大公路交通基础设施所在路网中发生局部性事件时，既可以按照原有路线谨慎通过，也可以选择绕行路线。

如果事件程度很严重，则必须进行绕行，路网管理部门需要按计算确定的范围对路网内交通流进行路径诱导。

4.6 路网运行安全管理信息采集与发布

运行安全管理与控制需要必要的信息用于决策，决策又通过发布技术传达给用户。

4.6.1 信息采集

信息采集的量度与路网运行环境、事件类集、控制标准、对策类集、决策依据与算法有关，并考虑技术经济效益确定。通常需要的信息类别如表 4-5 所示。

表 4-5　信息采集类别(示例)

信息种类	采集类别	采集参数
交通信息	交通组成	车长
	交通量	交通量、占有率
	车速	车速
	危化品车辆	位置等
	其他	
气象信息	雾	能见度
	雨	能见度、路面水膜厚度
	雪	能见度、路面积雪
	冰	路面温度、冰雪
	风	风力、风向
	其他	
事件信息	事件地点	交通量、占有率、车速（配合事件检测算法）
	事件时间	
	事件类型	类型等
	其他	
其他类		

4.6.2 信息发布

1. 信息发布内容

信息发布的内容是管理系统决策的信息化与量化参数，信息发布可根据信息的重要度分类，如按照重要度从低到高，分别是通用信息、提示信息、建议信息、强制信息和突发或紧急信息，如图 4-8 所示。

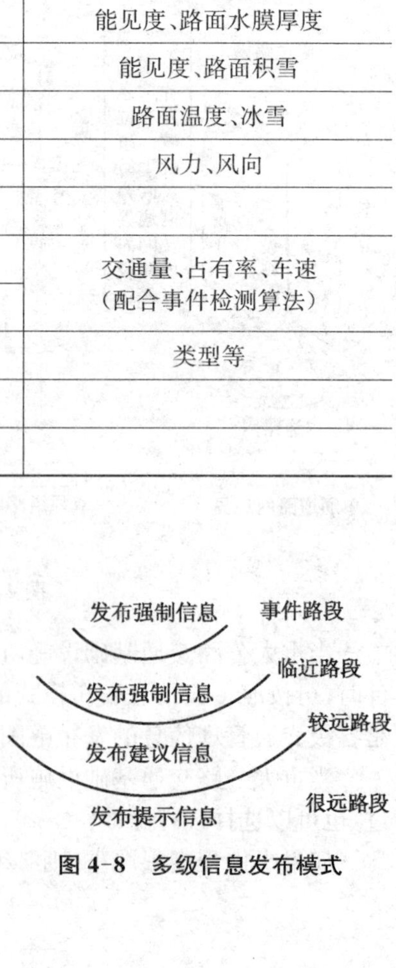

图 4-8　多级信息发布模式

1) 通用信息

通用信息是针对驾驶员发布的日常管理信息，包括交通法规、服务信息、公益信息等。

2) 提示信息

提示信息所提醒的事件一般不紧急或远距离事件或重要事件发生之前的预告，给驾驶员提示一下，引起重视即可或有可选路线时做出选择。

3) 建议信息

建议信息是向驾驶员发布有利于驾驶选择行驶路线的信息；在事件情况下，道路交通受到影响时，发布建议信息；帮助驾驶员节省行车时间、提高安全性等。

4) 强制信息

强制信息是向驾驶员发布必须遵照执行的信息，在事件对道路或交通产生严重影响时，发布强制信息，通常发布在重大事件的本路段或临近路段。

5) 突发或紧急信息

突发或紧急信息是在事件发生后，出于事件管理的需要，向驾驶员发布的信息。紧急信息具有很强的时效性，优先与重要级别最高。当有突发或紧急信息需要发布时，相关路段信息的发布均需暂停。

2. 信息发布设备与布设

随着交通科技的发展，信息发布方式与设备很多，也具有越来越高灵活性。以下仅为常用的示例。

1) 可变信息标志

通过文字或图形发布日常通用信息、限速信息、诱导信息、提示信息、关闭信息及事故信息。包括文字式可变信息标志和图文式可变信息标志。

2) 可变限速标志

通过数字发布限速信息。

3) 无线电广播

利用汽车收音机收听广播获得交通信息，在交通节目时间里，高速公路附近广播电台转播信息发布中心播放的交通信息，每次广播一般为 1～5 min。

4) 路侧无线电

在路旁架设无线电发射装置，以调频或调幅方式发送交通信息，驾驶员可用汽车收音机收听。不同路段可使用不同频率播放不同内容。因而，其播放信息量大、针对性强，又不受无线电波传播影响，其效果要优于无线电广播。

5) 手机(APP)

6) 其他

路网形式是可变信息标志布设的基础因素。高速公路网根据监控与管理范围的不同若分为两类：通道型高速公路网和网络型高速公路网(表 4-6)，则可如下考虑布设。

表 4-6　通道型高速公路网和网络型高速公路的区别比较

高速公路网类型	路网特征	交通特征	管理特征
通道型	结构较简单，一条高速公路为核心，其余平行道路为补充	核心高速公路的交通量较大，处于中心地位，其余道路的交通量较小	以保证核心高速公路的畅通和安全为中心
网络型	结构较复杂，多条高速公路互相交叉	各条高速公路的交通量相差不大，地位相当	综合考虑各条高速公路，保证路网的畅通和安全

(1) 通道型高速公路网。通道型高速公路网应该首先确定诱导路网的范围,可变信息标志应该布设在诱导路网的入口处。主线上以图文式可变信息标志为宜,其余辅助道路可以采用文字式可变信息标志。

(2) 网络型高速公路网。网络型高速公路网应该在信息发布效益最大的位置处布设可变信息标志。发布效益由下式计算得到。在确定需要显示的路段数后,通过对路网中所有的路段进行计算,求出效益最大时的布设方案即为最优方案。

两个毗邻立交之间的主线上每个方向应考虑至少设置1块可变限速标志。

可变限速标志应设置在主线入口的下游方向。对于主线上的事故多发、经常性拥堵等路段,应调整可变限速标志的位置,必须保证路段上游有可变限速标志。

3. 信息发布方式

1) 自动发布

通过决策支持系统形成的信息发布内容能够自动发布到各个有关设备上。对于通用信息和提示信息可以采用自动发布方式。

2) 人工发布

完全由人工操作发布有关信息。人工操作可以发布任何优先级别的信息。

3) 自动生成加人工确认发布

由系统根据管理决策的需要,生成相关的信息发布内容,由人工确认后,发布到高速公路相关设备上。

采用何种方式发布不能仅考虑技术问题,要确定信息发布责任主体,即由谁签署发布的信息。

4. 信息发布的空间范围

1) 区域性事件的信息发布范围

区域性事件是指覆盖范围比较大,影响面广的事件,例如:区域性大雾、暴雨、地震等。这类事件的一个显著特征就是:事件的影响覆盖到路网中的多条高速公路,进行绕行几乎没有任何意义,或者绕行距离十分遥远。按照多级信息发布模式,应该在事件发生的路段发布建议信息或强制信息,在周边路网发布提示信息。

2) 局部事件的信息发布范围

局部事件是只发生在一条高速公路的局部路段的事件,如局部雾团、交通事故等。局部事件的特征是,当事件不严重时,既可以按照原有路线谨慎通过,也可以选择绕行路线;如果事件程度很严重,则必须进行绕行。

对于路网中的可变信息标志,局部事件条件下,信息发布范围按照以下方法确定。

$$\omega = W \cdot e^{kL} \tag{4-8}$$

式中 ω——经过衰减后的信息在VMS处的重要度系数;

W——事件路段的对策等级,关闭类对策为1,限制类对策为0.5,其余为0;

L——事件发生位置与路网中某块可变信息标志之间的距离;

k——衰减系数,可取经验值−0.035。

当$\omega \leqslant 0.2$时,不在该可变信息标志发布信息。当事件上游所有的可变信息标志都不满足要求时,至少应有1块可变信息标志发布信息。

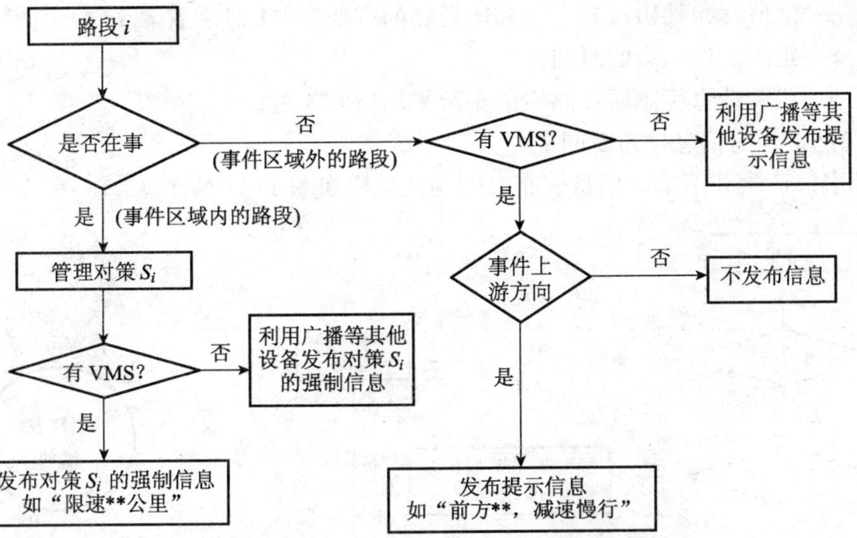

图 4-9　区域性事件条件下信息发布范围确认流程

当 0.2<ω≤0.4 时，在该可变信息标志发布提示信息。

当 0.4<ω≤0.6 时，在该可变信息标志发布建议信息。

当 0.6<ω 时，在该可变信息标志发布强制信息。

5. 信息发布的时间范围

1）区域性事件的信息发布时间

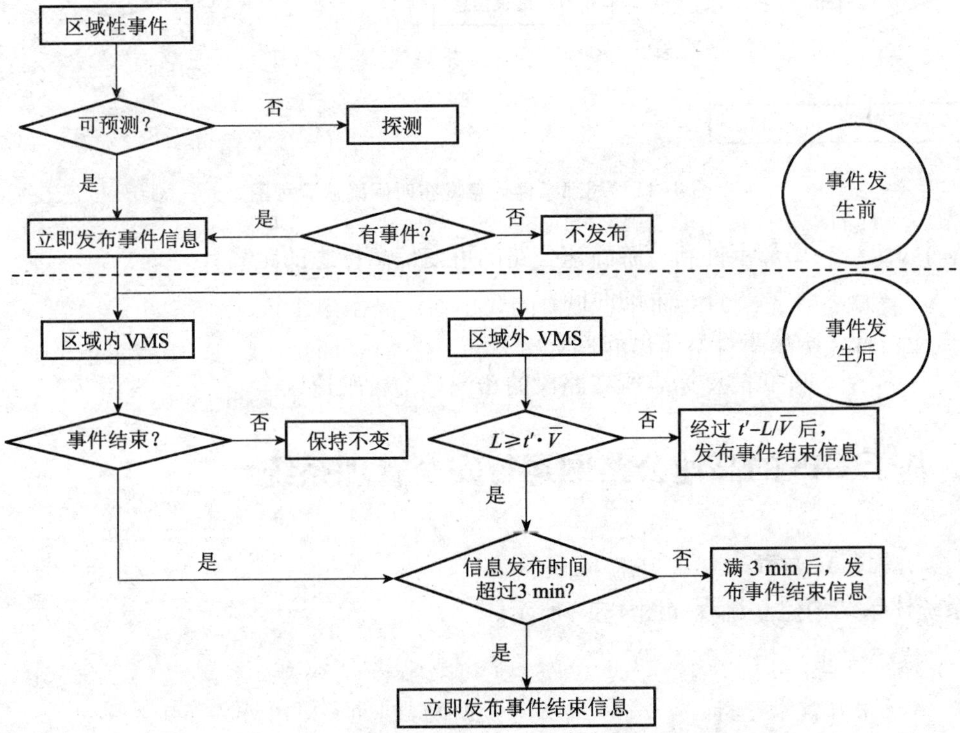

图 4-10　区域性事件信息发布时间确认流程图

图中 L——区域性事件边缘到上游高速公路的可变信息标志的距离；

t'——距离事件结束的时间；

$\overline{V}$——可变信息标志所在路段的车流平均行驶速度。

2）局部事件的信息发布时间

局部事件产生和结束的信息发布时间确认流程如图 4-11 所示。

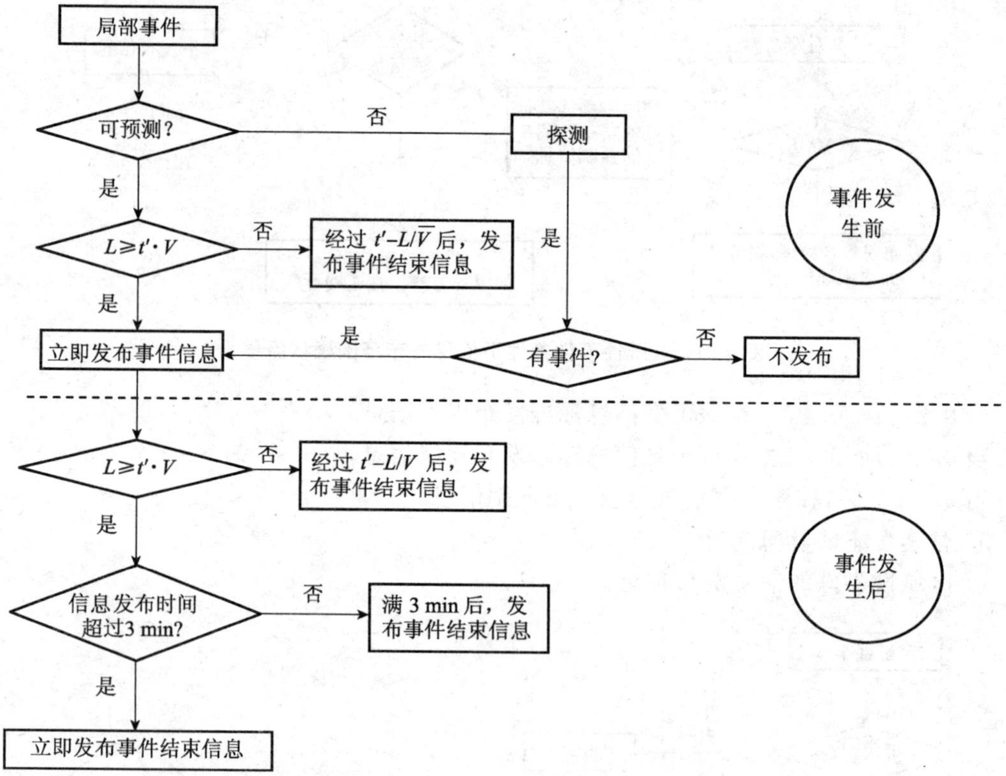

图 4-11 局部事件信息发布时间确认流程图

图中 L——局部事件到上游高速公路的可变信息标志的距离；

t'——距离事件结束的时间；

t——距离事件发生的时间；

$\overline{V}$——可变信息标志所在路段的车流平均行驶速度。

4.7 基于 GIS 的高速公路网运行安全管理系统

4.7.1 系统建立流程

系统体系结构建立流程如图 4-12 所示。

4.7.2 系统需求分析

1. 系统用户需求分析

所谓“用户需求”是指从用户的角度提出对系统的要求和需要系统完成的事情，它通常

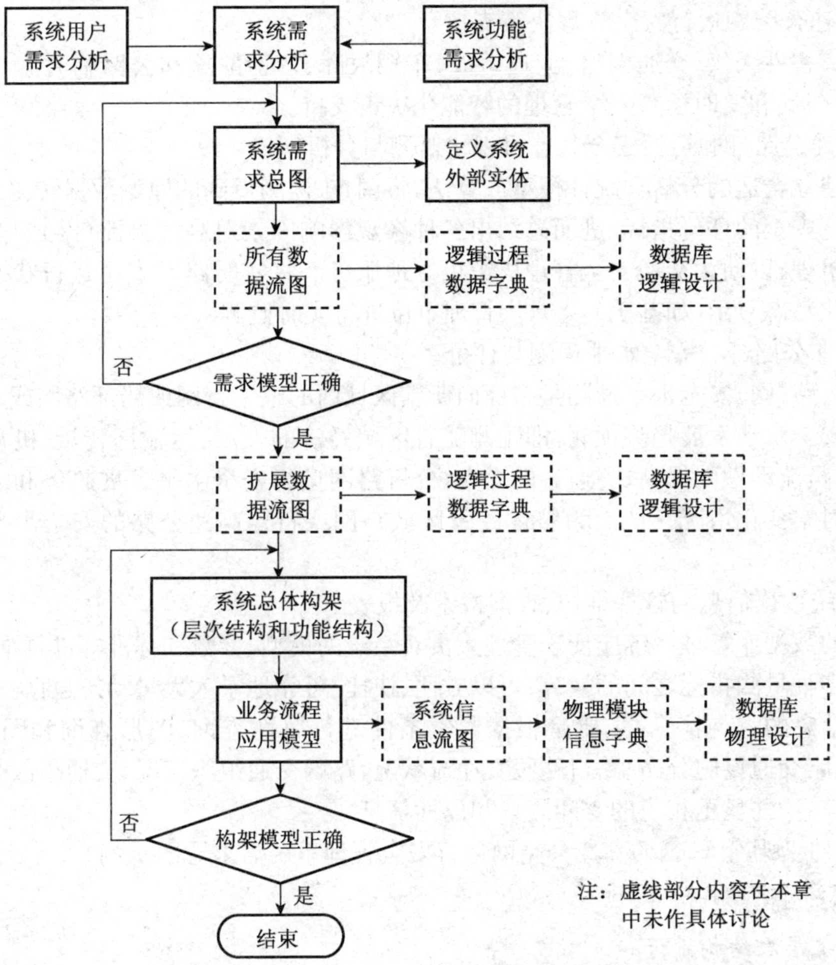

图 4-12　系统体系结构建立流程

包括功能要求、性能要求、可靠性要求、安全保密要求以及开发费用、周期和所使用的资源方面的限制等。其中，功能要求和性能要求是最基本的用户需求。

比如，基于 GIS 的高速公路网运行安全管理系统的用户可根据其与系统的接触类型分为直接用户和间接用户两大类。

直接用户：高速公路监控中心管理人员；

间接用户：包括道路用户、营运高速公路的其他部门、实施安全管理对策的协作单位、管理高速公路的上级部门、各级道路交通安全委员会，以及各类道路安全研究机构等。

管理系统的主要功能是为保障高速公路网行车安全和畅通为用户提供动态可视化的监测信息、决策辅助技术和信息发布。

系统用户对管理系统的性能要求包括：①物理性能；②逻辑性能；③兼容性能；④容错性能；⑤操作性能；⑥维护性能；⑦安全性能；⑧快速的响应性能。

2. 系统功能需求分析

考虑影响高速公路网运行安全的客观因素，可以大致确定管理系统的功能为以下 4 个方面：

1）高速公路网运行安全管理决策支持

针对灾害性天气、交通拥挤、交通事故、车辆故障、货物散落和公路临时施工等路网事件，提供预防性和实时运行安全管理的智能化决策支持。

2）高速公路（网）运行安全状态可视化监测与分析

通过建立合适的分析和统计模型或算法，将调查、监测得到的原始数据转化为对分析评估路网运行安全的评价指标，进而总结出各种客观影响因素对高速公路（网）安全运行的影响规律与机理，以便为交通安全管理决策更好地服务。将实时路网安全运行状态在显示工具上可视化动态显示（如基于 GIS），供管理单位进行实时监测。

3）高速公路（网）安全水平预测与评价

高速公路（网）安全水平预测是指面向所辖区域内的整个路网或局部路网或单条高速公路进行的安全水平发展趋势预测，即预测随着区域经济的发展、运输周转量、机动车保有量的增多、人员流动性的提高、交通量的增大，分析路网运行安全水平发展趋势和交通事故各项指标的时空变化情况。从而为整体改善区域路网或特定高速公路的安全水平做好规划工作。

4）系统数据信息的管理维护、查询检索及报表

良好的数据库管理系统应便于管理人员对系统的模型、参数和标准等进行维护和更新；能够进行多种量测指标之间的换算；可以方便、快捷、可靠地录入大量动态数据。另外，提供各类专题信息的查询检索，主要是根据检索条件进行属性查询、图形查询和图表互查等。如：查询道路交通设施分布、路口路段交通流状况、路网交通组织情况、交通事故多发位置分布等专题信息，并显示相应的空间图形和属性信息。

图 4-13 为基于 GIS 的高速公路网运行安全管理系统需求总图示例。

4.7.3 系统结构设计

1. 系统层次结构设计

1）数据采集层

系统的数据采集层主要用于及时准确地采集实时的道路、交通、环境和事件等信息。

数据采集层中的数据预处理子系统的主要功能是对各类检测设备采集的数据进行校验和预处理，以检验数据是否符合预定的要求。

数据采集层主要由路面性能检测子系统、交通流状况检测子系统、气象环境条件监测子系统、闭路电视监测子系统、监控管理中心接处警子系统等几个部分组成。

2）数据管理层

数据管理层主要通过数据库管理系统（DBMS）来对系统中的多源异种异构数据进行合理地融合、组织、存储和管理，并供用户方便地查询。

3）数据应用处理层

数据应用处理层是系统的核心部分。该层主要借助于系统的 GIS 路网数据模型，GIS 路网解算算法，以及路网运行安全预警、分析、决策等专业应用模型与算法，来得出合理的高速公路网运行安全预警、分析与管理决策等结果。

4）信息发布层

信息发布层主要用于向系统各类用户及时准确地发布预警、分析和决策等各种信息。根据信息发布介质或命令执行介质的不同，将信息发布层分为用户界面系统、监控中心电子

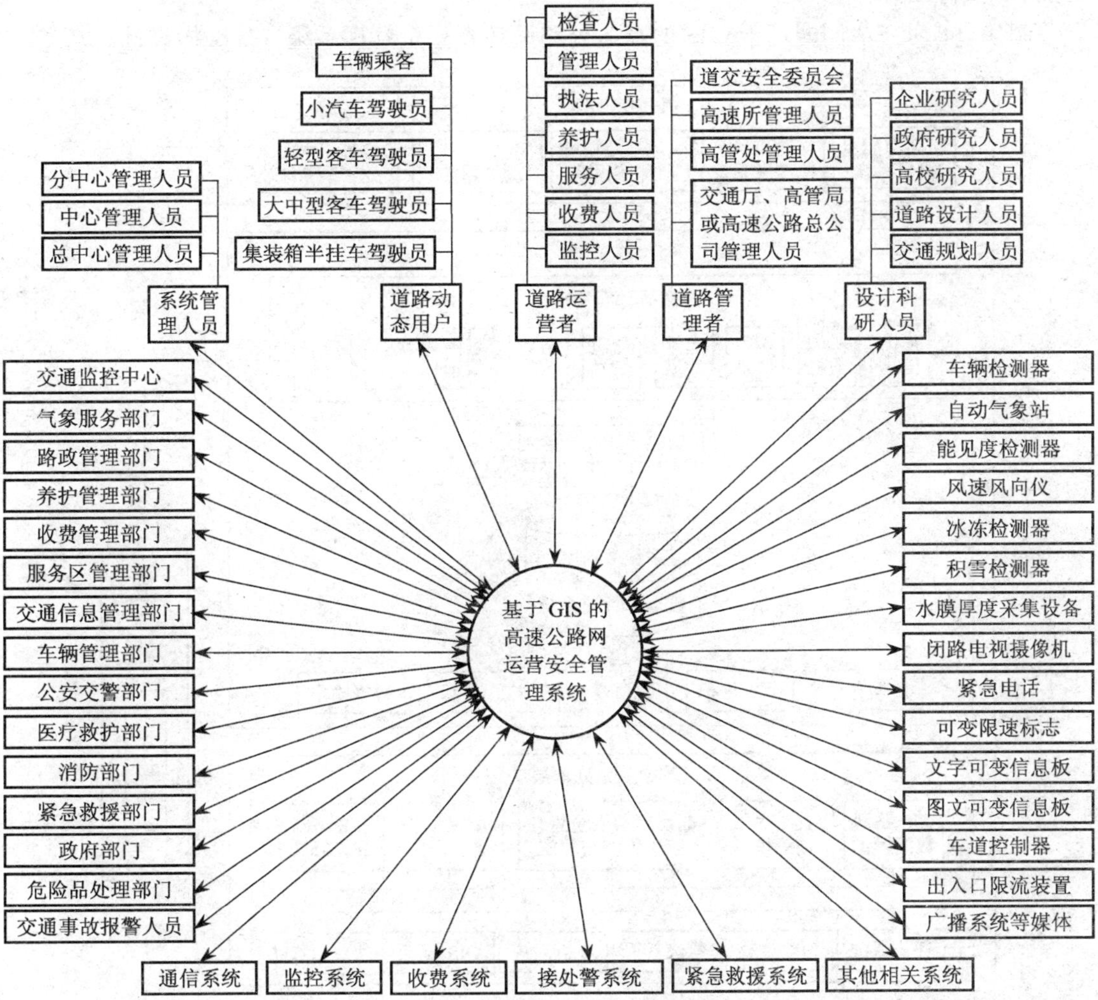

图 4-13　基于 GIS 的高速公路网运行安全管理系统需求总图

大屏幕显示系统、外场可变信息标志发布系统、广播系统、出入口交通流控制设备系统、决策管理部门和联动处理部门业务联络系统(如电话、局域网、广域网等)、照明系统等几个组成部分。

5) 通信层

系统的通信层借助于高速公路先进的综合通信系统,实现高速公路网运行安全管理系统中数据采集层和信息发布层的数据、语音和图像等各类信息实时、准确而快速的传输和交换,保持高速公路管理部门之间业务联络通讯的畅通,并为高速公路内部各部门与外界建立必要的联系。

2. 系统功能结构设计

一个系统是由若干个具有特定应用目的,相互联系、相互制约的功能模块组成的有机整体。本管理系统就是由多种影响高速公路(网)交通运行安全的因素或事件对应的安全管理决策支持模块、安全分析模块,高速公路(网)安全水平预测、评价模块,信息管理模块与 GIS

功能有机结合的整体。

图 4-14 为一示例即基于 GIS 的高速公路网运行安全管理系统层次结构设计。

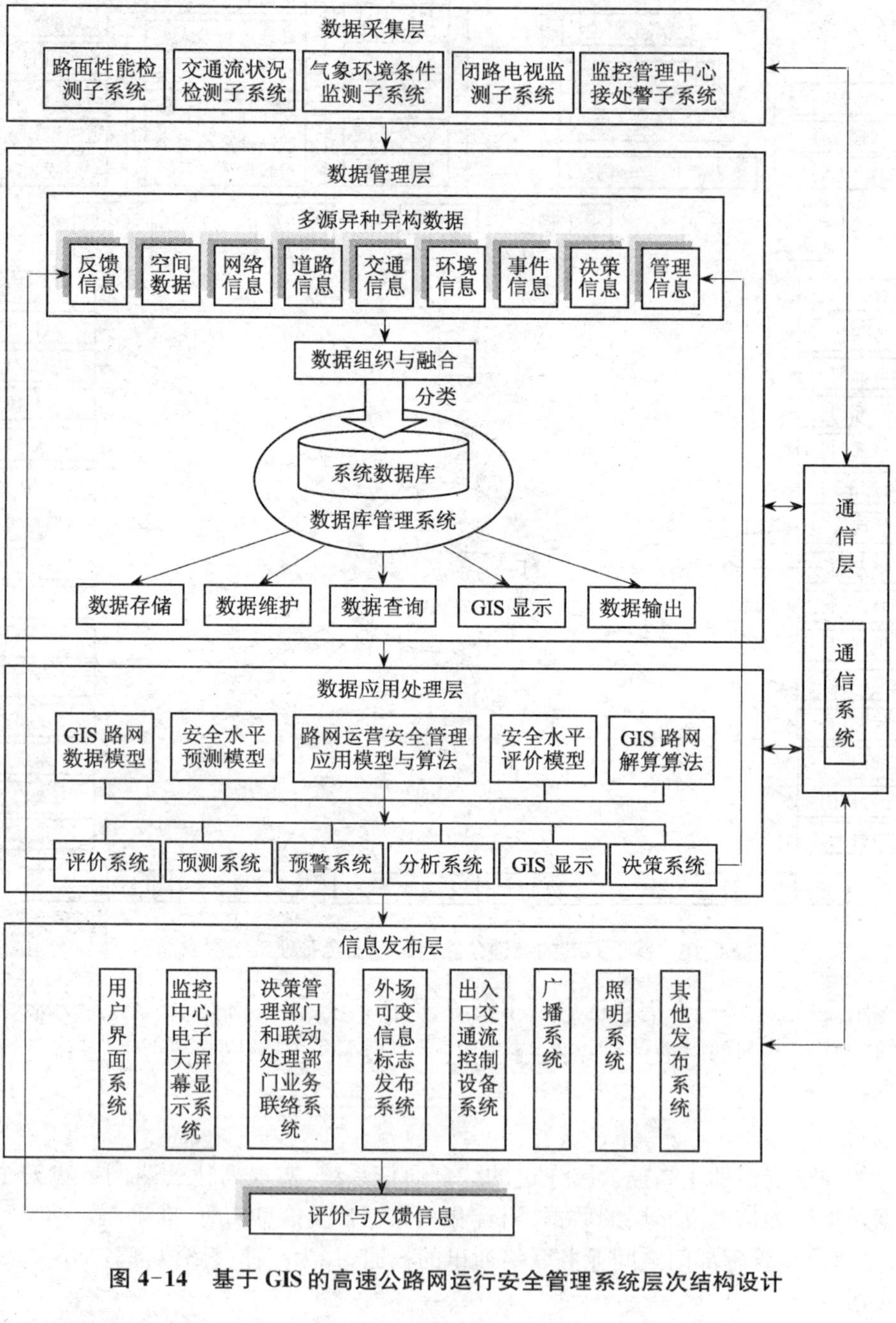

图 4-14 基于 GIS 的高速公路网运行安全管理系统层次结构设计

4.7.4 高速公路网络建模

1. 高速公路网络建模目的及要求

建立高速公路网运行安全管理系统的主要目的是为了保障交通安全，提高交通效率。确保高速公路行车安全，不能仅考虑单条高速公路的交通安全水平，需综合考虑整个高速公路网的安全性。高速公路上一切交通安全管理活动都是以具有某种交通流行为特征的高速公路交通网络为基础的，如：高速公路的主线与匝道控制、实时交通信息服务、事件管理及车辆导航等。合理的高速公路交通网络 GIS 数据模型是成功建立该管理系统的关键前提。如果高速公路交通网络数据模型的表达方式合理，则能大大加快事件反应速度，增加响应效率，提高安全管理水平和决策质量。高速公路网运营安全管理系统对交通网络 GIS 数据模型的建模需求包括：

(1) 适于高速公路交通网络数据表达与操作；

(2) 便于进行交通安全管理与控制，能够充分满足路网级交通分析的需要，便于系统高效地进行路网安全管理决策；

(3) 能够体现高速公路交通流行为特性；

(4) 服务于运行安全管理的交通网络数据模型的目的；

(6) 便于划分高速公路网中的安全管理单元，并与我国高速公路网现行管理模式协调；

(7) 数据模型具有综合的交通网络拓扑表达方案，易于后续的拓展；

(8) 体现高速公路上车流的行驶路径和反映交通流的动态分布现象；

(9) 使所建交通网络数据模型能够响应路网中的突发事件，并迅速触发相应的管制措施；

(10) 适应交通安全大数据的管理与数据缺失、离散性大的数据融合。

2. 高速公路交通网络数据模型

GIS 数据模型反映了现实世界中的各空间实体及它们之间的联系，为空间数据的组织、表达和 GIS 数据库模式的设计提供了基本概念与方法，它主要由概念数据模型、逻辑数据模型和物理数据模型三个层次组成。

1) 概念数据模型

概念数据模型是关于实体及实体间关系的抽象概念集。

2) 逻辑数据模型

逻辑数据模型是概念数据模型所确定的空间实体及关系的逻辑表达。通过在上述概念模型中加入图形数据实体，使模型上升到逻辑数据模型的层次。

3) 物理数据模型

物理数据模型是通过一定的数据结构，完成空间数据的物理组织、空间存取及索引方法的设计，实现对专题信息的操作，完成几何数据模型与专题数据模型的关联。对于高速公路交通网络建模来说，位置信息采用矢量数据模型来描述；而表达空间实体或现象及其非空间关系的专题信息采用专题数据模型来描述，它可以直接借鉴计算机数据库管理系统中的数据库模型；可完成地理数据的统一存储；可动态显示地图上的特征，即可以处理空间对象几何图形与拓扑关系的时态性。

在建模过程中，通过引入“路网交通流特性”的设计理念，将交通网络 GIS 空间数据模型进行改进，增强专题建模与网络分析、操作能力。从而使模型的应用并不局限在图形显示、空间查询、数据集成等范围内，还可应用于车辆导航、交通控制和安全管理等方面的决策。

4.7.5　运行安全管理系统数据库

数据库是管理系统的核心，是系统所有功能的基础，因此，其设计的好坏对管理系统整体性能的影响很大。为了使基于 GIS 的高速公路网运行安全管理系统能正确运行和充分发挥作用，系统数据库必须满足以下要求：

(1) 提供可靠而全面的与高速公路网安全运行密切相关的各类数据，考虑数据缺失与高离散性。

(2) 合理地对多源异种异构数据进行组织和存储。便于大数据的存储与传输，利于数据融合。

(3) 应使管理系统能够从数据库中迅速得到所需的数据。

(4) 输出的数据应以适当的形式方便地为管理系统所用。

1. 管理系统数据库数据特征与分类

高速公路网交通安全管理系统数据特征包括：①空间分布特征；②时间变化特征；③大数据特征；④来源多样性特征，数据类型多样性；⑤高离散性；⑥独立性特征。

系统数据库的数据分类示例如图 4-15 所示。

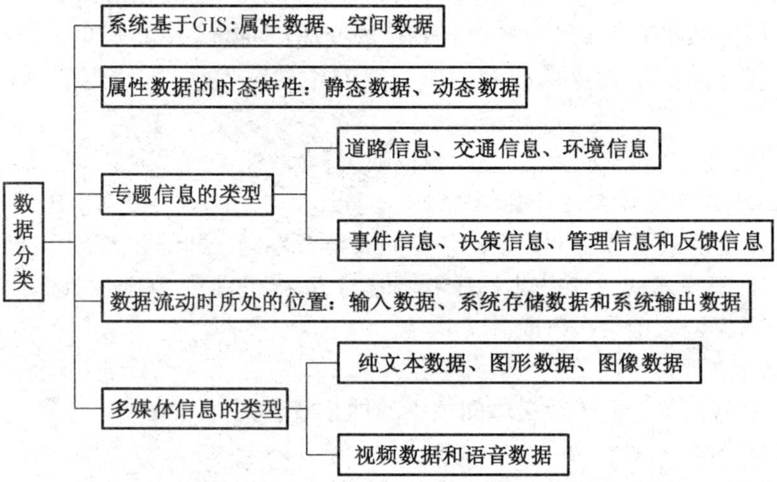

图 4-15　系统数据库的数据分类

2. 系统数据库框架结构

将整个数据库分成空间数据库、静态属性数据库和动态属性数据库三个部分，每个库中又有各自的子库(图 4-16)。

1) 空间数据库

(1) 基于专题地理分层数据模型的空间数据库；

(2) 基于高速公路交通网络数据模型的空间数据库。

2) 静态属性数据库

根据专题信息类型的不同，系统静态属性数据库又分成逻辑网络信息库、道路信息库、交通信息库、环境信息库和决策信息库 5 个子库。

3) 动态属性数据库

根据专题信息类型的不同，系统动态属性数据库又可分成道路信息库、交通信息库、环境信息库、事件信息库、反馈信息库和管理信息库 6 个子库。数据库的建设具体还要考虑项目情况和场内外设备等。

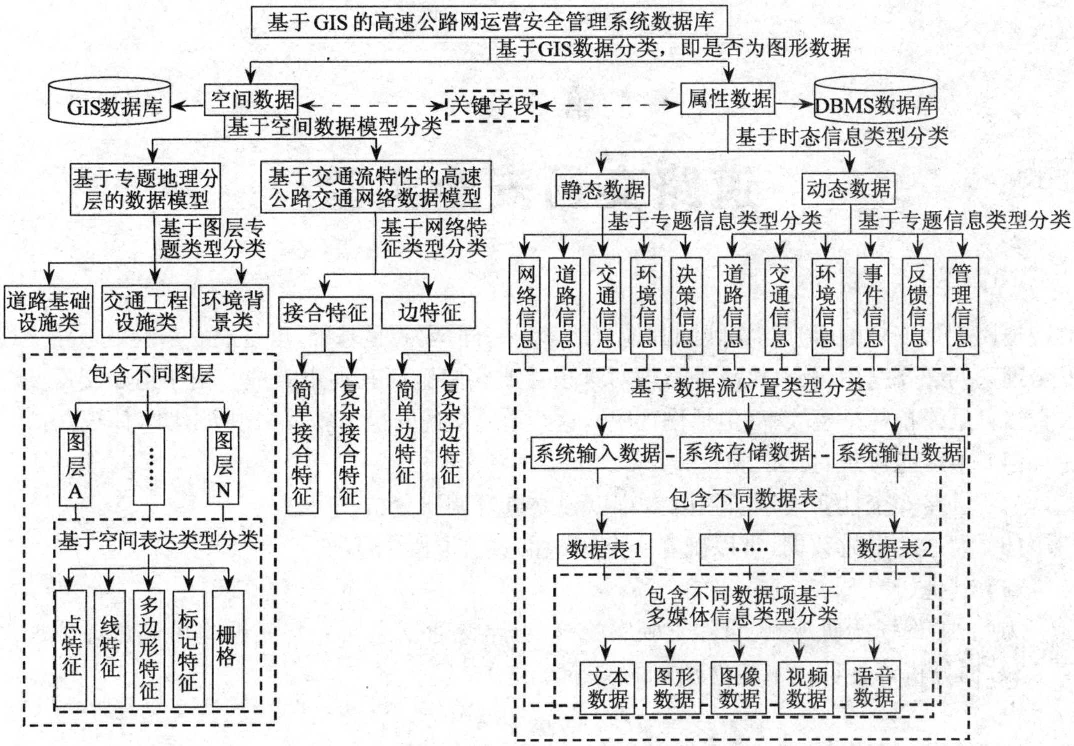

图 4-16　数据库结构模型

4.8　小结

道路交通安全保障的重要技术对策是对交通运行状态及其风险采取实时监控，这一实时监控本章称为运行安全管理。从交通事件的分类分级、风险分析与评估、路网拓扑结构、事件状态下的安全对策与决策技术等方面对道路交通运行安全管理系统做了研讨。提出了事件分类分级、风险分析方法、系统功能及其构成等道路交通运行安全管理系统的主要基础模型或方法。

第 5 章

道路交通安全实验

道路交通安全的研究与实践同其他自然学科一样，实验是基础，也是建立与验证道路交通安全理论的必要途径，及时执法等管理对策也需要实验验证其约束效应。由于道路交通安全最直接且最终指标是事故率(包括伤亡率)，这给道路交通安全实验带来很大困难，体现在：

(1) 不可能修筑对比试验；

(2) 道路安全性实地调研多因素难以独立进行调研分析；

(3) 大量的事故数据，难以确定一起事故的直接原因；

(4) 其他。

为此，除现场调研观测、自然驾驶实验等，道路交通安全研究与实践也可通过虚拟现实模拟、数据分析等各种技术建立相应的实验方法。

5.1 现场交通与分析

对于交通安全实验，根据实验的对象及实验手段，可分为现场观测实验、驾驶人采集实验与交通模拟仿真实验三大类，而各类实验相互又有着关联，实验的结果可以进行相互的印证与对比分析。

5.1.1 速度测试与分析

采用相对位置的变化或者车辆轮轴运转数据，观测车辆的实际行驶速度的空间与时间变化特性。主要关注于车辆的车速变化、加速度变化、不同车辆车速的情况。

对于车速测试，其基本的实验原理是根据车辆在不同时间相对位置的变化，计算车辆不同时间、不同位置的瞬时速度。通过对短时间内距离的变化进行近似求解计算加速度。常用的设备有雷达、激光、气压管、电磁感应、卫星定位、三轴加速度仪，断面光测试仪等。

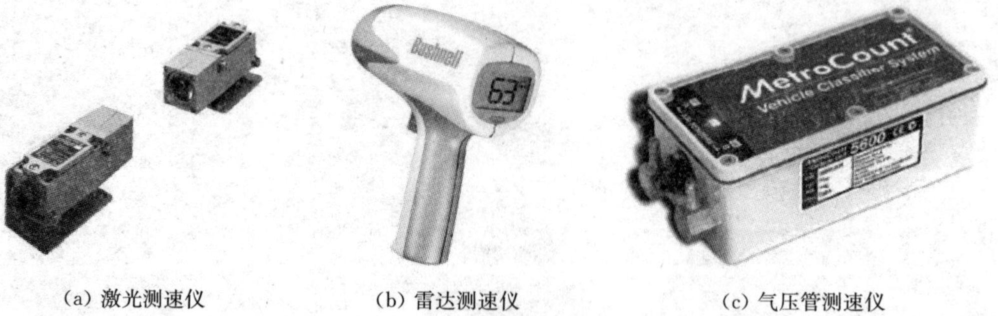

(a) 激光测速仪　　(b) 雷达测速仪　　(c) 气压管测速仪

图 5-1　车速检测仪器

采用对射式激光测速技术能有效地减少野外工作量，测量精度较高，并且能够适应昼夜阴晴雨雪雾等各种天气条件。但一般的对射式激光测速仪无法对车型、车道占用等情况进行判断，需要人工进行识别与记录。

手持式雷达测速仪轻巧方便，便于操作和携带，一般用于定点的随机观测，可人为控制测量时段，但由于没有配备数据存储的功能，通常需要人工对数据进行记录，不适用于较长时间、较大样本量的观测。

气压管测速仪采用了较为古老但非常实用的橡胶气压管检测技术，其先采集并储存每个车轴信息后再进行集中处理的设计使其能够自动便携式观测，大大减少调查人员数量和工作量。特别是可获得详细、精确的单车数据，尤其是单车车速的特点，在用于检测道路交通车流量、车速、车型、车道占用率等交通数据有非常大的优势。

动态 GPS 用于采集车辆的行驶速度。动态 GPS 是用导航卫星进行授时和测距以对地面移动和固定物体进行定位的一种设备系统，它能以较高的精度为用户提供动态的三维位置、三维速度及精确的时间信息。

(a) 车载 GPS(流动站)

(b) GPS 基站

图 5-2　GPS 检测设备

速度测试实验分为两类，一类是跟踪单车的单车车速测试实验，另一类是固定位置的多车断面车速测试实验(图 5-2)。两类实验的测试方式因此也不相同，对于单车车速测试实验，首先应在车辆上安装车辆车速采集设备，采集设备可以是 GPS 卫星定位系统。这一设备基于车辆位置的变化计算车辆速度水平，通过高频率的与定位卫星交换位置信息，可以计算出某一时间的车速，相对加速度及行驶方向。同时，累计的位置信息可以得到车辆的行驶轨迹，行驶路线等。但这一设备也有其局限性，在部分接收卫星信号较差的地区，将不能有效准确地进行测试。如图 5-3 所示的测试数据示例。

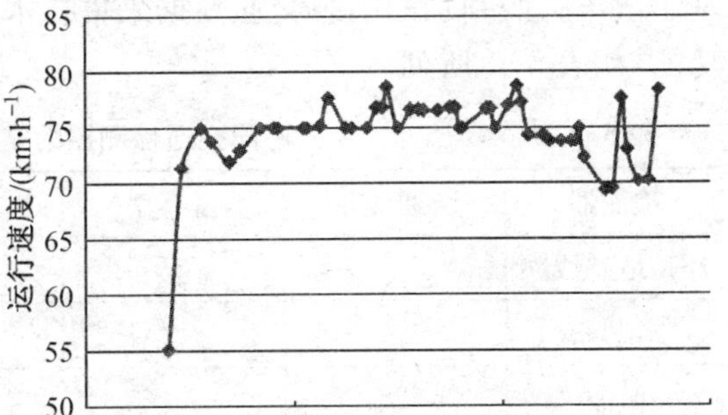

图 5-3　某高速公路路段货车沿线速度观测数据

对于固定位置的车辆速度观测，则主要利用激光、雷达及气压管等手段进行，通过选择特定的位置进行长时间不同车辆的观测，最终得到某一位置多个车辆的断面车速数据，能够用于绘制车辆车速分布图，同时部分仪器可以得到相关的交通流量、车型比例等数据资料，如图 5-4 所示。

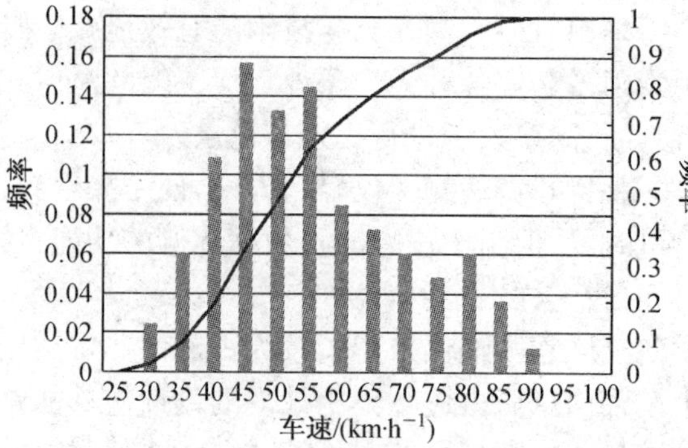

图 5-4　某高速公路断面货车速度分布观测数据

虽然两类实验均是进行车辆车速的采集，但这两类实验采集数据的本质是完全不同的，第一类强调的是某一个体车辆在某一时间范围空间范围内的车辆变化情况，其更关注的是同一单元不同位置的变化特征与规律；而第二类实验则强调的是某一空间在某一时间范围内所有经过车辆的状态，强调的是位置的固定及多对象，通过连续位置的多次实验，能够得到近似第一类实验的研究结果，但其代表的仍是绝大部分车辆，而非个体。

因此，在进行相关车辆车速测试实验时，首先要明确实验目的，希望通过实验得到哪些方面的数据，探索哪些方面的问题，然后根据需要解决的问题进行对应实验的选择与设计，也可以将两种实验相互结合，在不同时间空间组合时采用不同的实验类型。

5.1.2　交通流状态观测与分析

对于一定时间段与空间范围中的道路交通流状态进行观测，分析交通流运行特性及对应变化。主要关注于车辆车速分布、车头时距分布、车辆类型比例、交通流量变化、车道占有情况、车队长度等参数；进一步可以分析交通冲突情况并根据风险计算方法分析交通运行风险。

在一定长度路段范围内布置交通检测器，通过对驶过车辆进行观测记录，获得该驶过车辆的交通参数。对车辆的感应有很多方式，因此有多种类型的交通检测器，总体可分为固定式和移动式两种，前者包括感应线圈、视频检测器、微波检测器、超声波检测器和红外检测器等；后者包括基于 GPS 的动态交通数据采集技术、基于电子标签的动态交通数据采集技术、基于汽车牌照判别的动态交通数据采集技术等(图 5-5)。不同交通检测器具有不同的检测功能，如表 5-1 所列。

表 5-1　不同交通检测器的交通检测参数和性能特征

检测器	交通流量	占有率	车速	车队长度	多车道覆盖	误检率
环型地感线圈	√	√	×	×	√	0.50%
视频	√	√	√	√	√	4%
微波	√	√	√	×	√	2%
超声波	√	√	×	×	×	4%
红外线	√	√	√	×	√	6%

移动式交通检测器存在着使用灵活、移动性强的特征，不存在检测的固定布设问题。移动式交通检测器是由人员操作实施的，适合于交通状态的抽样检测。而固定式交通检测器移动性差，但具有安装与适用性强等特性，仪器的布设应遵循一定的原则，最大限度地发挥检测器的检测效能。

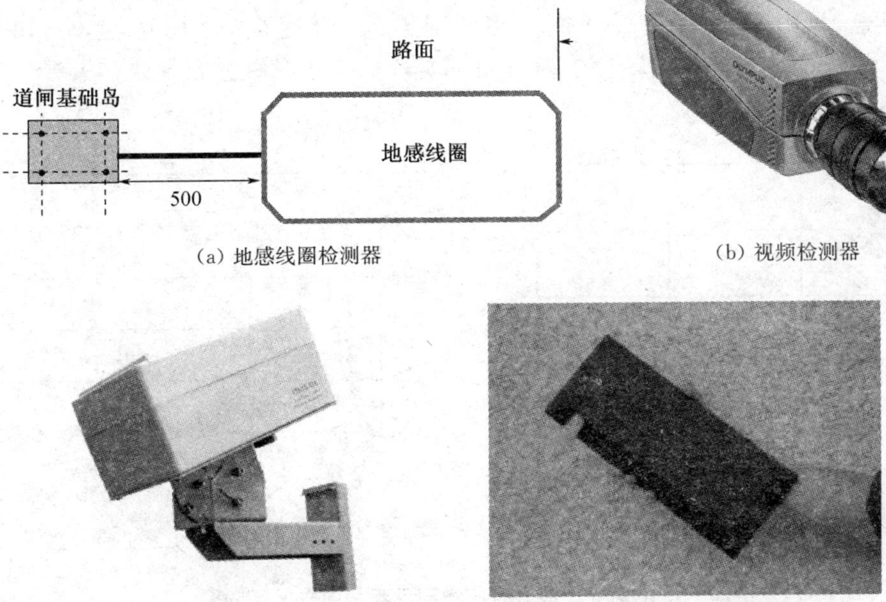

(a) 地感线圈检测器

(b) 视频检测器

(c) 微波检测器

(d) 便携式检测器

图 5-5　不同种类的检测器

交通流特征观测可以基于公路原有交通检测设施制定实验观测方案，也可以基于便携或临时安装设施的实验观测。两者本质的差异在于观测空间位置的选择，利用原有公路检测设备，无法提供个性化的对象，但有良好的设施提供及机电方面支持；观测实验更易执行，同时有着更好的时间周期。而第二类观测方案依赖于自身设备的性能、续航能力等，同时易受到气象等环境影响，如视频检测器在雨雾环境及夜间效果欠佳，同时无法进行地感线圈检测器的运用。因此，实验方式有所差别。

安装设备后应先进行调试与标定，之后才进行数据采集与观测，后期对取回的数据进行统计分析，得到相对应的研究观测结果，实验分析的数据可以有各种表达形式。

对高速公路不同交通流下的车道占有率进行统计，示例结果如图 5-6 所示。

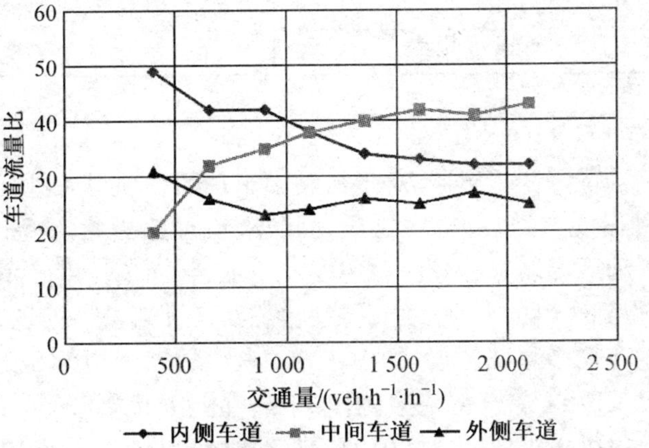

图 5-6　不同交通流下车道占有率

车头时距是同一车道内前后毗邻两车驶过同一断面的时间间隔。作为非常重要的公路交通流参数之一，车头时距及其分布特征须要用适合的车头时距分布模型进行分析和描述，并利用特定的分布模型进行回归拟合，从而得到具体的车头时距分布规律。车头时距观测结果示例如图 5-7 所示。

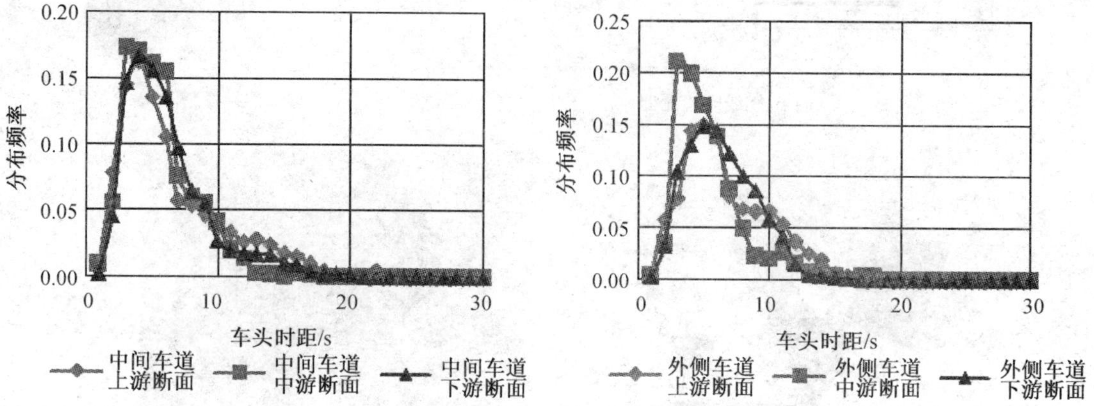

图 5-7　双向 6 车道关闭内侧车道车头时距分布频率

可对观测结果进行分布拟合，将时距观测结果分别采用移位负指数分布［$f(x)=\lambda\cdot e^{-\lambda(x-\tau)}$］、Cowan M3 分布［$f(x)=\varphi\lambda\cdot e^{-\lambda(x-\tau)}$］与 2 阶 Erlang 分布［$f(x)=\lambda^2 x\cdot e^{-\lambda x}$］的分布模型拟合，示例结果如表 5-2 所列。

表 5-2　双向 6 车道关闭内侧车道车头时距分布拟合及检验($\alpha=0.05$)

断面位置		移位负指数分布			Cowan M3 分布			2 阶 Erlang 分布		
		χ^2 实测	χ^2 理论	检验结果	χ^2 实测	χ^2 理论	检验结果	χ^2 实测	χ^2 理论	检验结果
中间车道	上游断面	22.78	29.99	接受	15.80	30.44	接受	29.33	21.60	接受
	中游断面	189.91	22.76	拒绝	28.38	21.74	接受	160.21	20.97	拒绝
	下游断面	154.61	26.31	拒绝	29.65	17.11	接受	240.37	16.23	拒绝
外侧车道	上游断面	30.57	23.46	接受	18.75	17.70	接受	26.06	18.70	接受
	中游断面	229.16	28.49	拒绝	15.14	17.19	接受	223.22	15.35	拒绝
	下游断面	236.34	28.85	拒绝	25.15	19.86	接受	218.84	22.70	拒绝

5.1.3　车辆行驶轨迹与性能

通过安装于车辆各位置的传感器，对于行驶中车辆的各项设备进行数据采集，可获得车辆的行驶状态及多种微观参数，如方向盘运动状态、制动踏板状态、油门状态、车辆震动状态、车辆油耗状态、制动毂温度，加速度，角速度及角度，转向角速度及角度，转向力矩等车辆行驶综合数据，借以得到车辆的行驶性能、行驶状态及行驶轨迹等信息。

整车测试系统包含很多测试仪器，如 VBOX 综合系统、光电测试系统，雷达系统，微波系统，五轮系统等，以 VBOX 综合系统为例，基于高性能卫星接收器，采用主机测量移动汽车的速度和距离并且提供横纵向加速度值，减速度，时间和制动、滑行、加速等距离的准确测量，系统组成图如图 5-8 所示。VBOX 主机及附属模块如图 5-9 所示。

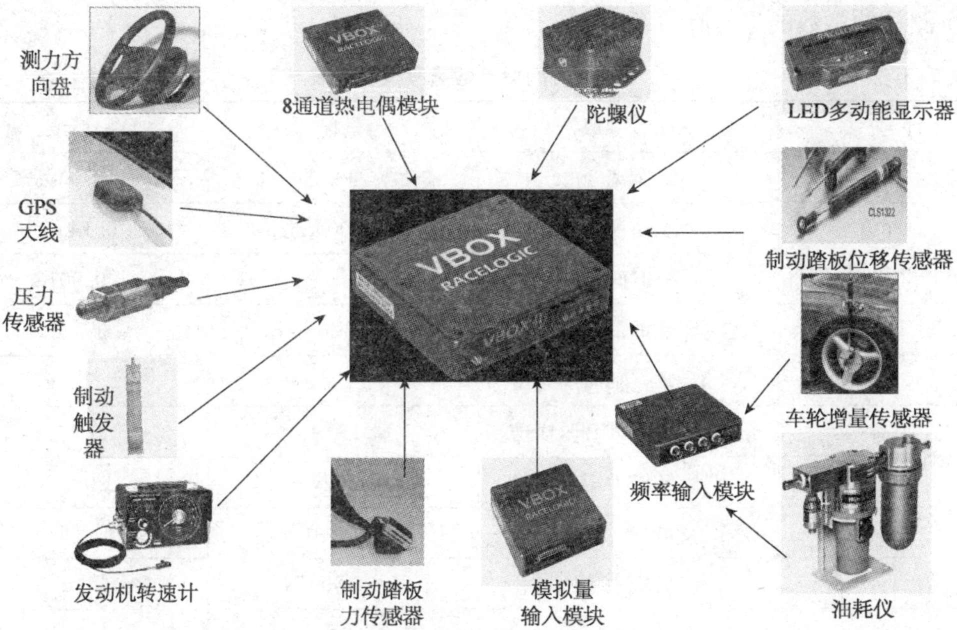

图 5-8　VBOX 系统组成图

(a) 主机

(b) 测力方向盘

(c) 制动踏板力传感器

(d) 油耗仪

(e) 三轴向陀螺仪

(f) 发动机转速计

(g) 车轮增量传感器

(h) 三轴加速度计

图 5-9　VBOX 主机及附属模块

可测量的参数的量程及精度见表 5-3。

表 5-3　　VBOX 可测量参数量程及精度表

序号	测量参数	量程	精度
1	距离	—	0.05%
2	速度	0～1 600 km/h	0.1 km/h
3	时间	—	0.001 s
4	燃油消耗	0.3～120 L/h	±0.2%
5	*X*，*Y*，*Z* 三轴向加速度	±1.7 g	1 mg
6	角速度(侧倾,俯仰,横摆)	±150°/s	0.1°/s
7	转向力矩	± 50 Nm	±0.5 Nm
8	转向角	±1 250°	满刻度时 0.1°
9	制动踏板力传感器	0～1 500 N	0.5%
10	制动踏板行程	0～300 mm	0.1 mm
11	制动管路压力	0～200 Bar	0.25%
12	发动机转速	0～10 000 r/min	±1 r/min

可以进行的实验类型主要有:油耗、爬坡、最高车速、加速性能、制动性能、操纵稳定性、最小稳定车速、制动踏板力测量、制动踏板行程测量等。

根据特定的实验目的,应选择对应的车辆类型及道路对象,同时选择合适的驾驶员,如驾龄、行驶里程、年龄、性别及对道路车辆的熟悉程度等。在实验开始前,根据实验需要安装对应的车载感应装置和主控制器,同时调节感应器,确保其工作正常,采集数据准确。

根据实验计划将车辆行驶至预定实验道路起始位置,同时配置摄像机,对实验过程进行拍摄记录,记录驾驶员信息。根据不同实验内容进行实验,实验过程中保证车辆驾驶员状态正常,同时观察周边路况,避免交通事故发生,在主屏幕观察感应装置数据,如发现有异常数据即停止实验,进行修正。

实验结果以图表的形式表现,一般采用实验时刻作为坐标系横轴,纵轴则主要由速度、加速度、油门程度、刹车程度等多个感应装置采集的数据组成,如图 5-10 和图 5-11 所示。根据实验研究目的进行数据的后续处理。

5.2　驾驶行为与心理生理测试

5.2.1　心率脑电

主要针对车辆驾驶员在行驶过程中的生心理状态进行数据采集,根据人体生理特征,一般有心率、血压、脑电、皮电等人体自然体征方面的对外表现形式。而心率脑电等方面的实验是采集人体体征数据后探索与车辆驾驶过程中的道路环境、交通环境、车辆状态等外部因素间的关系。

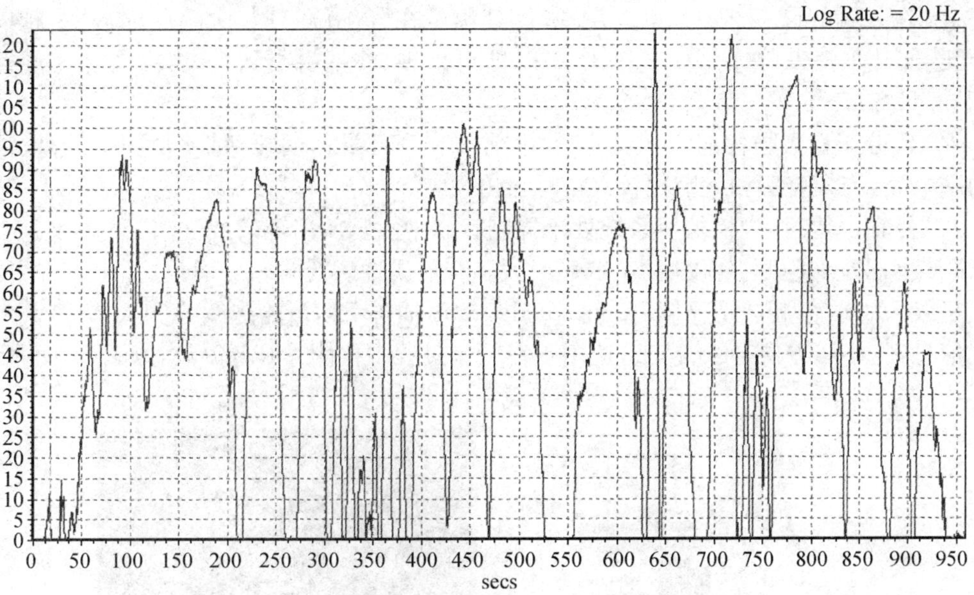

图 5-10　车辆速度的实验数据

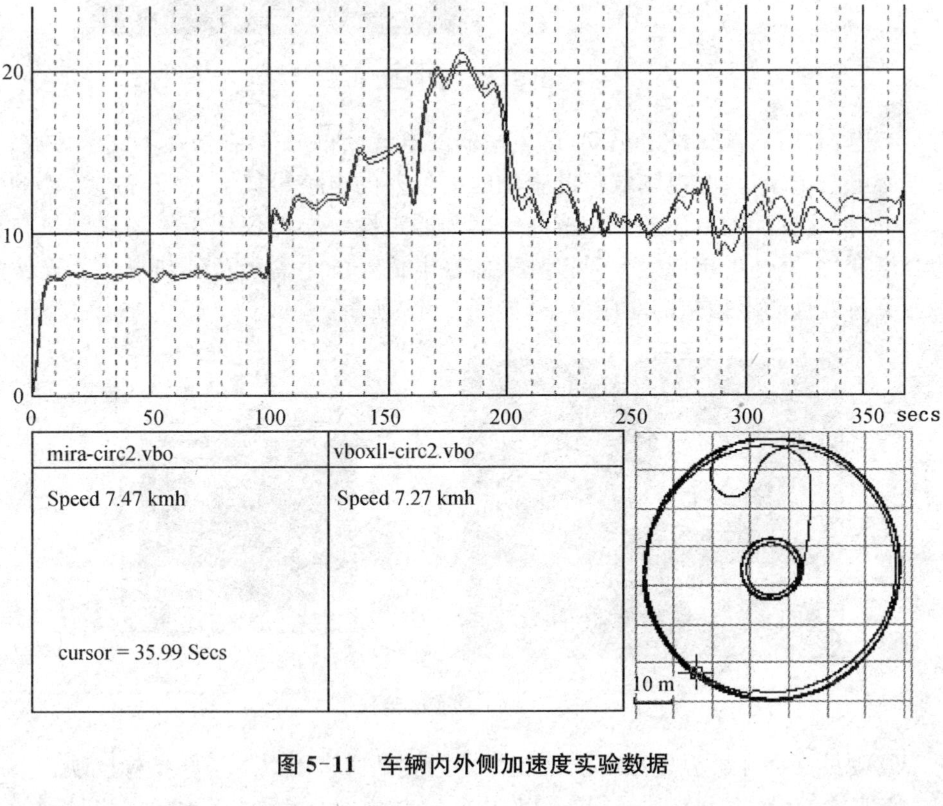

图 5-11　车辆内外侧加速度实验数据

对于脑电，人的脑电是一个复杂的领域，人处于不同的状态会有不同的脑电反应，同一种脑电反应，在大脑的各个部位都有不同的分布。按照频率与振幅的不同大致划分为下列 4 种基本波形，即 α 波、β 波、θ 波和 δ 波。

α 波在人脑的许多部位都可以发现，但其幅度在各部位不同，头颅后部最大，越向前越小，至额部几乎消失，在清醒、安静、闭眼时即可出现，波幅由小到大，再由大到小规律性变化，呈棱状图形。

β 波也分布在大脑各部位，但在脑的中前部和额部最为明显，是一种频率较高、波幅较小的脑电波，当人警醒和大脑比较兴奋时会出现。

θ 波是在困倦时，中枢神经系统处于抑制状态中大脑所出现的波形。

δ 波会出现在睡眠、深度麻醉、缺氧或大脑有器质性病变时。

一般采用动态脑电仪(Electroencephalogram，简称 EEG)能连续检测人体 24 h 的脑电变化信息，它小巧方便，便于携带，适用于在行车过程中检测人脑的 β 波，如图 5-12 所示。

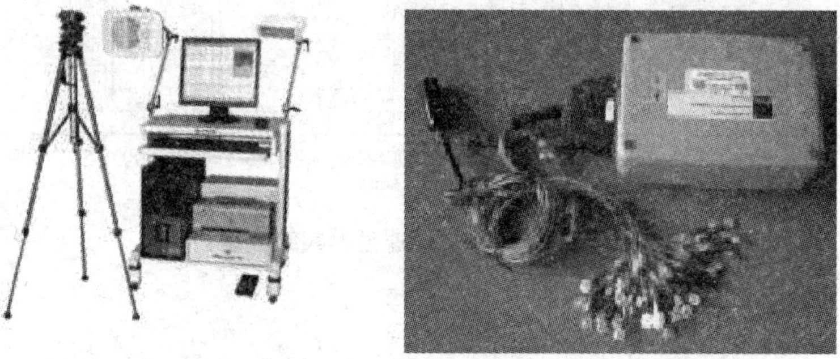

图 5-12　脑电仪

对于心电，心肌的规律性电活动，产生微弱的电流传布全身，在身体不同部位放置电极，并连接到心电图记录仪，心电图仪将此变动的电位差的电信号放大并按心脏活动的时间顺序记录下来，把这变动的电位差记录成曲线即为心电图。心电仪用于采集驾驶员在行驶过程中的心率变化，其基本构成是一只接收人体心电信号的小盒子及其与身体相连接的导联外加一套分析处理心电信息的对应设备，如图 5-13 所示。

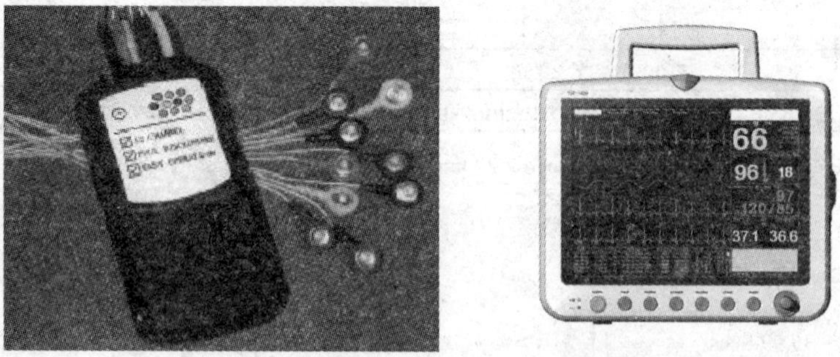

图 5-13　动态心电仪

对于驾驶员心率在外界刺激下出现规律性的波动通常用以下一些指标反映：

(1) 心率增长量，表示驾驶员行车过程中某一时刻的心率增长量，即某一时刻的心率值与驾驶员安静状态下平均心率差值。

(2) 心率增长率，表示驾驶员行车过程中某一时刻的心率增长率，即某一时刻的心率增长量与驾驶员安静状态下平均心率的比值。

（3）心率波动量，表示驾驶员驾行车过程中某一时刻的心率范围内的变化，即某一时刻的心率值与驾驶员最低心率差值。

（4）心率波动率，表示驾驶员驾行车过程中某一时刻的心率范围内的变化率，即某一时刻的心率波动量与某一时刻的范围内心率值的变化幅度最大值。

（5）心率变异性，是指逐次心搏间期之间的微小差异，它产生于自主神经系统对窦房结自律性的调制，主要有均值 *MRR*，标准差 *SDNN*，差值均方根 *RMSSD* 和心率变异系数 *RRCV* 等，以公路线形评价指标 *LSI* 进行排序，排序结果示例如表 5-4 所列。

表 5-4　驾驶员时域和频域指标数据

序号	*LSI*	*MRR*	*SDNN*	*RMSSD*	*RRCV*
1	3.67	735.00	35.10	32.80	0.05
2	4.39	793.00	49.70	45.30	0.06
3	6.94	782.00	33.90	32.70	0.04
4	8.47	753.00	33.00	59.80	0.04
5	8.59	677.00	20.90	16.50	0.03
6	8.60	772.00	17.00	19.50	0.02
7	9.21	754.00	22.00	23.00	0.03
8	14.78	826.00	30.90	33.50	0.04
9	21.99	715.00	19.40	13.30	0.03

MRR，在正常状态下约为 840 ms。MRR 值与心率值成反比，MRR 值越低则说明心跳次数越高，驾驶员紧张度增加。随着公路线形评价指标增大，R-R 间期变化并不明显，略有降低的趋势。如图 5-14 所示为驾驶员 MRR 值与公路线形评价值之间的关系。

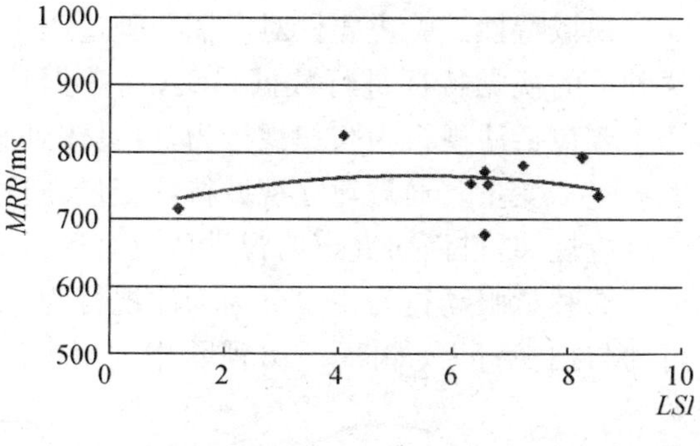

图 5-14　驾驶员 *MRR* 值与公路线形评价值间关系

SDNN，主要反映神经总体的调节水平，但主要反映交感神经水平，当其值增大时，交感神经活性降低，注意力下降，副交感神经活性增强，注意力下降。可以看出 SDNN 均小于 50 ms 说明驾驶员交感神经活性增强，紧张度增加，并随着线形指数增大而降低。说明驾驶员由于公路线形评价指标越小，驾驶员交感神经活性较强，兴奋性暂时性升高，驾驶员负荷增大。如图 5-15 所示为驾驶员 SDNN 值与公路线形评价值之间的关系。

RMSSD，为毗邻 R-R 间期差值的均方根，RMSSD 反应 R-R 间期的突然变化。实验研究 RMSSD 的变化较小，仅有一个小突变点其余较为稳定，没有太大异常，并不能很好地体现驾驶员的负荷。如图 5-16 所示驾驶员 RMSSD 值与公路线形评价值之间的关系。

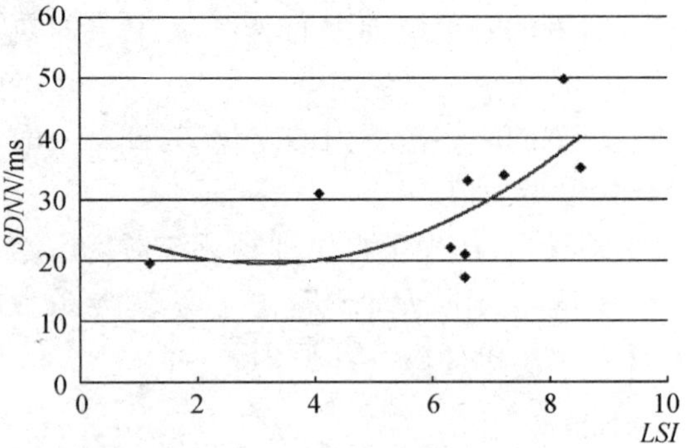

图 5-15 驾驶员 *SDNN* 值与公路线形评价值间关系

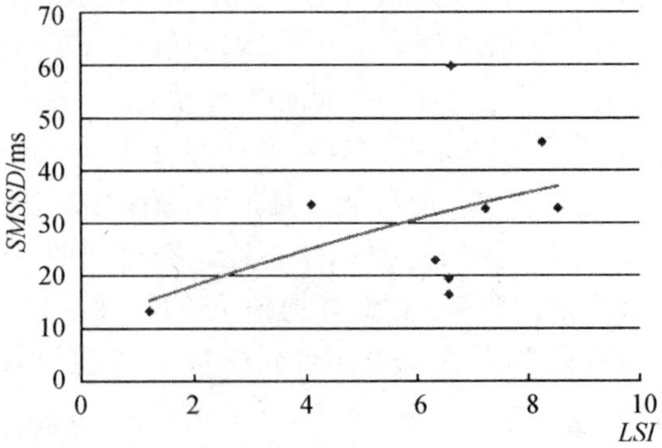

图 5-16 驾驶员 *RMSSD* 值与公路线形评价值间关系

RRCV 的判定标准：＜40 岁，≤1.5%为异常，1.5%～3.0%为临界，≥3.0%为正常；≥40 岁，＜0.7%，0.7%～1.5%为临界，＞1.5%为正常。可以看出驾驶员的心率变异系数 RRCV 随着公路线形评价指标的增大而增大，同时验证了驾驶员负荷越大驾驶员的 RRCV 值越小，同时变化较明显。如图 5-17 所示为驾驶员 RRCV 值与公路线形评价值之间的关系。

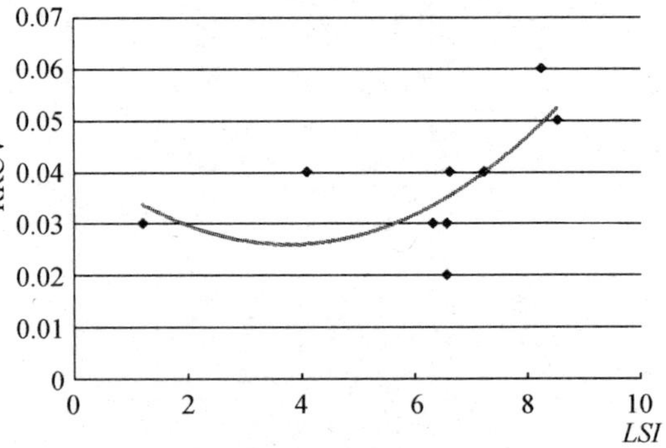

图 5-17 驾驶员 *RRCV* 值与公路线形评价值间关系

5.2.2 视域特性

视域特性试验主要针对车辆行驶过程中驾驶员的视觉特征进行数据采集，而数据特征主要包括注视行为与扫视行为，可具体到瞳孔面积、注视点、扫视面积、注视时间、扫视频率等多个变量。通过建立视域特性变量与行驶环境的关系，探索车辆驾驶人员对视觉环境的反应规律，进而研究道路视觉环境对运行安全的影响。

驾驶员眼动行为主要分为为注视行为、扫视行为和眨眼行为，主要集中在驾驶员的注视行为与扫视行为，如图 5-18 所示中列出了注视行为与扫视行为的表征参数。

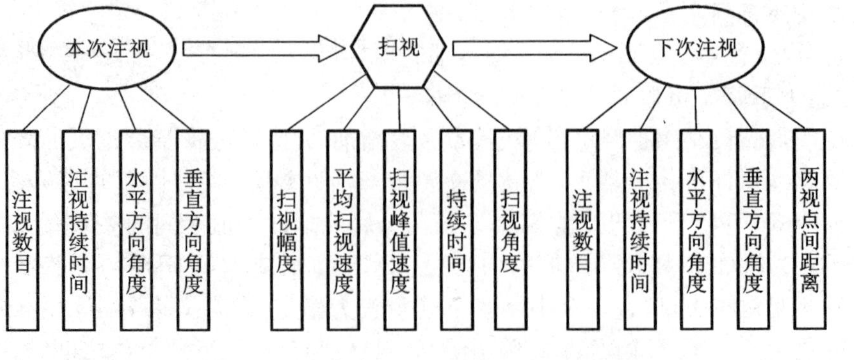

图 5-18 视觉搜索过程的事件及表征参数

1. 注视行为

注视点的数目，与观察者所需要处理信息的数目有关系，而与所需处理信息的深度无关。它是衡量搜索效率的一个指标，也是区域重要性的衡量指标。

注视持续时间，是指在注视时，视轴中心位置保持不变的持续时间。它代表着处理与危险相关的信息所花费的时间，反映的是提取信息的难易程度。

注视点间距，是指毗邻两个注视点间的距离。如果距离比较短，说明该信息比较容易识别且看起来很容易发现，同时也反映出前一个注视的效率很低。

2. 扫视行为

扫视持续时间，是指眼球从一个注视运动结束至下一个注视运动开始期间所包含的时间，它反映了在视觉搜索过程中搜索目标所花费的时间。

扫视幅度，是指一次扫视从开始到结束时所覆盖的范围，也是指从一次注视结束开始转移到下一次注视之前眼睛跳跃的范围。

扫视幅度，是衡量注意深度的一个指标。如果一次注视能包括很多信息，经过加工后，转移到下次注视时就要跳过较大的距离。

扫视峰值速度，就是指在一次连续的扫视中，所有的样本点中速度最大的样本点所对应的扫视速度。

扫视的平均速度，即每一次扫视的距离与扫视持续时间的比值，它能说明前一次注视过程中信息加工的速度以及被试者寻找下一个目标的速度。

如图 5-19 所示是几款常用的眼动信息采集仪器。

接触式眼动仪　　非接触式眼动仪　　遥感式眼动仪

图 5-19　常用眼动信息采集仪器

下面就对驾驶员眼动注视行为参数进行分析选取。对实验路段的注视行为(累积注视时间、累计注视次数、以及路段平均注视时间、第 85 位注视时间等注视行为参数)统计示例如表 5-5 和图 5-20 所示。

表 5-5　驾驶员注视行为数据

线形排序	累计注视时间/s	注视次数	平均注视时间/s	第 85 位注视时间/s
3.67	13.598	45	0.302	0.668
4.39	10.962	35	0.313	0.717
6.94	5.222	20	0.261	0.517
8.47	8.092	27	0.300	0.952
8.59	10.194	34	0.300	0.617

（续表）

线形排序	累计注视时间/s	注视次数	平均注视时间/s	第85位注视时间/s
8.60	9.343	38	0.246	0.951
9.21	20.556	56	0.367	1.518
14.78	33.470	81	0.413	1.318
21.99	19.371	48	0.404	1.585

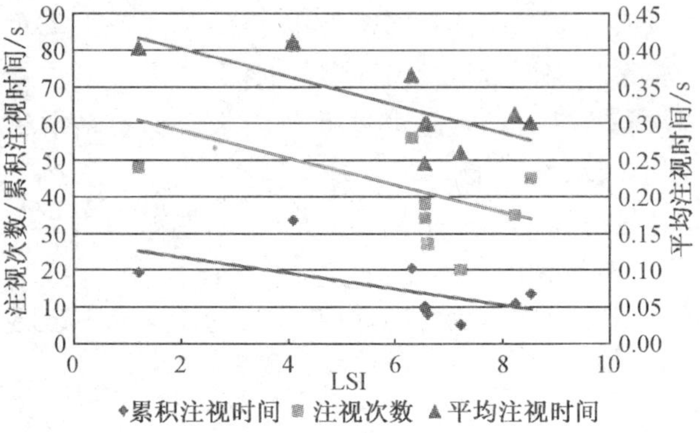

图 5-20　驾驶员注视行为参数与公路线形评价值关系

5.3　交通模拟仿真实验

5.3.1　虚拟现实技术

虚拟现实技术是利用电脑模拟产生一个三度空间的虚拟世界，提供使用者关于视觉、听觉、触觉等感官的模拟，让使用者如同身临其境一般，可以及时、没有限制地观察三度空间内的事物。

简单来说，虚拟现实技术就是对现实环境的一种模拟，而交通模拟实验中的虚拟现实技术主要采用驾驶模拟的方式，即设计虚拟的道路与交通环境，驾驶员进行驾驶模拟，从而进行相关的实验活动，采集实验数据用于交通安全研究。

对于虚拟现实程序下的驾驶模拟实验，首先要有相对应的驾驶模拟设备，目前驾驶模拟器可根据其性能分为大型驾驶模拟器，中型驾驶模拟器与小型驾驶模拟器。如图 5-21 和图 5-22 所示。

几类模拟器的主要差异在于其模拟效果，同时，对应驾驶模拟器的还有驾驶模拟器仿真软件，其主要功能为创建驾驶环境场景、模拟车辆行驶、驾驶数据采集几个方面。以某驾驶模拟器为例，这一驾驶模拟器及配套软件主要提供了地形、道路构造、模型、交通流及自然环境的模拟，并能够连接多种性能与规模的驾驶模拟控制设备，进行车辆驾驶的模拟及并利用专用程序进行驾驶车辆及周边交通流的数据采集（图 5-23）。

作业行为仿真方案，以实验示例介绍如下。

在本实验中，重点放在了驾驶员及车辆本身的驾驶行为特性，而非整体的交通流特性，

图 5-21　大型驾驶模拟器

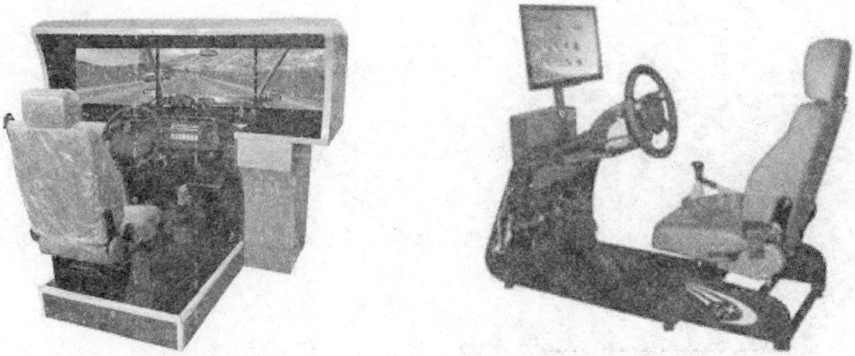

图 5-22　中型驾驶模拟器与小型驾驶模拟器

图 5-23　某驾驶模拟器场景图像

这是由虚拟现实仿真及对应模拟方案本身特性决定的，其在个体驾驶特性方面比较精确和稳定，而无法客观准确地反映出宏观交通流特性的变化。仿真实验采用双向四车道及双向六车道高速公路，每条行车道宽度为 3.75 m，变速车道长度按照《公路路线设计规范》(JTG D20—2006)规定取值，为简化研究，道路模型的线形设计分别为平直路段、一般曲线路段和弯坡路段。同时作业区分别设计为内侧车道封闭与外侧车道封闭两种情形，并设置不同的限速，实验路段长设置为 1 000 m，具体设置情况如表 5-6 所示。

表 5-6　　高速公路作业区仿真实验方案

设计路段	平直路段	一般曲线路段	弯坡路段
设计参数	$R=3\ 000$ m，$i=1\%$	$R=1\ 500$ m，$i=2.5\%$	$R=800$ m，$i=4\%$
设计限速/km·h^{-1}	80	60	40
原车道数	2		3
封闭车道情况	内侧车道		外侧车道

基于仿真方案进行建模，图 5-24 为外侧车道作业与内侧车道作业场景，并设置标准交通安全设施，设置情况如下：

图 5-24　外侧车道作业与内侧车道作业场景

根据不同的作业区布置形式，主要针对作业区上游过渡区前方路段的行车稳定性进行分析。因此，提出基于车速及行驶轨迹的过渡稳定性指标：

1. 车速稳定性指标

车速稳定性指标 d_s 基于加速度干扰模型，为一定间隔下车辆瞬时车速的波动水平。利用加速度干扰模型并进行离散化处理，车速稳定性指标计算如下：

$$\begin{cases} d_s = \dfrac{\sigma_a - \sigma_s}{\sigma_s} \\ \sigma_a = \left[\dfrac{\Delta t}{T}\sum\left(a_i - \dfrac{\Delta t}{T}\sum a_i\right)^2\right]\dfrac{1}{2} \end{cases} \tag{5-1}$$

式中　d_s ——车速稳定性指标；

σ_a ——车速波动(m/s^2)；

σ_a ——车速波动基准值(m/s^2)；

T ——车辆行驶的总时间(s)；

Δt ——时段划分间隔(s)；

a_i —— i 时段的特征加速度(m/s^2)。

加速度的计算间隔为 0.5 s，并设置采样间隔为 0.1 s，并取 0.5 s 内 5 个采样间隔的 3 个中数的平均值作为该计算间隔的加速度数据。而车速波动基准值则采用对一般驾驶员对普通换车道驾驶行为的加速度标准差数据进行数据采集，并采用重复实验保证其数据的相对合理与普遍性，采用 0.457 2 m/s^2 作为车速波动基准值。

2. 轨迹稳定性指标

行车轨迹是一条随着道路线形变化而变化的曲线，对于作业区上游路段的行车轨迹，其理想的轨迹形状是由始终与道路中心线保持一致的曲线结合自然变换车道的曲线，可称之为基准轨迹。而在实际行驶过程中，由于交通环境及作业区设置的影响、车辆与驾驶员本身的特性，其行车轨迹无法保证始终处于最理想状态，如图 5-25 所示。

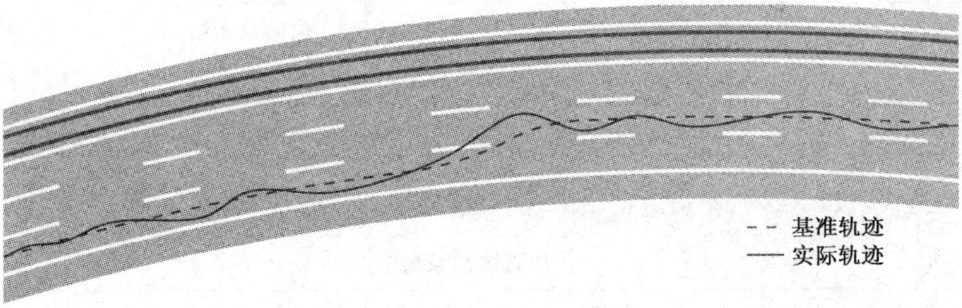

图 5-25　行车轨迹示意

一般采用与道路中心线的偏移水平作为评价行车轨迹稳定性的特征指标，而由于存在变换车道，其具体的基准轨迹函数难以捕捉，即很难确定理想的换车道行车轨迹。因此，提出基于行车曲率的轨迹评价，根据公路线形曲率分布及变换车道的增益，确定基准轨迹的曲率水平，同驾驶模拟车辆的曲率采集数据进行比较，作为车辆轨迹稳定性的判别指标。轨迹稳定性指标计算如下：

$$\begin{cases} d_t = \dfrac{s_k - s_t}{s_t} \\ s_t = \left[\dfrac{\Delta l}{L}\sum(k_i - k_{i-1})^2)\right]^{\frac{1}{2}} \end{cases} \tag{5-2}$$

式中　d_t ——轨迹稳定性指标；

s_k ——曲率波动(m^{-1});

s_t ——曲率波动基准值(m^{-1});

L ——车辆行驶的总长度(m);

Δl ——长度划分间隔(m);

k_i ——间隔 i 处的曲率(m^{-1})。

曲率变化的采样间隔为 10 m,曲率变化为毗邻断面曲率差值,并进行平方和的计算,防止不同断面的曲率变化相互抵消。根据行车实验进行曲率变化数据的采集,而曲率波动基准值则基于道路原设计曲率分布结合换车道运行轨迹进行叠加,根据不同变换车道情况,分别建立理想条件下的换车道曲率数值。设计正交实验,采用三水平正交表 $L_9(3^4)$(表5-7),对不同道路进行建模,路段编号及设计参数如下,试验结果如表 5-8 所示。

表 5-7　　仿真试验正交设计

路段编号	路段类型	限速/($km \cdot h^{-1}$)	车道封数	封闭车道
1	平直路段	80	单向双车道	内侧
2	平直路段	60	单向三车道	外侧
3	平直路段	40	单向双车道	内侧
4	一般曲线路段	80	单向三车道	外侧
5	一般曲线路段	60	单向双车道	内侧
6	一般曲线路段	40	单向三车道	外侧
7	弯坡路段	80	单向双车道	外侧
8	弯坡路段	60	单向双车道	外侧
9	弯坡路段	40	单向三车道	内侧

每个路段选择 3 名驾驶员进行试验,试验结果如下:

表 5-8　　仿真试验结果

路段编号	车速波动/($km \cdot h^{-1}$)	车速波动基准值/($km \cdot h^{-1}$)	车速稳定指标	曲率波动/m^{-1}	曲率波动基准值/m^{-1}	轨迹稳定性指标
1	0.521 7	0.457 2	0.14	0.001 04	0.000 89	0.17
2	0.505 2	0.457 2	0.10	0.001 01	0.000 89	0.13
3	0.483 6	0.457 2	0.06	0.000 98	0.000 89	0.10
4	0.596	0.457 2	0.30	0.001 39	0.001 2	0.16
5	0.588 1	0.457 2	0.29	0.001 35	0.001 2	0.13
6	0.586 4	0.457 2	0.28	0.001 32	0.001 2	0.10
7	0.601 2	0.457 2	0.31	0.002 648	0.002 3	0.15
8	0.585 9	0.457 2	0.28	0.002 587	0.002 3	0.12
9	0.586	0.457 2	0.28	0.002 548	0.002 3	0.11

对试验结果进行比较可以看到，对于不同限速的同一路段，车辆稳定性指标随车辆限速的降低而降低，但对于线形设计较为复杂的路段，其变化随限速的设置影响逐步减小，表明限速对车辆稳定性的影响与该路段的运行速度有关，越接近运行速度，车速越稳定，因此设置限速时应考虑该养护路段通行区域的运行速度，尽量避免过大的差值。而对于不同的路段类型，在线形复杂的路段车速稳定性有显著的降低，但其轨迹稳定性则有一定提高，主要由于曲率波动基准值相对较高，因此在平直路段环境下，应严格进行车速的提示，必须避免过高的车速带来的车速不稳定，而对于弯曲线路段，则应提供较好的视认效果，避免车辆轨迹不稳定，这一结论在其他研究中也得到支持。对于不同车道数目的车辆稳定性指标，较多车道的车辆稳定性较差，主要由于更低的车道占用率及变换车道的复杂性引起，因此对于较多车道，应考虑进行逐级变换车道，并提供更全面的指示与提示标志。对于关闭不同车道的路段，本实验中的稳定性差异较小，因此在设计养护作业区布置时，主要应对交通流的车辆组成比进行考虑，考虑关闭不同车道时车流量的迁移行为，在交通流量较低时，可忽略关闭车道的位置类型。

5.3.2　交通仿真实验

交通仿真实验主要针对交通流进行仿真，根据交通流的类型可分为宏观交通流仿真、微观交通流仿真等，微观交通仿真技术以驾驶员行为、车辆跟驰行为、车道变换行为等为基本核心模型，通过模拟交通流中各个车辆的运动过程，达到对交通流中流量、速度、密度等特征参数进行量化的目的。各类交通仿真实验软件都有自己的交通流等模型，因此交通仿真实验结果是否有效要看这些模型是否适用于所研究的安全问题。另外，交通仿真实验用于交通安全研究时应特别注意软件的核心交通模型和参数。

以微观交通仿真软件 VISSIM 为例，通过实例介绍交通仿真实验的研究过程如图 5-26 所示。

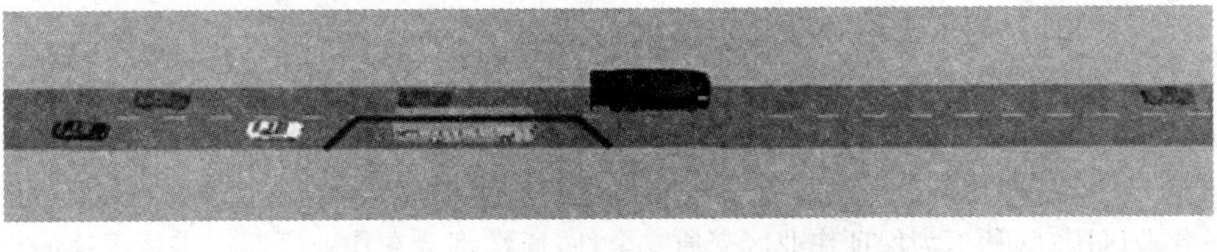

图 5-26　VISSIM 中的高速公路作业区模拟

首先应设置对应的道路参数，实验采用双向四车道与双向六车道高速公路，设计车速为 100 km/h，每条行车道宽度为 3.75 m，取直线无坡基本路段进行建模，设计作业区为最外侧车道。

VISSIM 中有 3 种基本车辆类型：小型车、中型车和大型车，本实验选用其中的小型车与大型车作为基本车型，长度与宽度分别为 4.5 m、1.5 m 与 12 m、2.5 m。而两种车型的期望车速分别为 100 km/h 与 80 km/h。

同时交通组成比例是交通流参数的重要因素，对于特定的高速公路，在相当长的一段时间内，其交通构成一般不会发生太大的变化。根据云南山区高速公路交通构成的调研分析，其他参数如表 5-9 所示。

表 5-9　　　　基于 VISSIM 的高速公路作业区仿真实验方案

设计参数	高速公路基本路段，v_d =100 km/h，W=3.75 m，R=0，i=0					
大型车比例	0	10%	20%	30%	40%	
行驶模型	跟驰模型：Wiedemann99；换道模型：右行规则，从左面超车					
交通流量/veh·h^{-1}	1 200	1 250	1 300	1 350	1 400	1 450
	1 500	1 550	1 600	1 650	1 700	1 750
	1 800	1 850	1 900	1 950	2 000	—
原车道数	2			3		
封闭车道数	1			1		2
限速设置	未设置	80		60		40

根据设定的参数进行实验，将得到多个实验观测结果，以下为几个主要的实验结果与结论：

大型车比例的研究，大型车在道路上占用的空间更大，同时其加速度比小型车要小，因而当交通流中存在大型车，道路整体的通行能力将不可避免地对道路流量产生影响。通过仿真分析双向 4 车道高速公路关闭 1 个车道时的流量与大型车比例的变化情况如图 5-27 所示。

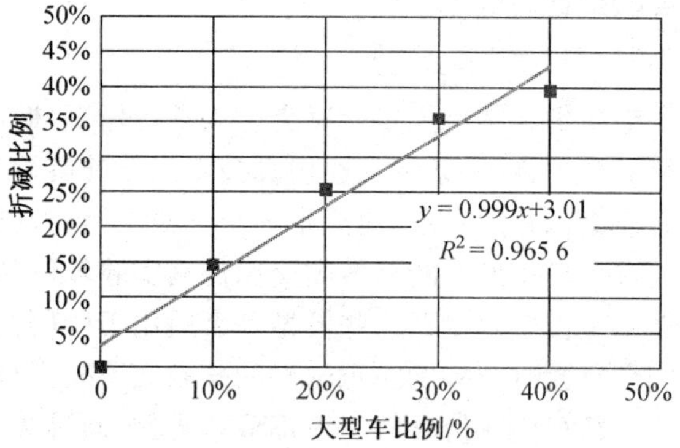

图 5-27　大型车比例与作业区通行流量关系

分析可知，大型车比例对作业区通行流量的影响非常明显，两者呈显著的线性关系，交通流中大型车的比例每增加 1%，作业区的通行流量要下降 1%左右。根据这一特性，在进行作业区设计时，则需要对研究分析路段整天的客货车比例分布进行预先统计，并结合实时数据进行交通管理控制参数的选用。

作业区限速研究，为保证作业区交通安全性，通常都会在作业区路段进行限速的设置，利用仿真中的限速设定，并将大型车比例设置为 0%，通过交通仿真分析限速 40 km/h、60 km/h和 80 km/h 的通行流量如表 5-10 所列。

表 5-10　　　　施工作业区限速影响

限速/(km·h^{-1})	40	60	80	未设置
通行流量/(veh·h^{-1})	1 246	1 686	1 798	2 020
折减比例	38.32%	16.53%	10.99%	—

在高速公路作业区进行限速对作业区通行流量的影响非常显著，当限速设置为 40 km/h时，仿真得到通行流量减少约 40%。

封闭车道数研究，在进行路面作业时，有些情况下需要封闭多条车道，这将限制多个车道车辆的交通行为，并引起不同车道车流的交织与混合，从而影响作业区路段的通行流量。实验分别对 2 车道封闭 1 车道、3 车道封闭 1 车道、3 车道封闭 2 车道的情况进行交通仿真分析，将结果与理论计算的通行流量进行比较(图 5-28)。

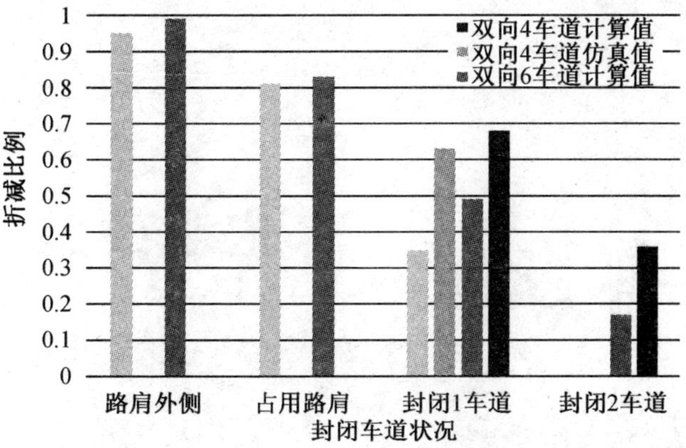

图 5-28　封闭车道剩余通行流量比较

可以看到，封闭车道后剩余通行流量的仿真结果与计算结果出入较大，有将近 20%的折减差异。由于仿真软件未能对路侧条件进行模拟，仿真车速较实际车速大。但道路封闭车道对通行能力影响的规律仍然非常明显，当车道封闭数越多，作业区通行能力折减得越多，且折减幅度呈上升趋势。当进行公路通行能力的分析时，若没有条件进行实测，可将通行能力计算值与仿真值进行平均，用于代替实际通行能力数值。

5.4　小结

本章主要介绍了道路交通安全实验原理和一些目前常用的实验技术，包括室内外实验。现有道路交通基础设施安全性能的观测是道路安全研究和研发安全改善对策最为有力的依据；交通仿真实验和虚拟现实驾驶模拟实验是道路安全研究、道路安全设计、路网交通组织交通安全保障对策等的有效实验技术；道路用户生理心理参数测试(包括现场与驾驶模拟实验)则是研究道路交通安全的有效技术指标。此外，本章还对实验数据分析技术做了介绍。

第 6 章

宏观政策/对策

6.1 安全教育

道路交通系统是人、车、路三位一体的动态系统。道路交通安全状态取决于这三要素的安全性、可靠性以及三要素之间的协调运作。提高道路交通安全水平实质就是提高三要素的安全水平以及三要素之间的协调水平。在三要素中，人的因素处于核心地位，路和车必须通过人才能起作用。并且绝大部分研究认为，人的不安全交通行为是引发道路交通事故的主要原因。因此提高人的安全是改善道路交通安全的重要基础。

对于道路交通系统中的后两个要素，即车和路来说，显而易见地是随着科学技术的不断发展，两者的安全性、可靠性、经济性都在不断地提高。如近年来新兴的物联网技术应用于道路交通运输领域，使得车路系统的安全水平有了更快、更高的提升。如果说技术进步对车、路安全水平的提高是直接的、立竿见影的，那么它对人这个要素的安全水平的提升就是间接的、复杂的。人对周围环境的认知、反应在很大程度上取决于人固有的生理、心理以及人的固有习惯。因此，技术对人的行为的影响有更多的不确定性。安全教育与执法则是直接针对人，通过改变人的交通思想理念，约束人的行为习惯来提升人的安全水平，促进人与其余两要素的和谐互动。

6.1.1 道路交通安全教育

20 世纪 60 年代，欧美交通工程学者提出道路安全工程学的三大支柱：执法（Enforcement），工程（Engineering），教育（Education）。之后有学者将研究成果应用于实践，形成防治道路交通事故的“4E”对策：教育（Education）、执法（Enforcement）、工程（Engineering ）和急救（Emergency care and first aid）。随后有学者提出“5E”举措：工程（Engineering）、执法（Enforcement）、教育（Education）、环境（Environment）和应急（Emergency Response）。近年来，又有诸多学者认为交通安全是一门“5E”科学，即工程（Engineering）、执法（Enforcement）、教育（Education）、环境（Environment）和能源（Energy）。由此可见，道路交通安全教育由来已久，它既是改善交通安全的基本措施之一，又是交通安全工程学科的重要组成部分。

1. 道路交通安全教育的定义与组织机构

从教育的广义内涵出发，这里尝试对道路交通安全教育的概念进行界定。广义的教育泛指一切有目的地影响人的身心发展的社会实践活动。

道路交通安全教育是指以改善道路交通系统的安全水平为目的，利用各种教育手段增进人的安全知识、提高人的安全技能的社会实践活动。道路交通安全教育（以下简称“安全教育”)的内容主要包括交通安全法规及其相关规定、安全驾驶技能、交通安全知识、交通安全道德等。安全教育的主体主要包括各级人民政府,公安机关交通管理部门及其交通警察,机关、部队、企业事业单位、社会团体以及其他组织,教育行政部门、学校,新闻、出版、广播、电视等有关单位。安全教育的客体不仅包括道路交通的参与者,也应包括道路的建设者与管理者等。

安全教育作为一种社会实践活动,是具有一定组织结构的动态过程。其组织结构包含以下几个方面:

1) 安全教育的对象

安全教育的对象也称为受众,是接受教育的一方,是学习的主体。对于具体的安全教育活动来说,其教育对象往往是交通参与者中的某些群体。例如2010年3月17日至5月17日间,公安部、交通运输部联合在全国开展的公路客运交通安全教育整治活动,其受众为全国的客运企业与客运驾驶员。

受众是安全教育活动的出发点。安全教育的其他要素围绕安全教育对象开展工作,没有受众也就无所谓安全教育。安全教育的效果最终体现于安全教育对象的交通行为的改善。

因此,广义上讲所有交通参与者都是交通安全教育的对象。

2) 安全教育的目标

安全教育目标是安全教育活动的指向标,是受众在接受教育之后应达到的标准,反映了安全教育的目的。它的制定既要考虑受众的特点又要顾及受众所处社会环境的实际状况。安全教育目标有高低之分,远近之分,可以是定量的也可以是定性的。不同层次的安全教育活动有不同性质或不同方面的目标。

交通安全教育的最终目标是保持良好的交通秩序和安全。但交通安全教育目标直接表现是改善道路交通参与者文明交通和守法交通的意识。

3) 安全教育的内容

安全教育的内容是安全教育主体有意传递于客体的素材及信息,是安全教育活动中最具实质性的部分。它服务于一定的安全教育目标,同时也要考虑受众的实际情况。在具体的安全教育活动中,安全教育内容常表现为教学大纲、教材、音像资料等。

4) 安全教育的指导者

在安全教育中受众的学习往往不是自发的,而是由指导者统一进行领导、规划、安排并监督实施的。道路交通安全教育是社会性很强的工作,涉及方方面面,仅依靠公安机关是不行的。我国的道路交通安全法第六条中规定了广义的交通安全教育工作义务主体。

5) 安全教育的形式与方法

道路安全教育的方法应该是多种多样的,单一形式的交通安全知识的宣讲,往往会造成受众的抵触情绪,不能满足现代交通安全教育的要求,宣教者应该具有服务性的教育理念且综合运用各种形式。凡是能够使受众提高交通安全意识、培养交通安全道德与习惯、提升交通安全技能的各种教育形式,都可以灵活运用。如电影、电视、幻灯片、宣传栏、电台、戏剧、音乐、歌舞、曲艺等。

6.1.2 安全理念与交通危险

理念是客观世界在主观领域的反映,包含着价值观的内容。交通安全理念既包括人们对交通安全规律的认知，也包括人们对交通安全意义和价值的判断。前者主要涉及交通安全的技术层面的内容，即什么是交通安全、如何改善交通安全的问题；后者主要涉及交通安全价值观的内容，是对效益与安全两者的考量与权衡，也是对自身生命价值与他人生命价值的尊重。正确的交通安全理念在于对交通安全规律的科学把握，在于对“安全第一”思想的理解与坚持。

理念一旦形成便具有相对稳定性，不容易被改变并且对人的思维方式、实践活动有强烈的影响。对于道路建设者来说，正确的交通安全理念可以提高道路设计的安全水平，降低潜在的交通危险。对于道路用户来说，正确的交通安全理念有助于建立良好的交通行为习惯，减少事故发生的可能性。

目前，我国交通参与者交通违法行为仍比较突出。机动车交通违法行为数量逐年增长，且一直维持高位。2011 年，全国处理机动车违章(法)次数、教育人次和处罚人次分别达 3.02亿、5 579 万和 2.46 亿，分别比 2010 年增长 33.40%、47.10%和 30.64%。2012 年，全国处理机动车违章(法)次数、教育人次和处罚人次分别达 4.14 亿和、6 526 万和 3.49 亿，分别比 2011 年增长 37.17%、16.96%和 41.76%。非机动车、行人和乘车人遵守交通法规意识淡薄。与机动车违法行为相比，虽然处理的非机动车、行人和乘车人违法行为数量上相对较少，但绝对数量仍然较大。2012 年，全国处理非机动车违章(法)次数、教育人次和处罚人次分别达 2 468 万、1 921 万和 546 万；处理行人和乘车人违章(法)次数、教育人次和处罚人次分别达 2 859 万、2 155 万和 702 万。

我国广大交通参与者的交通安全意识、交通守法意识与我国快速发展的交通事业没有能够形成很好的匹配。有学者通过对比我国与发达国家的交通安全状况与交通安全意识水平得出结论，认为我国交通安全问题严重的症结就在于交通安全意识的差距。20 世纪 70 年代，发达国家开始重视安全教育工作，至今已经形成了常态化的安全教育工作机制。我国从 20 世纪 90 年代末，由于上路的汽车数量逐年激增，交通安全形势日益严峻，才逐渐开始重视安全教育工作。

良好的交通行为习惯的养成需要较长的时间，人的生理及心理特性决定了其在学习过程中会出现重复性及渐进性，将已经形成的不安全习惯改变为安全习惯在短时间内是很难奏效的。因此，安全教育的组织者需要及时进行安全教育巩固，活化受众的记忆间断，通过长期、持续、广泛的教育活动使安全的交通行为成为受众的自觉习惯。

交通安全教育是一项长期性，经常性的基础工作。安全教育常态化就是要建立常态化的交通安全教育运行机制，以立足完成短期目标，更着眼长远的态度，对确定有效的安全教育管理模式和方法做到持之以恒，主要依靠制度与程序，将安全教育的日常工作标准化、一贯化。

6.2 交通执法

所谓执法，就是法的执行的简称。执法有广义与狭义之分。广义的执法是指国家行政机关、司法机关以及其他法律授权或委托的组织及其公职人员依照法定职权和程序实施法律的活动。它既包括国家行政机关的执法活动，也包括国家司法机关的司法活动。如社会主义法制基本要求“有法可依、有法必依、执法必严、违法必究”中的执法，就是其广义概念。

狭义的执法是指国家行政机关、国家授权行使公权力的主体及其公职人员在法律规定的范围内依照法定程序，行使管理职权、履行职责和实施法律的活动。它不包含司法活动。在本章中，交通执法指的是法的执行的狭义概念。根据我国道路交通安全法第五条，交通执法的主管部门有国务院公安部门，县级以上地方各级人民政府公安机关交通管理部门，县级以上各级人民政府交通、建设管理部门。

6.2.1 交通执法的惩罚性与预防性

在交通执法中，对于违反了交通法规的主体要进行制裁，如罚款、刑罚、训诫或使其丧失财产、权利或特权等。这种制裁体现了交通执法的惩罚性。合理的制裁能够维护交通法规的权威性，使违法者意识到错误，使受害人的不良情绪得到合理宣泄。虽然这种制裁是一种事后惩戒，不能挽回交通事故造成的损失，但是如果交通执法的事后惩戒做的成功，就能够使违法者在意识到错误后加以改正，对所有道路交通参与者具有警示性，从而减少今后发生交通事故的可能性，这就体现了交通执法的预防性。合理的惩罚还能够对其他交通参与者产生警示作用，促使其自觉遵守交通法规，降低事故发生几率。

另一方面，交通法规的制定是有科学依据的，是社会层面对交通实践活动的经验教训的总结。严格的交通执法有利于保障各种交通实践活动遵循交通领域的客观规律，使交通参与者之间，交通参与者与交通工具及道路环境之间相互协调，预防道路交通事故的发生。

6.2.2 交通法规的完善与合理性

法规的合理性包括形式合理性与实质合理性。形式合理性是法律规范的逻辑结构和表达形式的合理性；实质合理性是法规内容的合理性。实质合理性优先于形式合理性。

对于实质合理性，我国《立法法》第 6 条规定：立法应当从实际出发，科学合理地规定公民、法人和其他组织的权利和义务、国家机关的权力与责任。所谓从实际出发，主要是指从我国的具体国情出发，考虑到当前社会、经济和政治体制发展的实际状况，认真调查研究，使制定的法规成为适应国情的文本，产生应有效果。所谓科学合理，主要是指一方面立法受客观规律制约和支配，必须强调科学性；另一方面立法应尽量在公平、正义等观念指引下对社会关系做出理性调整。

交通法规的合理性可以从以下几个方面进行分析。

首先，交通法规应当合乎公平性，体现正当性。法律原则中所讲的合理性，指的是符合最基本的、最起码的理性，而不是十全十美的、尽善尽美的理性。交通法规对参与道路交通活动的部门、单位和个人的权利与义务进行了界定，实际上就是对各方利益与责任进行的分配。这种分配需要考虑各方的正当权益，合乎公平原则，符合社会道德的底线。

其次，合理地规定国家相关机关的权力与责任。交通法规在法律体系中属于行政法范畴，是国家行政法规的一部分，是国家各级交通管理部门执法管理交通的权限与职责的法律依据。交通法规既要规定国家相关机关的权力，使其得到法律授权进行交通执法活动，又要明确国家相关机关如未能履行职责时应当承担的相应责任，使其受到监督。合理的交通法规对各级交通管理部门所拥有的权力与应承担的责任进行总体的界定与约束，体现了权力与责任的统一。

再次，合理地规定公民、法人和其他组织的权利与义务。交通法规对参与交通活动的公民、法人和其他组织的权利与义务的规定应当是必要的，对交通领域中不具有重大利益关系或者并非一定要由法律保障的某些方面没有必要设定为权利与义务。交通法律对权力与义务的规定还应当是适度的。规定的权利与义务的范围过窄或过宽甚至于损害社会和他人的权益,这都是不适当的、不合理的。

此外,要考虑到交通执法的特殊伦理。如在有限的陆域时空范围里,道路参与者共享,冲突是潜在的。在交通行为里,有更多的非故意违章行为;陆域环境是具有一定技术条件的物,其属性又是变化的。

6.2.3 交通执法的方式手段

交通执法方式是交通行政执法机构贯彻执行交通法律、法规,针对交通行政执法相对人所采取的各种方法和措施。交通执法手段的具体运用是由交通执法的内容决定的,并受自身特定规律和特殊要求的约束。常用的交通执法手段有交通行政征收、交通行政许可、交通行政强制、交通行政处罚、交通行政合同等。

1. 交通行政征收

交通行政征收是指交通行政管理部门根据法律规定,以强制方式无偿取得相对人财产所有权的一种具体行政行为。交通行政征收是交通行政管理和交通建设事业的重要资金来源。

2. 交通行政许可

交通行政许可是指交通行政机关根据公民、法人或者其他组织的申请,经依法审查,准予其从事特定活动的行为。它包括有关许可证、执照、批准等文件形式的申请、审查、颁发、使用、效力、撤销和废止等。

3. 交通行政强制

交通行政强制是指交通行政执法主体为了保障交通行政管理的顺利进行,对相对人的人身、财产和行为采取的强制性措施。它通过依法采取强制手段迫使拒不履行交通行政法律义务的相对人履行义务或达到与履行义务相同的状态。

4. 交通行政处罚

交通行政处罚,是指享有交通行政处罚权的行政机关、综合行政执法机关和法律法规授权组织依法对违反交通行政法律规范和行政管理秩序的行政相对人给予的法律制裁行为。

5. 交通行政合同

交通行政合同也称交通行政契约,是指交通行政机关为达到维护与增进公共利益,实现交通行政管理目标,而与相对人之间经过协商一致达成的协议。交通行政合同是现代交通行政法较为新型且重要的一种执法手段,容易被相对人接受和赞同,有利于化解矛盾,创造和谐社会。

6.2.4 我国交通法规体系简介

法律有广义、狭义两种理解。广义上,法律是泛指一切规范性文件;狭义上,法律仅指立法机关即全国人大及其常委会制定的规范性文件。在与法规这一概念并列时,法律是指其狭义概念。所谓法律法规是指中华人民共和国现行有效的法律、行政法规、司法解释、地方法规、地方规章、部门规章及其他规范性文件以及对于其文件的不时修改和补充。法律法规也可以简称为法规。

交通法规不是从来就有的,它是人类社会发展到一定阶段的产物。随着人类社会的发展，交通法规体系不断更新、不断充实、不断完善。各国的交通法规体系的建设都经历了一个较为漫长的过程，少则几十年、多则上百年。交通立法由分散、单一、适应面窄的法律、法规发展到综合、全面、适应面宽的法律、法规系统，是一个国家交通法规体系从不成熟走向成熟的显著标志，也是交通发展的必然要求和立法工作本身发展的必然结果。

2000年，交通部制定了《公路、水路交通法规体系框架和实施意见》。2004年，交通部又在此基础上制定了《关于完善公路、水路交通法规体系框架的实施意见》(以下简称《意见》)。该《意见》是我国在2020年前加强交通立法工作的指导性文件。《意见》中明确指出我国公路、水路交通法规体系框架结构由9个交通法规子系统构成：公路法规子系统；道路运输法规子系统；港口法规子系统；航道法规子系统；航运法规子系统；船舶法规子系统；船员法规子系统；水路交通安全法规子系统；其他交通法规子系统。目前，我国已经形成了相对较为完备的交通运输法律法规体系。

虽然在《意见》中，道路交通安全法规没有作为一个独立的子系统出现，《道路交通安全法》也没有被涵盖与这9个交通法规子系统中，但是自2003年十届全国人大五次会议审议通过《中华人民共和国道路交通安全法》之后，国务院、各地区、各部门围绕实施《道路交通安全法》先后制定、修订了一系列的地方法规、规章，部门规章及国家和行业技术标准。目前，在道路交通安全方面，我国已基本建立了以《中华人民共和国道路交通安全法》为龙头、一个行政法规和多个部门规章为主体、地方性法规及政府规章为补充的较为完善的道路交通管理法律法规体系。

6.3　安全评价

6.3.1　道路安全评价之建设程序

1. 道路安全评价的定位

道路安全评价的定义包含两个方面的含义：一是道路安全评价的定位、二是技术定义。

关于定位，PIARC道路安全委员会对道路安全评价的定义为“道路安全评价是应用系统方法，将道路交通安全的知识应用到道路的规划和设计等各个阶段，以预防交通事故。道路安全评价是对道路项目由独立的合格的评价人员进行正式的审查。”显然，这一定义界定道路安全评价为一建设程序。

道路安全评价是对直接影响道路用户安全的道路组成元素和其相互作用或施工当中的其他因素的评价，通过评价在道路开放交通之前预测可见的潜在的道路安全问题，发现潜在的危险(英国运输部DTP)。该定义界定了道路安全评价的技术内涵和作用。

澳大利亚第一个建立正式道路安全评价方法的州这样定义道路安全评价：道路安全评价是由一个独立的合格的检查者(机构)对与道路建设有关的工作的审查以保证提供高水平的道路安全。这个定义界定了道路安全评价为建设程序。

ITE(美国ITE技术委员会4S7：道路安全评价)将道路安全评价定义为对现有或将建道路或交通项目或其他与道路用户有关的项目所做的正式审查，由合格的独立的检查者检查项目的潜在事故可能性和道路交通的安全性能。

因此，从以上定义可知道路安全评价是在道路规划与建设期保证道路交通基础设施具有一定安全水平的政策对策。就像道路交通基础设计规划建设期需要有设计、施工监理等必要的建设程序一样。要把道路安全评价纳入道交通基础设施建设程序。

2. 道路安全评价的"4W"和"1H"

将道路安全评价作为道路交通基础设施的建设程序之一，如同设计或监理一样，要确定：道路安全评价者要求（谁可以做道路安全评价）、道路安全评价的工作内容（做什么？）、什么时候进行道路安全评价以及如何进行道路安全评价。

确定以上程序要求时，需考虑以下几个方面的问题：

1）对道路安全评价技术人员的要求包括以下三个方面

（1）技术要求；

（2）公正性要求；

（3）独立性要求。

2）道路安全评价涉及到的各方的相互关系、权利和责任

（1）道路安全评价与设计的关系；

（2）道路安全评价与业主的关系；

（3）道路安全评价的法律责任问题。

3）什么样的项目需道路安全评价及评价内容

（1）新建公路；

（2）旧路改造或该扩建；

（3）交叉口改造；

（4）交通控制系统变更或变更交通设施；

（5）道路附近的产业开发；

（6）现有公路的道路安全评价等。

4）道路安全评价程序与其他建设程序时间节点的衔接

根据设计的阶段性，一般在5个不同的阶段实施道路安全评价：①工程可行性研究阶段；②初步设计阶段；③施工图设计阶段；④开放交通之前；⑤开放交通之后和现有道路的道路安全评价。

5）如何组织道路安全评价工作

采用何种形式实施道路安全评价与国家政策、公路管理权及产权归属、投资方式、道路等级等有关。

由于包括高速公路在内的干线公路在路网中的特殊地位，尽管采用了多元化投资体制，建议设计阶段应由国家实施强制性道路安全评价，运行与养护阶段由国家组织专家实施定期评价。

同时，由于中国道路管理和交通安全执法的分开，给现有公路的道路安全评价带来一定的困难。交通警察有执法权，事故处理和记录均在交通警察部门。但道路与交通设施的管理与设置权在公路管理部门。因此，做好现有道路的道路安全评价工作需要两个部门的密切合作，如可由交通警察总队、高等级公路管理局和公路管理局组成的道路安全领导小组，以保证几个公路交通安全项目的顺利实施。

3. 基本步骤

关于道路安全评价的基本步骤，综合考虑上节的各项因素，一般采用固定的格式。也就是普遍采用的八步评价法（图6-1），分别为：

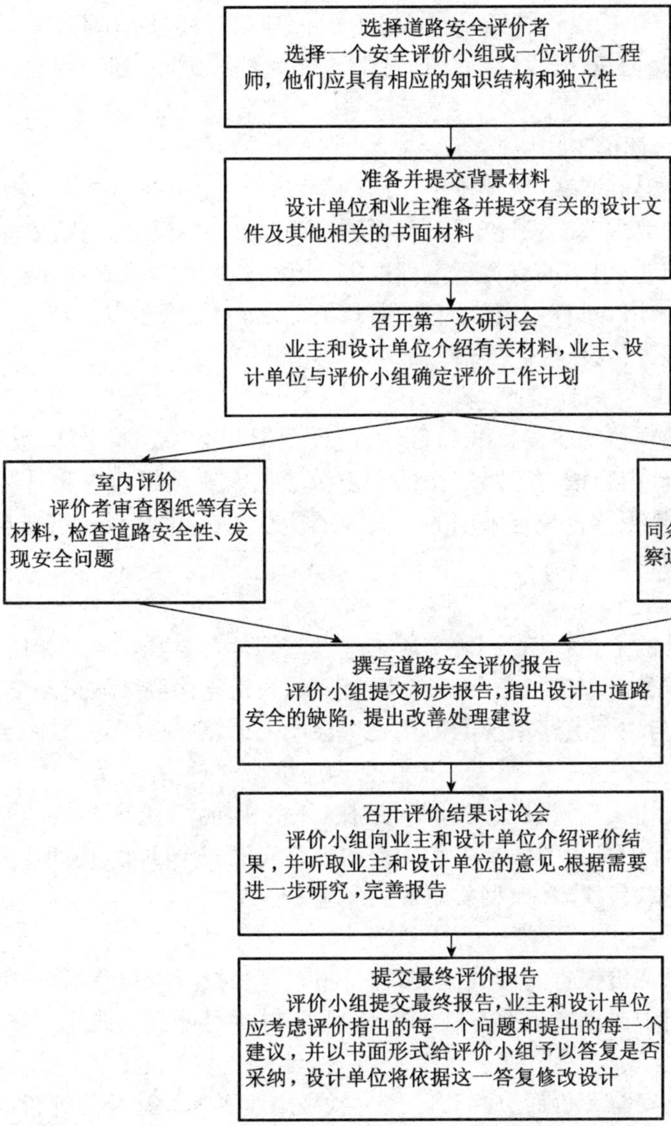

图 6-1　道路安全评价流程图

1）业主选择道路安全评价组

在选择评价组时应考虑以下 4 点：

(1) 评价组是否具有独立性和公正性；

(2) 评价组是否具有评价工作经验；

(3) 评价组知识结构是否合理；

(4) 评价组是否具有能力从各类道路用户的角度出发考虑安全问题。

2）业主与设计向评价组提交与项目有关的背景资料及设计文件、图纸等

资料主要包括两大部分：

(1) 工程背景方面的资料，如项目建设的目的和目标、有关要求、设计应遵守的规范，道路两侧的经济发展情况等。

(2) 项目勘察设计资料,包括设计图纸、设计说明文件、地质资料、周围环境等。必要时评价需要一些附加材料,如交通量、开发区的交通源等。如为现有道路,还应包含交通事故方面的资料。

3) 召开第一次道路安全评价工作协调会

召开由业主、设计单位参加的第一次评价工作协调会议,业主进一步阐述项目的建设目的、评价的必要性、对评价的要求等。设计单位向评价工程师介绍其设计思路、安全方面的考虑及自认为可能存在的问题、引用的有关规范标准等。评价组就本项目评价工作的流程、基本做法、还需要什么资料、评价过程中需要业主和设计哪方面的配合予以介绍。并就设计图纸和文件当中不明白的地方请设计给予解释。

4) 阅读与审查有关文件(室内评价)

评价组首先应全面熟悉项目的建设目的和目标、设计图纸和文件。制定详细的评价方法,并按照项目的类别将设计内容按与道路安全的关系分类。审查图纸检查设计是否存在安全问题时,可以检查设计是否符合规定采用的有关规范标准,但应清楚设计符合规范的标准并不意味着不存在安全问题。

5) 现场勘察

现场勘察不仅要对设计的道路几何线形、交通工程设施等是否与实际环境相协调,是否周全地考虑了所有的道路服务对象进行勘察研究,而且要调查道路两侧区域道路交通状况、经济开发情况等,新建道路与现有道路系统的衔接是否会产生道路安全问题、是否会影响现有路网的道路安全等。

现场勘察过程中不仅要切实核实设计是否能与周围环境相协调,更重要的是要考虑道路各类用户的安全,审查设计中是否考虑了各类用户的道路交通安全问题,特别要考虑老年人(包括行人和驾驶员)、儿童、残疾人、大型货车等的安全。

6) 撰写评价报告

道路安全评价的结果以评价报告的形式提交,评价报告应根据对项目背景资料、设计文件和图纸的审查指出设计当中或现有道路存在的安全问题,并尽可能提出改进建议。

7) 召开评价结果讨论会

评价组完成项目的道路安全评价后,应召开一次会议,向业主和设计介绍评价的工作过程和主要的结果,并就一些不明确的问题与业主和设计讨论。听取业主和设计对评价结果的意见和对某些问题的解释。

8) 提交报告并等待业主的书面答复

业主或其他接受评价报告的人可以用自己所选择的方式审查评价报告,并以书面形式对评价报告中所指出的问题及所提改进建议予以答复。在仔细阅读评价报告后,业主和设计可以根据掌握的资料对评价报告的结论或建议提出不同意见,评价组应对其意见认真考虑,但评价结论不应受其影响。

6.3.2 道路安全评价的依据

关于道路安全评价的依据,没有严格的规定。任何能用于发现项目安全潜在问题或有助于提出改进建议的科学技术、经验等都可以作为评价的依据。目前,多用的有:

1. 和安全有关的标准规范、指南

如我国的:

(1)《公路路线设计规范》(JTGD 20);

(2)《公路工程技术标准》(JTGB 01);

(3)《公路项目安全性评价指南》(JTG/TB 05);

(4)《公路养护安全作业规程》(JTGH 30);

(5)《高速公路交通工程及沿线设施设计通用规范》(JTGD 80);

(6)《道路交通标志和标线》(GB 5768);

(7)《公路交通安全设施设计规范》(JTGD 81);

(8)《公路交通安全设施设计细则》(JTG/TD 81);

(9)《公路交通安全设施施工技术规范》(JTGF 81);

(10)《公路安全保障工程实施技术指南》(JTG/TB 05)等。

2. 安全性能预测理论或方法

道路安全性预测,主要通过研究影响道路安全性的因素与事故的关系,建立相应事故预测模型、安全服务水平预测模型,从而可以定量描述不同设计要素组合后的道路安全性。

(1) 速度连续性评价方法:利用运行速度一致性、运行速度与设计速度协调性相关研究成果作为评价依据,如速度、安全与线形三者关系模型等,可用于筛选可能存在运行风险的路段,然后对筛选的路段进行更深入的分析并进而提出改进建议。

(2) 交通冲突分析方法:交通冲突技术在安全评价中的应用,主要为利用交通冲突观测数据进行安全性分析,如根据冲突的类型和位置判断导致冲突的原因,分析道路线形设计问题、交通工程设施缺失导致的路权不明问题等;根据交通冲突涉及的交通对象分析是否充分考虑到了所有交通参与者的安全需求等。

(3) 驾驶模拟方法:对于新建项目或改扩建项目,由于没有实体可勘察,可利用驾驶模拟技术队新建或该扩建项目进行虚拟现实交通模拟实验,研究设计可能存在的安全问题。

(4) 事故分析法:对于现有道路,已有道路运行历史资料,特别是事故资料。应通过对事故的时空分布特性、事故类型原因等的勘察和分析,找出存在事故风险的路段,勘察路域环境存在的风险因素。

3. 驾驶行为学

随着认知神经心理学的兴起与人机工程学的发展,医学、劳保等各行业的对人心理生理负荷、疲劳等的研究成果可应用于安全评价中。道路交通行业也应逐步建立路域环境参数对驾驶人劳动强度的影响模型,为道路安全评价提供更基础的科学依据。

4. 汽车工程学

汽车工程学科的关于汽车操控稳定性、制动稳定性等科学技术知识也是道路安全评价的基础。如第二章所述,道路交通基础设施的设计是以设计车辆为对象,制定了相关的技术标准。道路安全评价则应考虑各类车辆的特殊性及其对路域环境的要求。

5. 其他

如工程经验、事故案例等。

6.3.3 公路项目安全性评价内容

以高等级公路设计阶段的评价内容为例,包括(但不限于这些内容):

1. 设计标准的选用及总体方案

这方面包括道路等级和道路功能的确定,新建道路对路网的影响,主要设计标准与技术指标的确定(如设计车速、标准横断面和车道划分等),出入口控制(包括交叉口数量)、自然环境的协调,是否分期修建等。这些问题一般在工程可行性阶段和初步设计阶段进行审查。

2. 公路几何线形

包括平面线形、纵断面线形、横断面、平纵横线形的组合、桥梁隧道等结构物线形及其与一般路段的过渡、新旧道路的衔接等。

3. 平面交叉工程

平面交叉工程评价包括交叉口类型的选择、交叉口的功能、设计车速(主线、相交道路、转弯车道等的设计车速)、交叉口布置、交叉口的可读性(类型、功能、交通管理与控制方式等)、可视性、渠化交通设计、标志标线和照明、进出交叉口的线形。

4. 立体交叉工程

内容大致包括交叉口的类型选择、立交功能及对路网的影响、立交附近工农业的发展对立交的要求与影响、设计车速(主线、匝道等的设计车速)、交叉口布置、交叉口对用户的可读性、可视性和视距、匝道及出入连接道路线形与过渡、交通工程与安全设施等。

5. 标志标线与照明

不同位置选用的标志标线类型与其作用(正常路段、停车站、过渡段、桥隧结构物等处)、标志信息量、信息含义、标志标线是否相互矛盾、不同气候条件下的可视性、所用规范是否在本路上及与所在路网一致、何处需要照明、照明设计等。

6. 交通安全设施

安全设施的选用与其功能、安装方式是否影响安全、可视性、危险与特殊路段的安全设施等。

7. 路基工程

防护工程、不良地质路段的安全考虑及自然灾害、排水、沉降对纵断线形等的影响等。

8. 路面工程

路面结构的耐久性、路面表面特性设计(防滑能力、车辙预估及对横断面的影响、反光特性)、不良气候条件下的表面特性及保证措施(如除雪、冰等)。

9. 不良气候环境与事件状态下道路交通安全保障对策与预案

10. 其他问题

服务设施连接道路、收费站的交通、特殊用户、特殊条件下的道路关闭、以上未包含的其他问题。

6.3.4 公路项目安全性评价清单

道路安全评价清单是根据以往的工程经验和道路安全工程的基本原理,以及对道路事故调查评价的基础上列出的影响道路安全的问题清单,评价工程师一般利用评价清单进行评价或检查是否遗漏一些应该评价的方面。

1. 评价清单的建立

制定评价清单的依据或基础包括:

(1) 道路规划与几何设计方面的知识;

(2) 交通控制与管理方面的知识;

(3) 事故调查与预防的知识与经验;

(4) 道路安全评价的经验;

(5) 驾驶行为心理学方面的知识;

(6) 有关交通管理条例与交通法规;

(7) 与以上方面相关的标准与技术规范;

(8) 其他。

2. 评价清单的应用

道路安全评价清单有助于评价按照一定的逻辑进行,提醒评价者不要遗漏问题。但评价清单绝对不是道路安全评价的全部内容。每一个具体工程项目都有共性和个性,因此每一个项目都要进行特殊评价的内容。评价工程师还是应该在参照评价清单的基础上利用自己的知识和经验进行。

6.4 紧急救援

紧急救援可以作为动态运行安全管理的内容。但由于紧急救援涉及的部门不仅仅是道路运行管理和交通警察两大主要交通相关部门,还与医疗机构、地方政府、消防等有关。

6.4.1 紧急救援事件类别

道路交通紧急救援救援可先分为两大类别:

1. 路域交通运行环境紧急恢复与伤亡救援

大面积交通瘫痪、重大交通事故、灾害性天气等导致道路交通运行环境恶化,造成道路用户生命财产损失。但并未构成道路交通基础设施的破坏。救援的任务是恢复交通秩序、处理重特大交通和救助伤亡人员。

2. 路域交通基础设施大面积严重损坏

地震、泥石流、洪水可致道路交通基础设施大面积严重损坏,严重影响道路交通基础设施承载和通行能力。救援的首要任务是快速评估道路交通基础设施的可通行性,为灾区救援及时提供可通行的道路生命线,快速修复道路生命线要点路段。

2009 年,交通部在“公路交通突发事件应急预案”中将事件的预警级别划分为四级,如表 6-1 所示,该分级没有明确是否包含自然灾害造成的基础设施破坏类别。云南省科技厅关于“重大自然灾害下云南公路交通生命线应急保障关键技术与决策支持应用研究”的项目将事件类别分为五级,如附表 E 所示,该破坏分类主要针对重大自然灾害造成道路交通基础设施破坏。

表 6-1　公路交通突发事件预警级别

预警级别	级别描述	颜色标示	事件情形
Ⅰ级	特别严重	红色	(1) 因突发事件可能导致国家干线公路交通毁坏、中断、阻塞或者大量车辆积压、人员滞留,通行能力影响周边省份,抢修、处置时间预计在 24 h 以上时; (2) 因突发事件可能导致重要客运枢纽运行中断,造成大量旅客滞留,恢复运行及人员疏散预计在 48 h 以上时; (3) 发生因重要物资缺乏、价格大幅波动可能严重影响全国或者大片区经济整体运行和人民正常生活,超出省级交通运输主管部门运力组织能力时; (4) 其他可能需要由交通运输部提供应急保障时

(续表)

预警级别	级别描述	颜色标示	事件情形
Ⅱ级	严重	橙色	(1) 因突发事件可能导致国家干线公路交通毁坏、中断、阻塞或者大量车辆积压、人员滞留，抢修、处置时间预计在 12 h 以上时； (2) 因突发事件可能导致重要客运枢纽运行中断，造成大量旅客滞留，恢复运行及人员疏散预计在 24 h 以上时； (3) 发生因重要物资缺乏、价格大幅波动可能严重影响省域内经济整体运行和人民正常生活时； (4) 其他可能需要由省级交通运输主管部门提供应急保障时
Ⅲ级	较重	黄色	Ⅲ级预警分级条件由省级交通运输主管部门负责参照Ⅰ级和Ⅱ级预警等级，结合地方特点确定
Ⅳ级	一般	蓝色	Ⅳ级预警分级条件由省级交通运输主管部门负责参照Ⅰ级、Ⅱ级和Ⅲ级预警等级，结合地方特点确定

6.4.2 紧急救援关键技术

公路突发事件有效应对，需要解决一些关键技术，主要包括：

1. 信息技术

包括信息采集、信息处理、通讯与发布技术是获取突发事件前、事件中和事件后果的数据基础条件。包括卫星、无人机遥感等在内的信息获取技术可为公路突发事件有效应对提供现代科技手段，而无线通讯、互联网、物联网可为信息的传输提供有效的技术途径。

2. 数据缺失、融合与风险分析技术

交通信息数据本身已是量大、类型多，但又存在缺失问题。在突发事件下，一方面表现为数据量大、数据来源多，但另一方面进行风险分析与判定时，大量的数据是无效的，有用的数据又缺失，各种来源的数据融合难度很大。在这样的数据基础上，进行突发事件下的交通运行风险分析需要科学的决策方法。大数据环境下的道路交通安全管理与紧急救援技术将可为此提供技术途径。

3. 协调组织

紧急救援需要多部门的协调。

6.4.3 预案

突发事件和重大自然灾害应对预案是紧急救援实施的基础。紧急救援预案对于潜在的突发事件和重大自然灾害应有针对性。

突发事件发生后，成功的应急依赖于参与应急各个单位和部门有着明确的目标，熟知在整个应急计划中的作用和执行预案的能力。因此，预案制定应该针对需要公路交通部门参与应急的灾害或威胁，有针对性地制定公路交通应急预案。

6.4.3.1 预案制定的原则

为了保障突发事件下公路交通的畅通和交通安全，预案的制定应遵循以下基本原则。

1. 全面性

在预案的制定过程中应：①考虑到所有人群及其需求；②纳入区域内所有的利益相关

者，例如各相关政府部门、军队等；③考虑到所有潜在的灾害和威胁，要具有足够的灵活性来应对传统突发事件和新生类别的灾难事件。

2. 协调性

基于我国“纵向到底、横向到边”的预案体系以及“属地管理、分级负责”的应急机制，对于每一级应急预案，在纵向上，要与上级与下级部门相协调；在横向上，要与各个相关部门相协调。

3. 可行性

应急预案应保证相关组织和部门可以利用资源储备，从而在有限的时间内完成应急任务达到应急目的。

6.4.3.2　应急预案层次与内容

应急预案应涵盖预防、准备、响应、恢复以及减灾的各个阶段，可分为战略层、操作层和战术层三个层次，各层次的内容如图 6-2 所示。

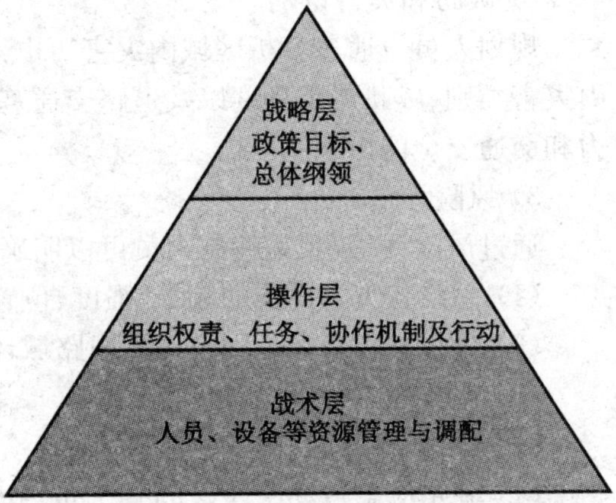

图 6-2　应急预案的层次

6.4.3.3　应急预案编制方法

预案编制总体流程可用图 6-3 表示。

1. 成立预案编制工作小组

预案编制工作小组应能够帮助各个部门更好地理清突发事件下的角色，因此整个小组中应该包括参与交通应急的交通、公路、路政、交警、武警部队等主要部门以及起到支持保障作用的医疗、安监等部门人员，共同构成了核心编制团队。

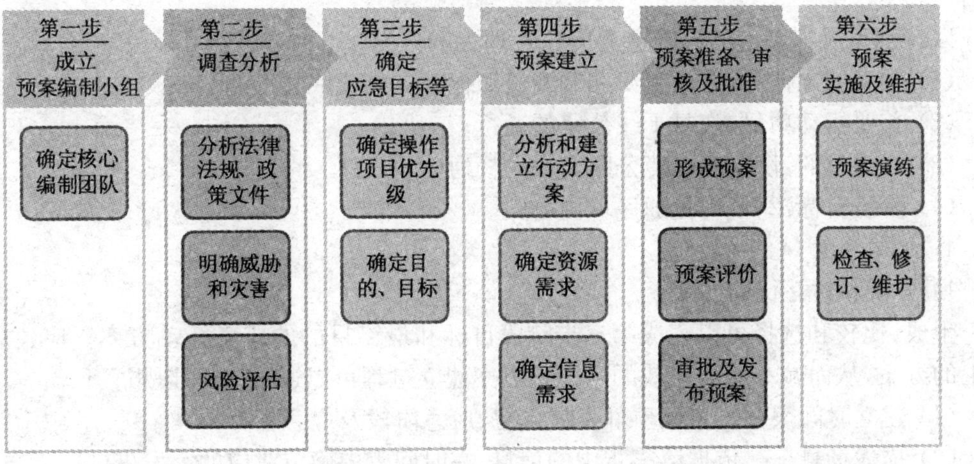

图 6-3　应急预案编制流程

2. 调查分析

1）分析相关法律法规及政策文件

预案的制定应在相关法律法规及政策文件的指导下进行，公路交通应急预案中的相关文件包括以下两个方面：

(1) 法律法规类——赋予权力。包括《中华人民共和国突发事件应对法》《军队参加抢险救灾条例》《消防法》《中华人民共和国人民武装警察法》《防震减灾法》《破坏性地震应急条例》《防汛条例》《突发事件应急预案管理办法(国办发〔2013〕101号)》等法律法规。

(2) 应急预案类——明确任务。包括《国家突发公共事件总体应急预案》、《军队处置突发事件总体应急预案》、各级政府总体应急预案等综合性应急预案，《国家防汛抗旱应急预案》、《国家地震应急预案》等专项应急预案和《公路交通突发公共事件应急预案》、各级交通部门公路交通应急预案等部门应急预案。

2) 威胁和灾害识别

规划人员应通过分析区域内灾害历史记录、咨询专家等方式识别威胁和灾害，掌握区域内灾害类别、威胁严重程度以及道路交通基础设施损害类型和严重程度及其对道路通行能力和交通安全的影响。

3) 风险评估

通过风险评估，预案编制人员可以明确灾害应对重点。

(1) 总结各灾害出现的频率、强度、位置、影响范围、持续时间、季节性等。

(2) 分析灾害影响范围及区域内路域环境承灾体脆弱性，估计灾害可能造成的后果。

(3) 比较风险等级，确定应急重点。

3. 确定最终目的、阶段目标等

(1) 确定应急行动次序(Operational priorities)——标明应急组织为达到预期应急目的所应完成的工作。

(2) 设立最终目的(Goal)、阶段目标(Objective)——确保完成预案应急任务和行动项目。

以特别重大灾害下的公路交通应急管理为例分为如下4步：

(1) 预案编制任务：有效组织和调配资源保障灾害或威胁下的公路交通畅通；

(2) 首要行动项目：恢复干线公路的通行；

(3) 最终目的：恢复并保障公路交通的畅通；

(4) 阶段目标：24 h内抢通区域内公路。

4. 编制预案

1) 分析和建立行动方案

生成、比较和选择可以完成第三步阶段目标和最终目的的应急行动方案。应建立两个以上的方案，从而减小应急失效的可能。方案建立过程可以通过以下步骤展开：

(1) 建立时间表——依据事件发展态势、应急阶段及应急任务；

(2) 描述场景——依据第三步中的信息，在时间表中确定对应的突发事件；

(3) 决策时间——依据事件发展态势确定领导者应做出决策的时间点；

(4) 确定和描述行动任务——应包括行动目的、责任人员、触发事件、行动时间以及所需资源等；

(5) 选择行动方案——分析每个行动方案的成本收益，选择最优行动方案。

2）确定应急资源需求

分析应急行动方案中必要的资源需求，完善现有应急资源储备。

3）确定信息需求

确定每个行动及应急响应人员的信息需求及信息需求的时效性。

5. 预案准备、审核和批准

1）形成预案

将第 4 步中建立的应急行动方案转化成预案，注意预案的通俗性、可读性、准确性。

2）预案评价

基于预案编制的原则，对建立的预案组织评估，依据评估意见适当调整。

3）审批及发布预案

预案类型不同其审批单位也有所不同，专项应急预案应当经本级人民政府审批，必要时经本级人民政府常务会议或专题会议审议；部门应急预案应当经部门有关会议审议。

6. 实施和修订预案

1）应急演练

《突发事件应急预案管理办法》中规定，专项应急预案、部门应急预案至少每 3 年进行一次应急演练。根据实际情况采取实战演练、桌面推演等方式，组织开展人员广泛参与、处置联动性强、形式多样、节约高效的应急演练，在应急演练后对应急预案的效果进行评估。

2）预案修订

根据《突发事件应急预案管理办法》中规定，确定有下列情形之一时，应当及时修订交通相关应急预案：

（1）有关法律、行政法规、规章、标准、上级预案中的有关规定发生变化的；

（2）交通保障应急指挥机构及其职责发生重大调整的；

（3）区域面临的风险、突发事件造成的交通影响发生重大变化的；

（4）重要交通应急资源发生重大变化的；

（5）预案中的其他重要信息发生变化的；

（6）在突发事件实际应对和应急演练中发现问题需要作出重大调整的；

（7）应急预案制定单位认为应当修订的其他情况。

6.5 区域间协调

道路网，特别是国家干线路网贯穿整个国家地域，甚至国际区域。但道路交通基础设施又分属各地方省市建设与管理。特别是我国高速公路即使在同一省内又有可能分属不同的管理主体，区域间协调就更为重要。

在设施建设与养护管理方面，应保持道路交通基础设施、交通管理与控制对策的区域间顺利过渡。比如同一国家干线公路在省界道路等级若有变化应有一定长度的过渡；禁令类标志标线基本是统一，但指路标志标线各省有很大区别；限速等交通管理与控制对策也应顺利过渡。

在运行安全管理方面，区域间协调包括交通信息共享、路网交通组织和突发与灾变事件联合应对。突发与灾变事件，特别是重大自然灾害，大面积的交通瘫痪，是不受区域无界的。因此，需要联合应对，联合应对的基础条件是路网已形成，信息可共享；且只有通过有效的路网交通组织才能实现联合应对。

6.6 小结

该章主要从宏观政策和对策方面，介绍了道路交通安全相关的安全教育、交通执法、道路安全评价和紧急救援四个方面的政策和对策。这四个方面涉及政策或法律法规方面，也有科学技术层面的内容。

第 7 章

应用技术(示例)

将道路安全一人为本的理念和基础科学理论与技术方法应用于道路交通基础设施规划、建设与养护管理和道路交通运行的全过程中,从根本上提升道路交通安全水平,确保道路用户的生命和财产安全。本章仅介绍三方面的示例。

7.1 灾害性天气运行安全管理

7.1.1 灾害性天气类别及其对运行安全的影响

灾害性天气条件引起了公路运行环境恶化,比如路面积雪、积水、能见度下降等。通常,考虑不同天气条件对公路运行安全的影响程度,以雨、冰、雪和雾 4 种典型天气为灾害天气。

1. 雨

降雨对行车安全的影响除了降水在视野中形成了干扰和影响了驾驶员的心理和生理反应外,主要是路表水膜的润滑作用造成了“水膜溜滑现象”,且车速越高,润滑作用越明显,路面抗滑能力越差。雨灾易引发洪水等涝害,致使公路边沟积水、浸泡路基,造成边坡滑坡、塌陷,甚至引发泥石流。

2. 冰

路基底部的冰丘会引起路基的膨胀,导致路面开裂变形、起包,而融化时的水若不能及时排出,会冲破路基沿路漫流,影响公路运输安全。桥梁下河道的冰丘和冰锥能堵塞桥涵,致使桥涵的结构变形,致使桥涵遭受严重损害。隧道内的结冰不易溶解,造成洞内外的路面磨阻系数差异较大,影响行车安全。

3. 雪

雪对道路交通的行车安全影响较大,包括影响驾驶员视线,积雪对阳光的强烈反射作用造成的雪盲现象,路面积雪使行车变得困难,被积雪覆盖的道路交通设施的安全性被弱化等。

4. 雾

雾使得能见度降低,影响标志标线视认性以及线形和出入口的辨认。

以晴天、雨天、冰天和雪天为基本典型天气类型,根据不同天气条件下是否产生浓雾,分别组合建立 8 种典型灾害天气类型,如图 7-1 所示。

7.1.2 灾害性天气条件下运行控制

灾害性天气条件下运行控制程序包括以下几步:

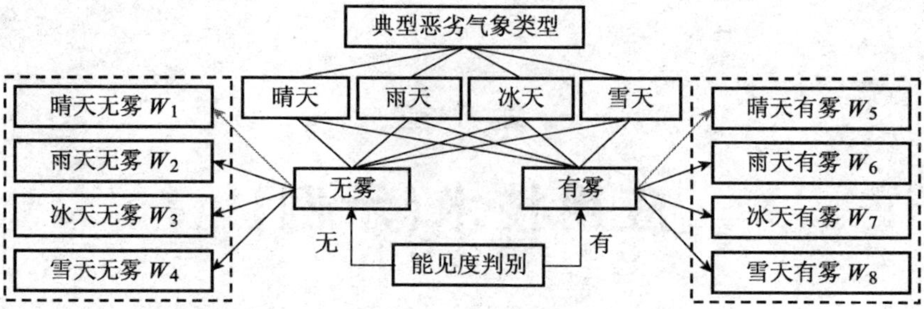

图 7-1　灾害天气类型和分类逻辑关系

(1) 检测采集气象数据以及交通信息、道路信息数据；

(2) 将采集到的数据，依照建立的数学模型进行分析；

(3) 依照不同的天气状况的判定标准和相应的行车控制标准进行决策判定；

(4) 决策实施；

(5) 实施反馈于后评估。

行车控制标准包括限速标准与行车间距标准，以及是否需要在人为控制下通行，需针对特定道路和路网制定。分别如表 7-1、表 7-2 和表 7-2 所列示例。

表 7-1　雾天行车安全控制标准

道路位置	雾						
	可视距离/m						
	<50	50～80	80～100	100～120	120～150	150～200	>200
基本路段	10 控制通行	限速/($km \cdot h^{-1}$)					
		20	40	55	65	75	90
		间距					
		>30 m 禁止超车	>50 m 禁止超车	>60 m	>70 m	>80 m	>100 m
加速车道	15 控制通行	限速/($km \cdot h^{-1}$)					
		25	35	40	45	50	60
		间距					
		>25 m	>40 m	>50 m	>60 m	>70 m	>80 m
减速车道	10 控制通行	限速/($km \cdot h^{-1}$)					
		20	30	40	50	60	70
		间距					
		>30 m	>50 m	>60 m	>70 m	>80 m	>90 m

注：当可视距离较低，尤其是限速低于 20 km/h 时，在行车控制措施中可考虑采用匝道动态限流，并将车辆组成一车队，使用专用的车辆进行引导，并在条件十分恶劣时考虑关闭高速公路，以保证灾害性天气行车的安全性。

表 7-2　　　雨和雨雾天气下的行车安全控制标准

道路位置	水膜厚度/mm \ 可视距离/m	<50	50～80	80～100	100～120	120～150	150～200	>200
基本路段	<2.5	10 控制通行	20*	40*	55	65	75	85
	2.5～5.0		20*	40*	50	65	70	85
	5.0～7.5	建议关闭	15*	35*	50	60	70	80
	7.5～10.0		15*	30*	45	60	65	80
	注:*禁止超车,间距要求参照雾的情况							
加速车道	<2.5	10 控制通行	15	25	30	40	50	60
	2.5～5.0		15	25	30	40	50	60
	5.0～7.5	控制通行	10	15	20	35	50	55
	7.5～10.0		10	10	15	35	45	55
	注:间距要求参照雾的情况							
减速车道	<2.5	10 控制通行	15	30	40	50	60	70
	2.5～5.0		10 缓慢驶出	20	35	50	60	65
	5.0～7.5	控制通行	10 缓慢驶出	10 缓慢驶出	35	45	55	65
	7.5～10.0		10 缓慢驶出	10 缓慢驶出	30	45	50	60
	注:间距要求参照雾的情况							

注:雨包括小雨、中雨、大雨和暴雨 4 个等级,小雨和中雨一般对应可视距离大于 200 m,水膜厚度<2.5 mm 的情况,但也存在降雨强度不大,但路面水膜较厚的情况;大雨和暴雨情况视不同的可视距离和路面水膜厚度而定。当可视距离小于 80 m 时,建议车辆打开车灯。

表 7-3　　　雪环境下行车控制标准

雪厚/cm	可视距离/m	车速限制/(km/h)	安全行车间距/m
<5	375～500	限速 50	>60
5～10	200～375	限速 30	>40
10～15	150～250	限速 20	>25
≥15	≤150	建议关闭	—

7.1.3　灾害性天气条件下交通组织与管理

1. 总体设计

灾害性天气条件下交通组织管理总体逻辑框架如图 7-2 所示。

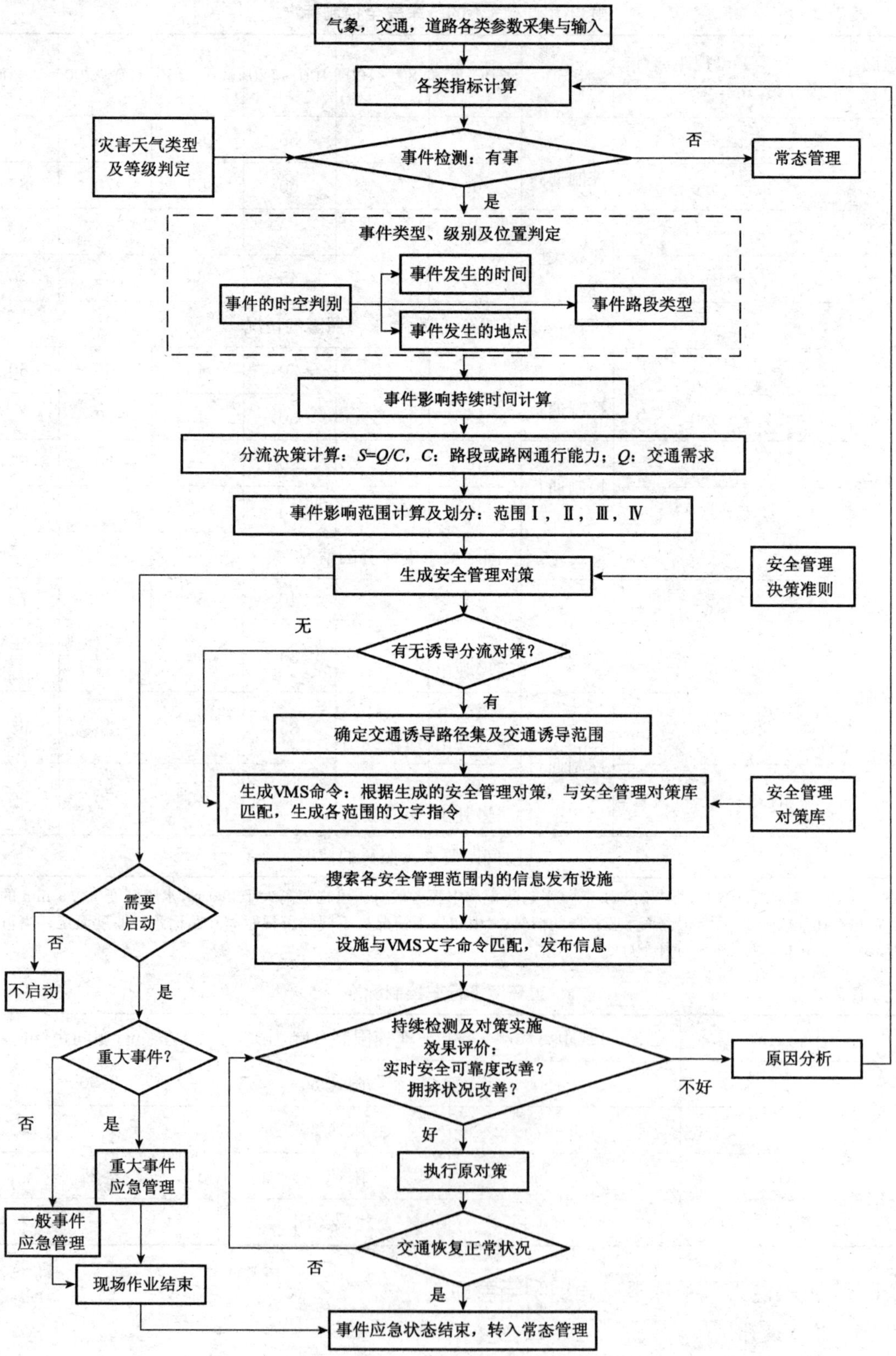

图 7-2　灾害性天气条件下交通组织管理总体逻辑框架

2. 灾害天气检测与等级判别

要求提供的气象检测参数分别为能见度、降雨量、降雪量、温度和湿度 5 个参数(图 7-3);气象检测数据库记录实时数据、历史数据和气象灾害等级等。其中,实时检测数据的频率分为每分钟、每小时和每日三种情形(图 7-4)。

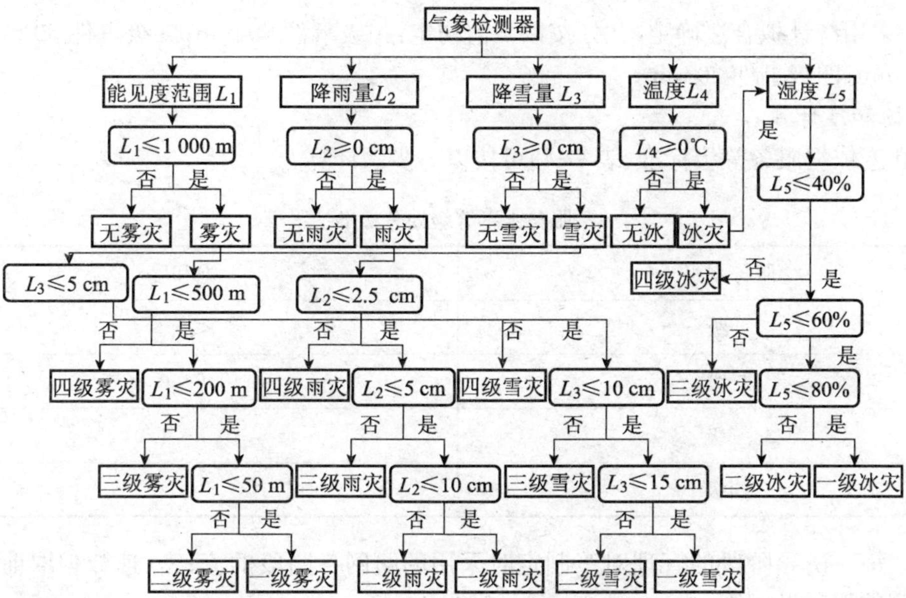

图 7-3　灾害天气事件等级判别技术流程

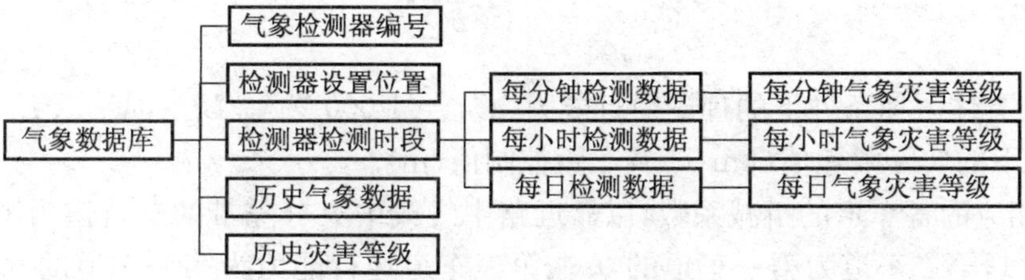

图 7-4　气象检测数据的组成

3. 灾害天气事件持续时间分析

假设当事件发生后,车道上游的需求流量为 q_r,对应的密度记为 k_r,在发生 n 级事件情形下,瓶颈点的通行能力下降为 $C_{i,j,m}$($C_{i,j,m}$ 的下标字母中,i 表示事件所在路段管理单元,j 表示事件类型,m 表示事件等级,$C_{i,j,m}$ 表示发生 m 级非恶劣气象事件,对路段管理单元 i 实行车辆行驶限速及限距对策条件下的理论通行能力),车流密度相应地上升为 k_i,事件持续时间为 t_a。

k_i 为紧挨事发点上游的车流密度,可通过检测器检测得到,$q_r > C_{i,j,m}$ 时,也可由下式计算:

$$k_i = \frac{1}{2}k_j\left(1+\sqrt{1-\frac{C_{i,j,m}}{C_i}}\right) \tag{7-1}$$

式中，C_i 为表示事件所在路段管理单元 i 正常情况下的理论通行能力。

事件持续时间为：

$$t_a = t_s = t_e \times \left[\frac{4(k_r - k_i)(k_j - k_r - k_i)}{(k_j - 2k_r)^2} + 1\right] \tag{7-2}$$

式中，t_e 采用统计拟合法确定，此处按以下值初定：一级事件 70 min；二级事件 50 min；三级事件 30 min；四级事件 20 min。

4. 饱和度计算

饱和度依据服务等级标准（表 7-4）可按以下步骤计算。

表 7-4　　服务水平等级划分标准

服务水平	饱和度
一级	<0.6
二级	0.6～0.8
三级	0.8～1.0
四级	>1.0

（1）每一诱导阶段的管理对策制定时采用的路网各路段的流、密、速数据取前 15 min 内的检测数据的平均值。

（2）路网内各路段管理单元实际通行能力：

$$C_{i,j,m} = a_c C_{i1} \delta \sum K_n \tag{7-3}$$

式中，C_{i1} 为具体限速条件下的理论通行能力，$C_{i1} = 1\,000\, V_{j,m}/L_{j,m}$，$V_{j,m}$、$L_{j,m}$ 分别为具体灾变事件下的实际限速值(km/h)及车距控制值(m)。

K_n 为相应的各车道的折减系数，以靠近路中线或中央分隔带的车行道为第一车道，其通行能力为 1，第二车道为第一车道的 0.9，第三车道通行能力为第一车道的 0.75，第四车道则为 0.6。具体可根据管理单元路段的实际车道数取值；a_c 为 0.8；δ 为交叉口影响系数，可取值为 1.0。

（3）路网内各路段的交通需求计算。

（4）各管理单元路段饱和度的计算方法：$S_i = Q_i / C_{i,j,m}$。

（5）动态路网瓶颈容量 C_N 的计算。

（6）通过路网交通需求 Q_N 由路网各入口的检测流量加和得到。

（7）路网饱和度的计算方法：$S_N = Q_N / C_N$。

5. 交通诱导范围的计算

交通诱导范围计算方法：

范围Ⅱ：　　$L_{\text{II}} = -(C'_{\text{i}} - q_r) \times t_w / (k_i - k_r)$

范围Ⅲ：　　$L_{\text{III}} = t_w \times v(p, t)$

式中　$v(p, t)$——范围Ⅲ的运行车速，取 x_p 所在的管理单元在时刻 t 的运行车速；

t_w ——灾害性天气持续时间；

C_i'——事发管理单元的通行能力；

q_r ——上游管理单元的交通量，取上游多个检测器检测结果的均值。

拥堵到达单元 m 的时间：

$$t_{i-m}=-(k_i-k_r)/(C_i'-q_r)\times\left(x_1+\sum_{n=1}^{m-1}L_{i-n}\right) \tag{7-4}$$

式中 k_r，k_i ——分别为上游和事发管理单元实时检测到的交通流密度，为各自范围内检测器检测结果的均值；

x_1 ——事发点至事发单元上游边界的距离；

L_{i-n} ——事发管理单元 i 的上游边界到待计算的上游管理单元 n 的距离。

6. 安全管理对策的生成

安全管理对策的生成步骤如下：

(1) 对策生成算法：将上述4个指标作为输入，与对策库的决策准则进行匹配即可生成对策；

(2) VMS文字命令的生成算法：将生成的4个管理范围的管理对策与对应的VMS文字命令库匹配；

① 范围Ⅰ：紧急逃生类；封路类对策；车辆行驶控制类；分离类；分流诱导类；

注：限流类对策在重大基础设施入口处必须显示。

② 范围Ⅱ：封路类对策；分流诱导类；车辆行驶控制类；分离类；

注：限流类对策在重大基础设施管理路网入口处必须显示。

③ 范围Ⅲ：诱导类；行驶控制类；事件提示类；

④ 范围Ⅳ：法规类，服务类，公益类；此范围的信息可由管理人员根据实际情况确定。

(3) 分流路径生成；

(4) 分流诱导路径行程时间 T_f 的计算：

$$T_f=\sum_{i=1}^{n}T_{li} \tag{7-5}$$

式中，T_{li} 为分流诱导路径的各组成路段的行程时间。

按原路径行驶的行程时间：

$$T_o=\sum_{j=1}^{m}T_{oj} \tag{7-6}$$

式中，T_{oi} 为原路径的各组成路段的行程时间。

7. 交通诱导路径计算

步骤1：初始化。根据灾害天气事件检测结果，令 $i=0$，$i=\{0, 1, \cdots, n-1\}$，利用检测器获得当前网络初始状态 $x_a^0(it)$，计算各路段可接受风险水平下的实时通行能力 $C_a(it)$，通过路网的总交通需求 Q_N；预估事故持续时间 T。

步骤2：路网容量检验。计算动态路网瓶颈容量 C_N^D，并与通过路网的总交通需求 Q_N 比较。若 $C_N^D<Q_N$，则在路网入口实施入网限流对策，按重要性原则，选择非关键流向交通流

封闭其入口或定时限流；$C_N^D \geqslant Q_N$，则不需实施路网限流，直接进入步骤 3。

步骤 3: 计算交通诱导范围Ⅱ、Ⅲ，并由范围Ⅲ的上游边界路段检测器获取通过范围Ⅱ、Ⅲ的出行需求 $Q^{rs}(it)$。

步骤 4: 基于 $Q^{rs}(it)$ 和基于入口路段检测流量的 OD 矩阵反推模型即公式(7-7)，采用随机用户均衡模型 P_s^U 计算得到 $f_l^{U,rs}(it)$、$x_a^U(it)$，$x_a^U(it)=\sum_r\sum_s\sum_l f_l^{U,rs}(it)\delta_{a,l}^{r,s}$（对于第 1 个诱导周期，则采用确定型用户均衡模型 P_d^U 计算得到 $f_l^{U,rs}(it)$，$x_a^U(it)$，$x_a^U(it)=\sum_r\sum_s\sum_l f_l^{U,rs}(it)\delta_{a,l}^{r,s}$；对于第 2 个开始的诱导周期，则采用随机型用户均衡模型 P_s^U 计算得到 $f_l^{U,rs}(it)$、$x_a^U(it)$，$x_a^U(it)=\sum_r\sum_s\sum_l f_l^{U,rs}(it)\delta_{a,l}^{r,s}$）。$\delta_{a,l}^{r,s}$ 的取值规则：当 a 在 l 上取 1，否则取 0，下同。模型 P_s^U 中路径 l 被使用的概率可由前 n 次同类事件下检测概率 $\alpha_l^{r,s}(f_{dec})$ 的平均值获得，即可按式(7-8)计算获得：

$$\begin{pmatrix} T_{1\to1}^{en.1} & T_{1\to2}^{en.1} & \cdot & \cdot & \cdot & T_{1\to n}^{en.1} \\ T_{2\to1}^{en.2} & T_{2\to2}^{en.2} & \cdot & \cdot & \cdot & T_{2\to n}^{en.2} \\ \cdot & \cdot & & & & \cdot \\ \cdot & \cdot & \cdot & & & \cdot \\ \cdot & \cdot & \cdot & \cdot & \cdot & \cdot \\ T_{n\to1}^{en.n} & T_{n\to2}^{en.n} & \cdot & \cdot & \cdot & T_{n\to n}^{en.n} \end{pmatrix} = \begin{pmatrix} 0 & V_{a_{en.1}}P_{1\to2}^{a_{en.1}} & \cdot & \cdot & \cdot & V_{a_{en.1}}P_{1\to n}^{a_{en.1}} \\ V_{a_{en.2}}P_{2\to1}^{a_{en.2}} & 0 & \cdot & \cdot & \cdot & V_{a_{en.2}}P_{2\to n}^{a_{en.2}} \\ \cdot & \cdot & \cdot & & & \cdot \\ \cdot & \cdot & \cdot & \cdot & & \cdot \\ \cdot & \cdot & \cdot & \cdot & \cdot & \cdot \\ V_{a_{en.n}}P_{n\to1}^{a_{en.n}} & V_{a_{en.n}}P_{n\to2}^{a_{en.n}} & \cdot & \cdot & \cdot & 0 \end{pmatrix} \tag{7-7}$$

$$\left.\begin{aligned} &\sum P_l^{r,s}=\overline{\alpha_l^{r,s}}(f_{dec})=\frac{1}{n}\sum_{i=1}^{n}\alpha_{l,i}^{r,s}(f_{dec}) && \forall l\in L^{r,s} \\ &\text{s. t.} \\ &\quad f_l^{r,s}[(i+1)t]=P_l^{r,s}Q^{r,s}(it) && \forall l\in L^{r,s} \\ &\quad \sum_{l\in L^{r,s}}P_l^{r,s}=1 && \forall r,s \\ &\quad f_l^{r,s}(it)\geqslant 0 && \forall l\in L^{r,s} \end{aligned}\right\} \tag{7-8}$$

对于以前没有安装相关检测器的管理路网，或者安装检测器的时间不长的路网，获得的数据不能满足实用需要时，可采用以下两种方法获取路径选择概率 $P_l^{r,s}$：①现场调查法，通过在高速公路网的停车服务区发放调查问卷的方式获取；②交通仿真法，采用 Logit 模型或 Probit 模型的交通仿真软件来分析。

步骤 5: 瞬时系统最优流量分配。计算 $f_l^{S,rs}(it)$、$x_a^S(it)$，$x_a^S(it)=\sum_r\sum_s\sum_l f_l^{S,rs}(it)\delta_{a,l}^{r,s}$。

步骤 6: 计算 $\Delta x_a=x_a^U(it)-x_a^S(it)$，$\forall a$，由此得到各路段（一般选择重大基础设施）需要分流诱导 ($\Delta x_a>0$) 或可以接纳 ($\Delta x_a<0$) 的交通流量。

步骤 7: 结合步骤 4 的公式 $x_a^U(it)=\sum_r\sum_s\sum_l f_l^{U,rs}(it)\delta_{a,l}^{r,s}$，给出事发路段 a 的 OD 矩阵（由此可知待分流诱导交通需求的 OD 源），及式(7-9)：

$$
\begin{pmatrix}
T^a_{1\to1} & T^a_{1\to2} & \cdot & \cdot & \cdot & T^a_{1\to n} \\
T^a_{2\to1} & T^a_{2-2} & \cdot & \cdot & \cdot & T^a_{2\to n} \\
\cdot & \cdot & \cdot & & & \cdot \\
\cdot & \cdot & \cdot & \cdot & & \cdot \\
\cdot & \cdot & \cdot & \cdot & \cdot & \cdot \\
T^a_{n\to1} & T^a_{n\to2} & \cdot & \cdot & \cdot & T^a_{n\to n}
\end{pmatrix} =
$$

$$
\begin{pmatrix}
0 & f_l^{U,1,2}(it)\delta_{a,l}^{1,2} & \cdot & \cdot & \cdot & f_l^{U,1,n}(it)\delta_{a,l}^{1,n} \\
f_l^{U,2,1}(it)\delta_{a,l}^{2,1} & 0 & \cdot & \cdot & \cdot & f_l^{U,2,n}(it)\delta_{a,l}^{2,n} \\
\cdot & \cdot & \cdot & & & \cdot \\
\cdot & \cdot & \cdot & \cdot & & \cdot \\
\cdot & \cdot & \cdot & \cdot & \cdot & \cdot \\
f_l^{U,n,1}(it)\delta_{a,l}^{n,1} & f_l^{U,n,2}(it)\delta_{a,l}^{n,2} & \cdot & \cdot & \cdot & 0
\end{pmatrix} \tag{7-9}
$$

协调用户最优及系统最优,按以下条件决定分流诱导策略 $S(it)$:

(1) 事发路段封路时,按重要性原则,优先分流诱导重要的 OD 交通流;

(2) 事发路段不封路,且该路段剩余通行能力满足重要流向的交通需求通过时,选择次重要的 OD 交通流进行分流诱导;

(3) 事发路段不封路,且该路段剩余通行能力不满足重要流向交通流需求通过时,部分分流重要的 OD 交通流,同时全部分流诱导次重要 OD 交通流。

步骤 8:确定发布的 VMS 板的位置。

步骤 9:在间隔 it 以策略 $S(it)$ 发布信息,在该小时段末令 $i=i+1$,更新事故持续时间 $b-(i+1)t$,并根据交通检测器检测结果计算当前状态下的路段负荷以及路段实际通行能力 $C_a[(i+1)t]$,并在诱导时段 $[0, T]$ 的各诱导间隔 $[(t, 2t), (2t, 3t), \cdots, ((n-1)t, nt)]$ 内重复此过程。

8. VMS 文字显示命令的生成

由于同一安全管理范围内需要显示的命令较多,但是交通基础设施及其关联路网上的 VMS 板的数量,特别是大型的图文字式可变情报板(A 板)是非常有限的,同时,图文字式可变情报板 VMS 的显示内容需要保持一定时间内的稳定性。

9. 信息发布设施搜索及命令匹配

信息发布设施的基本属性应包括:编号(含板类型)、桩号、特征(如上行还是下行、出口还是入口)。信息板输入时必须被赋予上述完整信息,否则无法满足此需要。

信息板特征与信息特征匹配是指根据各类信息板的功能与待发布信息进行匹配,比如:分流诱导信息应与生成其的范围内的互通立交出口上游一定范围内的 F 板配对;车速控制信息应与生成其的相应范围内互通立交入口下游一定范围内的 T 板(优先)或 F 板或 A 板(无 T 板时)进行匹配,此时,F 板或 A 板还可以发布其他信息。

安全管理范围Ⅰ、Ⅱ、Ⅲ内各信息发布设施生成待发布的信息列表后,应对信息发布优先级别进行排序(图 7-5)。

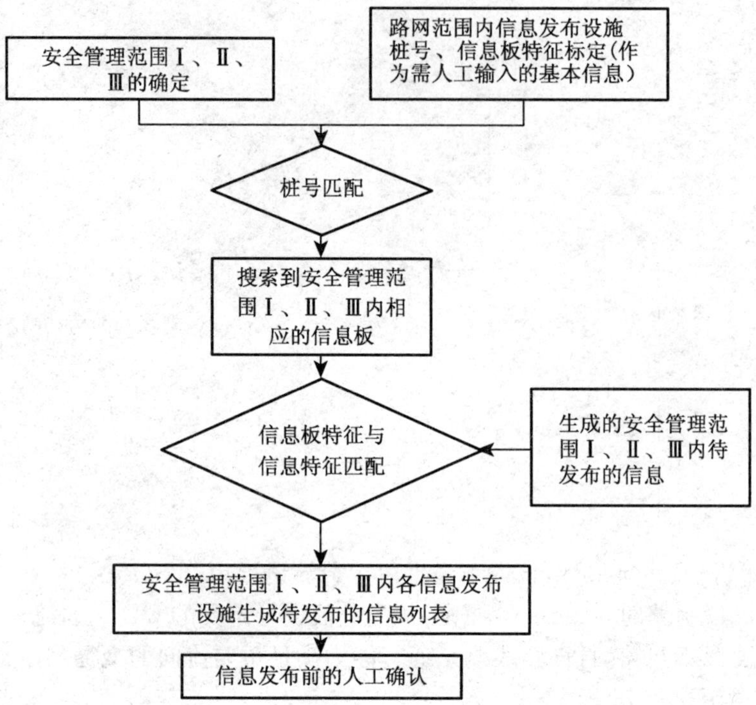

图 7-5　信息发布设施搜索及命令匹配

7.2　计划事件(养护施工作业区)运行安全管理

7.2.1　基本原则

公路养护维修作业包括道路养护维修作业、紧急道路事件处理作业或其他有计划的事件作业。作业区安全保障应遵循一定安全原则,如:

(1) 道路养护施工作业从施工组织设计、施工过程中到施工结束撤离现场的整个阶段都应充分重视交通安全。

(2) 尽可能地降低施工作业对交通的干扰。

(3) 应向作业区及周边区域的道路用户提供清晰准确的交通诱导信息。

(4) 需要对交通控制元素进行检查。

(5) 对于路侧安全需要有足够的重视。

(6) 参与养护维修作业的人员必须接受安全技术教育,并遵守各项安全技术操作规程。

(7) 养护作业区的交通控制与管理方案应得到相关执法部门的批准,公路管理机构则应对养护维修作业进行监督和检查。

(8) 需要与作业区及周边地区进行协调,并及时向大众发布信息。

经合组织(Organization for Economic Co-operation and Development,经济合作与发展组织)的建议如下:

(1) 应对作业区道路的通行能力进行评价。

(2) 进行作业区车道封闭时,有条件的应首选高速车道。

(3) 尽可能进行缓冲区的设置。

(4) 尽量减低事故发生可能性,并对对向交通流进行控制。

(5) 应根据实际情况进行限速,应采用多种辅助措施相结合,而不单纯使用标志。

7.2.2　作业交通控制区域划分

我国公路养护安全作业规程定义养护维修作业控制区为公路养护维修作业所设置的交通管理区域,分为警告区、上游过渡区、缓冲区、工作区、下游过渡区和终止区 6 个部分,如图 7-6 所示。

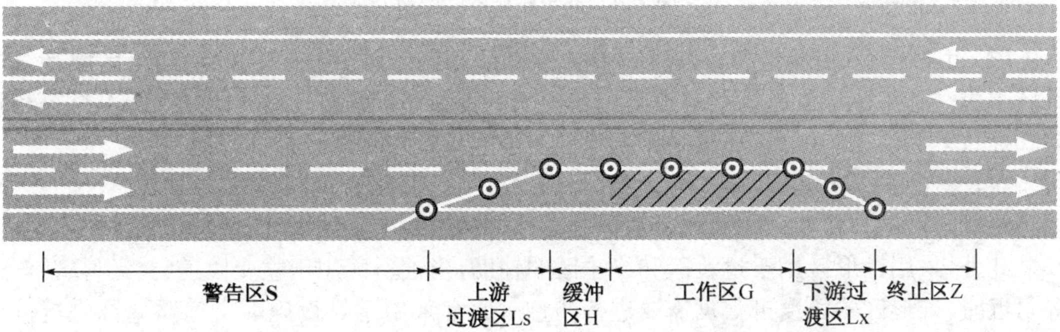

图 7-6　养护维修区布置图:车道封闭时的作业控制区

(1) 警告区 S:从作业区起点设置施工标志到上游过渡区之间的路段,用以警告车辆驾驶员已经进入养护作业路段,需按照交通标志提示调整行车状态。

(2) 上游过渡区 Ls:连接警告区与上游缓冲区,在这一区域内,车辆完成行驶车道与行驶速度的调整,保证车辆能够平稳地从封闭车道的上游横向过渡到缓冲区旁边非封闭车道。

(3) 缓冲区 H:上游过渡区与作业区之间的路段,这一路段内需要设置路障等防护设施,以保障作业区内设备与人员的安全。

(4) 工作区 G:养护作业人员进行养护施工作业的区段,其长度一般根据养护作业内容或施工需要而定。车道与作业区之间必须设置隔离装置,并需要为工程车辆提供安全的出入口。

(5) 下游过渡区 Lx:连接作业区与终止区的路段,在这一区域内,车辆进行从养护作业区段到正常路段的过渡,进行行驶车道与行驶车速的变换与调整。

(6) 终止区 Z:车辆驶离养护作业区,完成车辆行驶车道与行驶车速的调整。在这一区段内,解除所有服务于养护作业区的交通标志与限制,道路恢复正常通车状态。

美国 MUTCD(Manualon Uniform Traffic Control Device)将作业区的交通控制区分为 4 个区域:警告区、过渡区、工作区、终止区,如图 7-7 所示。

(1) 警告区(Advance Warning Area):告知车辆驾驶员即将进入前方作业区或事故区的区域。警告区有多种形式来提醒驾驶员,由单个标志、交通控制车频闪灯及一系列标志设施组合。

(2) 过渡区(Transition Area):引导驾驶员从原有正常行驶的车道过渡到预定行驶车道的区域。

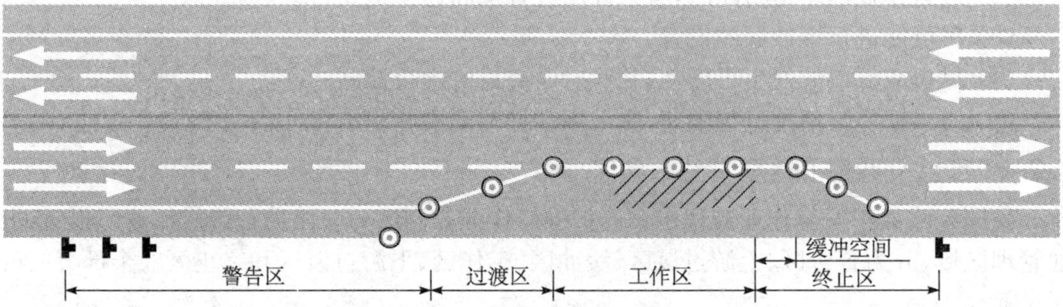

图 7-7　养护作业区区域划分

(3) 工作区(Activity Area):进行养护维修活动的区域,由施工区域,通行区域和缓冲区域组成。施工区域就是公路对道路用户关闭的部分,作为施工人员、器材、施工材料和移动式标致车等活动的区域,通常采用诱导隔离设施或者临时障碍物进行控制。

(4) 终止区(Termination Area):道路用户重新驶回正常通行道路的区域,从作业区末端至路段最后的与作业区相关的交通控制设施,如"道路施工结束"的标志。

此外,采用锥形区用于过渡区和终止区的辅助,当锥形区用于立交匝道、交叉口、转弯处等附近时,锥形区的长度可根据需要进行调整。通常采用诱导设施配合道路标线进行锥形区的划分,从而引导车流驶入或驶出正常车道。

7.2.3　作业区分类及控制方案

1. 基于作业时间的控制方案

作业区内的作业时间是影响作业区安全及作业区交通控制方案的主要因素之一,按照作业区作业时间可分为 4 类:

(1) 长时间作业:在同一作业位置的作业时间持续超过 3 天,或者在夜间进行作业超过 1 天。

(2) 短时间作业:作业时间在 1 小时至 3 天的作业,或者夜间作业 1 小时至 1 天。

(3) 临时作业:作业时间在 1 小时以内。

(4) 移动作业:作业时间为间歇,并且作业位置持续移动的作业。

根据作业时间的差异,采取的主要交通控制方案也有所不同。

(1) 对于长时间作业的交通控制区,作业管理人员有足够的时间进行设置与利用完整的交通控制程序和设施,诸如大型诱导设施、临时道路标线和临时路障都可以使用。由于夜间同样可能进行施工作业,在长时间作业交通控制区应考虑使用反光或照明设施。此外对于交通控制区路段内原有的标志标线,如果认为已不适用于养护作业的交通控制,应进行移除并用新的临时标志标线替代。

(2) 在短时间作业的交通控制区内,不应采用长时间作业采用的交通控制程序和设施,如临时道路标线,临时路障,因为设置和移除这些设施会延长工期。而如果存在夜间作业,则也需考虑使用反光或照明设施。

(3) 相比长时间与短时间的固定作业,临时与移动作业时则采用不同类型的交通控制方案。可采用具有更强移动性的设施,如车载标志牌,同时在尺寸及视觉效果方面应考虑更大更醒目的设施。此外,交通控制区的移动性非常重要,不能由于作业区位置的经常变动而减少移动设施的应用，因为这样会降低作业区的安全性。频闪灯及警示车辆可以用于临时与移动作业区的交通诱导设施，同时需保证这类车辆涂装有标识与标线，增强其可辨识性。

2. 基于作业位置的控制方案

按照作业区所处道路位置则可分为：

1）路肩作业

(1) 路肩外作业。如果作业区在道路边缘的4.5 m外，则不需要进行交通控制，但如果作业工作将干扰正常交通时，则需要进行交通控制；如果有作业设备需摆放在道路上进行工作，应设置频闪灯和"车辆慢行"的标志；如果作业人员和设备偶尔会移动到路肩上，则需要在前方提前设置警告标志，如"前方道路施工"。

(2) 未占用车道的路肩作业。如果路肩剩余所占用的路肩宽度超过2.5 m，则需至少设置一个提前警告标志，也可考虑设置诱导设施，用来提前封闭路肩，引导车流。当路肩拥挤时，"路肩封闭"的标志要在一段距离内可见。路肩上的施工区应该用锥形区或是用导行装置。除此之外，需要使用"前方施工××米"的补充标志。需要设置临时防护阻止失控车辆闯入作业区并保护工人。

(3) 占用车道的路肩作业。当作业区占据了车道的一部分，需要分析交通量、车辆组成、车速和通行能力以确定受影响的车道是否需要封闭。除非车道占据的车道剩余宽度仍大于3 m，否则车道需要封闭。当通行车流不包括更长更宽的重型车时，对于低交通量低车速的车道上的短期固定作业，剩余车道宽度满足3 m即可。

2）中央分隔带作业

当作业区位于分离式公路中央分隔带，车道外侧边缘距离中央分隔带中心小于5 m时，交通控制应该提前设置警告标志和渠化设施，交通控制方案可参考多车道公路内侧车道作业。

3）车道作业

当施工作业区仅允许单向车道通行车辆时，如双车道公路单向车道封闭，为了保证车辆的通行安全，需要指挥车辆交替通行。指挥交替通行可以采用人工指挥和信号灯指挥。但无论采用何种指挥方式，都需要现场指挥人员配合。

当施工作业区过大，需要借用对向车道时，除了本向车道要按规定的要求布置作业控制区外，对向车道也要按规定要求布置作业控制区。

当施工作业允许本向车道通行时，需要在施工作业区的各个区段设置提醒标志和诱导设施。

4）交叉口作业

公路交叉口作业可根据施工位置与交叉口的相对关系分为三类，分别是出口车道、进口车道和交叉口内。需要考虑作业对交叉口信号的影响，采取临时的调整措施，如调整信号间隔、重新配置信号，并考虑强化其视认性。

交叉口入口车道的作业区交通控制，可以简单地作为普通多车道封闭作业进行控制，车辆可以使用专用的转弯车道。交叉口处出口车道的作业区控制需要进行标志及诱导设施的设置，防止车辆直行与转弯后驶入作业区。

如果作业区在交叉口内，采用以下的对策与原则进行布置：

(1) 作业区较小时,组织车辆沿作业区进行绕行。

(2) 派遣旗手在现场指挥车辆通行。

(3) 分阶段进行作业,减小作业区面积。

(4) 进行车道封闭或者调整转向,减少交通量。

在我国公路交叉口中,环形交叉口是非常常见的形式。在环形交叉口处进行作业区的布置时,有入口车道、出口车道和环道 3 种不同的位置,除了在入口车道上作业区对其余车道上的交通没有影响外,在出口车道和环道上的作业区对其余车道上的交通都有影响。出口车道作业区控制可参考普通交叉口控制方案。环形交叉口右转车道作业区则采用一般控制方案。

同时根据所处的不同道路类型又可分为:①双车道公路作业;②多车道公路作业。

多车道公路车道作业分为内侧车道封闭、外侧车道封闭和多车道封闭。除移动作业外,当多车道公路的一个车道进行封闭作业时,需要设置过渡区,同时进行临时防撞设施的设置,防止失控车辆进入作业区。

如果两个方向车道的流量高峰期不均匀,作业区所在外侧车道的车流量更大,应考虑关闭对向车流的内侧车道使交通量较大的车道可以借道通行。

当需要关闭多车道公路的内侧车道,如果通行能力允许的话,可关闭两个车道,驾驶者通过外侧车道行驶,这样也可为作业人员提供进出作业区的通道。

一个方向的多车道关闭时,需要进行通行能力分析来确定道路用户需求,可设计占用对向车道,但需要保证车辆每次只进行一个车道的变换。

5) 高速公路或快速路作业

在高速公路与快速路作业区内,高车速、大流量的车道上的车辆会带来新的安全问题,如车辆间的正面与侧面冲突,车辆与作业区控制设施的冲突等,可能会发生一些新的安全问题。

在高车速、大流量的公路上的作业,现场环境将变得更为复杂。夜间作业必须强化照明警示设施的使用和提前预警的设计。

6) 跨线桥作业

7) 立交作业

当作业区位于立交匝道出口附近时,并需要维持立交匝道的通行,则需要进行有效完善的交通控制。出口匝道需要进行渠化而保证车辆有的有效引导,对于长时间作业,需要采用新的标线来替换原有相冲突的标线。在匝道封闭之前,应尽早和相关管理部门进行协调提供完整的应急预案及相应服务。对于不同位置的作业区,布置方案也有所不同。

当作业区位于立交区周边时,应采用车道车速限制、管制员及其他诱导设施避免车辆占用车道产生拥堵排队。如果不能避免,即使有自动警示装置,立交汇合处需要有交通管制员进行指挥,防止车辆停滞在行车道上,造成交通拥堵。

8) 特大桥作业

桥梁作为连接两地的交通要道,一旦封闭将会对周围的交通产生严重不便,特大桥更是如此,因此不宜进行全封闭交通的养护维修作业。但在开放交通的条件下进行养护维修作业,由于交通流量大、车速快等因素,养护维修作业时的安全防护尤为重要,必须要有作业控制区的交通控制方案。

特大桥的养护维修作业，应根据需要设置限制载重标志，并适宜只封闭一条车道进行养护维修作业，当桥梁为单向3车道时，封闭部分的宽度最大不宜超过两条车道。

9）隧道作业

单向双洞交通的隧道一旦全封闭，整个交通网络将会出现堵塞，因此这类隧道不能采用全封闭养护维修作业。同时，由于隧道内照明条件有限，两侧洞口均需要进行作业区交通控制，同时要配置交通管制人员。

交通管制人员主要用于车辆限速和限宽的管理。隧道洞口必须设置相应的施工标志、限速和限宽标志，同时保证控制区内有足够的照明。单向隧道的交通控制区布置应将警告区和上游过渡区设置于洞口外。

隧道内临时移动作业时，宜设置移动式诱导车，并应在隧道两端洞口配置交通管制人员，洞内交通控制与普通路段相似。

10）收费站作业

在收费站进行养护维修作业时，应关闭受维修作业影响的收费车道，并对作业进行交通控制。在有过渡段的收费站，已经设置有相应的管理设施，如限速、停车缴费等标志标识及诱导隔离设施，在进行养护维修作业区交通控制布置时，可以采用关闭部分收费通道，同时养护维修作业区的设施布置可进行简化。

11）夜间作业

夜间道路养护维修作业主要应用于一些由于在施工人员、公共安全、社会影响及通行能力无法平衡的白天作业区域。夜间作业的基本优点是降低养护维修作业带来的交通问题，减少交通阻塞。

尽管夜间作业有一定优势，但它也存在安全问题，夜间环境将影响驾驶员及作业人员的视力，影响到驾驶员和工人。因为交通量较低且拥挤状态也降到最低，夜间车会有更高的行驶速度，也就需要更好的视认性，同时夜间疲劳困乏的驾驶员较白天更多。因此，需要考虑提高交通控制的可视性，提高对驾驶员的交通引导，并增强对作业人员的保护，需对作业人员、作业车辆和器械增加照明和反光带等装备。夜间作业计划还需要考虑其他因素，包括作业效率和作业质量、社会影响、经济问题和环境问题。

7.2.4 大范围作业区路网管理

路网内相关道路进行大规模、大范围的养护作业行为时，道路原有运行条件发生变化，主要根据养护作业方案不同可分为：路段保持原有正常交通、路段全封闭作业与路段部分交通变化。

路段正常交通主要指该路段保持原有交通特性，仅进行车道数量，车速限制等作业区控制管理，原有交通流基本特性不会发生变化，仅改变道路通行能力及各路段车流通行状态。

路段全封闭作业将对部分路段进行封闭，会破坏原有路网部分节点，交通流在相关路段会有较大变化，部分道路车流分布发生改变，其他路段进行交通流重分配。

路段部分交通变化主要对道路行车方向及车道数分布进行调整，对原有路网整体结构不产生影响，但对原有道路通行能力及各路段车流通行状态产生影响较大。

1. 路网结构分析

公路网的结构形式类似于图论中的拓扑图，故以拓扑结构图描述公路网的结构特征。

高速公路网是由路段和节点组成的网络。节点是路段流量增减的端点，包括枢纽立交和匝道进出口等，节点之间的通道称之为路段。用拓扑结构描述公路网可包含如下内容：

(1) 路段通行状态矩阵；

(2) 正常交通状态下路段通行状态矩阵；

(3) 养护作业状态下路段通行状态矩阵；

(4) 车道完全封闭状态下路段通行状态矩阵。

2. 路网交通分配

当公路网上发生养护作业时，依据现有的公路网结构进行合理的交通疏导是缓解作业影响的有效途径。本质上，这样的交通诱导是一种半限制式的交通分配。

养护作业对路段的通行条件产生两种典型的结果：

(1) 剩余车道的通行能力满足实际的交通需求，在此情形下，配合一定的交通安全管理措施，事发路段上游的交通流能逐渐通过事发区域，事件影响局限于事发路段范围内，毗邻路段的流量不发生变化。

(2) 剩余车道的通行能力不满足实际的交通需求，在此情形下，如果在事发路段的上游不及时进行交通诱导，那么事发路段将产生排队交通流。因此，剩余车道的通行能力与实际交通需求的差值为事发上游应进行诱导的交通量，并以此交通量进行事件状态下的交通分配。

3. 路网运行安全管理

交通流安全管理对策有以下措施：路段运行车速的限制、车道使用权的限制、车头安全距离的警示、入口匝道驶入的限制、出口匝道驶出的限制等，所采取的管理对策也不同。

公路网中不同路段通道存在着不同的路段阻抗，常见的路段阻抗包括行程时间、安全性、拥挤程度等。公路网交通组织与诱导的关键技术是路网用户与路网系统的博弈关系平衡。对公路网的道路用户而言，车辆的绕行时间最短是驾驶员进行路径决策的重要影响因素，其本质是道路用户最优原则。对公路网运行系统而言，交通诱导组织下公路网的运行安全性最高，其本质是系统运行安全性最高。由此可见，路网交通流运行安全的均衡应依次考虑两个约束条件：①行程时间最短；②系统运行安全性最高。第一个约束条件是第二约束条件的前提，而第二个约束条件则制约第一约束条件，二者是相互制约的关系。图 7-8 为养护作业区路网管理流程图。

图 7-8 养护作业区路网管理流程

7.2.5 临时交通控制与设施

1. 旗手控制

1) 旗手要求

由于旗手与道路用户的直接接触最多，他们需要进行安全控制技术的专业培训，并具备

下面的能力:

(1) 清楚、准确地理解和表达相关管理内容。

(2) 身体健康、行动敏捷,对失控车辆可进行闪避。

(3) 能够设置和操作信号设施。

(4) 能在紧急情况下理解和应用相关控制方案。

(5) 能够辨别危险状况,并及时提醒他人避开危险。

2) 交通安全防护服

对于白天和夜晚的活动,旗手穿着的交通安全防护服必须有高辨识性,外衣表层颜色为荧光橙、荧光黄或荧光绿,反光材料颜色采用橙,黄,白,银或黄绿,保证有至少300 m的可见距离,并能清晰地辨别着装者。

3) 手持信号设备

通常采用的手持信号装置主要有停车/慢行标志牌和旗帜,用于给道路用户更有效的引导,但旗帜一般只能在紧急情况下使用。

夜间使用的旗帜应采用能反光的红色。当晚上在紧急事件时旗手站没有照明的情况下,举旗者要用红色光晕的手电来代替停车/慢行标志牌或旗帜。无照明的旗手站用闪光灯来进行夜间危急情况下的警示,旗手应该左手拿闪光灯,右手持牌或是旗帜,以下方法用闪光灯引导靠近的道路用户。

4) 旗手程序

旗手使用停车/慢行标志牌,旗子指挥驶向交通控制区的道路用户。

旗手应该足够提前地提醒驾驶者(例如用号或哨子等有声装置)前方失控车辆引起的危险,他们应该独立工作,远离其他施工者,施工车辆或装置。

2. 标志

交通控制区标志通过文字、符号、箭头传达信息,这三种方式对道路用户有限制、警告和引导的作用。

1) 类型

根据标志的作用可把标志分为三类:

(1) 禁令标志。禁令标志是交通标志中的一种主要标志,它有对车辆加以禁止或限制的作用。

(2) 警告标志。警告标志用于告知道路用户作业区周边详细的道路状况。警告标志设置的位置和大小与公路的设计速度有关。

(3) 指路标志。指路标志是传递道路方向,地点,距离信息和施工环境的引导标志,用于为道路用户指引通过交通控制区的路径。

2) 安装

(1) 支撑物。长期作业需要安装标志支撑物,移动式支撑物则用于短期作业,安装在防撞设施和其他支撑物上的标志比固定支撑物上的低,但是标志底部距地面不超过0.3 m。

(2) 安装位置。标志通常应设置于道路右侧,如果有特殊需要可设置于道路的两侧,安装于防撞设施上的标志应具备一定的防撞等级,安装于移动支撑物上的标志其使用不能超过3天。

(3) 警告标志区。从第一个标志到过渡区起点间的距离应足够长,给驾驶员充足的反应时间。

3）箭头标志牌

闪光箭头标志牌在白天夜间均可用，可用于车道关闭锥形区和移动式施工中引导车辆向右行驶，标志牌的尺寸至少为1.2 m×0.6 m。箭头标志牌应是一个闪烁或者连续显示的矩阵。标志能提供警告和指示信息辅助汇合和控制道路用户通过或者绕行临时作业区。

箭头标志牌应与标志、渠化设施或者其他交通控制设施结合使用。箭头标志牌应放置在路肩或者远离行车道，若在净区内，用防撞设施遮护。当箭头标志牌不使用时，应移走；若不能移走应被遮掩起来。

4）警示灯

警示灯应安装在标志或者渠化设施上，由于一系列的闪光灯不能有效形成行驶路径，因此警示灯不能用于描述道路轮廓。

(1) 低密度闪光警示灯用于在夜间警告道路用户前方有危险区。

(2) 高密度闪光警示灯用来在白天和夜间警告道路用户前方有危险区。

(3) 持续警示灯用来在夜间描绘行驶道路边缘。

3. 渠化设施

渠化设施的功能是引导道路用户并给予道路状况或者道路周围施工环境的提醒。渠化设施包括锥形桶、警示柱、警示立牌、路障等，必须具有一定的防撞能力。渠化设施用在锥形区其间隔不应该超过限制速度的1倍，当用在直线渠化时应不超过2倍。当渠化设施产生损坏或者缺失反光性，需要及时进行更换。

7.2.6 作业区安全管理

1. 作业人员安全

道路施工养护作业区作业人员的安全必须进行充分考虑，需要调查清楚作业区可能涉及的各类作业人员。非机动车道和人行道关闭时应及时通知。

交通控制区的施工人员的安全和通过该区的道路用户一样重要。交通控制区暂时和长期变化的状况是使用者无法预料的。保持交通控制区内的人流为最小数量，将移动的器械和施工车辆与步行工人分开可以给驾驶者更大的分离间隙，改善视野减少移动车辆和器械的危险。

而能提高工人安全的交通控制管理的重要因素有以下几个：培训、临时交通屏障、减速、工作区、施工人员安全规划。

交通控制区内的应急人员和执法人员要穿有高可见度的外衣。消防员或其他有交通优先权的应急人员应着有高科监督的安全外衣。消防员或其他有交通优先权的应急人员在进行要面对火、热或危险材料的救急工作时要穿一些反光材料衣服。

2. 交通事故安全管理

交通事故管理区是道路管理部门针对车辆事故、突发自然灾害和有毒有害物质意外泄漏等事件而设置的公路临时交通控制区。

交通事故可分为三种时间类型，每种有其独特的交通控制特征与需要，具体见表7-5。

表 7-5　　交通事故的控制特征

事故类型	预计持续时间	交通控制
大型事故	≥2 h	通常重大交通事故是涉及危险物料的典型交通事故,涉及众多车辆的死伤交通和其他自然或人为的灾害。 (1) 需进行适当的交通量转移,锥形车道关闭,上游警告设施来提醒接近驾驶员,并促使尽早转移到一个合适的选择的路线; (2) 应注意到上游交通流末端,提醒队尾的道路用户; (3) 如果需手动交通控制,应由经过培训的旗手和法律管理者来执行; (4) 当闪光灯可用来辅助渠化设施; (5) 渠化设施以及灯具等设施应在事故结束后解除
中型事故	0.5～2 h	在交通事故清理的短期时间里可能关闭整幅道路来使事故责任者完成其任务
小型事故	≤0.5 h	小型交通事故通常为车辆破损和小型碰撞。现场负责人通常为法律代表和拖车公司,偶尔会有公路巡逻车辆。不需要或者简单的把交通量分割到其他车道。一般不通过关闭一个车道来设置交通控制设施。交通控制是现场负责人的责任。当小型交通事故阻碍了一条行车道,应尽快把车辆移至路肩

7.3　长大纵坡运行安全综合保障

纵坡长度是影响公路交通安全水平的重要参数。我国《公路工程技术标准》(JTG B01—2014)指出“长、大纵坡对载重汽车行驶很不利,上坡会使车速减慢,妨碍后续的快速车辆,使超车需求增多,强超硬会的可能性增大,安全性降低;而下坡会使刹车过热、制动效能减弱,更易发生交通事故”。近年来,山区高速公路长大纵坡路段尤其是下坡方向重大事故频发,已经引起了各个层面的高度重视。

7.3.1　线形

目前,国内外无公认的连续长大纵坡路段界定的定量规定。我国和世界上多数国家现有的技术标准、规范对纵坡的控制指标都是从上坡方向汽车的动力性能和爬坡能力角度提出的,缺少对于长大下坡安全性的考虑,因此,我国规范对于任意路段平均纵坡没有控制性要求,使得长大纵坡的设计处于“合法而不合理”的境地。尤其是当地形起伏大、地质复杂的情况,常常需要设置连续上坡或连续下坡的路段。长大纵坡路段形成的主要原因是工程规模和造价,经推算,平均纵坡从 3%与 4%的路线方案之间,里程长度和工程造价相差约 20%～30%。

长大纵坡路段的线形特征除了平均纵坡大、坡长长的特点之外,还存在“陡缓相间”的特点。但这种“陡缓相间”的线形特征极不利于行车安全。在行车过程中,较短的缓坡容易给驾驶员造成下坡结束的误判,进而可能引起错误操作,出现安全事故。同时,缓和坡段使得纵坡范围更加增长了。因此,尽管发达国家早前也曾经存在“陡缓相间”的纵坡路段,但这种设计方法现已被技术标准和规范禁止了。

随着汽车性能和交通条件的提升,目前主要控制和影响长大纵坡安全性的是下坡方向。通过对长大纵坡路段典型事故统计分析,发现长大纵坡路段出现的事故以大型货运车辆刹车失灵、失控为主,而对于此类事故的原因主要是大型货车普遍严重超载、违章驾驶(超速行驶、违章操作)和制动方式不当等方面。

尽管业内专家都认同，在车辆合格合法、标准轴载、合法驾驶等条件下，目前长大下坡路段显然是能够安全行驶的，但是，针对目前长大纵坡路段事故多发的事实，业内出现了两种典型的意见：一种意见认为：既然在不超载、合法驾驶的条件下，可以保证行车的安全性，事故分析结果显示，主要问题也不在公路纵坡方面，说明标准中对于纵坡的控制是合理的。另一种意见认为：面对我国的目前交通形势、大型车辆的现状以及超载的普遍性，从大型车性能到超载治理等多方面，均需要一定时间的改进和发展，所以现在应考虑实际国情和现实情况，控制长大纵坡指标，采取较缓的纵坡坡度。

7.3.2 标志标线设置

调整道路线形降低平均纵坡可以从根本上解决连续下坡的安全问题，但在实际工程中，受经济、地形条件的制约，难以实现。因此，采用交通工程措施、路侧服务设施、道路运行管理措施成为预防长大纵坡事故的首选方案。

根据标志的内容，连续下坡标志可分为路况描述标志、下坡长度和坡度预告标志、路侧服务设施预告标志、避险车道预告标志、行为提示标志、低限指标路段警告标志。如图7-9—图7-13所示。

图7-9 长大下坡路段预告标志

(a) 服务区预告标志　(b) 检查站预告标志　(c) 加水站预告标志

图7-10 服务设施预告标志

图7-11 避险车道预告标志

图 7-12　货车运行提示标志

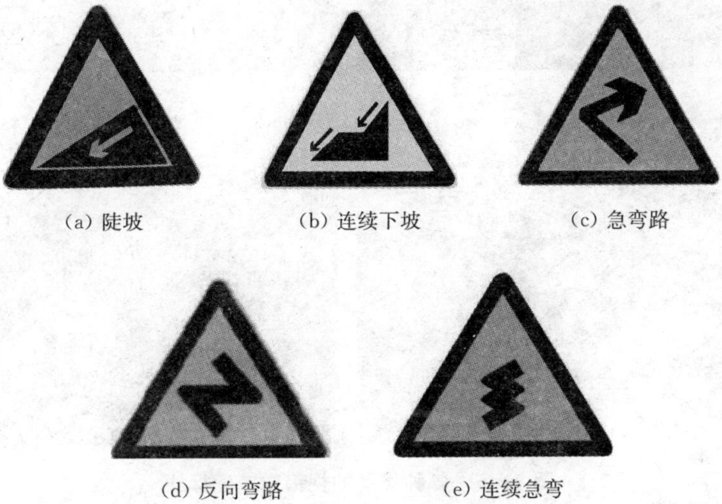

(a) 陡坡　(b) 连续下坡　(c) 急弯路

(d) 反向弯路　(e) 连续急弯

图 7-13　低限指标路段警告标志

如图 7-14 所示为我国下坡标志标准与其他国家标准规范的比较,可以发现我国下坡标志单一、不醒目,警示作用不好。

(a) 中国　(b) 日本　(c) 美国　(d) 德国

图 7-14　各国下坡标志示例与比较

长大纵坡路段使用的道路标线类型主要有视错觉标线、薄层铺装、振动标线三种类型。这三种类型的标线在提高驾驶员警觉及注意力、有效控制车速、主动引导驾驶员安全行驶方面有着积极的作用,尤其是在山区公路长大纵坡路段,车速较快,且驾驶员不易警觉,通过设置一些特殊标线,警示驾驶员,起到降低车速的目的。

视错觉减速标线是利用人的视错觉原理,在公路路面上施划的一种标线类减速设施。视觉错标线形式较多,包括三维彩色视觉立体减速标线、行车道纵向减速标线、行车道横向减速标线、鱼刺形减速标线、梳齿形减速标线等(图 7-15)。

图 7-15　各种类型的视错觉减速标线

薄层铺装效果与视错觉标线类似,起减速和警示作用。其设置在路幅中,通过色彩刺激、涂料的轻微振动产生警示效果,而且薄层铺装是有粗粒径的集料结合黏结剂,摩擦系数高,可以减少侧滑的事故,因此可设置在弯道处,保证货车转弯的安全(图 7-16)。

图 7-16　薄层铺装示意图

减速振动标线为一种新型的涂料标线,主要利用凸起来达到振动减速的目的。减速震动标线主要分为方块式、圆点式和排骨式,在山区公路的急弯和陡坡等危险路段的横向减速振动标线主要采用方块式振动标线(图 7-17)。

视错觉标线、薄层铺装、减速振动标线在连续下坡使用时应当注意避免大量使用,以免造成驾驶员视觉疲劳,降低工效。

图 7-17　减速振动标线示意图

7.3.3　速度管理

从汽车行驶理论分析，大型车辆在连续下坡路段应使用低档，采用发动机辅助制动来平衡由于车辆自重带来的下坡力，以减轻其行车制动器的负荷强度。但通过实地调研发现，驾驶员在下坡过程中，往往抱有侥幸心理，考虑近期利益而忽视行车安全，并且出于对车辆的最小磨损和最短的运行时间考虑，大部分货车驾驶员采用高档下坡，造成长大纵坡路段车速高、车速增幅大的情况出现。

传统的解决此类问题的方法是采取限速措施，禁止车辆超速行驶。随着技术的发展，通过监控、预警系统的设置来对车速进行管理逐渐发展起来。

可针对不同的长大纵坡路段设计山区高速公路连续长大纵坡路段货车智能预警系统，该预警系统布设在山区高速公路上，以克服现有技术存在的缺陷而提供的一种实际可操作性高、预警信息全面、成本低的山区高速公路连续长大纵坡路段货车智能预警系统。该系统已经投入使用，并取得了很好的应用效果，明显降低了长大纵坡路段货车的事故数。

长大纵坡路段货车运行安全智能预警系统由信息采集系统、信息处理系统、信息发布系统以及这三者之间的信息传输设备等组成，如图 7-18 所示。本系统的功能主要有：根据外

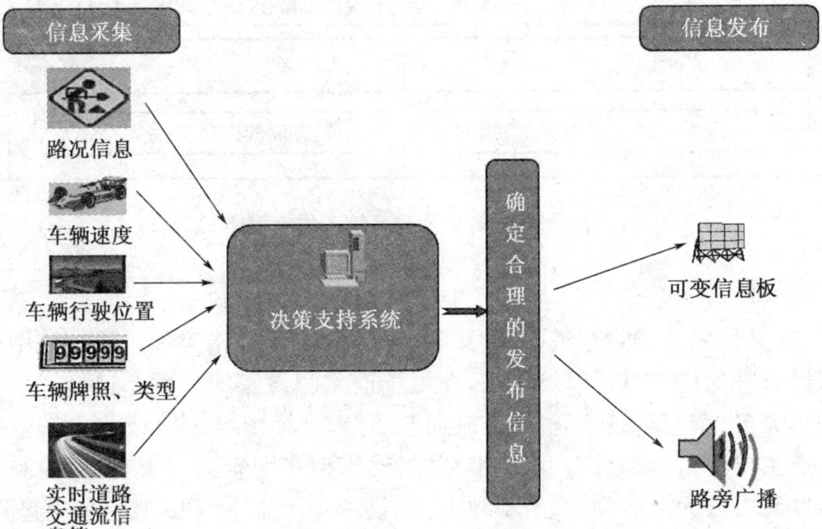

图 7-18　智能预警系统的组成

场设备采集的信息(包括道路线形指标、道路危险路段识别、车辆行驶参数采集)进行危险状态识别,包括刹车鼓自动衰减和货车区间运行速度,进而进行预警信息提示,包括危险车辆信息提示和一般车辆信息提示。

智能预警系统与常规的限速设施不同,其针对性强,即可发布单车的预警信息,也可发布常规的路段信息和限速信息。其工作流程图如图 7-19 所示,智能预警系统工作流程。其工作流程如下:

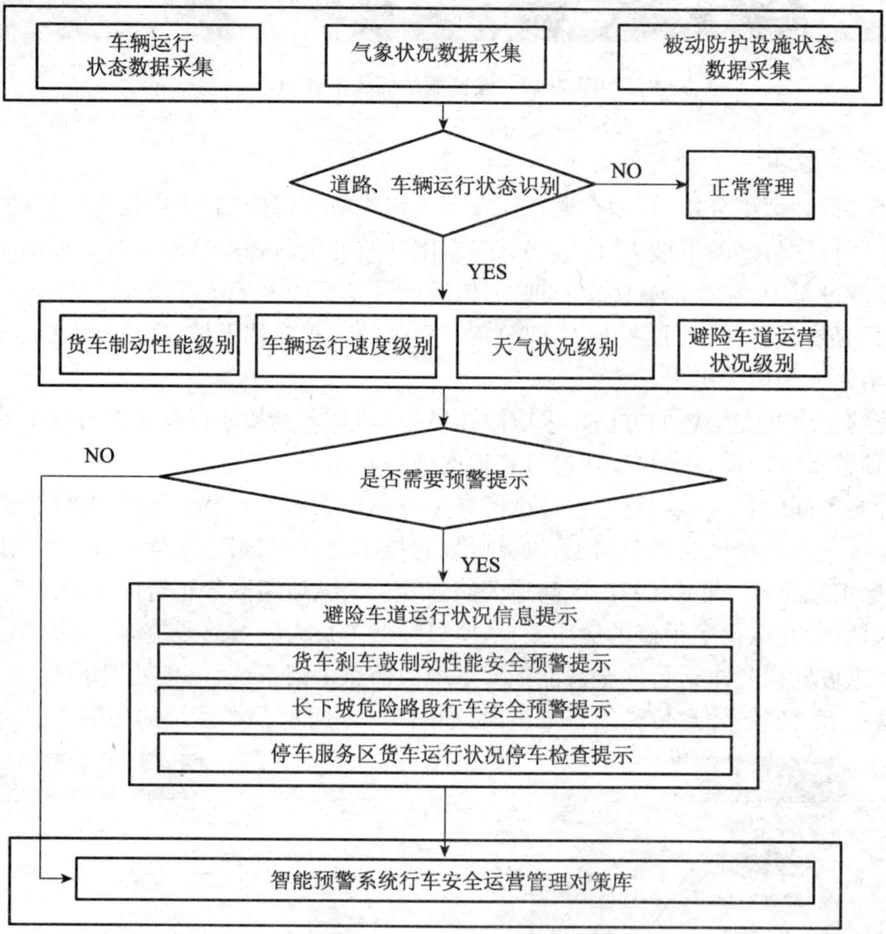

图 7-19 智能预警系统工作流程图

7.3.4 失控车辆自救避险车道

避险车道,又称紧急避险车道(Truck Escape Ramp),是指为使主线车流中失去控制的车辆能够减慢行驶速度并且能够停下来,在主线道路旁设置的一种车道形式。它专门用于减少由于刹车失灵、车速过高、车辆失控时而造成翻车、撞山、掉崖等事故。

避险车道主要可以分为重力型、沙堆型、制动床型和网索式四大类,其中制动床型避险车道按照坡度又可分为上坡型、水平型和下坡型避险车道。网索式避险车道起源于美国,主要适用于无足够空间展线的路段,网索拦截系统是一种高效、安全的机动车拦截制动系统,属特殊、高性能的消能系列产品。网索拦截技术是由美国军工企业研制而成,用于航空母舰舰载飞机的拦截。这项技术于20世纪70年代早期被引入美国高速公路安全防护系统。我国云南蒙新高速首次设计了网索式避险车道。四类避险车道的特点如下：

(1) 重力型避险车道：采用长上坡设计，以依靠重力的影响将车辆停下来。

(2) 制动床型避险车道：这是一种由集料填充的避险车道，可选的集料种类有很多种(根据期望的驶入车速和天气状况选用)，很多研究表明，从河床中收集的圆形的河砾石比机器破碎的碎石更有效。

(3) 沙堆型避险车道：这种类型的避险车道长度很短，依靠沙堆使车辆停下来。这种类型有两个明显的缺点：①沙堆提供了较大的减速度，可能会给车辆和驾驶员带来伤害；②沙子的性能会随着天气的改变而改变，改变了其性能之后可能不适用于避险车道。

(4) 网索式避险车道：在避险车道上横向布置了很多的索网，这些固定于避险车道两边墙壁上的索网是能量吸收设备，这是最先进的避险车道类型。

目前，国内外在选择避险车道位置时，主要考虑事故率、平面线形与车辆运行速度之间的关系、导致严重事故的安全隐患。基于以上因素，避险车道的位置选择主要有三种方法：工程经验法、事故频率法和坡度严重率分级法。工程经验法一般适用于规划中或者设计中避险车道位置的确定。事故频率法用于运行道路避险车道位置的确定。坡度严重率分级法是1989年美国联邦公路局开发的“坡度严重率分级系统(GSRS)”，该系统利用汽车动力学原理，结合道路的几何线形，可定量分析出公路危险段的位置，是分析山区高速公路长大纵坡路段安全性的一个历史性突破。

一条完善的避险车道应由避险车道引道、制动床、服务车道及其他附属设施组成，如图7-20所示。

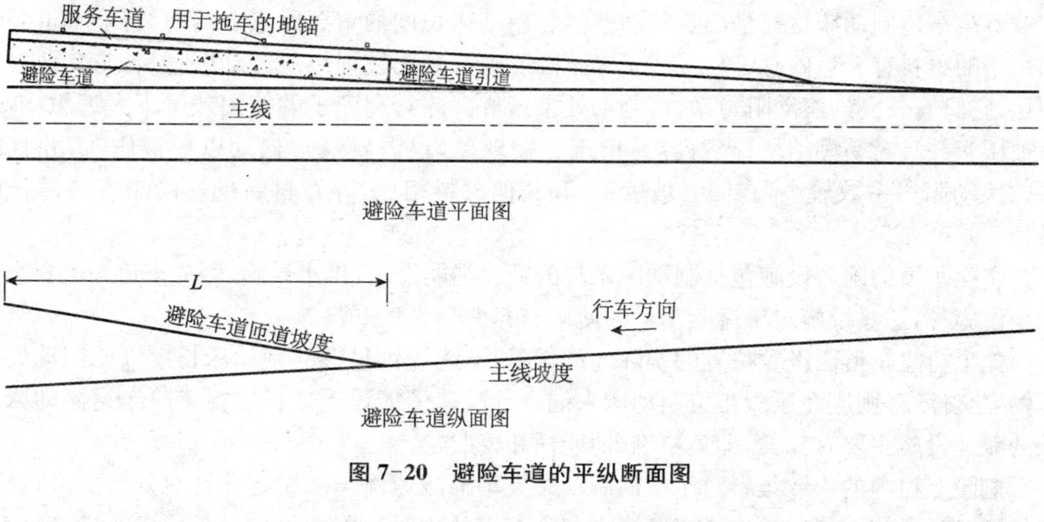

图7-20　避险车道的平纵断面图

避险车道引道起着连接公路行车道主线与避险车道制动床的作用。引道可以给制动失灵车辆驾驶员提供充分的反映时间和足够的空间，操纵车辆沿引道安全地驶入避险车道，使驾驶员减少因车辆失控带来的极度恐慌而失去正常的判断能力。根据驾驶员的视觉及心理反应特点，驾驶员从看见引道到做出判断并采取行动的时间大约需3 s，根据这一反应时间可以计算引道的最小设计长度。

避险车道是专为长下坡路段的制动失灵车辆设计的。车辆失控后，驾驶员心存恐慌，同时车辆驶入避险车道制动床后没有转向能力，因此制动失灵车辆是不可能适应曲线线形的。基于此认识，避险车道的平面线形应为直线，以减少驾驶员控制车辆的困难，使得制动失灵货车驶入避险车道制动床后可以平稳地减速停车，避免车辆在制动床集料堆中人为地强制转向而发生侧翻等事故。

避险车道制动床的宽度应至少容纳一辆货车驶入。根据《道路车辆外廓尺寸、轴荷及质量限值》(GB 1589)的规定，汽车、挂车及汽车列车的车宽最大值为 2.5 m，考虑到货车制动失灵后驾驶员比较慌张，避险车道制动床应留有足够的横向净空，使驾驶员能够顺利地操纵制动失灵货车驶入避险车道。因此，避险车道制动床的宽度至少需要 4 m 才能容纳一辆货车顺利驶入。

制动床的长度应保证制动失灵车辆在驶入避险车道后能够安全停车，制动床的最小长度应为失控车辆停车所需的最小距离。制动床的长度与车辆的驶入速度、制动床材料以及制动床的纵向坡度有关，可采用运动学公式计算方法，计算公式如下：

$$L=\frac{V^2}{254(i+D_f)} \tag{7-10}$$

式中 V——车辆的驶入速度(km/h)；

i——坡度除以 100；

D_f——滚动阻力系数。

避险车道的纵向坡度是确定避险车道制动床长度的重要因素。综合考虑地形、工程造价、制动床材料、驾驶员心理、车辆行驶稳定性等因素，建议避险车道制动床纵坡的设置：砂类材料不超过 8%；碎石类材料不超过 12%；砾石类材料不超过 15%。

避险车道制动床材料是影响制动性能和制动床长度的重要因素。目前，避险车道制动床采用的材料有天然砂砾、碎石、沙子等。圆形砾石是比较理想的制动床材料，与其他材料相比，它具有较高的滚动阻力系数，制动效果最好。碎石和沙子的使用效果不太理想：沙子易被压实并且易受潮结块；碎石容易出现互锁现象，也需要经常松动以免被压实，并且碎石的滚动阻力系数较小，在同一坡度下，和其他材料相比，碎石材料的避险车道所需长度最长。

避险车道的附属设施包括制动床末端的减速消能设施、排水设施、服务车道和配套交通安全设施等，这些设施对于避险车道的使用与养护都非常重要。

如果避险车道因设置位置的实际地形所限，不能提供足够的制动床长度以使制动失灵车辆完全停车，则应在避险车道制动床末端设置减速消能设施。设置在避险车道制动床末端的减速设施主要有三类，即集料堆、消能桶和废旧轮胎。

避险车道内的松散集料对于帮助制动失灵车辆减速停车来说是非常有效的安全设施，但是同时又增加了将制动失灵车辆拖出避险车道的困难。因此需要一条服务车道，它应设置在避险车道制动床侧，便于拖车和维护车辆使用，其宽度至少为 3 m。

避险车道交通安全设施也是保证避险车道有效发挥作用的重要因素。避险车道的交通安全设施主要包括避险车道标志、入口处的标线和其他交通安全设施（如锚块、照明、监控设备），布设图如图 7-21 所示。

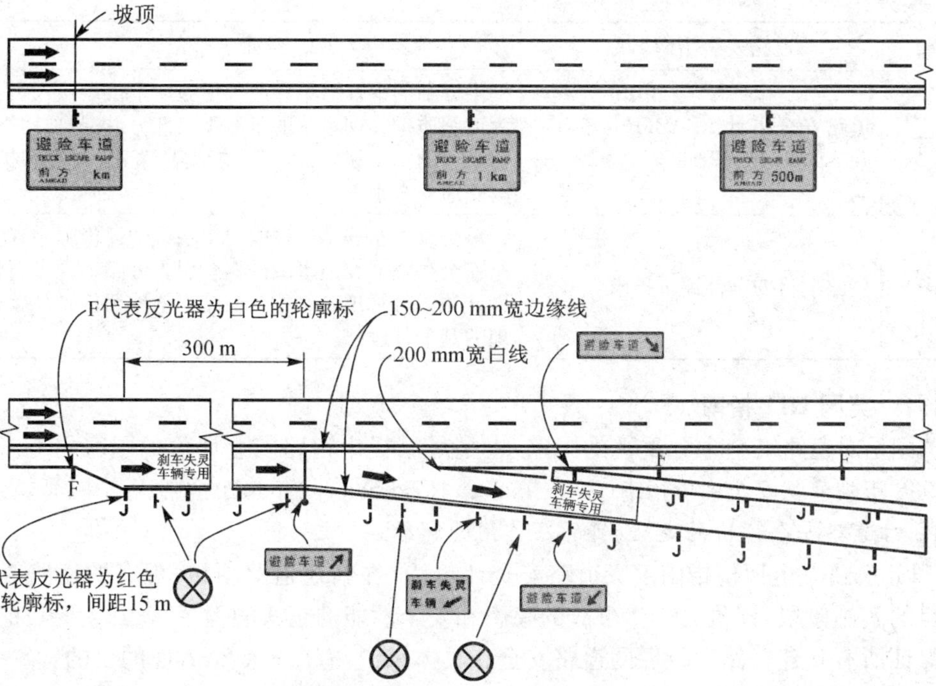

图 7-21　避险车道交通安全设施布设

7.4　道路安全评价指南与案例

7.4.1　指南简介(中国/澳大利亚/挪威/新西兰/英国)

为了规范和便于道路安全评价的实施与管理，许多国家建立了道路安全评价指南，如英国、澳大利亚、美国、德国等。我国于 2004 年颁布了《公路项目安全性评价指南》。各国的道路安全指南简介如表 7-6 所列。

表 7-6　各国道路安全指南简介

国家	指南名称	简　介
英国	IHT 道路安全评价指南(Guidelines to Road Safety Audit)	在新建道路项目、现有的道路改善与养护项目的实施阶段，从各种道路用户类型的安全角度去评价其产生事故的隐患和其安全性能的正式程序
澳大利亚	AUSTROAD 道路安全审计(Road Safety Audit)	对已有的或将来的道路、交通项目或者与道路用户有关的其他任何项目的正式的审查。在审查过程中，独立的、具有相应资格的评价师要对该项目的事故隐患和安全性提出一份评价报告
美国	FHWA 道路安全审计手册(Road Safety Audit Guidelines)	对现有或将建道路或交通项目或其他与道路用户有关的项目所做的正式审查，由合格的独立的检查者检查项目的潜在事故可能性和道路交通的安全性能

（续表）

国家	道路安全指南名称	简　介
德国	道路安全审计 ESAS(Ein Sicherheitsaudit für Straβen)	提供详细的审计清单和改善措施清单供审核人员使用，作为道路质量管理系统的重要组成部分，被单独用来检查道路交通的安全缺陷，以尽可能提高新建、改建和扩建道路的交通安全水平
中国	公路项目安全性评价指南	针对公路行车安全进行的一个系统的评价程序，将公路行车安全和降低交通事故的概念引入公路工程可行性研究、设计和运行管理工作中。公路安全性评价是公路建设、管理的基本程序

7.4.1.1　英国 IHT 指南

英国是对道路安全十分重视的国家，也是最早提出道路安全评价的国家之一。本节对 IHT1996 年版道路安全评价指南(Guidelines to Road Safety Audit)的思想等予以简要介绍。

1. 对道路安全评价的定义、目的及作用的解释

IHT 道路安全评价指南定义道路安全评价为“在新建道路项目、现有的道路改善与养护项目的实施阶段，评价其产生事故的隐患和安全性能的正式的程序”。其主要目的是尽可能地保证所有新建公路运行后的道路安全。具体来说，有以下 5 个方面的目的：

(1) 使新建项目的事故风险及其严重程度最小化。

(2) 使临近道路事故风险最小化，避免因新建道路导致路网事故增加。

(3) 在设计阶段重视道路安全，满足各类道路用户的安全需要，并在各种需要间作出平衡。

(4) 降低项目的长期费用。

(5) 加强道路规划、设计、施工和养护等各个阶段对道路安全的认识。

2. 方法与实施

该指南对什么项目需进行道路安全评价和评价的阶段与其他指南基本相同，但建议不同的项目应进行如下阶段的评价，如表 7-7 所列。

表 7-7　IHT 指南不同类型项目应进行评价的阶段

项目	应进行评价的阶段						
	F	1	F/1	2	1/2	#	3
大的公路项目(>50 万英镑)	*	*		*		*	*
小的公路项目		*		*			*
交通管理项目			*	*			*
事故防治措施实施项目					*		*
大型养护项目			*	*			*
大型开发项目	*	*		*			*
小型开发项目			*	*			*
干线公路和高速公路(DMRB)		*		*			*
大项目的临时交通管理					*	*	

注：*：要进行评价；F：可行性研究；1：初步设计；2：施工图设计；#：施工阶段的评价；3：开放交通前。

IHT 道路安全评价指南认为能否成功地实施道路安全评价,取决于以下 3 个方面:

(1) 整个公路项目设计与组织过程中对更安全公路的建设与投入,特别是决策层对道路安全评价的认识与认可,以保证道路安全评价能在整个设计过程中得到认可和支持。

(2) 在项目的规划、设计与施工等过程中制定详细的不同阶段的道路安全评价计划。

(3) 实施道路安全评价必须是连续和有效的。仅仅提出“所有项目进行评价”的要求是不够的。

因此,该指南规定了道路安全评价过程中的作用和责任,如表 7-8 所列。

表 7-8 道路安全评价涉及到各方责任与权利

委托道路安全评价 ——确定项目在不同阶段的安全评价计划 ——制定对道路安全评价的工作要求与范围 ——评价队伍资格认定	业主
评价前期准备工作 ——确定评价队伍 ——制定详细的安全评价细则,提供上一阶段的道路安全评价报告 ——提供有关资料:建设范围与目标、规划、与规范不一致之处、交通和事故记录	项目经理/设计师
进行道路安全评价 ——检查所提供的资料 ——项目的现场勘察 ——解释安全的含义,指出潜在的安全问题,提出相应建议 ——通过检查道路特征“备忘录”评价 ——提出安全评价报告 ——建立和维护所有项目的文件等资料	评价组
对道路安全评价结果的响应 ——评阅评价报告 ——同意对某些设计的变更,并提交再评价 ——对未采纳的评价意见,未按评价意见对设计变更的说明 ——检查评价文件	项目经理/设计师
评价工作总结 ——对所做的变更做最后的决策 ——将重新设计的内容提交给评价者 ——形成必要的文件说明评价结论的执行情况	业主

3. 实施规程

该指南对安全评价的管理、评价队伍的选择、项目资料和评价的开展提出指导性意见。关于安全评价的管理,认为不同的机构可采用适合于自己的管理方法,但不论采取什么样的管理方法,IHT 道路安全评价指南认为以下几项原则必须遵照:

(1) 评价的范围与组织必须以条文的形式定义清楚;

(2) 评价者与设计者相互独立;

(3) 评价者应具有最新的道路安全工程专业知识;

(4) 评价结果应形成正式文件,每一评价阶段都应提出正式报告;

(5) 对评价得出的各条建议应以正式文件的形式响应;

(6) 对评价得出的任何一条建议若未执行，应以附加报告的文件形式说明理由；

(7) 明确的决策程序，以规定评价建议执行的最终决策者。

IHT 道路安全评价指南认为在进行评价之前，项目经理或设计师应向评价者提供详细的项目资料。具体包含：

(1) 定义评价范围的条文。对于干线公路，评价的范围已在 DMRB 有规定。其他公路，业主可根据需要予以确定。

(2) 项目的概况、与周围环境的协调与配合。

(3) 适当比例的规划和设计图。

(4) 偏离与安全相关的规范的设计的报告。

(5) 交通量及其组成，道路用户特征。

(6) 事故记录。

(7) 与本项目有关的其他或已进行的安全评价报告。

4. 安全原则与参考指示书

IHT 道路安全评价指南认为道路安全评价可参考世界各地的道路安全评价经验、事故预防措施经验和道路安全工程的研究成果。

指南建议的关于一般性安全原则的参考文献如下：

(1) Institution of Highway & Transportation：Guidelines for Urban Safety Management. IHT，1990.

(2) Transport in the Urban Environment：Chapter 16，Road safety；Chapter 20，Traffic calming and management of speed. IHT 1997.

(3) Institution of Highway & Transportation，Cyclists' Touring Club，et al. Cycle-friendly infrastructure：Guidelines for Planning and Design. IHT，1996.

(4) Royal Society for the Prevention of Accidents. Road Safety Engineering Manual. RoSPA，1995.

(5) Ogden KW. Safer Road：a Guide to Road Safety Engineering. Ashgate Publishing，Aldershot，1996.

5. 评价清单

IHT 道路安全评价指南提出的评价清单非常简单，和澳大利亚的指南清单大体内容相同，但没给出具体问题。其初步设计的评价清单如下。

IHT 初步设计阶段安全评价清单

- **一般问题**

任何前几个阶段的评价报告及设计变更情况综述。

对于主要项目，确定满足安全需要的土地使用。

- **几何线形和视距视线**

所有的平纵曲线线形是否会因视距问题等形成危险路段，特别是那些复合曲线和不符规范标准的曲线。

桥梁墩台女儿墙、景观、结构物和街道设施是否遮挡视线。

- **交叉工程**

使交叉口范围内的冲突点最小(包括出入口)。

交叉口是否对进入交叉口的交通明显、小路进入交叉口的视线如何进入交叉口的车速控制、道路布设、转弯交通。

路侧停车的位置与出入口。

- **其他**

景观设计对可视性和道路用户感知的影响。

道路标志标线等设施是否能为用户理解。

陡坡路段的安全措施。

行人、自行车等设施。

因不良的排水设计可能受洪水影响的可能性。

与路网的协调。

服务区出入口和养护问题。

7.4.1.2 澳大利亚 AUSTROAD 指南

澳大利亚道路安全评价指南是较早提出的,不少国家(如马来西亚、新西兰等),采用了澳大利亚的评价指南建议的格式与方法。该指南由 AUSTROAD 建立,但澳大利亚的许多洲也建立了更加适用于本洲的评价指南。

1. 对道路安全评价的解释

该指南对道路安全评价的定义为:“道路安全评价是对已有的或将来的道路、交通项目或者与道路用户有关的其他任何项目的正式的审查。在审查过程中,独立的、具有相应资格的评价师要对该项目的事故隐患和安全性提出一份评价报告”。

该指南认为任何一条现有道路或任何一个建议方案,当它们可能会改变道路用户之间或用户与设施环境之间的相互关系时,都需要进行道路安全评价。该指南认为道路安全评价的宗旨是为道路用户和其他受道路项目影响的人,发现潜在的安全问题,采取措施消除或减少安全问题。

实施道路安全评价的效益在于:

(1) 通过事故防治和减缓事故严重程度提高新建道路的安全性;

(2) 降低道路网事故率;

(3) 提高道路设计者和交通工程师的道路安全意识;

(4) 减少后续治理措施费用;

(5) 对于公众而言,包括事故、伤残及死亡,此类损失的代价将会减少。

2. 方法与实施

该指南所建议的项目道路安全评价内容与其他指南相同,即可行性、初步设计、施工图设计、开放交通前和现有道路等阶段。将一般应实施道路安全评价的项目分为以下几类:

(1) 新建高速公路;

(2) 主要分支道路;

(3) 改建或改线;

(4) 交叉口项目;

(5) 人行或自行车路线;

(6) 地方区域性交通控制系统及其组成部分;

(7) 信号系统改进;

(8) 细部计划;

(9) 降低事故率项目。

对于一些并非道路工程的项目也可以实施安全评价,这些项目会影响到周围的道路或者会具备一些道路通行的功能。例如,一个商业开发项目会产生一些影响道路用户安全的情况:

(1) 新的停车场上的行人与车辆的冲突;

(2) 附近道路上会增加一定数量的行人;

(3) 停车场车辆超出其容纳能力或引起临近道路繁忙,进入项目的路口视距受到限制或导致延误;

(4) 改变公共交通的流量及使用权;

(5) 货车出入及装卸问题。

AUSTROAD指南对道路安全评价的实施除对评价人员知识结构、独立性和公正性做了较为详细的规定外,又提出了三种管理模式,具有较好的参考价值。

按照最初的定义,道路安全评价师的基本要求是专业性与独立性。实施安全评价,从最符合基本要求的(专业知识最丰富、独立性)到最不符合基本要求的(专业知识不丰富、独立性不够)共分为:

(1) 专业的安全评价师实施;

(2) 由其他的道路设计师实施;

(3) 在最初的设计小组内实施。

3. 考虑道路安全的设计原则

该指南对安全的道路设计概念通过一些安全设计原则予以强调。设计原则包括道路安全评价和道路设计应以人为本的原则和道路设计中的一些常规考虑的安全内容,类似于道路安全设计。对道路安全工程师有较好的参考价值。

尽管道路安全评价是一个正式过程,但该指南认为还是要坚持运用道路安全的基本原则才能达到最好的安全设计。设计一条道路,考虑安全时可提出下列问题:

(1) 设计是否会被用户误解?

(2) 是否产生混乱?

(3) 是否会产生不清楚的含意?

(4) 提供的信息是否足够?

(5) 是否提供了过多的信息?

(6) 是否存在视距不足或视线障碍物体?

(7) 是否包含障碍或"陷阱"?

如果存在上述问题,应找出产生问题的原因,提出解决问题的办法。在行驶过程中,用户要在规定的时间内,接收和处理道路环境信息,做出决定并予以反应。驾驶员在最小提醒水平上,无压力地处理信息,做出行驶决定才能算是舒适安全的行驶。这一点在安全的道路环境建设与养护中是关键的因素。

该指南认为安全的道路环境应该是:

(1) 提醒驾驶员所有的、非标准的和非常规的道路特征。

(2) 通知驾驶员所遇到的状况。

(3) 指引驾驶员通过非正常路段。

(4) 宽恕驾驶员的错误或不当的驾驶行为。

用简单的方法处理简单的事情,应避免:

(1) 不当的处理(把一件事用不当的水准去处理)。

(2) 错误的处理(用错误的方法处理一件事)。

(3) 过多的处理(认为处理得越多越安全)。

因此,安全的道路环境应是:

(1) 在道路设计或交通控制方面不产生"惊奇"。

(2) 提供有控制的、轻松的、适当的信息(不要一下太多)。

(3) 在需要强调危险路段时,提供重复的信息。

4. 评价清单

根据道路安全工程原理、道路设计、道路事故预防等多方面的知识和经验,该指南制定了不同评价阶段的详细评价清单。

5. 计算机辅助道路安全评价程序

为了便于规范化和简单化、便于积累数据资料,ASTROROAD 建立了道路安全评价计算机辅助程序。第一版将评价清单、相关技术规范和道路安全评价指南编制便于查询的格式,并根据清单中问题回答自动形成评价报告。后期推出一个网页在线的道路安全审计工具(Road Safety Audit toolkit, RSAtoolkit),帮助从事道路安全审计工作和开发的人员实现道路安全审计。其依据是澳大利亚和新西兰交通局联合会的《道路安全审计指南》。

道路安全审计工具(RSAtoolkit)评价过程主要就是根据道路安全审计清单中的各种安全问题,对用户输入的数据进行评价。不同阶段的道路安全审计应采用不同的评价清单,具体分为5个评价阶段:可行性阶段审计、初步设计阶段审计、细部设计阶段审计、运行前交通规划审计、现有道路的道路安全审计。其中,初步设计阶段主要审计内容总结如表7-9所列。

表7-9 RSAtoolkit 初步设计阶段审计内容

分项	内容
一般问题 (General topics)	对比前阶段审计的变化;排水;气候条件;景观美化;服务设施;出入口;周围建设;紧急车辆与通道;加宽或横断面渐变、方案的阶段安排;工作分配、维修车辆安置
设计问题 (Design issues)	设计标准;典型横断面;横断面变化;行车道设计;路肩边坡处理;不满足标准的设计影响
线形设计 (Alignment details)	平纵线形;可视性、视距;新旧公路衔接;驾驶员对线形的可识别性
交叉口(Intersections)	可视性及视距;布局类型;驾驶员视认性
特殊道路用户 (Special road users)	毗邻区域影响;行人;自行车;摩托车;畜力车;货运;公共交通;公路养护车辆

（续表）

分项	内　容
信号灯和照明 (Signs and lighting)	照明；标志；道路标线及边缘线
交通管理 (Traffic management)	交通流和进出限制；超车和合并
基于发展建议所考虑的附加问题 (Additional questions to be considered for development proposals)	平曲线；竖曲线；停车规定；服务设施；标志标线；景观美化；交通运输管理；其他
其他一些内容 (Any other mater)	特殊事件异常或危险处理；是否能容纳超大尺寸汽车、大型车；紧急事件下关闭道路的管理规定；景观道路和旅游道路的特殊要求

该评价软件程序对道路安全的审计内容较为全面，包括了道路安全问题的方方面面。但是也有不足之处，主要在于它是传统的道路安全审计，它对道路设计方案的安全评价只是定性的，笼统的。清单虽然考虑到了各种潜在的安全隐患，但这些不足设计只是经验的，有引起危险的可能性，缺乏定量的数据去衡量它们，且该方法仅限于专家评审。

7.4.1.3 《公路项目安全性评价指南》

交通部于 2004 年 9 月 1 日发布了国内第一本关于公路项目安全性评价的行业推荐性标准《公路项目安全性评价指南》，指南对于我国公路项目，特别是高等级公路项目的可行性研究阶段、设计阶段和运行阶段进行安全性评价提出了方法、准则，首次将运行速度、一致性检验等概念引入到安全评价的工作中来。

1. 对道路安全评价的定义及目的、作用的解释

该指南对道路安全评价的定义为："公路安全性评价是针对公路行车安全进行的一个系统的评价程序，它将公路行车安全和降低交通事故的概念引入公路工程可行性研究及设计工作中。公路安全性评价是公路建设、管理的基本程序。"其主要目的是从公路使用者行车安全性的角度对公路项目可行性研究、设计的成果及运行公路进行行车安全性评价，以达到减少交通事故，降低交通事故危害程度。

本指南是在分析和跟踪欧美等国家道路安全评价(Road Safety Audit)成果的基础上，结合我国国情选择了具有代表性的辽宁沈大、山东济青及烟青、山西太旧、重庆成渝、湖北汉宜、江苏沪宁、新疆吐乌大等多条高速公路和一级公路进行调查研究，在大量数理统计分析的基础上，对交通事故与公路几何指标、交通事故与运行车速、公路几何指标与运行车速等关系进行了深入研究，初步提出了对我国高速公路和一级公路进行安全性评价的内容、方法和标准。这对我国高速公路和一级公路安全性评价工作的开展以及进一步保障和提高我国公路的行车安全将起到积极作用。

2. 评价阶段及其评价内容

本指南适用于高速公路、一级公路新建或改扩建工程的行车安全性评价。其他等级公路可参照使用。其评价工作阶段分为工程可行性研究、设计、运行三个阶段。

《公路项目安全评价指南》工程可行性研究阶段评价内容分技术标准、技术方案、环境影响三方面；设计阶段评价内容分总体评价、路线、路基路面、桥梁、隧道、路线交叉、交通工程

及沿线设施七方面;运行阶段评价内容分公路状况评价、事故调查、事故分析三方面,如表7-10所列。

表 7-10　《公路项目安全评价指南》工作阶段评价内容

工程可行性研究阶段	设计阶段		运行阶段
公路技术标准	总体评价	4 桥面排水	公路状况评价
1 公路等级	1 设计符合性	5 桥墩台	1 设计符合性
2 设计速度	2 运行速度协调性	6 桥面侧风影响	2 运行速度协调性
3 路基横断面宽度	3 设计速度与运行速度协调性	隧道	3 设计速度协调性
技术方案	路线(设计速度与运行速度之差大于 20 km/h 的一般路段)	1 隧道洞口接线	事故调查
1 技术指标	1 平面的平曲线半径、缓和曲线及最小直线长度	2 横断面、视距	事故分析
2 起、记点	2 视距	3 路面及排水设施	1 时间分布
3 平面交叉	3 纵断面的路段坡度、坡长、及竖曲线半径	4 通风照明及监控设施	2 空间分布
4 互通式立交	4 横断面的路基断面宽度、爬坡车道、紧急停车带及紧急避险车道	5 消防及救援	3 气候特征
5 跨线桥及通道	5 合成坡度	路线交叉	4 事故程度
6 施工期间的交通组织	6 超高	1 平面交叉	5 事故原因及形态
环境影响	7 平纵面线形组合	2 互通式立体交叉	6 解决措施和改进方案
1 气候	路基路面	3 分离式立交	
2 不良地质	1 侧安全净空区	交通工程及沿线设施	
3 动物	2 路面的结构形式及抗滑能力	1 标志	
	3 排水设施的排水沟、路缘石和泄水槽	2 标线及视线诱导标	
	4 涵洞	3 护栏	
	桥梁(独立大桥和特大桥)	4 中央分隔带防眩设施	
	1 桥梁引线	5 收费站位置	
	2 桥梁断面	6 监控系统及服务区	
	3 防撞护栏、桥面铺装	7 停车区	

3. 核心方法与关键技术

该指南核心方法为依照速度协调性分析检验线形设计的安全性。其关键技术为运行车速的预测与基于运行车速的道路安全性评价。本节重点介绍指南中运行速度预测方法。

根据曲线半径和纵坡坡度的大小将整条路线划分为直线段、纵坡段、平曲线段和弯坡组合段等若干个分析单元，每个单元的起、终点为预测运行速度线形特征点。其中，纵坡坡度小于3%的直线段和半径大于1 000 m的大半径曲线自成一段；其余小半径曲线段和纵坡坡度大于3%、坡长大于300 m的纵坡路段以及弯坡组合段，作为独立单元分别进行运行速度测算；当直线段位于两小半径曲线段之间，且长度小于临界值200 m时，则该直线视为短直线，车辆在此路段上的运行速度保持不变。

在任选一个方向进行第一次的运行速度 v_{85} 测算时，首先要推算与设计路段衔接的毗邻路段速度，作为本路段的初始运行速度 v_{85}，然后根据所划分的路段类型，按直线段、平曲线段和长大纵坡路段等分别进行运行速度 v_{85} 的测算。

1）初始运行速度

一般可通过调查点的现场观测或按下表估算各种设计速度对应的小客车和大型货车的运行速度，作为预测路段的初始运行速度 v_0。设计速度与运行速度 v_0 间的对应关系见表7-11。

表 7-11　　设计速度与运行速度 v_0 间的对应关系

设计速度/(km·h⁻¹)		60	80	100	120
初始运行速度 v_0/(km·h⁻¹)	小客车	80	95	110	120
	大型货车	55	65	75	75

2）直线段上的加速过程和稳定运行速度

在平直路段上，小客车和大货车在直线上都有一个期望行驶速度。当初始运行速度 v_0 小于期望运行速度时为变加速过程，直至达到稳定的期望车速后匀速行驶。平直路段上车辆的加速过程，按下式和上表测算车辆在直线上的运行速度。

$$v_s = \sqrt{v_0^2 + 2 \times a_0 \times S} \tag{7-11}$$

式中　v_s ——直线段上的期望车速(m/s)；

v_0 ——驶出曲线后的运行速度(m/s)；

a_0 ——车辆的加速度(m/s)；

S ——直线段距离(m)。

平直路段上期望运行速度和推荐加速度值见表7-12。

表 7-12　　平直路段上期望运行速度和推荐加速度值

车型	小客车	大货车
期望运行车速 v_s /(km·h⁻¹)	120	75
推荐加速度值 a_0 /(m·s⁻²)	0.15～0.50	0.20～0.25

3）小半径曲线段的运行速度

对于平曲线半径小于 1 000 m 的路段，分别对曲线中部和曲线出口处的运行速度进行预测。根据曲线入口速度 v_{in}、当前路段的曲线半径 R_{now} 和前接曲线的半径 R_{back}，预测曲线中部的速度 v_{middle}；然后根据曲线中部速度 v_{middle}、当前路段的曲线半径 R_{now} 和后续路段的曲线半径 R_{front}，预测曲线出口处的运行速度 v_{out}。

曲线中部速度 v_{middle} 和曲线出口处的运行速度 v_{out} 分别按表 7-13 中的速度预测模型进行计算。

表 7-13　　平曲线上的速度预测模型

曲线连接形式		平曲线模型
入口直线—曲线	小客车	$v_{middle}=-24.212+0.834v_{in}+5.729\ln R_{now}$
	大货车	$v_{middle}=-9.432+0.963v_{in}+1.522\ln R_{now}$
入口曲线—曲线	小客车	$v_{middle}=1.277+0.924v_{in}+6.19\ln R_{now}-5.959\ln R_{back}$
	大货车	$v_{middle}=-24.472+0.990v_{in}+3.692\ln R_{now}$
出口曲线—直线	小客车	$v_{out}=-11.946+0.908v_{middle}$
	大货车	$v_{out}=5.217+0.926v_{middle}$
出口曲线—曲线	小客车	$v_{out}=-11.299+0.936v_{middle}-2.060\ln R_{now}+5.203\ln R_{front}$
	大货车	$v_{out}=5.899+0.25v_{middle}-1.005\ln R_{now}+0.329\ln R_{front}$

4）纵坡路段

当纵坡坡度大于 3%、坡长大于 300 m 时，按照表 7-14 对小客车和大货车的运行的 v_{85} 进行修正。

表 7-14　　特殊纵坡下各车型运行速度的修正

纵坡坡度		速度调整值	
		小客车	大货车
上坡	坡度≤4%	降低 5 km/h/1 000 m	按图所示速度折减量与坡长的关系曲线进行调整
	坡度>4%	降低 8 km/h/1 000 m	
下坡	坡度≤4%	增加 10 km/h/500 m 至期望运行速度	增加 10 km/h/500 m 至期望运行速度
	坡度>4%	增加 10 km/h/500 m 至期望运行速度	增加 15 km/h/500 m 至期望运行速度

5）弯坡组合路段

根据划分路段曲线前的人口速度、曲线半径和纵坡坡度，按表 7-15 计算小客车和大货车在弯坡组合线形中点的运行速度 v_{85}。

表 7-15　　弯坡组合线形下的运行速度预测模型

线连接形式		弯坡组合运行速度预测值
入口直线—曲线	小客车	$v_{middle}=-31.669+0.574v_{in}+11.714\ln R_{now}+0.176i_{now1}$
	大货车	$v_{middle}=1.782+0.859v_{in}-0.51i_{now1}+1.196\ln R_{now}$
入口曲线—曲线	小客车	$v_{middle}=0.750+0.802v_{in}+2.717\ln R_{now}-0.281i_{now1}$
	大货车	$v_{middle}=-1.798+0.248v_{in}+0.977\ln R_{now}-0.133i_{now1}+0.23\ln R_{back}$
出口曲线—纵坡	小客车	car: $v_{out}=27.294+0.720v_{middle}-1.444i_{now2}$
	大货车	Truck: $v_{out}=13.490+0.797v_{middle}-0.697i_{now2}$
出口曲线—曲线	小客车	car: $v_{out}=1.919+0.839v_{middle}+1.427\ln R_{now}+0.782\ln R_{front}-0.48i_{now2}$
	大货车	Truck: $v_{out}=26.837+0.109\ln R_{front}-3.039\ln R_{now}-0.59i_{now2}+0.830v_{middle}$

注：①表中 $R\in[120, 1\,000]\cup[2\%, 6\%]$；

② v_{in}、v_{middle}、v_{out} —分别为驶入曲线的速度、曲中或变坡点前的速度、驶出曲线的速度；

R_{back}、R_{now}、R_{front} —分别为驶入曲线前的半径、所在曲线的半径、前曲线的半径；

i_{now1}、i_{now2} —分别为曲线前后两段的不同坡度。

7.4.2　评价案例

附录 C 和附录 D 给出了某高速公路和一级公路的评价示例。

附　　录

附录A　安全管理决策准则

(1) 分离类对策决策准则

对策类别	对策名称	对策代码	灾害事件							紧急事件				交通事件			计划事件	
			雾	雨	雪	冰(雹)	风	地质灾害	洪水	地震	海啸	恐怖袭击	火灾	交通事故	车辆抛锚	车上落物	道路养护作业	—
分离类对策	车道关闭对策	FL-GB	SD≤50	SD≤50 或 SM≥10	SD≤150 XS≥15	SD≤150 IR≥30	WS≥30	设施中断	设施中断	设施中断	设施被淹	处理完前	处理完前	事故车道	被占车道	被占车道	按作业要求	
	专用车道对策	FL-ZY	SD≤50 需要时	SD≤50 需要时	SD≤150 XS≥15 需要时	SD≤150 IR≥30 需要时	WS≥30 需要时	需要时	需要时	需要时	需要时	需要时	需要时	需要时	需要时	需要时	需要时	
	对向车道变向使用对策	FL-DX	D	D	D	D	D	D	D	D	D	×	D	D	D	D	D	
	同向车道变向使用对策	FL-TB	T	T	T	T	T	T	T	T	T	T	T	T	T	T	×	
	出口管理对策	FL-CG	SD≤50 需要时	SD≤50 需要时	SD≤150 需要时	SD≤150 需要时	WS≥30 需要时	需要时	需要时	需要时	需要时	需要时	需要时	需要时	需要时	需要时	需要时	

说明:(1) 表中符号意义:①FL1:车道关闭对策;FL2:专用车道对策;FL3:禁止超车对策;FL4:同向车道变向使用对策;FL5:对向车道变向使用对策;FL6:出口管理对策;②SD:视距;IR:结冰率;WS:风速;CD:车道数;XS:限速值;XS:雪深度;③D:表示需要时,且对向路借出车道后通行能力满足;T:设施单向交通中断,对向车道不可用。

(2) 表中为单项灾变事件下的管理对策;当发生组合事件时,管理对策按后果最严重的单项灾变事件的管理对策执行,当最严重单项灾变事件不必要的管理对策对于次级灾变事件管理是必要的时,按次级事件的管理要求执行。

（2）车辆行驶控制类对策决策准则

对策类别	对策名称	对策代码		灾害性事件							紧急事件				交通事件			计划事件	
				雾	雨	雪	冰雹	风	地质灾害	洪水	地震	海啸	恐怖袭击	火灾	交通事故	车辆抛锚	车上落物	道路养护作业	—
车辆行驶控制类对策	车速、车距及车型控制对策	XK－CS，XK－CJ，XK－CX	一级事件 限速值	关闭	关闭	关闭	关闭	关闭	关闭	关闭	关闭	关闭	关闭	关闭	关闭	关闭	关闭	关闭	
			二级事件 限速值	XS:40 CJ:50	XS:30 CJ:50	XS:20 CJ:25	XS:15 CJ:50	客车:禁行 集卡：XS:20，CJ:20 CX:R 小汽：XS:50，CJ:60	XS:40 CJ:50	XS:40 CJ:50	XS:40 CJ:50	XS:40 CJ:50	—	XS:40 CJ:50	XS:40 CJ:50	XS:40 CJ:50	XS:40 CJ:50	XS:40 CJ:50	
			三级事件 限速值	XS:75 CJ:100	XS: 60 CJ:70	XS:30 CJ:40	XS:20 CJ:60	客车:禁行 集卡：XS:40，CJ:50 CX:R 小汽：XS:85，CJ:110	XS:60 CJ:75	XS:60 CJ:75	XS:60 CJ:75	XS:60 CJ:75	—	XS:60 CJ:75	XS:60 CJ:75	XS:60 CJ:75	XS:60 CJ:75	XS:60 CJ:75	
			四级事件 限速值	XS:90 CJ:150	XS: 80 CJ:90	XS:50 CJ:60	XS:30 CJ:80	客车：XS:40，CJ:50 CX:R 集卡：XS:60，CJ:75 CX:RM	XS:80 CJ:90	XS:80 CJ:90	XS:80 CJ:90	XS:80 CJ:90	—	XS:80 CJ:90	XS:80 CJ:90	XS:80 CJ:90	XS:80 CJ:90	XS:80 CJ:90	
	建议避免急刹车、突然减速或转向对策	XS2	决策准则	×	×	•	•	•	×	×	×	×	×	×	×	×	×	×	
	禁止超车对策	XK－JC	决策准则	SD≤200	SD≤200	•	•	WS≥23	CD≤1 XS≤40	CD≤1 XS≤40	CD≤1 XS≤40	CD≤1 XS≤40	×	CD≤1 XS≤40	CD≤1 XS≤40	CD≤1 XS≤40	CD≤1 XS≤40	CD≤1 XS≤40	

说明：(1) 表中符号意义：①SD：视距；SM：水膜厚度；IR：结冰率；WS：风速；CD：剩余车道数；XS：车速控制对策的限速值；CJ：车距控制对策的最小车距控制值；CX：车型限制对策的受限车型的行驶车道；R：只限在右车道行驶；RM：只限在右、中车道行驶(单向 3 车道以上)；②•：该灾变事件的所有级别都采用该对策；×：该灾变事件的所有级别都不采用该对策。

(2) 表中为单项灾变事件下的管理对策；当发生组合事件时，管理对策按后果最严重的单项灾变事件的管理对策执行，当最严重单项灾变事件不必要的管理对策对于次级灾变事件管理是必要的时，按次级事件的管理要求执行。

(3) 计划事件中的车型控制对策根据维修作业要求确定，不受计划事件的级别限制。

（3）限流类对策决策准则

对策名称	对策代码		灾害性事件							紧急事件				交通事件			计划事件	
			雾	雨	雪	冰雹	风	地质灾害	洪水	地震	海啸	恐怖袭击	火灾	交通事故	车辆抛锚	车上落物	道路养护作业	—
封闭入口对策	XL-FB	一级	•	•	•	•	•	•	•	•	•	•	•	•	•	•	•	
入口流量限制对策	XL-LX	二级	Q>C	Q>C	Q>C	Q>C	Q>C	Q>C	Q>C	Q>C	Q>C	—	Q>C	Q>C	Q>C	Q>C	Q>C	
		三级	Q>C	Q>C	Q>C	Q>C	Q>C	Q>C	Q>C	Q>C	Q>C	—	Q>C	Q>C	Q>C	Q>C	Q>C	
		四级	Q>C	Q>C	Q>C	Q>C	Q>C	Q>C	Q>C	Q>C	Q>C	—	Q>C	Q>C	Q>C	Q>C	Q>C	

说明：(1) 表中符号意义：①Q>C：通过重大公路交通基础设施的交通需求大于灾变事件下设施的实际通行能力；②•：表示灾变事件该级别下必须采用该类对策，有特殊需要或采用紧急工程对策改变行车条件后可不受此对策限制。

(2) 表中为单项灾变事件下的管理对策；当发生组合事件时，管理对策按后果最严重的单项灾变事件的管理对策执行，当最严重单项灾变事件不必要的管理对策对于次级灾变事件管理是必要的时，按次级事件的管理要求执行。

（4）诱导类对策决策准则

对策名称	对策代码	灾害性事件							紧急事件				交通事件			计划事件	
		雾	雨	雪	冰雹	风	地质灾害	洪水	地震	海啸	恐怖袭击	火灾	交通事故	车辆抛锚	车上落物	道路养护作业	—
网内分流路径诱导对策	YD-WN	S(t)<0.4或Q>C	S(t)<0.4或Q>C	S(t)<0.4或Q>C	S(t)<0.4或Q>C	S(t)<0.4或Q>C	S(t)<0.4或Q>C	S(t)<0.4或Q>C	中断交通或Q>C	中断交通或Q>C	•	•	中断交通或Q>C	中断交通或Q>C	中断交通或Q>C	中断交通或Q>C	
网外交通流入网诱导对策	YD-WW	S(t)<0.4或Q>C	S(t)<0.4或Q>C	S(t)<0.4或Q>C	S(t)<0.4或Q>C	S(t)<0.4或Q>C	中断交通或Q>C	中断交通或Q>C	中断交通或Q>C	中断交通或Q>C	•	•	中断交通或Q>C	中断交通或Q>C	中断交通或Q>C	中断交通或Q>C	
枢纽立交匝道流向重组对策	YD-SN	×	×	视灾害危害程度及枢纽立交的实施条件而定	视灾害危害程度及枢纽立交的实施条件而定	视灾害危害程度及枢纽立交的实施条件而定	×	视灾害危害程度及枢纽立交的实施条件而定	视灾害危害程度及枢纽立交的实施条件而定	视灾害危害程度及枢纽立交的实施条件而定	×	×	×	×	×	×	

说明：(1) 表中符号意义：①S(t)：实时安全可靠度；② • 表示必须采用该类对策；○表示在一定条件下采用该对策；×表示不采用该对策；③Q>C：通过重大公路交通基础设施的交通需求大于灾变事件下设施的实际通行能力；

(2) 表中为单项灾变事件下的管理对策；当发生组合事件时，管理对策按后果最严重的单项灾变事件的管理对策执行，当最严重单项灾变事件不必要的管理对策对于次级灾变事件管理是必要的时，按次级事件的管理要求执行。

（5）生存保障类对策决策准则

对策名称	对策代码	灾害性事件							紧急事件				交通事件			计划事件	
		雾	雨	雪	冰雹	风	地质灾害	洪水	地震	海啸	恐怖袭击	火灾	交通事故	车辆抛锚	车上落物	道路养护作业	—
逃生路径引导对策	SB-TS	S(t)＜0.2	S(t)＜0.2或有雷电时	S(t)＜0.2	S(t)＜0.2	S(t)＜0.2	S(t)＜0.2	S(t)＜0.2	•	•	•	•	车辆有爆炸或危险品危险时	×	落物为易燃易爆或有毒物品	×	
紧急医疗对策	SB-YL	有伤亡事件时	有伤亡事件时	有伤亡事件时	有伤亡事件时	有伤亡事件时	有伤亡事件时	有伤亡事件时	有伤亡事件时	有伤亡事件时	有伤亡事件时	有伤亡事件时	有伤亡事件时	×	有伤亡事件时	×	
通风对策	SB-TF	×	×	×	×	×	×	×	×	×	隧道内有毒有害气体	隧道•	隧道内有毒有害气体	×	×	有作业要求定	
自设消防对策	SB-XF	×	×	×	×	×	×	×	引发隧道内火灾时	×	引发隧道内火灾时	隧道•	引发隧道内火灾时	×	×	×	
联动对策	SB-LD	SD＜500	SD＜500	SD＜375	SD＜375	WS＞19	设施受损时	设施有危险时	•	•	•	•	•	•	落物为易燃易爆或有毒物品	×	
应急照明对策	SB-ZM	SD≤500	SD≤500	SD≤500	SD≤500	WS＞15	对行车有危险时	对行车有危险时	对行车有危险时	对行车有危险时	根据需要定	根据需要定	根据需要定	根据需要定	根据需要定	根据需要定	

说明：(1) 表中符号意义：①SD：视距；WS：风速；②S(t)实时安全可靠度；③ • 表示必须采用该类对策；○表示在一定条件下采用该对策；×表示不采用该对策。

(2) 表中为单项灾变事件下的管理对策；当发生组合事件时，管理对策按后果最严重的单项灾变事件的管理对策执行，当最严重单项灾变事件不必要的管理对策对于次级灾变事件管理是必要的时，按次级事件的管理要求执行。

（6）紧急工程类对策决策准则

对策名称	对策代码	灾害性事件							紧急事件				交通事件			计划事件	
		雾	雨	雪	冰雹	风	地质灾害	洪水	地震	海啸	恐怖袭击	火灾	交通事故	车辆抛锚	车上落物	道路养护作业	—
应急消雾对策	JG－XW	SD≤50且需要时	×	×	×	×	×	×	×	×	×	视需要启动消除烟雾对策	×	×	×	×	
应急道路维护对策	JG－WH	×	设施受损时	设施受损时	设施受损时	设施受损时	设施受损时	设施受损时	•	•	设施受损时	•	设施受损时	×	设施受损时	×	
应急除冰或除雪对策	JG－CB	×	×	•	•	×	×	×	×	×	×	×	×	×	×	×	

说明：(1) 表中符号意义：①SD：视距，单位：m；② • 表示必须采用该类对策；○表示在一定条件下采用该对策；×表示不采用该对策。

(2) 表中为单项灾变事件下的管理对策；当发生组合事件时，管理对策按后果最严重的单项灾变事件的管理对策执行，当最严重单项灾变事件不必要的管理对策对于次级灾变事件管理是必要的时，按次级事件的管理要求执行。

附录B　高速公路安全评价

以2012年3月进行的湖南A高速公路施工图设计阶段、试运行期间(在施工将要完工与通车以前阶段)安全评价为例。

1. 概述

1) 项目背景

本项目按照交通部部颁《公路工程技术标准》(JTGB 01—2003)高速公路标准设计，采用双向四车道，设计时速80 km/h，路基宽24.5 m。全线隧道10座，总长4 358.41 m，占全线长6.5%；互通式立交4处，分离式立交11处；桥梁42座，其中特大桥5座，大桥37座。

2) 主要的技术标准

A高速公路采用的主要技术指标如表B-1所列。

表B-1　　主要技术指标

序号	项　目	技术指标
1	公路等级	高速公路
2	路线长度(km)	65.34
3	设计车速(km/h)	80
4	路基宽度(m)	24.5
5	大、中、小桥(m/座)	199 363.752/42
6	隧道(m/座)	4 358.41/10
7	互通式立交(处)	4
8	分离式立交(处)	11
9	平曲线最小半径(m)	600
12	缓和曲线最小长度(m)	102.956
13	平曲线最小长度(m)	182.346
14	最大纵坡(%)	4
15	最小坡长(m)	400
16	最大坡长(m)	1 200
17	凸型竖曲线最小半径(m)	5 000
18	凹型竖曲线最小半径(m)	5 300

3) 评价范围及重点

鉴于A高速公路的实际情况，本报告是与施工图设计阶段、试运营期间(在施工将要完工与通车以前阶段)高速公路建设现状相匹配的安全评价报告。

公路项目安全性评价内容较多，从总体上考虑可按公路技术条件及其对公路安全的影响进行评价，因此，本项目安全性评价范围与内容主要从路线、路基路面、桥梁(独立大桥与特大桥)、隧道、路线交叉、交通工程设施以及监控设施7个方面进行评价。

4）评价依据

（1）《公路路线设计规范》(JTG D20)；

（2）《公路工程技术标准》(JTG B01)；

（3）《道路交通标志和标线》(GB 5768)；

（4）《公路项目安全性评价指南》(JTG/T B05)；

（5）《公路隧道设计规范》(JTG D70)；

（6）《公路交通安全设施施工技术规范》(JTG F71)；

（7）《公路桥涵设计通用规范》(JTG D60)；

（8）《公路建设项目环境影响评价规范及条文》(JTGB03)；

（9）《公路安全保障工程实施技术指南及技术标准实用手册》北京腾图电子出版社；

（10）《高速公路交通工程及沿线设施》人民交通出版社；

（11）*Road Safety Audit* AUSTROAD；

（12）《山区高速公路几何线形过渡安全设计指南》；

（13）高速公路路线设计图纸。

2. 评价过程、结果及建议

1）线形设计指标符合性评价

主线设计指标包括平面的平曲线半径及长度、缓和曲线半径及长度、偏角、直线段长度等。根据规范设定的限值，对现有道路线形做出符合性检验。本节主要介绍分析问题及改善建议。

（1）平面线形中 K8＋671.649～K11＋414.837 段与 K14＋920.238～K18＋963.175 段线形满足规范要求，但考虑到线形特殊性，其中 K8＋671.649～K11＋414.837 段由 3 段连续反向曲线组成，曲线间无直线连接；K14＋920.238～K18＋963.175 段由 5 段连续曲线组成，从安全的角度应重点检验下线形的连续性。检验结论建议 K8＋671.649～K11＋414.837 段增加线形诱导类工程设施，K14＋920.238～K18＋963.175 段线形较为连续。

（2）纵断面最大纵坡段的纵坡最大长度有 3 处超过 900 m，分别为 K8＋200～K9＋300，K12＋800～K13＋900，K41＋850～K43＋050，坡度都小于 4%，设计上虽然满足规范要求，但从安全的角度考虑这三处应进行纵坡处置。建议在运营阶段，对于上述 3 个纵坡段进行跟踪观测，必要时采用相应安全措施，如设置减速标线。

（3）K60＋820 处合成纵坡为 0.5%，需注意排水问题。

（4）有以下大纵坡路段超高值不满足运行速度要求（表 B-2）。建议对于上述急弯、下坡路段采用增设减速标线、限速标志等相应安全措施，并在运行期间对于上述急弯、下坡路段进行跟踪观测。

表 B-2　下坡路段线形分布

起止点桩号	纵坡(%)/半径(m)
ZK24＋080～ZK22＋310	－3.5/600
YK35＋400～YK36＋000	－3.3/605
YK40＋000～YK40＋650	－4/650

2）运行速度协调性评价

本项目用到的运行车速协调性评价是通过运用《公路项目安全性评价指南》运行速度预测模型对A高速的全线的运行车速做出预测，并通过运行车速与设计车速的差、毗邻路段运行车速的差等一系列的标准来筛选不良路段，并通过分析这些路段的实际线形，确定运行车速过大的原因，再针对这些原因提出相应的工程设施对策予以改善。运行速度预测值见表B-3。

表B-3　　右线运行车速预测结果(选取部分位置)

桩号	小客车/(km·h^{-1})	大货车/(km·h^{-1})	备注	小半径曲线/m	纵坡
K7+798.352	115.00	70.00	V_{in}	纵坡折减	4.0%
K8+278.368	112.11	67.74	V_m	720	
K8+695.936	109.17	62.24	V_{out}/V_{in}	K8+695.936= K8+671.649	
K9+186.730	105.45	61.86	V_m	720	
K9+624.348	103.11	56.78	V_{out}/V_{in}		
K10+066.716	100.92	56.40	V_m	900	
K10+479.396	100.14	52.21	V_{out}/V_{in}		

《公路项目安全性评价指南》运行速度协调性评价结果：

(1) 毗邻路段运行车速协调性评价：在K0+000～K65+000全线毗邻节点小客车运行车速差$|\Delta V_{85}|$有5段大于±20 km/h，分别为YK6+714.338～YK7+300.000、ZK65+000.000～ZK63+740.650、ZK60+200.000～GK59+568.955、GK56+250.000～GK54+900.000、ZK39+798.854～ZK38+910.000，需对这5段进行安全性指标验算。

(2) K0+000～GK52+778.678段不满足运行速度与设计速度的协调性、一致性的要求，按照《指南》要求，需对全段进行安全性验算。其余路段总体上满足运行速度与设计速度的协调性、一致性的要求。但对于运行速度等于120 km/h的路段，考虑到速度较快，以及指南中规定期望速度为120 km/h对最大速度值的限制影响，仍建议对正、反向V_{85}等于120 km/h的路段进行安全性验算。

安全性验算：以平曲线半径为例，不满足对应运行速度要求的段落有以下5处，见表B-4和表B-5。

表B-4　　右线平曲线半径不满足路段

路段序号	起点桩号	小客车/(km·h^{-1})	运行速度与设计速度差/(km·h^{-1})	u	i	R_{V85}	设计半径
73	YK36+481.143	112.52	32.52	0.107 48	0.05	633.038 786 1	600
78	K40+190.502	112.38	32.38	0.107 62	0.04	673.641 964 3	650

表 B-5　左线平曲线半径不满足路段

路段序号	起点桩号	小客车/($km\cdot h^{-1}$)	运行速度与设计速度差/($km\cdot h^{-1}$)	u	i	R_{V85}	设计半径
39	ZK36+481.144	112.56	32.56	0.107 44	0.05	633.649 9	605
50	ZK31+085.797	112.52	32.52	0.107 48	0.05	633.038 8	600
67	K22+068.066	112.52	32.52	0.107 48	0.05	633.038 8	600

由于 YK36＋481.143、K40＋190.502、ZK36＋481.144、ZK31＋085.797、K22＋068.066处 $R<R_{V_{85}}$，不满足运行速度行驶的要求，需对这 5 处进行安全改造，其中右线两处，为 YK36＋481.143、K40＋190.502；左线三处，为 ZK36＋481.144、ZK31＋085.797、K22＋068.066。具体改造如下：

① YK36＋481.143 处于 K32＋700～K38＋900 的长大下坡上，且处于长大下坡的后半段，此路段避险车道较多，但车速控制标志较少，该桩号的运行车速为 111.52 km/h，按照《公路交通标志和标线设置规范》的要求，取此车速下标志距危险地点的最大距离 170 m，因此建议可在 YK36＋300 出处设置“长大下坡减速慢行”标志，也可在桩号 YK36＋380～YK36＋480 之间设置错视觉标线。

② K40＋190.502 处于一般路段，并不处于长大下坡、桥梁、隧道、立交等的影响范围内，该桩号的运行车速为 112.38 km/h，因此建议可在 K40＋000 处设置减速慢行标志。

③ ZK36＋481.144 处于 K38＋900～K32＋700 这一较长的上坡路段，此处运行车速 112.56 km/h，建议可在 ZK36＋650 处设置减速慢行标志。

④ ZK31＋085.797 处于左线隧道出口(ZK31＋350)附近，从隧道驶出后车辆会开始加速，此处的运行车速为 112.52 km/h，建议在 ZK31＋250 处设置速度反馈标志或视觉减速标线。

⑤ K22＋068.066 处于一般路段，但之前的线形较好，均为大半径平曲线，此处运行车速为 112.52 km/h，建议在 K22＋250 处设置减速慢行标志。

3）路基路面与排水系统安全评价

（1）路基：挖方路段路侧安全净空区设计宽度为 6.05 m，大于指南规定值 5.0 m，满足安全行车要求，可不设置路侧护栏；填方路基的路侧安全净空设计宽度仅 3.25 m，小于指南规定值 8.0 m，填方路段应设置护栏。护栏设计方案中均已对填方路段设置了护栏，满足要求；A 高速公路由于所处灰岩地区，路堑多为坚硬石质边坡，稳定性较好，设计方采用的各种边坡防护形式均满足边坡稳定性要求，对行车安全影响较小。但后期运行管理工作中应注意极端暴雨天气情况下，有可能出现雨水冲刷造成边坡偶尔坠石的现象。

（2）路面与排水设施：A 高速公路的路面结构具有较高的承载能力，良好的水稳定性能和抗裂性能，具有优良的路用性能，满足车辆安全运行的需要；A 高速公路的路面具有较好的抗滑性能，符合车辆安全运行的需要；A 高速公路排水设施种类齐全且配套设置合理，满足排水要求；建议加强运行阶段低温与冰冻天气路面监测工作。

4）桥梁安全评价

通过对桥梁线形技术指标符合性检验，本项目在设计速度 80 km/h 下，平纵横技术指标基本满足规范要求，线形质量良好；A 高速桥梁净空满足行车、通航、泄洪要求；桥面铺装具有良好的水稳定性能,对湖南省的多雨气候特点有较强的适应能力;桥梁抗滑能力满足行车安全行驶需要;桥梁护栏形式及其过渡设计合理;除 AZ 悬索桥外的其他桥梁,由于地势原因,受侧风影响较小,可不考虑侧风对行车安全的影响。

通过对桥梁路段进行安全评价,需进行以下特殊说明:

(1) 纵断面各项指标虽然均满足设计规范要求,但 SJZ 高架桥、ZJP 高架桥、ELP 大桥、ZY 高架桥 4 处桥梁组成了连续的桥梁段,纵坡坡度均为 2.5%~4%,坡长约为 4 km,属于长大纵坡段,建议在设置交通安全设施方案时重点考虑,建议这一路段采取固定值限速。固定值取值应与路段整体限速方案相协调。

(2) 本项目桥梁引线路段与桥梁设计速度差值基本上都大于 20 km/h,运行速度协调性较差,建议在引线路段采取减速措施,如增设减速标线、限速标志。

(3) A 高速桥梁总长比重占 30.51%,冰雪天气易造成桥梁路面结冰,对行车安全影响较大,建议运行期间加强桥梁路面状况监测。

(4) 由于焊接网的网片为焊接形式,牢固性较差,建议采用整体式防落网,整体式防落网采用钢板冲孔而成,牢固性和防护性极大提高。

(5) AZ 悬索桥两侧开阔,车辆易受侧向横风影响,建议增设横风提醒标志。

5) 隧道安全评价

通过对隧道线形技术指标符合性检验,本项目在设计速度 80 km/h 下,平纵横技术指标基本满足规范要求,线形设计方案良好;7 处隧道洞口内外的线形不良。曲线形隧道视距都满足行车要求,隧道洞口洞口 20 m 范围内,受洞外自然照明影响,对比度很高,完全能满足视认性要求;隧道采用的通风方式、照明方式、消防与救援设施满足要求,合理可行。

通过对隧道路段进行安全评价,需进行以下特殊说明:

(1) SE4 号隧道、AZ1 号隧道、AZ2 号隧道、AZ3 号隧道等隧道群处于坡度为 2.6%~3%,坡长为 11 500 m 左右,坡度为 2.905%的纵坡上,虽然坡度小于 3%,但属于长坡段,在设置交通安全设施时应重点进行考虑。

(2) 共有 7 处隧道洞口内外的线形协调性不良。纵断面线形协调性不良的隧道是 AZ1 号隧道、AZ3 号隧道、PT 隧道;平面线形协调性不良的隧道是 SE1 号隧道、SE2 号隧道、AZ1 号隧道、AZ2 号隧道、AZ3 号隧道、PT 隧道、BY 隧道。这 7 处隧道均设置彩色减速涂料,防滑性能好,一定程度上可降低入口处黑洞效应。但是考虑到隧道运行环境特殊性,建议运行期间对这 7 处隧道路段速度等交通流参数加强监控,对过渡段路面摩擦系数加强监测。SE4 号隧道处于长大纵坡路段,建议 SE4 号隧道也设置彩色减速涂料,增强抗滑性。

(3) 建议后期运行阶段对 LCK 隧道、AZ3 号隧道、PT 隧道增加监测。考虑到 AZ 悬索桥的重要性,PT 隧道建议增加通风设施。

6) 路线交叉安全评价

(1) 平面交叉。

通过现场调查观测,A 高速公路的平面交叉口一般地势比较平坦,视野比较开阔,可识别性较好,平面交叉的位置、间距、交叉角度、形式,平交口的视距都满足要求;从收费站至交叉口的出口匝道较短,速度变化状况较小,匝道协调性满足要求;AZ 互通出口 AK0+000 平面交叉处,该位置出口匝道较宽,建议车道路面标线要施划清楚;CD 互通出口 AK0+000 平面交叉处,该位置有房屋等建筑,路侧和交通情况较为复杂,考虑行人、非机动车的安全,建议限速 20 km/h;平交口范围内标志、标线的设置也基本符合规范要求,各 T 型交叉口交通渠化比较合理,但目前因分流交通流量不明确,建议平面交叉口投入运行后,进行"跟踪"管理,可根据实际运行的交通量等因素对渠化设计进行修正或改善。

(2) 立体交叉。

① 互通式立交形式选择恰当,符合规范,满足交通转换的需要;各互通立交间距满足规范要求,各设施出入口间距满足规范对标志设置距离的要求。

② 互通立交匝道及变速车道的横断面均符合规范要求,与各方向转向交通量基本适应。

③ AZ 互通立交:各匝道横断面、纵面线形、识别视距、停车视距检查均通过。A 匝道运行速度协调性总体较好,但在 AK0+100、AK0+242.816、AK0+258 处运行速度协调性差,建议采取限速标志或减速措施;B 匝道运行速度协调性好,仅在 BK0+151.186 处运行速度协调性差,建议在该处采取减速措施;C 匝道运行速度协调性较差,除在 CK0+294.839 处运行速度协调性比较好外,其余地方的运行速度协调性均较差建议采取限速标志或减速措施;E 匝道运行速度协调性较好,在 EK0+151.013、EK0+170、EK0+197.689 处运行速度协调性差,建议采取限速标志或减速措施。各匝道停车视距均满足要求。

④ MLC 互通立交:匝道横断面、纵面线形、识别视距、停车视距检查均通过。A 匝道运行速度协调性差,鉴于运行速度均比设计速度高出很多,建议采取限速标志或减速措施;B 匝道运行速度协调性差,建议采取限速标志或减速措施;C 匝道运行速度协调性较好,仅在 CK0+180 处运行速度协调性差,建议在该处采取减速措施;D 匝道运行速度协调性差,建议采取限速标志或减速措施;E 匝道运行速度协调性较好,在 EK0+231.627、EK0+300、EK0+353.509 处运行速度协调性差,建议采取限速标志或减速措施。MLC 互通立交各匝道停车视距均满足要求。

⑤ CD 互通立交:匝道横断面、纵面线形、识别视距、停车视距检查均通过。A 匝道运行速度协调性差,鉴于运行速度均比设计速度高出很多,建议采取限速标志或减速措施;B 匝道运行速度协调性较好,在 BK0+184.798、BK0+289.092 处运行速度协调性差,建议采取减速措施;C 匝道运行速度协调性较好,在 CK0+115.054、CK0+310.027 处运行速度协调性差,建议采取减速措施;D 匝道运行速度协调性差,建议采取限速标志或减速措施;E 匝道运行速度协调性较好,在 EK0+167.365、EK0+280、EK0+321.472 处运行速度协调性差,建议采取限速标志或减速措施。CD 互通各匝道停车视距基本满足要求。B 匝道虽然观测视距值略小于计算视距值,但已设置合流提醒标志,基本满足车辆安全运行的要求。

⑥ 减速车道有两处不符合要求,分别为 AZ 互通式立交的 D 匝道和 CD 互通式立交的 D 匝道。加速车道长度均符合规范要求,但不满足主线运行速度的要求。尤其是 CD 互通式立交的 E 匝道,小鼻点距离主线收费站中心只有 110 米,需进行充分的论证该处安全保障工程方案的设计,建议根据后期运行情况的监测数据,制定人工干预该匝道的交通流的方案。各匝道所处的主线运行车速值都在 100~120 km/h 之间,所需加减速车道长度均较长,需在主线设置必要的限速和减速设施。

(3) 分离式立交

A 高速公路分离式立交大部分为主线下跨,实际净空高度满足长大车辆在桥下的净空要求；在对桥墩防护措施上，采用了墩柱两侧设置高 1.2 m 柱形防护墩，对于墩柱的保护较好；建议墩柱和防护墩上面禁止涂划，并对墩柱和防护墩施划黄白相间涂料，即设计立面警示标记，有条件情况下，根据事故碰撞角度分析，可根据行车方向调整防护墩向外侧偏移 10～20 cm 的距离；根据分离式立交主线上运行速度值进行行车视距与实际视距的比较分析，跨线桥的桥墩、桥台均未位于视距包络图内，视距满足要求。

7）交通工程与沿线设施安全评价

交通工程与沿线设施优化改善建议主要通过与规范审计分析，综合运行速度协调性不良路段，桥、隧、互通等重要结构物，长大下坡等特殊路段，服务区、停车区等服务设施的安全保障需要，提出改善建议。相关改善建议由于篇幅不再赘述。

附录 C　一级公路安全评价案例

以 2010 年 3 月进行的某一级公路(起点：K0＋080，终点：K25＋840)初步设计阶段安全评价为例。

1. 项目背景

本项目按照交通部部颁《公路工程技术标准》(JTGB01—2003)一级公路标准设计，设计时速为 80 km/h，长 22.0 km，其路基宽 24.5 m。方案起点 K0＋080 与某国道终点相接，全长 25.76 km，总体上看平面指标较高，平曲线最小半径 600 m，平均每公里交点个数 0.76 个。此段路线连续上坡达 8 km，最大纵坡为 4%，在陡坡路段之间设置的缓和坡值 2.5%，长隧道最大纵坡控制在 2.5%以下。同时设置了两处紧急避险车道。

2. 评价结果与建议

1）线形分析

(1) K20＋391.150～K21＋660.720 路段连续 S 弯(图 C-1)，半径均较小，分别为 524.792 m、410 m、410.237 m、410.688 m、500.518 m、504.221 m；且该段处在连续下坡路段，前接 649.447 m 的平曲线半径，后接近 400 m 的直线段，最大纵坡高达 4.95%，对安全有较大影响。类似的情况出现在 K81＋800～K83＋000。该路段的预测运行车速维持在 90 km/h左右，建议条件允许时在该路段前后增设临时停车区，条件受限时采取限速、预告等交通工程措施。

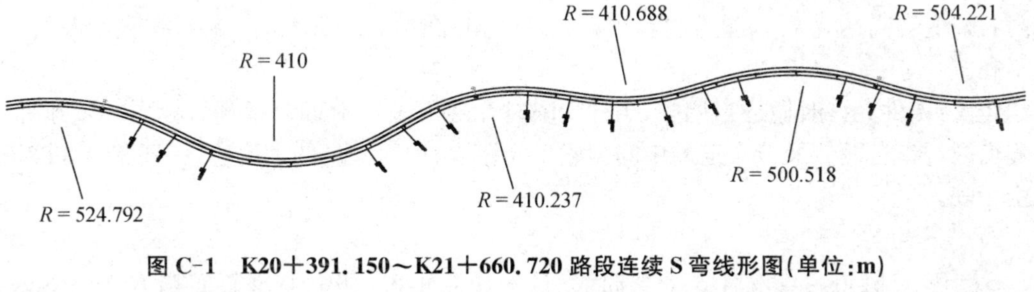

图 C-1　K20＋391.150～K21＋660.720 路段连续 S 弯线形图(单位：m)

(2) 在 K10＋834.217～K10＋338.279 /K17＋875.709～K18＋124.689 之间出现 C 型曲线，前者两个半径分别为 2 000 m 和 1 100 m 的同向平曲线直接相连(图 C-2)，后者为两个半径分别为 1 100 m 和 820 m 的同向平曲线直接相连(图 C-3)，将对行车和视线诱导均带来不利影响，建议按复曲线设计。

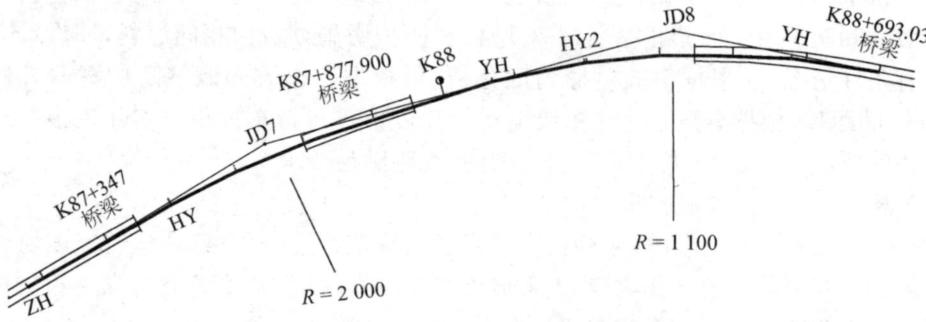

图 C-2　K10+834.217～K10+338.279 C 型曲线图(单位:m)

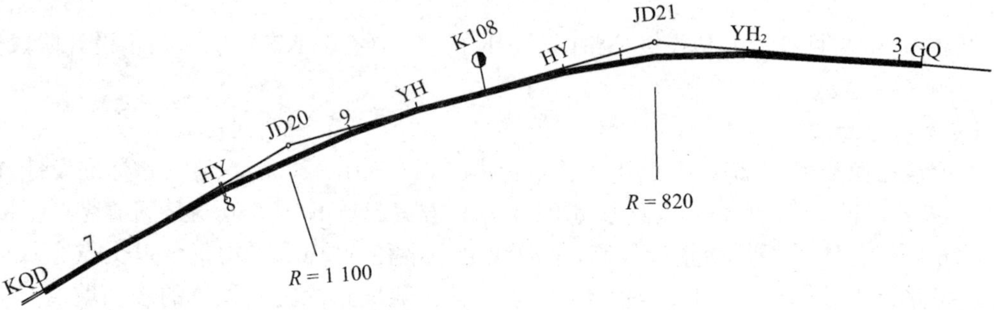

图 C-3　K17+875.709～K18+124.689 C 型曲线图(单位:m)

(3) K4＋900～K12＋880 此段路线连续上坡达 8 km,最大纵坡为 4%,路段中多处出现 3%左右的坡度连续相接,缓坡效果不明显。参照该段的运行车速检查结果,下坡车速普遍高于 100 km/h,在 K9～K4 路段由于设计平曲线半径减小的趋势导致车速有所降低,但是仍然维持在 100 km/h 左右。建议在条件允许情况下选择合适地形,设置一段反向坡度,以消除车辆长距离下坡不断增大的能量,保证车辆安全行驶。

2) 隧道

1) A 隧道

分析:A 隧道内右幅达到变坡 5.20%,左幅变坡达到 5.69%,左右幅变坡均偏大;A 隧道内右幅变坡高达 3.7%,隧道内左幅设有 950 m 平曲线半径,偏小,对行车视距及行车安全不利。

建议:条件允许时做适当调整,条件受限时在隧道进口附近设置预告标志和限速标志,在隧道内行车道两侧及分车道的中间设置反光钮,增加驾驶员的速度感,保证车辆在隧道内安全行驶。

2) B 隧道与 C 隧道

B 隧道、C 隧道内均设有 3 个平曲线,且半径变化大,其中 B 隧道右幅 R_1＝920、R_2＝2 650、R_3＝2 600,左幅 R_1＝920、R_2＝2 600、R_3＝2 650;C 隧道右幅 R_1＝3 420、R_2＝2 519(终点),左幅 R_1＝3 050、R_2＝2 573(终点)。隧道内设多个平曲线对安全行车十分不利,特别是 B 隧道前两个半径变化较大,对安全行车不利。

建议:建议条件允许时做适当的调整,条件受限时采用交通工程措施。

3）交通安全设施

本项目沿线标志、标线、护栏、隔离栅、防眩设施等的设置基本无重大安全问题，但仍然存在一些影响运行安全的隐患，下文简要阐述如下。

（1）沿线设一个停车区，建议在停车区前增加 500 m 与 200 m 停车区预告标志；

（2）高海拔段冬春多雾雪及冰冻，沿线设施（包括机电系统）应针对性的采用相关措施，建议对雾雪路段增加气象设备，路段气象能见度等设备及增设必要的可变信息预报系统。

4）行车道过渡设计

K25＋560～K25＋840 处过渡段，行车道从双向四车道变为双向两车道的公路，四车道为宽 40 m 道路有中央分隔带，路肩宽为 2 m；双向两车道宽 17 m，行车道宽 4 m。其中中央分隔带两侧路基高低不同，下行路基高于中央分隔带路肩；过渡段渠化改中央分隔带为标线渠化。

四车道至两车道过度段总距离长 280 m，分为两段进行过度渐变，即中央分隔带斑马标线渐变消失和行车道过度渐变。由四车道渐变成两车道的渐变距离较短，双向四车道行车道总宽为 15 m，双向两车道行车道总宽度为 8.5 m，则可以根据公式计算得到其渐变段宽度 $L=75$ m。

再由公式计算得其中央隔离带宽 2 m，计算出其所需的渠化标线渐变距离为 50 m（＜130 m），则渠化标线纵向长应取 130 m。

此外，中央隔离带尽头处的白色标线应该设置为黄色，对应的白色斑马线也应该是黄色；单车道宽度为 4 m＜6 m，故应该改原来道路“车道变少标志”为“窄路标志”。此外双向两车道上游的“车道数增加”标志可不设。

建议优化的标志标线如图 C-4 所示。

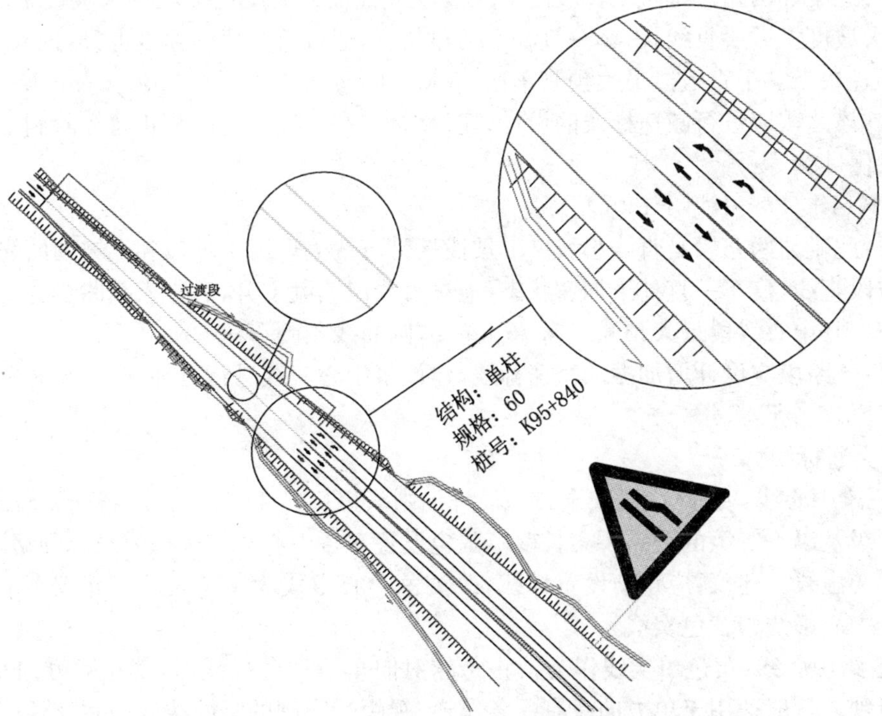

图 C-4 K25＋560～K25＋840 车道渐变建议设计

附录 D　二级公路安全评价案例

以 2011 年 6 月进行的云南某二级公路(K0～K28＋500)运行阶段安全评价为例。

1. 项目背景

本项目按照交通部部颁《公路工程技术标准》(JTG B01—2003)二级公路标准设计，设计时速为 60 km/h。本项目长 28.5 km，路基宽度为 10 m。项目阶段为运行中的公路。

2. 评价结果与建议

1) 线形分析

主线以及隧道等特殊路段的设计指标进行符合性检验，各路段线形均符合《公路路线设计规范》的要求。在合成纵坡方面，K5＋428～K5＋470、K10＋936～K11＋078、K13＋875～K13＋900、K14＋050～K14＋150、K15＋008～K15＋257、K63＋620～K63＋720 路段合成纵坡接近上限，完全满足设计要求，有条件可考虑进行面层的附着性能提升，增加道路表面摩擦力。

(1) K3＋255～K3＋480(右)。

分析：此路段是从直线过渡到缓和曲线的路段，在带有下坡的直线段车辆加速过大，且缓和曲线段位于下坡路段，遇到圆曲线段时车辆迅速减速，导致协调性不佳。其中直线段最大预测车速 76 km/h，缓和曲线预测车速 66 km/h。

建议：该路段直线处应设置连续急弯标志及减速标线，并采取限速 60 km/h(以控制毗邻断面过大的车速差)的措施。

(2) K5＋241～K5＋428(右)。

分析：此毗邻两路段是直线小坡度上坡段接带直线大坡度上坡段和大坡度上坡的圆曲线，遇到大坡度上坡段直线，汽车一直处于加速状态，通过直线段时速度上升，进入圆曲线后速度下降过快。其中直线段最大预测车速 76 km/h，缓和曲线预测车速 66 km/h。

建议：该路段应进行减速标线的设计，建议增设中心实线，进行禁止超车限制，防止与对向车辆发生冲突。

(3) K14＋525～K14＋150(左)。

分析：此毗邻两路段是直线小坡度上坡段接带直线大坡度上坡段和上坡圆曲线，遇到大坡度上坡段直线，汽车一直处于加速状态，通过直线段速度上升，后进入圆曲线速度下降，协调性不佳。其中直线段最大预测车速 76 km/h，圆曲线预测车速 65 km/h。

建议：该路段应设计增加振动减速标线，建议将中心实线进行延伸，配合减速标线。

2) 交通安全设施分析

(1) 交通标线。

① 桥梁中心线：《公路交通安全设施设计细则》(JTG/T D81—2006)特殊路段的交通标线规定二级及以下等级的公路桥梁长度范围应设置双黄中心实线。该公路部分路段桥梁采用黄色中心虚线。建议：应重新设置标线，改黄色中心虚线为黄色实线。建议 K3＋400 路段改黄色中心虚线为黄色实线。

② 道路中心线：黄色单实线作为禁止跨越对向车行道分界线时，禁止双方向车辆越线或压线行驶。一般适用于单方向只有一条车道、视距受限制的竖曲线、平曲线路段及有其他危险需要禁止超车的路段，可采用振动标线的形式。因此本项目建议多个路段改黄色单虚

线为黄色单实线。具体见表 D-1。

表 D-1　　建议改黄色单虚线为黄色单实线路段

序号	1	2	3	4	5	6	7	8	9
桩号	K10＋000	K11＋900	K12＋840	K14＋950	K15＋400	K15＋800	K16＋940	K17＋180	K20＋000

（2）交通标志。

① K1＋400、K2＋950 处服务区指示：指示牌均无距离提示，应根据距离进行距离提示的增设；

② K7＋400 村落指示：该处村落指示牌设置过高，且指示牌面积过小，应降低高度至 2 m，并增加指示牌尺寸；

③ K10＋950 左线指路标志：该处指路标志放置方向错误，面对右向车道，应进行调整。

（3）桥梁端头设计。

分析：该公路桥梁、高填方护栏采用混凝土护栏，少数路段采用斜坡式端头处理，其他端头处理较为简单，应对其未经处理的进行隐藏端部或者警示标识处理。

建议：可根据端头处的实际地形条件，将混凝土护栏端头"隐匿"或"消隐"于路侧山体或挖方边坡中，或者对混凝土护栏端头的斜坡式处理。

3）接入口设计

分析：开口 K13＋600～K13＋580 处同样存在支路交叉较多的情况，如图 D-1，影响主线交通，造成安全隐患。

图 D-1　K13＋640 处接入口现场

建议：①2 号支路若交通量较大，应向后移动与 2 相交，再与主路相交；②若无法封闭合并，应提前提醒驾驶员。居民集中区入口前 100～150 m 的道路右侧设置集镇区警告标志，或可配以适当的建议警告限速 50 km/h。

4）平交口设计

分析：该公路为二级公路，连接县、镇以及村。为方便县镇村等地的交通以及耕作需要开口较多。其公路交叉口在设计、设施和交通控制措施上存在的缺陷和安全问题，对公路交通通畅和安全形成的影响。

K22＋240～K22＋360 处平交口，该地段平面视野较为开阔，车辆车速较高，需进行交叉口减速提示，支路有减速丘提示，指路标志；现场施工与设计有差异，原有的渠化标线因实际施工改变而无法设置，现行主线与支线汇入交通流行为无规律。

建议：①支路有减速丘提示，指路标志，以及八角停三块标志牌，应增加地面减速丘与车辆停止标线；②支路主线并与主路支路小段连接线形成小岛，车辆可以通过小段支路右转以及主路左转，应增加任何标志标线进行引导；③交叉口标线设置有些混乱，需对其渠化进行改善。

对导流岛及周边标志标识进行了重新设计，并调整了停车线位置，强化了渠化交通，设计方案如图 D-2 所示。

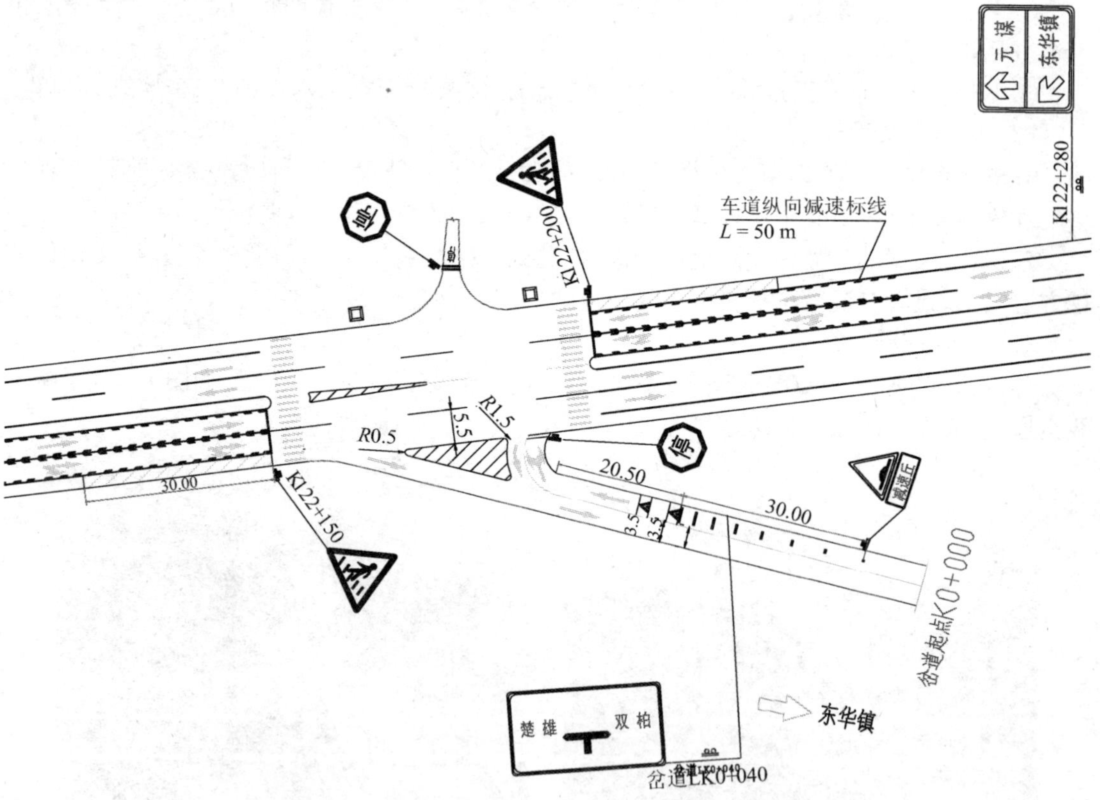

图 D-2　K22＋240～K22＋360 处平交口建议设计

5）行车道过渡设计

分析：K27＋600～K27＋900 处存在行车道宽度变化，行车道由双向两车道变为双向四车道，项目设计时的各标线如图 D-3 所示。

根据该项目有关数据，W 取 3.5×(2－1)＝3.5 m，设计速度 v 为 60 km/h。算出 L＝81.36 m，取 L＝80 m。而对于警告标志前置的位置，查阅规范知对应公路设计时速为 60 km/h的情况前置距离为 150 m；相应车行道渐变段延长段距离为 40 m。

根据 GB 5768.2—2009 即道路交通标志和标志的国家标准规定，“窄路标志主要用于设置在双车道路面宽度缩减为 6 m 以下的路段起点前方，用以警告车辆驾驶人注意前方车行道活路面下载的情况，遇有来车应予以减速避让。而对于路面宽度 6 m 以上的公路，如

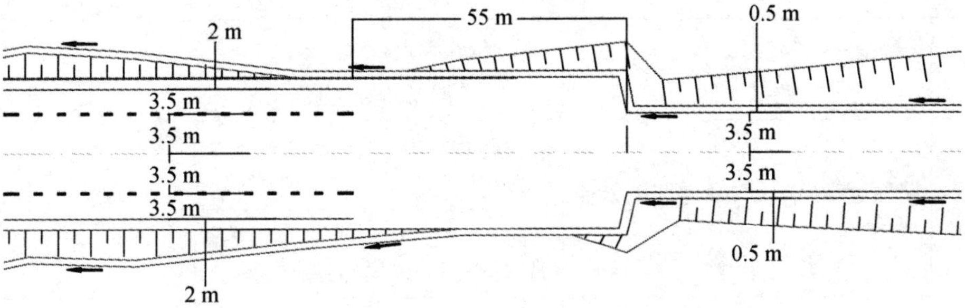

图 D-3　K27＋600～K27＋900 车道渐变原有设计

车道数变少，则应设置“车道变少标志”；项目中单车道宽度为 4 m＜6 m，故应该改原来道路“车道变少标志”为“窄路标志”。此外双向两车道上游的“车道数增加”标志可不设。

建议改进的标志标线如图 D-4 所示。

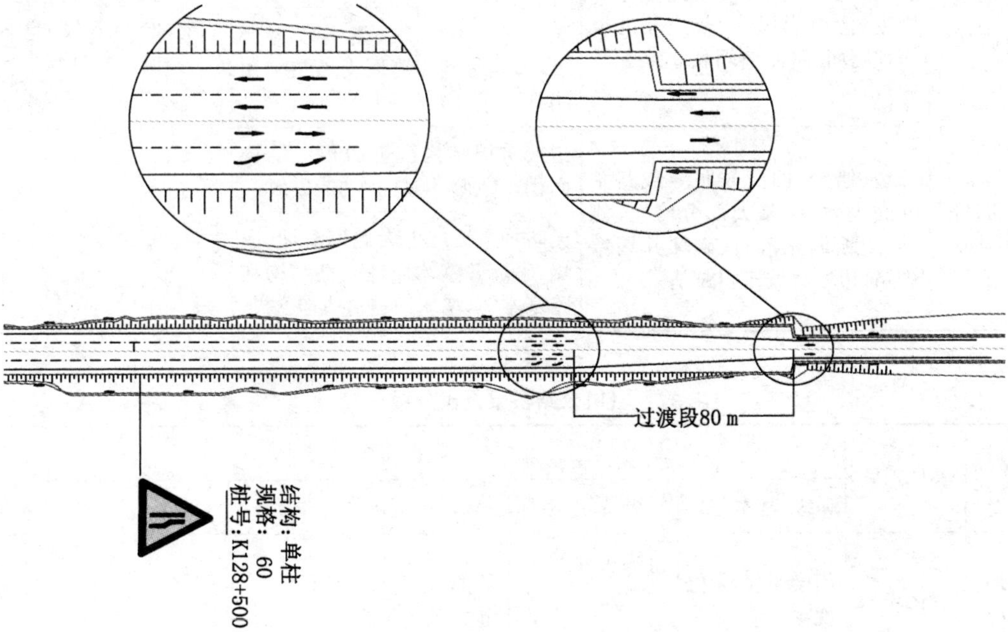

图 D-4　K27＋600～K27＋900 车道渐变建议设计

附录 E

公路震害分级

(a) 公路路基震害分级

震害等级	路基震害特征		
	路基本体	路基所在边坡	支档结构
一级-基本完好	无明显可见开裂、错台等破坏	无明显可见震害	无明显可见震害

（续表）

震害等级	路基震害特征		
	路基本体	路基所在边坡	支档结构
二级-轻微破坏	路面有细微裂缝、轻微凹陷鼓胀现象	边坡防护结构震害面积小于结构面积5% 无防护边坡没有明显滑坡、崩塌，有小部分滑塌、溜塌现象	震害面积（开裂长度）<挡墙面积（长度）10%
三级-中等破坏	路面开裂错台、凹凸鼓胀，裂缝宽度小于10 cm，路堤边缘有小范围垮塌，路堑边坡有落石	边坡防护结构的震害面积占结构面积5%～20% 无防护边坡有滑坡、崩塌，对支档结构造成了损害	震害面积（开裂长度）占挡墙面积（长度）10%～30%，墙顶位移明显
四级-严重破坏	路面开裂明显、路面错台严重，裂缝宽度大于10 cm，路堤边缘垮塌，边坡崩塌落石，边坡滑坡掩埋路面，路面空间狭小或无法通行	边坡防护结构震害面积占结构面积20%～50%，局部功能失效 无防护边坡滑坡、崩塌较为严重，砸坏或整体掩埋支档结构和路基	震害面积（开裂长度）占挡墙面积（长度）30%～60%，墙顶位移较大
五级-完全损毁	开裂、错台，凹凸鼓胀导致路基彻底失效，路基大部分垮塌、侧移，边坡崩塌落石、砸坏并堵塞公路，边坡滑坡掩埋路基	边坡防护结构震害面积占结构面积50%以上，防护功能失效 无防护边坡产生大规模滑坡、崩塌，砸坏并整体掩埋支档结构和路基本体，堵塞河道造成堰塞湖	挡墙完全破坏

(b)公路桥梁震害分级

桥梁损坏部位	破坏形式	震害等级				
		一级-基本完好	二级-轻度破坏	三级-中等破坏	四级-严重破坏	五级-完全损毁
场地情况	液化现象	不会发生液化现象	可能发生液化现象，但不严重	可能发生较严重的液化现象	可能发生很严重的液化现象	地基完全液化
护坡	竖向或横向变位	—	—	<15(cm)	15～30(cm)	>30(cm)
地基/基础	冲蚀情况	完好	基本完好，无明显冲蚀现象	基础有局部冲蚀现象、桩基顶段磨损	基础冲蚀大于设计值、桩基顶段被严重侵蚀	基础严重冲蚀
桥台	开裂面积/裂缝宽度	各部分完好	基本完好，3%以内表面开裂，但裂缝宽度小于限值	桥台10%的表面开裂，裂缝宽度大于限值，风化、露筋	桥台大面积裂缝、风化、露筋，桥墩下沉、倾斜	桥台纵向变形、扭转，剪切键失效

（续表）

桥梁损坏部位	破坏形式	震害等级				
		一级-基本完好	二级-轻度破坏	三级-中等破坏	四级-严重破坏	五级-完全损毁
桥墩	开裂面积/裂缝宽度	各部分完好	基本完好，3%以内表面开裂，但裂缝宽度小于限值	桥墩10%的表面开裂，裂缝宽度大于限值，风化、露筋	桥墩大面积裂缝、风化、露筋，桥墩下沉、倾斜	桥墩剪断、压溃、约束失效
支座/伸缩缝	变形/位移	各部分清洁完好，活动支座正常	略有腐蚀，活动支座干涩，伸缩缝局部螺帽松动	支座松动、老化，有腐蚀，伸缩缝普遍缺损	支座开裂、错位、变形，伸缩缝严重损坏	支座剪断、脱落、失效
梁体	开裂面积/裂缝宽度	结构完好，次要部位有少量细裂缝	结构基本完好，3%以内表面开裂，但裂缝宽度小于限值	梁部10%的表面开裂，裂缝宽度大于限值，风化、露筋	大面积裂缝、风化、露筋，结构存在永久变形	梁体完全断裂、主梁整垮落梁

(c) 隧道震害类型

震害部位	震害类型				
隧道拱部衬砌结构震害类型	A 衬砌开裂（裂纹清晰，有一定走向）	B 衬砌开裂（不能确定裂纹走向，呈片状或网状）	C 混凝土剥落	D 衬砌错台	E 混凝土掉块
	F 二次衬砌垮塌	G 隧道垮塌	I 施工缝开裂	J 衬砌漏水	
隧道底部震害类型	K 路面开裂（裂纹清晰，有一定走向）	L 路面开裂（不能确定裂纹走向，呈片状或网状）	M 仰拱错台	N 仰拱隆起	P 路面渗水

(d) 隧道震害程度分级

震害等级	钢筋混凝土衬砌段	素混凝土衬砌段
一级-基本完好	情况正常（无异常情况）	情况正常（无异常情况）
二级-轻微破坏	施工缝开裂； 二次衬砌有少量离散裂缝，但裂缝宽度小于 1 mm	施工缝开裂； 二次衬砌有少量离散裂缝，且裂缝延展方向以环向为主、裂缝宽度小于 1 mm
三级-中等破坏	二次衬砌有少量离散裂缝，但裂缝较深，宽度大于 1 mm	二次衬砌有少量离散裂缝，且为宽度小于 1 mm的纵、斜向裂缝或宽度大于 1 mm 的环向裂缝
四级－严重破坏	二次衬砌裂缝较多，纵横交织呈网状； 或者虽然裂缝较少，但裂缝为纵斜向，且延展长、宽度大、深入衬砌内部，甚至为贯通裂缝	二次衬砌有少量纵、斜向裂缝，但裂缝延展长、宽度大、深入衬砌内部，甚至为贯通裂缝

（续表）

震害等级		钢筋混凝土衬砌段	素混凝土衬砌段
五级-损毁	$3A_1$	二次衬砌混凝土纵向连续剥落、掉块、钢筋弯曲外露	二次衬砌裂缝较多，纵横交织呈网状； 二次衬砌混凝土剥落、掉块、局部垮塌； 二次衬砌大面积垮塌
	$3A_2$	洞室整体坍塌	洞室整体坍塌

公路水毁病害分级

(a) 路基路面水毁分级

破坏位置	破坏类型	严重程度				
		一级-基本完好	二级-轻度破坏	三级-中等破坏	四级-严重破坏	五级-完全损毁
沥青路面	开裂，松散、坑槽、沉陷	无明显裂缝等破坏	少量裂缝，个别部位沉陷轻微，损毁面积占该路段5%以下	较多裂缝，局部出现松散、坑槽、沉陷，损毁面积占该路段5%～15%	较大范围松散、坑槽、沉陷，局部面层被冲走，损毁面积占该路段15%～30%	大范围松散、坑槽、沉陷，部分面层被冲走，损毁面积占该路段30%以上
水泥路面	开裂，断角、唧泥、错台、沉陷	无明显裂缝等破坏	少量填缝料损坏，损毁面积占该路段5%以下	填缝料破损明显，出现少量断角、唧泥、错台、沉陷，局部明显剥落，损毁面积占该路段5%～15%	填缝料、接缝破损较严重，唧泥、错台、沉陷明显，剥落严重，损毁面积占该路段15%～30%	接缝破碎严重，唧泥、错台、下沉情况严重，损毁面积占该路段30%以上
路基本体	开裂	无裂缝、细微裂缝	路基裂缝长度<1 m	路基裂缝长度：1～5 m	路基裂缝长度：5～10 m	路基裂缝长度>10 m
	沉陷、变形	无明显破坏	未见下沉、变形现象	沉陷变形深度<30 mm，局部轻微下沉或变形	沉陷变形深度：30～50 mm	沉陷变形深度>50 mm
	坍塌，缺口	路基无坍塌或缺口	路肩局部坍塌	缺口长度<5 m，损毁宽度小于1/3路基宽度	多处出现缺口，变形、坍塌情况较为严重，缺口长度为5～10 m，损毁宽度超过1/2路基宽度	路基严重坍塌，缺口长度>10 m，局部损毁宽度超过3/4路基宽度，甚至整幅水毁
支档结构	开裂、变形、垮塌、冲刷	基础无明显破坏	基础良好，没有因冲刷而悬空，局部轻微开裂、变形	基础出现较为明显的裂缝、变形，在自重和车辆荷载作用下局部下沉	基础局部悬空，出现较大范围变形、沉降甚至垮塌，路基出现较大变形	坡面冲刷和坡脚冲刷严重，大规模连续垮塌，导致路基严重坍塌，甚至全毁
路堤边坡	变形、破损	边坡无变形和破损	边坡无变形、破损，局部有少许坍塌，未影响到路肩稳定	边坡局部轻微变形、破损，有较大范围、断续坍塌，路肩出现少量缺口	边坡大范围、连续坍塌，变形或破损较为严重	边坡被冲毁，出现严重变形或破损

(b) 桥梁水毁分级

破坏位置		破坏类型	水毁等级				
			一级-基本完好	二级-轻度破坏	三级-中等破坏	四级-严重破坏	五级-完全损毁
桥涵	锥坡/护坡	冲刷、开裂	未受冲刷、基本无裂缝	轻微冲刷,局部开裂,块石强度未失效	冲刷开裂,部分块石强度失效,不影响锥坡护坡功能	锥坡护坡部分被冲毁,继续下去容易出现桥头路堤失稳	锥坡护坡大部分被冲毁,桥头路堤失稳
	桥墩基础	冲刷、剥落、脱空	未受冲刷、剥落、脱空	墩基础轻微冲刷,少量剥落,不影响基础承载力	墩基础局部脱空,几乎不影响基础承载力	墩基础多处脱空,支撑力受影响,尚能支撑桥墩及梁板重量	墩基础大部脱空,丧失承载力,桥梁垮塌
	涵洞	冲刷开裂	基本无冲刷、无开裂	涵洞体局部冲刷开裂,涵洞出口处路基或护坡受轻微冲刷	涵洞体多处开裂,涵洞出口处部分路基或护坡被冲刷,路基或护坡应有功能未失效	拱圈多处开裂,涵洞出口处路基或护坡冲刷严重,多处路基或护坡应有功能失效	涵洞被冲毁,涵洞出口处路基或护坡被冲毁,公路中断

(c) 隧道水毁分级

破坏位置		破坏类型	严重程度				
			一级-基本完好	二级-轻度破坏	三级-中等破坏	四级-严重破坏	五级-完全损毁
隧道	边仰坡	洞口堵塞	边仰坡无滑坡	边仰坡小规模滑坡,少量滑坡体在洞口堆积	边仰坡较大规模滑坡,部分洞口被滑坡体堵塞	边仰坡大规模滑坡,大部分洞口被堵住	边仰坡大规模滑坡,洞口被完全堵住
	衬砌	裂缝漏水	衬砌无渗水	从衬砌裂缝等处渗水	从衬砌裂缝等处流水	从衬砌裂缝等处涌水	从衬砌裂缝等处喷射水流
	隧道路面	涌水	隧道路面无涌水	隧道路面个别地方少量涌水	隧道路面局部涌水,水深较浅,小型车不能通行	隧道路面多处涌水,水深大,中型车不能通行	隧道路面大部分被水淹没,水深大,大型车不能通行

参考文献

[1] GB 1589—2004 道路车辆外廓尺寸、轴荷及质量限值[S]. 北京:中国标准出版社,2004.

[2] GB 5768—1986 道路交通标志和标线[S]. 北京:中国标准出版社,1986.

[3] GB 5768—1999 道路交通标志和标线[S]. 北京:中国标准出版社,1999.

[4] GB 5768—2009 道路交通标志和标线[S]. 北京:中国标准出版社,2009.

[5] GB/T 31445—2015 雾天高速公路交通安全控制条件[S]. 北京:中国标准出版社,2015.

[6] JTJ 01—1988 公路工程技术标准(附条文说明)[S]. 北京:人民交通出版社,1989.

[7] JTJ 001—97 公路工程技术标准(附条文说明)[S]. 北京:人民交通出版社,1997.

[8] JTG B01—2006 公路工程技术标准[S]. 北京:人民交通出版社,2003.

[9] JTG B01—2014 公路工程技术标准[S]. 北京:人民交通出版社,2003.

[10] JTJ 011—94 公路路线设计规范[S]. 南昌:江西科学技术出版社. 1994.

[11] JTG D20—2006 公路路线设计规范[S]. 北京:人民交通出版社,2006.

[12] JTG D20—2006 公路路线设计规范[S]. 北京:人民交通出版社,2006.

[13] JTG D70—2004 公路隧道设计规范[S]. 北京:人民交通出版社,2004.

[14] JTG D81—2006 公路交通安全设施设计规范[S]. 北京:人民交通出版社,2006.

[15] JTG D82—2009 公路交通标志和标线设置手册[S]. 北京:人民交通出版社,2006.

[16] JTG F71—2006 公路交通安全设施施工技术规范[S]. 北京:人民交通出版社,2006.

[17] JTG/T D81—2006 公路交通安全设施设计细则[S]. 北京:人民交通出版社,2006.

[18] JTG/T B05—2004 公路项目安全性评价指南[S]. 北京:人民交通出版社,2004.

[19] ISO/IEC TS 17021—7 合格评定-管理体系审核和认证机构要求 第七部分:道路交通安全管理体系的审核和认证能力要求[S]. 北京:人民交通出版社,2014.

[20] FHWA. MUTCD (Manual uniform for traffic control devices)[R]. 2004.

[21] AUSTROADS. Road Safety Audit (second Edition) [R]. Standards Australia, 2002.

[22] BS ISO 39001—2012,道路交通安全(RTS)管理系统. 带指南的使用要求[S]. 英国:英国标准学会,2012.

[23] MANUAL H C. Highway Capacity Manual[R]. Highway Capacity Manual Practical Applications of Research, 2000.

[24] LEISHCH J P. ITE handbook summary-Freeway and interchange geometric design handbook[J]. Ite Journal Institute of Transportation Engineers, 2006,76(4):34-37.

[25] 李劲. 日本高速公路设计要领[M]. 西安:陕西旅游出版社,1991.

[26] AASHTO. A policy on geometric design of highways and streets [M]. American Association of State Highway and Transportation Officials, Washington, DC, 2004.

[27] AASHTO. A Policy on geometric design of highways and streets [M]. American Association of State Highway and Transportation Officials, Washington, DC, 2011.

[28] MAREK M A. Roadway design manual [R]. TxDOT Online Manuals, Texas